春秋學研究

曾亦　郭曉東　主編

第四輯

上海古籍出版社

目　録

公　羊　發　微

三　傳　通　論

春　秋　學　史

書 評 書 訊

典 籍 整 理

公羊發微

歷史美學、詮釋學剖析：
龔自珍學風論

路新生

【摘　要】　龔自珍站在吾國"中世紀"與"近代"的分水嶺上，是一位開時代風氣之先的代表性學人。他的治學具有某種"先兆"的意義。本文擬以歷史美學與詮釋學的新視角剖析之，以見出龔自珍時代的"精神氣候"或"輿論氣候"。

【關鍵字】　龔自珍　歷史美學　詮釋學

【作者簡介】　路新生，1952年生，華東師範大學歷史系教授、博士生導師。

恩格斯在《共產黨宣言》（意大利版序言）中指出："封建的中世紀的終結和現代資本主義紀元的開端，是以一位大人物爲標志的。這位人物就是義大利人但丁，他是中世紀的最後一位詩人，同時又是新時代的最初一位詩人。"回望中土，吾國亦有一位站在"中世紀"與"近代"分水嶺上的但丁式人物——龔自珍號定庵，他是開時代風氣之先的代表性學人。説定庵"開風氣"，是因爲他的治學具有某種"先兆"的意義。錢鍾書曾引列許登堡（G. C. Lichtenberg）之説："反其道以行，也是一種模仿。"又引聖佩韋（Sainte-Beuve）説："儘管一個人要推開自己所處的時代，仍然和它接觸，而且接觸得很著實。"①龔自珍也曾經努力"推開"即批判"自己所處的時代""反其道以行"，他使時人讀之"若受電然"（梁啓超語）的"新學"著述，標新立異，卻正是與其所處時代"接觸得很著實"的一種"模仿"。本質上這也就如海德格爾所説："'此在'總是（重點號爲海德格爾所加）它的過去，而這不僅是説它的過去仿佛'在後面'推著它，它還伴有過去的東西，作爲有時在它身上還

---

① 錢鍾書：《中國詩與中國畫》，載《錢鍾書散文》，杭州：浙江文藝出版社，1997年，第188頁。

起作用的現成屬性。""'此在'實際上向來有其'歷史',并能够有其'歷史'。""此在""隨著隸屬於它的存在之領會,生長到一種承襲下來的此在解釋中去,并在這種解釋中成長"。① 據此看定庵治學,對於"此在"——既是"歷史",又是"現實"——之"領會",他有"回望"也有"前瞻":"在後面推著他"的是歷史的重力——歷史的"前在性",海德格爾稱之爲"命運"實亦即"宿命";在前面牽引他的則是充溢心中的"在解釋中成長"的"理想"。"風起於青萍之末",學風又一次之重大轉軌,從定庵治學的轉移和變換中已初露端倪。龔自珍於史學、經學、小學皆造詣匪淺,然定庵氣質本爲詩人。段玉裁爲其《懷人館詞》作序謂:"風發雲逝,有不可一世之概。尤喜爲長短句,其曰《懷人館詞》者三卷……造意造言,幾如韓李之於文章,銀碗盛雪,明月藏鷺,中有異境。自珍以弱冠能之,則其才之絶異,與其性情之沉逸,居可知矣。"② 十五歲龔自珍作詩集編年云:"蚤年攖心疾,詩境無人知。幽想雜奇悟,靈香何鬱伊!"③"少年哀樂過於人,歌泣無端字字真。"④少年龔自珍已好作幽思奇想。他心底常有大波瀾起,故下筆作春秋之論每如龍走蛇游,思緒泉涌:"變化從心,攸乎萬狀,無所不有,所過如掃","聞是聲也,忽然而起,非樂非怨,上九天,下九淵,將使巫求之,而卒不自喻其所以然"。⑤ 定庵本持史詩相通理念,謂"詩人之指,有瞽獻曲之義,本群史之支流"。⑥ 學者與詩人兩種氣質的融合觸動,使得定庵的治學富有個性和情韻。其文恣肆透快,奇譎瑰異,鬱勃橫溢,豪放不羈,這是詩性在文氣中的涌動。歷來論定庵學風均采用傳統方法。本文擬試用歷史美學與詮釋學的新方法新視角剖析之,認爲非如此不足以走進龔自珍的心靈,體味他的"氣韵",讀懂他厚重而犀利"文面"背後的微言大義;這樣也更便於通過龔自珍的治學去感悟法國史學家、美學家丹納提出的"精神氣候"⑦,或錢鍾書先生所説的"輿論氣候"。⑧

---

① ［德］海德格爾著,陳嘉映、王慶節譯:《存在與時間》,北京:生活·讀書·新知三聯書店,2014 年,第24 頁。

② （清）段玉裁:《經韻樓集》卷九,上海:上海古籍出版社,2008 年。

③ 《戒詩五章》,（清）龔自珍:《龔自珍全集》,上海:上海古籍出版社,1999 年,第 451 頁。

④ 《己亥雜詩》,（清）龔自珍:《龔自珍全集》,第 526 頁。

⑤ 《長短言自序》,（清）龔自珍:《龔自珍全集》,第 232 頁。

⑥ 《乙丙之際塾議第十七》,（清）龔自珍:《龔自珍全集》,第 9 頁。

⑦ ［法］丹納著,傅雷譯:《藝術哲學》,北京:生活·讀書·新知三聯書店,2016 年,第 17 頁。

⑧ 錢鍾書:《錢鍾書散文》,第 367 頁。

一、"下""上"兼備：龔自珍的
"抱小"與"追大"

　　劉熙載《藝概·經義概》："凡作一篇文,其用意俱要可以一言蔽之。擴之則爲千萬言,約之則爲一言,所謂主腦者是也。"①龔自珍治學也有"主腦"："博"("小學"、史實考訂)、"約"("大學"、心領神會)互濟、針砭現實是也。由"抱小"而有定庵對考據學中肯之評。"抱小"與"追大"相對待,從此轉手而出定庵的"尊史"及歷史審美,并由歷史審美的"善出"之論推身移步爲今文公羊學的現實批判——定庵之"用意",亦正所謂"約之則爲一言,擴之則爲千萬言"。

　　龔自珍是段玉裁的外孫,十二歲便受段氏之小學教誨,"段先生授以《許氏説文部目》,是爲以經説字,以字説經之始"②。這一家學淵源使龔自珍對乾嘉考據學有一份深刻的領悟。龔氏謂：

　　　　學文之事,求之也必刾,獲之也必創,證之也必廣,説之也必澀,不敢病迂也,不敢病瑣也。求之不刾則粗,獲之不創則剿,證之不廣則不信,説之不澀則不中,病其迂與瑣也則不成。其爲人也,淳古之至,故樸拙之至;樸拙之至,故退讓之至;退讓之至,故思慮之至;思慮之至,故完密之至;完密之至,故無所苟之至;無所苟之至,故精微之至。小學之事,與仁愛孝弟之行,一以貫之已矣。若夫天命之奧,大道之任,窮理盡性之謀,高明廣大之用,不曰不可得聞,則曰俟異日,否則曰我姑整齊是,姑抱是以俟來者。③

乾嘉考據學又稱"樸學"。定庵以樸拙、退讓、思慮、完密、無所苟而至精微等語,道出了考據學之樸實無華與一絲不苟的學風特點。而定庵與樸學相對舉的"天命之奧,大道之任,窮理盡性之謀,高明廣大之用"等等,這是宋學,是宋學中的形上思辨之學。衆所周知,自晚明政治生態惡化,東林士子起而檢討王學背離服務於現實的"資治"治學宗旨而"空言心性",他們在王學内部豎立起批評的旗幟,主張尊孔、讀經——"尊孔"必然"讀經","讀經"必重考據——經典中有大量古字古音、典章制度,不考不明。理學清算的浪潮緣此而興起,學風自此發生了根本性轉捩,被引領

---

① （清）劉熙載：《藝概》,杭州：浙江人民美術出版社,2017年,第177頁。

② 《定庵先生年譜》,（清）龔自珍：《龔自珍全集》,第594頁。

③ （清）龔自珍：《龔自珍全集》,第93頁。

至"經學"的重音韻訓詁之新路徑,開啓了清初考據學即龔自珍所説"樸學"先路。下至於乾嘉年間,"樸學"發展到極致。沿襲清初反形上思辨路徑,主流學者多持漢宋對立立場,并以考訂性的漢學(古文經學)壓倒形上思辨理論性的宋學(例如戴震、凌廷堪、錢大昕等)。而定庵所謂對於形上思辨之學"不曰不可得聞",是説乾嘉考據學者并非没有這樣的學力,只是他們寧願整齊故事考證典籍以待來者。因爲在考據學者看來,"訓詁明而後經義明",玄妙思辨的形上之學"空"言經義本非經學正路。在這裏,龔自珍代替考據學者吐露心聲,捫及了乾嘉年間漢宋相争學理之要害。由此定庵有"抱小"之論。他溯源"小學"與"大學"之所以分的本因,寫道:

> 古者八歲入小學,教之數與方名與其灑掃進退之節。保氏掌國子之教,有書有數。六書九數,皆謂之小學。由是十五入大學,乃與之言正心誠意,以推極於家國天下。……後世小學廢,專有大學,童子入塾,所受即治天下之道,不則窮理盡性幽遠之言。六書九數,白首未之聞。其言曰:學當務精者鉅者,凡小學家言不足治,治之爲細儒。於是君子有憂之,憂上達之無本,憂逃其難者之非正。不由其始者,終不得究物之命。於是黜空談之聰明,守鈍樸之迂回,物物而名名,不使有遁。其所陳説艱難,算師疇人,則積數十年之功,始立一術。……有高語大言者,拱手避謝,極言非所當。於是二千載將墜之法,雖不盡復,十存三四。愚瘁之士,尋之有門徑,繹之有端緒,蓋整齊而比之之力,至苦勞矣。陳碩甫曰:是苦且勞者,有所甚企待於後。後孰當之? 則乃所稱聞性道與治天下者也。[①]

按,"逃其難者之非正",龔自珍站在"小學"的立場批評宋學(大學)避難就易浮談無根不學無術,這仍然是考據學者批評宋學的口吻。定庵以考據學與宋學相對應,謂考據學者積數十年之功始立一言,始通一術,道出了其治學之艱辛。而學者之所以不畏勞苦孜孜以求,因爲他們認定考據學"有用"。這個"用"即在於爲"愚瘁之士"指點門徑,爲治經學人尋繹端緒。定庵的這一説法極平允且富科學的卓見。考據學者對於經典的箋注訓詁,爲當時的學子通曉經義指點迷津,這種"學"當然"有用";考據學所考,一般均屬於歷史學範疇。難讀懂的典籍,經了他們的音韻訓詁變得平順易通;複雜難解的典章制度,經了他們的疏理變得源清流白,這就爲後人讀史研史提供了極大便利,其本身的學術價值已萬難否定,更遑論考據學者"實事求是"的科學治學精神薰陶今人遺澤後世巨大而有益的影響? 考據學者"抱小",他們

---

① 《陳碩甫所著書序》,(清) 龔自珍:《龔自珍全集》,第 195 頁。

"通過某種堅忍不拔和一絲不苟的精神，從家譜、年鑒、題目、紀念物……中將歷史構想出來。……這確是一件十分辛苦的工作，但也是一件令人愉快、令人尊敬的工作"。①　因此定庵表彰考據學者"蓋整齊而比之之力，至苦勞矣"。據此可知，貫穿於考據學魂魄的正是治學的命脉——"求真"，即黑格爾所謂歷史學家的"職責"："不外乎把現在和過去發生過的事變和行動收入他的記載之中。并且越是不離開事實就越是真實。"②黑氏并認爲"凡是真實的東西在本身就是具體的，儘管它有普遍性（此即"約"，筆者注），它同時還包含主體性和特殊性（此即"博"，筆者注）"。③　"理念和它的表現，即它的具體現實（例如史實，筆者注），應該配合得彼此完全符合"。④　克羅齊也認爲："一種與憑據沒有關係的歷史，是一種不能證實的歷史。歷史的真實性就在於它的可證實性。"⑤至於龔氏所引陳碩甫（陳奂）之說"是苦且勞者，有所甚企待於後"，他的所謂"企待於後"，蘊涵治學的真諦，也恰與康德美學鑒賞的"普遍同意論"原理相通。康德指出：

> 鑒賞是通過不帶任何利害的愉悦或不悦而對一個對象或一個表像方式作評判的能力。一個這樣的愉悦的對象就叫作美。⑥

> 如果一個人覺得一個對象使他愉快，并不涉及利害計較，他就必然斷定這個對象有理由叫一切人都感到愉快，因爲這種愉快，既不是根據主體的欲念，（或是其他意識到的利害計較），而是感覺到在喜愛這個對象中自己完全是自由的。⑦

朱光潛詮釋：

> 這就是說，審美的快感需有原因，這原因既然不在私人的欲念或利害計較，就只能在一切人所共有的某一點上，所以審美判斷雖只關個人對個別對象的感覺，却仍可假定爲帶有普遍性。⑧

① ［英］培根：《論歷史的分類及其他》，載何兆武主編：《歷史理論與史學理論》，北京：商務印書館，2021 年，第 20 頁。

② ［德］黑格爾著，王造時譯：《歷史哲學》，北京：生活・讀書・新知三聯書店，1956 年，第 46 頁。

③ ［德］黑格爾著，朱光潛譯：《美學》第一卷，北京：商務印書館，1979 年，第 88 頁。

④ ［德］黑格爾著，朱光潛譯：《美學》第一卷，第 92 頁。

⑤ ［意］貝奈戴托・克羅齊著，傅任敢譯：《歷史學的理論和實際》，北京：商務印書館，1997 年，第 4 頁。

⑥ ［德］康德著，鄧曉芒譯：《判斷力批判》，北京：人民出版社，2002 年，第 45 頁。

⑦ ［德］康德：《判斷力批判》，轉引自朱光潛：《西方美學史》（下），北京：中華書局，2013 年，第 392 頁。

⑧ 朱光潛：《西方美學史》（下），第 392 頁。

人以個別主體的身份對事物起欲望,他所需求的不是人人都需求的,没有普遍性。人以普遍主體(有理性的主體)的身份認識事物的普遍性,他所認識的是人人可以認識的,有普遍性。認識到事物的普遍性,就是認識到它們的理性或内在本質,就是理性在事物中找到它自己,找到了就把它顯示出來。①

康德的"普遍同意論"美學鑒賞原理,已開狄爾泰詮釋學②先路,與狄氏所説"一個判斷對於判斷者和理解判斷的人來説是一樣的,其意義能無改變地從判斷者傳達給理解判斷的人"③靈犀相通。用這一視角反觀考據學者,他們遵循"求真"這一"最完美的客觀性","不帶任何利害的愉悦或不悦而對一個對象或一個表像方式作評判",根據史實下判斷,因此他們有權"看不出有什麼只有他才有的私人特殊情況作爲他感到愉快的理由",亦即有權"甚企待於後",要求所有"後人"都同意他們的斷案。一切真學者所下學術判斷都應作如是觀。這一點應當成爲認識、定位"歷史結論"之機樞。

如此説來,定庵對於考據學是否就没有疵議而完全贊同? 是又不然。身處時代裂變的交匯點,受著時代環境的制約,定庵對考據之"道問學"是有批評的。康熙以至於乾隆年間承平日久而文網密布,可以逼迫且由著學者就自己擅長而又感興趣的考據學治學路徑走去。然乾隆年間章實齋已就考據學餖飣煩瑣、難通貫、少發揮、"脱離現實"提出過嚴厲批評。指出:"以學問爲銅,文章爲釜,而要知炊黍苤羹之用所爲道也。風尚所趨,但知聚銅,不解鑄釜。其下焉者,則沙礫糞土,亦曰聚之而已。"④"近日學者風氣,徵實太多,發揮太少,有如桑蠶食葉,而不能抽絲。"⑤疑古巨匠崔述與實齋同時,他也認爲,考據學者"一盤盂之微,一杯勺之細,曰,此周也,此秦也。蘭亭之序,羲之之書,亦何關於人事之得失,而曰孰爲贗本,若是乎精察而明辨也。……而獨於古帝王聖賢之行事,之關於世道人心者,乃反相與聽之而不別其真贗,此何故哉!"⑥然而,章學誠生前"不入流",著述秘不示人,崔述亦默默無聞,

---

① ［德］黑格爾著,朱光潛譯:《美學》第一卷,第 47 頁。

② 關於狄爾泰與詮釋學的關係,讀者可參閱［德］伽達默爾著,洪漢鼎譯:《真理與方法》,北京:商務印書館,2010 年,第 312 頁。

③ ［德］狄爾泰:《對他人及其生命表現的理解》,載何兆武主編《歷史理論與史學理論》,第 334 頁。

④ (清) 章學誠:《與邵二雲書》,載《章學誠遺書》,北京:文物出版社,1985 年,第 82 頁。

⑤ (清) 章學誠:《文史通義》外篇三《與汪龍莊書》,載《章學誠遺書》,第 82 頁。

⑥ (清) 崔述:《考信錄提要》卷上,載《崔東壁遺書》,上海:上海古籍出版社,1983 年,第 14 頁。

他們批評考據學的議論并不逢時。嘉慶、道光以降，政治生態、社會風氣逐漸惡化，產生了初步的危機，學風轉軌的時機來到了。歷史上，學術風氣的每一次重大轉向幾乎都伴隨著政治狀況的變化（一般是伴隨著政治狀況的惡化）而發生，這在中國學術史上可以視爲一條通律。所以，當康乾盛世已成明日黃花，嘉慶道光朝已經露出敗象時，代表"社會良心"的士大夫"誦史鑒，考掌故，慷慨論天下事"，需要提出問題，討論問題，解決問題，學術轉軌的契機便不期而至。從"學理"上説，漢學（古文經學）考據學偏枯、艱澀、少通貫、難發揮，有"考"而無"論"，有"事實"而無"義理"，提不出問題，"議論"不了問題，當然也就更解決不了問題。以龔自珍爲代表的一些思想敏鋭的士大夫透視出社會危機行將爆發的危險兆頭，他們對考據學感到不滿，提出了質疑。他們要求學以"經世"，期望學術服務於現實。漢學考據學顯然難以承擔社會所需要的"處士橫議"的新功用，史學則庶幾當之，今文經學亦然。因此，嘉慶、道光以降，學術便主要向著史學和今文經學兩個方向發展，史學和今文經學也成爲近代學者的基本治學取向。而宋學原就有議論風發之長，在這一點上，今文經學的"非常異議可怪之論"與宋學靈犀相通。所以，近代以降，隨著漢學考據學的式微和今文經學的勃興，學風便由專主漢（東漢）學向著漢宋兼采（這裏的"漢學"有一個由東漢之學向西漢之學，即古文經學向今文經學推身移步的過程）的方向發展。龔自珍同樣不能不循著這樣一路徑前行，他因此認爲考據學者於"博""小""下"著力過頭，忘記了"約""大""上"，他以傳統的"尊德性""道問學"二者相互對待發論謂：

> 孔門之道，尊德性、道問學二大端而已。二端之初，不相非而相同，蘄同所歸。……入我朝，儒術博矣，然其運實爲道問學。……敢問：問學優於尊德性乎？曰：否否！是有文無質也，是因迭起而欲偏絶也。聖人之道，有制度名物以爲之表，有窮理盡性以爲之裏，有訓詁實事以爲之迹，有知來藏往以爲之神，謂學盡於是，是聖人有博無約，有文章而無性與天道也。①

這是説，乾嘉考據學"儒術"雖博，但這是"道問學"，他們還缺"尊德性"一環。道問學爲什麽不能優於尊德性？因爲這是"有文無質"，用今天的話來説也就是有"學"無"用"。這裏須注意，"尊德性"概念本身實具有雙重維度或者説雙重指向：首先，它是指一種關乎倫理道德的"踐履性"説教，其所解決的是"應然"問題；"尊德性"因

① （清）龔自珍：《龔自珍全集》，第 193 頁。

爲涉及"德性",以此爲原點,它必須對於一系列和"德性"相關(例如"心""性"之本源,等等),形上之"思"的"學理性"問題作出規定,其所回應的是"所以然"問題。據此,聯繫前文所引定庵所否定的"天命之奧,大道之任,窮理盡性之謀,高明廣大之用"的"尊德性"顯然是指宋學中的形上之"思";而他"否定之否定"的考據學缺乏"尊德性",却是指宋學之踐履之"用"。再試讀與龔自珍同時的沈垚(1798—1840)對乾嘉考據學的詆責。沈垚認爲社會風氣之敗壞即由於此,指出"上下務爲相蒙,學術衰而人才壞"①,正是"乾隆中葉後,士人習氣,考證于不必考之地"所造成,沈垚并以清儒考據學與明代學風相對比,認爲前者反不如後者,指出:

> 前明人學問文章不如古人,而修己立身之要,治亂得失之故,大率有
> 得於中。故立朝則志節凜然,宰一鄉一邑,亦有實政及民。今人動詆前明
> 人爲不通,而當世所推爲通士者,率皆冒於貨賄,昧於榮辱,古今得失之故
> 懵然罔覺,是尚可謂通乎? 譬之於身,前明人於一指一拇之微,或有所窒
> 滯,而心體通明,自足以宰世應物。今人於一拇一指,察及羅紋之疏密,辨
> 其爪之長短厚薄,可謂細矣。而於一手一足之全,已不能遍識,况一心之
> 大,一身之全乎! 是尚可謂通乎?②

沈垚大力申張宋學,此大不同於乾嘉"主流學者"鄙視宋學之意態;而他所説"士人考證於不必考之地",實亦即定庵之"道問學"。其實,定庵、沈垚指責考據學與現實完全脱節點中了要害,考據學的某些"成果"的確如黑格爾所説的某些"歷史的東西",這些東西"雖然存在,却是在過去存在的(重點號爲黑格爾所加)","如果它們和現代生活已經没有什麽關聯,它們就不是屬於我們的"。③ 而沈垚的"冒於貨賄,昧於榮辱,古今得失之故"所涉則同於定庵之"尊德性"——宋學之"用"。定庵、沈垚都主張治學須以"經世"爲宗旨,這正是數十年前章學誠的老調:

> 學業將以經世也。……孔子生於衰世,有德無位,故述而不作,以明
> 先王之大道;孟子當處士横議之時,故力距楊墨,以尊孔子之傳述;韓子當
> 佛老熾盛之時,故推明聖道,以正天下之學術;程朱當末學忘本之會,故辨
> 明性理,以挽流俗之人心。其事與功,皆不相襲,而皆以言乎經世也。故
> 學業者,所以辟風氣也。風氣未開,學業有以開之;風氣既弊,學業有以挽

---

① (清)沈垚:《落帆樓文集》卷八《與孫愈愚》。民國嘉業堂刊劉承幹輯《吳興叢書》本。
② (清)沈垚:《落帆樓文集》卷八《與張淵甫》。
③ [德]黑格爾著,朱光潛譯:《美學》第一卷,第 346 頁。

之。人心風俗，不能歷久而無弊……因其弊而施補救。①

從這裏可以見出，定庵對漢宋二學是近乎折中，取漢宋兼采之路徑。只是他的取"宋"在形下踐履之"用"而非形上哲理之"思"。這一治學取向，基本上還是乾嘉間已逐漸滋長起來的漢宋兼采學風的延續和發展。從這一點上說，定庵身上還有著"舊"時代的印痕。但是，定庵疵議乾嘉考據學，又已經隱約可見鴉片戰爭以後排斥漢學的面影，開魏、康、梁、廖平之先河。從這個意義上說，定庵身上又有著"新"時期的特點。承前啓後，舊新兼備，這就是定庵思想與學風的特點。

二、歷 史 審 美

定庵既主"抱小"與"追大"，從此轉手，他又有"尊史"一說，指出"周之世官，大者史。史之外無有語言焉，史之外無有文字焉，史之外無人倫品目焉。史存而周存，史亡而周亡"。② 他甚至認爲：

> 六經者，周史之宗子也；《易》也者，卜筮之史也；《書》也者，記言之史也；《春秋》者，記動之史也；《風》也者，史所采於民，而編之竹帛，付之司樂者也；《雅》《頌》也者，史所采於士大夫也；《禮》也者，一代之律令，史職藏之故府，而時以詔王者也。小學也者，外史達之四方，瞽史論之賓客之所爲也。③

按，定庵的經史不分論大體脫胎於章學誠六經皆史論。這符合古文經學家的立場，却與今文經學家的經史觀念大不相同（今文經學家均不認可六經皆史說）。將"史"等同於"經"，凸顯"史"的地位，定庵故而又有治史"善入""善出"之說。下文所引《尊史》是我國史學理論文獻史上的一篇不朽之作，它集中反映了定庵史學理論中的精華，最能見出他拔出同儕的卓越"史識"，他說：

> 史之尊，非其職語言，司謗譽之謂，尊其心也。心何如而尊？善入。何者善入？天下山川形勢，人心風氣，土所宜，姓所貴，皆知之。……其於言禮、言兵、言政、言獄、言掌故、言文體、言人賢否，如其言家事，可謂入矣。又如何而尊？善出。何者善出？天下山川形勢，人心風氣，土所宜，

① （清）章學誠：《文史通義·天喻》，上海：上海古籍出版社，2015 年，第 96 頁。
② 《古史鈎沉論二》，（清）龔自珍：《龔自珍全集》，第 21 頁。
③ 《古史鈎沉論二》，（清）龔自珍：《龔自珍全集》，第 21 頁。

姓所貴,國之祖宗之令,下逮吏胥之所守,皆有聯事焉,皆非所專官。其於言禮、言兵、言政、言獄、言掌故、言文體、言人賢否,如優人在堂下,號咷舞歌,哀樂萬千。堂上觀者,肅然踞坐,眣睞而指點焉,可謂出矣。不善入者,非實録,垣外之耳,烏能治堂中之優也耶? ……不善出者,必無高情至論,優人哀樂萬千,手口沸羹,彼豈復能自言其哀樂也耶? ……自尊其心。心尊,則其官尊矣,心尊,則其言尊矣。官尊言尊,則其人亦尊矣。……出乎史,入乎道。欲知大道,必先爲史。①

按,定庵之論不足五百言,却勝義迭出。以歷史美學的規定性爲視角,其論可析出三層意涵:(1)"抱小"與史實考訂之"善入"。在龔自珍看來,史家治史先須"善入",即首先須對史實瞭若指掌。禮、兵、政、獄、掌故、文體、人賢否,天下山川形勢,人心風氣,土所宜,姓所貴,國之祖宗之令,吏胥之所守,史家皆需知,也就是皆需考。這與他的"抱小""考訂""博"一脉相承。不善入乎史,史實不清,此非實録,其所言必不中肯,只能爲皮相之論,"垣外之耳",只能做門外漢。而知史考史,不僅是考據學的一個重要門類,而且是美學所規定的基本方法論,即如康德所説:

> 對於美的藝術來説,要達到高度完美,就需要大量的科學知識,例如須熟悉古代語言、古典作家以及歷史、考古學等等。②

> 普通知識(堆積起來的)和科學(系統的)區别在於:科學把某一種類的知識納入一個整體之中,而普通知識中包含的只是不屬於任何整體的片段。因此,科學除了各部分知識之外還包含著對整體的概覽和這一整體中每一種特殊知識的適當地位。歷史知識是使某種已然發生的事情得以被認識的知識。③

(2)觀史如觀劇——歷史審美。定庵之"善出",實與其"追大"與"約"的主張一道同風。他所説"言禮、言兵、言政、言獄、言掌故、言文體、言人賢否,如優人在堂

---

① 《尊史》,(清)龔自珍:《龔自珍全集》,第 81 頁。
② 轉引自朱光潛:《西方美學史》,北京:商務印書館,1976 年,第 44 頁。按,鄧曉芒關於此段的譯文如下:"那誘發出美的科學(重點號爲康德所加)這一常見的説法的毫無疑問不是别的,只是因爲我們完全正確地發現,對於其全部完滿性中的美的藝術而言,要求有許多科學,例如古代語言知識,對那些被視爲經典的作家的博學多聞,歷史學,古典知識等等,因此這些歷史性的科學由於它們爲美的藝術構成了必要的準備和基礎,部分也由於在它們中甚至也包括美的藝術作品的知識(演講術和詩藝)……"見[德]康德著,鄧曉芒譯:《判斷力批判》,第 148 頁。
③ [德]康德:《〈邏輯學〉反思録》,載《康德美學文集》,北京:北京師範大學出版社,2003 年,第 346 頁。

下,號咷舞歌,哀樂萬千。堂上觀者,肅然踞坐,眈眈而指點焉",是一種觀史類同於觀劇的"鑒賞""審美"意態。嘉慶、道光年間有這種眼光的學者,定庵可謂獨此一人。因爲對歷史報"鑒賞""審美"之眼光,故龔自珍獨能見出"優人"在歷史舞臺上"號咷舞歌,哀樂萬千"。這裏,"優人"之"號咷舞歌,哀樂萬千"實亦即歷史人物的種種活動。然而,饒有興味的是歷史活劇的扮演者即"優人"并不知曉歷史本身的"目的性":"優人哀樂萬千,手口沸羹,彼豈復能自言其哀樂也耶?"(重點號爲筆者所加)。換言之,歷史人物在創造歷史時并非"事前預謀",準備去實現一項"歷史任務",而是在不自覺的狀態下實現著歷史的"目的性"。例如康德就曾在《一個世界公民觀點之下的普遍歷史觀念》中舉例,略謂每一個人的婚姻完全是一種自由的道德行爲,但婚姻統計則確實表明了一種驚人的一致性。那麼,從歷史學家的觀點來看,這結果就可以看成是"仿佛有某種原因"(筆者按,此即歷史的"目的性")決定著婚姻這件事。"同樣,歷史學家就可以把人類的歷史看做仿佛是以同樣的方式依照一種規律而被決定的一個過程。"柯林武德也指出,羅馬人征服地中海世界是世界古代史上的大事,但這一歷史事件是"這場或那場戰爭或政府的個別事件的總和。他們(筆者按: 指羅馬人)之中沒有一個人實際上說'我在這場大運動裏,即在地中海世界被羅馬征服之中,扮演了我的角色'"。以此也才需史家爲"堂上觀者","肅然踞坐,眈眈而指點焉",洞察歷史之"道"——將歷史事件之間"皆有聯事"的内在規律看透點破。如若沒有這樣一層功夫,那麼史實在"識盲"的"史家"那裏也只能是一堆缺乏靈魂的史料,此是謂"善出"。

龔自珍此論又與差不多和他同時代的叔本華極爲相似,叔氏在談到"美學"鑒賞時説,在人的精神生活中:

> 人只是一個旁觀者,只是一個觀察者了。在這樣退縮到反省的思維時,他好比一個演員在演出一幕之後,再輪到他登場之前,卻在觀衆中找到一個坐位,毫不在意地觀看演出,不管演出的是什麼情節,即令是安排一些致他於死地的措施(劇情中的安排),他也無動於中;然後他又粉墨登場,或是做什麼,或是爲著什麼而痛苦,仍一一按劇情的要求演出。和動物的無思無慮顯然不同的是人的這種毫不在意,無動於中的寧靜,這種寧靜就是從人的雙重生活而來的。因此,一個人,按自己的考慮,按作出的決斷,或是看清楚了必然性,就可以冷靜地忍受或執行他生命上最重要的,有時是最可怕的事項,如自殺、死刑、決鬥、有生命危險的各種冒險舉動以及人的全部動物性的本能要抗拒畏避的一切事項。從這裏可以看到

人的理性如何是動物性本能的主宰,并可大聲地對堅强的人説:"誠然,你有一顆鋼鐵般的心!"①

　　對比叔氏與定庵,二者之説相通,定庵却較叔氏言簡意賅而更加親切深刻。定庵之"尊史",所尊在"史"而非其他。叔氏所論雖與之同調,但"尊史"的宗旨叔氏却完全闕如。叔氏對歷史學甚至談不上一知半解,於中國史學更是"垣外之耳"的"門外漢",却每蔑視歷史學,并以似是而非的論調淺薄嘲諷之。黑格爾也有同弊。在《小邏輯》中他批評漢語缺乏辯證思維的詞彙,不能像德語 Aufheben 那樣"以相反兩意融會於一字",錢鍾書曾尖鋭批評了黑格爾的淺薄,他以"論易之三名"爲例,駁黑氏"無知而掉以輕心,發爲高論,又老師巨子之常態慣技,無足怪也"。② 錢氏對於黑格爾的批評正可移用於叔本華,是故定庵之"尊史"高明於叔氏者多多。

　　(3)"尊其心"與"歷史學"審美。定庵指出了史家讀史研史,指點江山激揚文字時所扮演的"觀賞者"角色,這種"觀賞",必然是一種"理解",本質上與詮釋學相通。伽達默爾引施萊爾馬赫"心理學解釋"對詮釋學的貢獻,指出:"這種解釋歸根結底就是一種預感行爲,一種把自己置於作者的整個創作中的活動,一種對一部著作撰寫的内在根據的把握,一種對創造行爲的模仿。"③而史家所讀之"史"系前代史家之作,故他必須潜入前代史家之腔内,設身處地,忖之度之,想史家之所想,悟史家之所悟,此是爲"史"之"心"。對於史家的創作即對於歷史學,定庵一再强調要"尊其心"。"心尊,則其官尊矣,心尊,則其言尊矣,官尊言尊,則其人亦尊矣"。定庵之論,完全契合百年以後的陳寅恪。1930 年在評審馮友蘭《中國哲學史》時陳也强調歷史研究當具"瞭解之同情"以及"藝術家的眼光與精神",指出:

　　　　吾人今日所依據之材料,僅爲當時所遺存最小之一部,欲藉此殘餘斷片,以窺測其全部結構,必須備藝術家欣賞古代繪畫雕刻之眼光及精神,然後古人立説之用意與對象,始可以真瞭解。所謂真瞭解者,必神游冥想,與立説之古人,處於同一境界,而對於其持論所以不得不如是之苦心孤詣,表一種之同情,始能批評其學説之是非得失,而無隔閡膚廓之論。④

---

① ［德］叔本華著,石冲白譯:《作爲意志和表象的世界》,北京:商務印書館,1982 年,第 135 頁。
② 錢鍾書:《管錐編》(第 1 册),北京:中華書局,1979 年,第 2 頁。
③ ［德］伽達默爾著,洪漢鼎譯:《真理與方法》,第 209 頁。
④ 陳寅恪:《馮友蘭中國哲學史上册審查報告》,載《金明館叢稿二編》,上海:上海古籍出版社,1980 年,第 247 頁。

再過五十年，錢錘書又有説："史家追叙真人實事，每須遙體人情，懸想事勢，設身局中，潛心腔内，忖之度之，以揣以摩，庶幾入情合理。"①龔、陳、錢皆主張"走進"史家心靈體味之，可謂英雄所見略同。

細繹定庵，"史"如何"尊"？"非其職語言，司謗譽之謂"——"尊史"并非見史家操如椽之筆，評千秋功過之權力豔羨而尊之，而是須尊史之"心"。言及史之"心"，這讓我們想起黑格爾。他説：

> （人）首先作爲自然物而存在，其次他還爲自己而存在，觀照自己，認識自己，思考自己，只有通過這種自爲的存在，人才是心靈。人必須在内心裏意識到他自己，意識到人心中有什麽在活動，有什麽在動蕩和起作用，觀照自己，形成對於自己的觀念，把思考發見爲本質的東西凝固下來，而且從他本身召唤出來的東西和從外在世界接受過來的東西之中，都只認出他自己。……在這些外在事物上面刻下他自己内心生活的烙印，而且發見他自己的性格在這些外在事物中復現了。②

按，史家與詩人一樣，能"深入到精神内容意蕴的深處，把隱藏在那裏的東西搜尋出來，帶到意識的光輝裏"（黑格爾《美學》語）。史家撰史澆灌的是一己胸中之塊壘，在"心靈"中"復現他自己"，"把思考發見爲本質的東西凝固下來"，這"凝固的東西"即史家之"意蘊""史義"。在提煉史義過程中，史家"從他本身召唤出來的東西和從外在世界接受過來的東西之中，都只認出他自己。……在這些外在事物上面刻下他自己内心生活的烙印，而且發見他自己的性格在這些外在事物中復現了"。這裏，"本身召唤出來的東西"蓋指作爲"現實人"的史家其生存之境遇、閲歷、教訓、經驗以及對於人世的"現實思考"；"從外在世界接受過來的東西"，則可以解喻爲史家讀史時史實、歷史的場景對他的"歷史刺激"。"古""今"相激，龔自珍的"歷史審美"與"致用"相互結合，又自然而必然地表現爲他針對現實的社會批判。

三、社 會 批 判

定庵在重"抱小"考據的同時不忘"小學之事，與仁愛孝弟之行，一以貫之已矣"的宋學"追大"，他的"尊史"，既須"善出"，須"出乎史，入乎道"，要能够看出歷史事

---

① 錢鍾書：《管錐編》（第 1 册），第 166 頁。
② ［德］黑格爾著，朱光潛譯：《美學》第一卷，第 39 頁。

件之間的聯繫,這樣的"尊史",在定庵這裏是終究要落實到"明道"亦即落到致用資治上的。如此讀定庵的《己亥雜詩》,道是:"霜毫擲罷倚天寒,任作淋漓淡墨看。何敢自矜醫國手,藥方只販古時丹。""藥方"針對"病人","病人"只能是還"活著"的"現實";"醫國"之"藥方"亦即"史",以"古丹"醫國,便是以史醫今,以史治今。黑格爾説:

> 當我們研究"過去"的時代,研究遥遥的世界,這時候一種"現在"便涌現在我們心頭。發生的史迹不屬於"過去"而屬於"現在"。……一個灰色的回憶,不能抗衡"現在"的生動和自由。①

錢鍾書説:

> 蓋後來者尚論前人往事,輒遠取而近思,自本身之閲歷著眼,於切己之情景會心,曠代相知,高舉有契。②

定庵的"善出"史論與黑氏、錢氏的精神脉絡相通。也因此定庵的學論總有著鮮明的針對現實的價值與意涵。作爲史家,他與詩人一樣,面對經過自身"選擇"的"題材","以巡視内心世界和外在世界的自由眼光去臨高俯視",他"必須從内心和外表兩方面去認識人類生活,把廣闊的世界及其紛紜萬象吸收到他的自我裏去,對它們起同情共鳴,深入體驗,使它們深刻化和明朗化"。③ 綜括而言,龔自珍針砭現實、借史論今的下列主張值得重視。

(一) 公羊學"三世説"

梁啓超説:"自珍……喜爲要眇之思,其文辭俶詭連犿,當時之人弗善也。而自珍益以自喜,往往以《公羊》義譏切時政,詆排專制。……晚清思想之解放,自珍確有功焉。光緒間所謂新學家者,大率人人皆經過崇拜龔氏之一時期。初讀《定庵文集》,若受電然,稍進,乃厭其淺薄。然今文學派之開拓,實自龔氏。"④定庵二十八歲時"就劉申受問《公羊》家言",其《己亥雜詩》,第五十九首云:"端門受命有雲礽,一脉微言我敬承。宿草敢萟劉禮部,東南絶學在毗陵。"其下有注曰:"年二十有八,始

---

① 〔德〕黑格爾著,王造時譯:《歷史哲學》,第44頁。
② 錢鍾書:《管錐編》(第4册),第1266頁。
③ 〔德〕黑格爾著,朱光潛譯:《美學》第三卷(下),第54頁。
④ 梁啓超:《清代學術概論》,載《梁啓超論清學史二種》,上海:復旦大學出版社,1985年,第61頁。

從武進劉申受受《公羊春秋》，今歲成《春秋決事比》六卷，劉先生卒十年矣。"①定庵既受學於劉逢禄，又頗引宋翔鳳爲同志，其《己亥雜詩》贊宋翔鳳謂："玉立長身宋廣文，長洲重到忽思君。遙憐屈賈英靈地，樸學奇才張一軍。"②定庵自注："'奇才樸學'，二十年前目君語，今無以易也。"③以己亥逆推二十年，應爲嘉慶二十四年己卯（1819）定庵二十七歲時。故錢穆認爲："常州之學，起於莊氏（莊存與），立於劉（劉逢禄）、宋（宋翔鳳），而變於龔、魏。然言夫常州學之精神，則必以龔氏爲眉目焉。"④錢穆所謂的"變"是指莊、劉、宋之今文公羊學就學術而學術，并不涉及現實。定庵的"開風氣"則以學術干政議政。梁啓超稱爲"大颶風"，後成爲戊戌變法理論性綱領的康有爲兩考（《新學僞經考》《孔子改制考》）均以今文公羊學爲根柢，其發軔者即龔自珍。定庵之指陳現實每據《公羊》"三世説"立論。其《乙丙之際箸議第九》寫道："吾深聞於《春秋》者，其論史也，曰：書契以降，世有三等。三等之世，皆觀其才。才之差，治世爲一等，亂世爲一等，衰世別爲一等。"且看龔自珍論"衰世"，《乙丙之際箸議第九》有云：

> 衰世者，文類治世，名類治世，聲音笑貌類治世。黑白雜而五色可廢也，似治世之太素；宫羽淆而五聲可鑠也，似治世之希聲。道路荒而畔岸隳也，似治世之蕩蕩便便。人心混混而無口過也，似治世之不議。左無才相，右無才史，閫無才將，庠序無才士，隴無才民，廛無才工，衢無才商，抑巷無才偷，市無才駔，藪澤無才盜，則非但鶸君子也，抑小人甚鶸。當彼其世也，而才士與才民出，則百不才督之、縛之，以至於戮之。戮之非刀、非鋸、非水火，文亦戮之，名亦戮之，聲音笑貌亦戮之。戮之權不告於君，不告於大夫，不宣於司市，君、大夫亦不任受。其法亦不及要領，徒戮其心，戮其能憂心、能憤心、能思慮心、能作爲心、能有廉耻心、能無渣滓心。⑤

按，龔自珍以"三世説"立論，却全然抛開"治世""亂世"之"二世"而直指"衰世"，展現了一幅"以假亂真"鮮活的"官場現形"圖。所謂"以假亂真"，這裏須借用詮釋學的慧眼予以透視。海德格爾指出："現相作爲'某種東西的'現相，恰恰不是説（重點號爲海德格爾所加）顯現自身，而是説通過某種顯現的東西呈報出某種不顯現的東

---

①　（清）龔自珍：《龔自珍全集》，第514頁。

②　（清）龔自珍：《龔自珍全集》，第522頁。

③　（清）龔自珍：《龔自珍全集》，第522頁。

④　錢穆：《中國近三百年學術史》，北京：中華書局，1986年，第533頁。

⑤　（清）龔自珍：《龔自珍全集》，第6頁。

西。"(重點號爲筆者所加)"呈現的東西不構成呈現者的本真存在。"①按,理解海氏,關鍵在"現相"與"現象"之區別。"現相"在海氏這裏作動詞用,即"表現"之義;"現象"則爲名詞,作"現相"之賓語。"現相"表現之"現象"既可能是"真象",也可能是"假像"。海德格爾深刻揭示了歷史上以及生活中的一個普遍真理——"現象絶不是現相。"②(重點號爲海德格爾所加)。據此反觀龔自珍所論,他所見"某種東西的"的"現相"恰恰不"顯現自身"——"現相"所"表現"的"現象"是一種"假像"。例如"治世之太素""治世之蕩蕩便便""治世之希聲""治世之不議",這些都是治世的"現相",同時也是治世的"現象";但在衰世,它雖然也是"現相"表現之"現象",這"現相"卻不是"真象",它并不"顯現"真實的現實本質,而是迷惑世人的"假像"。此種"假像"所導致的結果便是"黑白雜而五色廢""宫羽淆而五聲鑠""人心混混而無口過"。作爲一位"好深思,愛正義的人",又是一個"慷慨豪放容易激動的人",定庵同樣"流落在萎靡與腐化的群衆之間,周圍盡是欺詐與壓迫,專制與不義"③,定庵眼見的世風便是如此:不求有功,但求無過,五音淆雜,黑白相混。渾噩世風下所有人也就習慣於"混混無口過"——誰都不去"多事",誰都不去揭露、抨擊黑暗。在此種世道下,定庵看到的官僚只能是一些唯唯諾諾無氣節的寡廉鮮耻之徒,正如《明良論》所説:"歷覽近代之士,自其敷奏之日,始進之年,而耻已存者寡矣! 官益久則氣愈偷;望愈崇則諂愈固;地益近則媚亦益工……"④俄國美學家別林斯基在談到莎士比亞的價值時認爲,莎翁創作的奥賽羅"過去有,現在也還會有許多這樣的奥賽羅,儘管在形式上有所不同"。⑤ 當定庵之説業已"凝固"二百年後的今天,今人讀其文仍然能夠産生"若受電然"的鮮活體驗,因爲他所説的"歷史"同樣"過去有,現在也還會有"——它在"現實"中仍然活著。

(二)"賓賓"與"知耻"

龔自珍每以史氏高自期許,發爲《古史鈎沉論一》,又題《戡耻》,其現實主義批判矛頭,首先刺向了清廷專制統治對有棱角、有見地的士的扼殺。他寫道:

> 昔者霸天下之氏,稱祖之廟。其力彊,其志武,其聰明上,其財多,未

① 〔德〕海德格爾著,陳嘉映、王慶節譯:《存在與時間》,第34—35頁。
② 〔德〕海德格爾著,陳嘉映、王慶節譯:《存在與時間》,第35頁。
③ 〔法〕丹納著,傅雷譯:《藝術哲學》,第29頁。
④ (清)龔自珍:《龔自珍全集》,第31頁。
⑤ 轉引自朱光潜:《西方美學史》(下),第576頁。

嘗不仇天下之士，去人之廉，以快號令；去人之恥，以嵩高其身。一人爲剛，萬夫爲柔，以大便其有力彊武，而胤孫乃不可長，乃誹、乃怨、乃責問、其臣乃辱。榮之亢，辱之始也；辨之亢，誹之始也；使之便、任法之便，責問之始也。……積百年之力，以震蕩摧鋤天下之廉恥，既殄、既獮、既夷，顧乃席虎視之餘陰，一旦責有氣於臣，不亦暮乎！①

在龔自珍看來，"士皆有恥，則國家永無恥；士不知恥，爲國之大恥"。② 那麼，"士"當潔身自好，以立氣節爲要。"士"何以能潔身自好立氣節？定庵主張入乎史爲史氏逸民。入乎史，當首先明史，知曉"史"不過是"賓"，歷三代以來無不如此的歷史故事。而"史"之所以爲"賓"，那又是掌握國家政權者的戒備、排斥所造成。定庵於是再借"三世説"立論：

古者開國之年，異姓未附，據亂而作，故外臣之未可以共天位也。在人主則不暇，在賓則當避忌。……易世而升平矣，又易世而太平矣，賓且進而與人主之骨肉齒。然而祖宗之兵謀，有不盡欲賓知者矣；燕私之禄，有不盡欲與賓共者矣；宿衛之武勇，有不欲受賓之節制者矣；一姓之家法，有不欲受賓之論議者矣。四者，三代之異姓所深自審也。是故周祚四百，其大政之名氏……皆姬姓也。其異姓之聞人，則史材也。且夫史聃之訓曰："知足不辱，知止不殆。"知所以自位，則不辱矣；知所以不論議，則不殆矣。③

定庵這裏借言説歷史而對現實中清廷排斥漢族士大夫提出了指控。清廷之排漢，定庵有《杭大宗軼事狀》爲據：

乾隆癸未歲，杭州杭大宗以翰林保舉御史，例試保和殿，大宗下筆爲五千言。其一條云：我朝一統久矣，朝廷用人，宜泯滿漢之見。是日旨交刑部，部議擬死。上博詢廷臣，侍郎觀保奏曰：是狂生，當其爲諸生時，放言高論久矣。上意解，赦歸里。……乙酉歲，純皇帝南巡，大宗迎駕，召見，問汝何以爲活？對曰：臣世駿開舊貨攤。上曰：何謂開舊貨攤？對曰：買破銅爛鐵，陳於地賣之。上大笑，手書"買賣破銅爛鐵"六大字

---

① （清）龔自珍：《龔自珍全集》，第 20 頁。

② （清）龔自珍：《龔自珍全集》，第 20 頁。

③ 《古史鈎沉論四》，（清）龔自珍：《龔自珍全集》，第 27—28 頁。

賜之。①

是知定庵作此文必有深意。而《古史鈎沉論一》中所謂"賓"當避忌,當深自審、知足、不論議,却是一種正話反説的嘲諷。然而,在人主雖對"賓"百般戒備與排斥,"賓"却當自持。自持者何?

> 夫賓也者,生乎本朝,仕乎本朝,上天有不專爲其本朝而生是人者在也。……孔子述《六經》,則本之史也。史也,獻也,逸民也,皆於周爲賓也,異名而同實者也。若夫其姓賓也,其籍外臣也,其進非世及也,其地非閨闥燕私也,而僕妾色以求容,而俳優狗馬行以求禄,小者喪其儀,次者喪其學,大者喪其祖。徒樂廁於僕妾、俳優、狗馬之倫,孤根之君子,必無取焉。②

按,"賓"雖籍於"外臣",没有同姓貴族的血統可資蔭庇,但"賓"須自知爲"史",是孔子都必須依賴的對象。"史"作爲"獻",以如椽之筆記録史事,孔子修《六經》而不能不本乎"史",這就是"生乎本朝,仕乎本朝,上天有不專爲其本朝而生是人者"的"史"之價值所在,也是"賓史"自持自尊之本根所在。如若忘記了自身"賓""史"的地位和價值,"僕妾色以求容","俳優狗馬行以求禄","孤根"之君子必不取!有"根"而謂之"孤",定庵此特指滿、漢所出根祖之别,而警策漢族士類當自重。士類當整其威儀,守其正學,尤其當自持自尊而不辱其"祖"。所以説:"古者世有抱祭器而降者矣,有抱樂器而降者矣,有抱國之圖籍而降者矣,無籍其道而降者。道不可以籍也。"③這裏,定庵對那些渾噩唯諾的官僚特别是漢族官僚痛下針砭,希望以猛藥擊其覺醒。定庵之論大膽之極,亦犀利尖刻之極!龔自珍本人自嘉慶二十三年(1818)中式浙江鄉試,此後會試屢不售。直至道光九年(1829)始得會試中式,後定庵終身居低位,困厄下僚。仕途坎坷,定庵却抱曠世之才厚自期許,其云:"河汾房杜有人疑,名位千秋處士卑。一事平生無齮齕,但開風氣不爲師。"仕途與自許間形成的強烈反差,對於定庵借尊史以譏諷時事肯定産生過重大影響。④ 定庵尊史,他不僅這樣要求士類,他也這樣自律。他的尊史之論内蕴含著對清朝統治下扼殺人

---

① 《杭大宗逸事狀》,(清)龔自珍:《龔自珍全集》,第 161 頁。
② 《古史鈎沉論四》,(清)龔自珍:《龔自珍全集》,第 28—29 頁。
③ 《古史鈎沉論四》,(清)龔自珍:《龔自珍全集》,第 28 頁。
④ 案,《古史鈎沉論》始作於 1825 年定庵三十四歲時,時正值定庵會試不售,屢遭挫折。見吳昌綬《定庵先生年譜》,(清)龔自珍:《龔自珍全集》,第 610 頁。

才的强烈不滿,故曰"九州生氣恃風雷,萬馬齊暗究可哀! 我勸天公重抖擻,不拘一格降人才"①。

(三)"山中"與"京師";夷夏之防與"改革"擁清

萬馬齊暗,官僚渾噩,看不到大厦將傾的深刻社會危機,對此定庵以良史憂天下爲己任,獨敢以卑微而放危言高論。龔自珍有《尊隱》。"隱"而當"尊",即當尊"逸民",定庵發論道:

> 聞之古史氏矣,君子所大者生也,所大乎其生者時也。是故歲有三時……日有三時……日之將夕,悲風驟至,人思燈燭,慘慘目光,吸引暮氣,與夢爲鄰……而君子適生之。不生王家,不生其元妃、嬪嬙之家,不生所世鬌之家,從山川來,止於郊。而問之曰:何哉? 古先册書,聖智心肝,人功精英,百工魁傑所成。如京師,京師弗受也。非但不受,又裂而磔之……則百寶咸怨。怨則反其野矣! ……則京師之氣泄;京師之氣泄,則府於野矣。如是則京師貧;京師貧,則四山實矣。古先册書,聖智心肝,不留京師……則京師賤;賤,則山中之民,有自公侯者矣! 如是則豪傑輕量京師;輕量京師,則山中之勢重矣! 如是則京師如鼠壤;如鼠壤,則山中之壁壘堅矣! 京師之日苦短,山中之日長矣! ……朝士寡助失親,則山中之民,一嘯百吟,一呻百問疾矣! ……山中之民,有大音聲起,天地爲之鐘鼓,神人爲之波濤矣!②

透過上述陰晦詭譎的對比議論,定庵用凄慘蕭殺的灰色調描繪了一幅"山中"與"京師"勢力對壘的消長圖:不生王家,不生元妃、嬪嬙之家,没有貴族血統可資蔭庇的"君子"實亦即史氏。史氏爲人群精英。英才遭忌,如京師京師弗受,非但不受,又裂磔之,於是史氏即"百寶"怨而反諸野而至於"山中"。因史氏去京師而往山中,於是京師之氣"泄"而山中之氣"府";於是京師貧而"四山"實;於是京師"賤"而山中之民"有自公侯者";於是"豪傑"敢"輕量"京師;輕量京師,則山中之勢"重";於是京師如"鼠壤"而山中之"壁壘"堅;於是京師之"日"苦短而山中之日長。一旦"山中"與"京師"勢力消長已至於山中之民一嘯百吟,一呻"百問疾",即群起而攻之,斯時必有大音聲起,天地遂爲之鐘鼓,神人爲之波濤矣! 這幅圖景是定庵爲警策清統

---

① (清)龔自珍:《龔自珍全集》,第521頁。
② (清)龔自珍:《龔自珍全集》,第88頁。

治者而描繪。他要求清廷重史氏，也就是要求清廷傾聽來自史氏的忠告。定庵告誡清廷要接納而不是排斥史氏。這裏，定庵已經將史氏的作用提高到了"山中"與"京師"勢力消長的關鍵所在之高度，他的厚自期許至此已臻於極！他一連用六七個對比，以"山中"與"京師"相對待，幾乎使人產生其或有"反骨"的印象，這是定庵失望已極的憤懣激切之論。讀他的大膽議論，的確會使人有"若受電"的凛凛然之感。定庵的議論，是足以爲"詆排專制"、要求"晚清思想之解放"（梁啓超語）的後人所加利用的。

然而，再試讀龔自珍的下列議論，讀者當會產生與讀《尊隱》完全不同的觀感。在《春秋決事比自序》中定庵寫道：

> 在漢司馬氏曰："《春秋》者，禮義之大宗也。"又曰："《春秋》明是非，長於治人。"晋臣荀崧踵而論之曰："《公羊》精慈，長於斷獄。"九流之目，在董仲舒一百二十三篇。……抑又聞之，《春秋》之治獄也，趨作法也，罪主人也，南面聽百王也，萬世之刑書也。決萬世之事，豈爲一人一事？是故實不予而文予者有之矣……實予而文不予者有之矣。……民生地上，情僞相萬萬，世變徙相萬萬，世變名實徙相萬萬。《春秋》文成纔數萬，指纔數千，以秦漢後世事，切劇《春秋》，有專條者十一二，無專條者十八九，又皆微文比較，出没隱顯，互相損益之辭，《公羊》氏所謂主人習其讀，問其傳，未知己之有罪者也。斯時通古今者起，以世運如是其殊科，王與霸如是其殊統，考之孤文隻義之僅存，而得之乎出没隱顯之間，由是又欲竟其用，逕援其文以大救裨當世。……自珍既治《春秋》，齟理罅隙……乃獨好刺取其微者，稍稍迂迴贅詞説者，大迂迴者。凡建五始，張三世，存三統，異内外，當興王，及別月日時，區名字氏，純用《公羊》氏。[①]

這裏，定庵對於《公羊》學的微言大義所涉建五始，張三世，存三統，異内外，當興王等義法皆有心得。他在文中提到的"實不予而文予"，"實予而文不予"，這既是公羊義法，更是常州今文一派治學方法論的基石與根骸。定庵雖然感覺到《春秋》之言簡而後世之事繁，故頗有出没隱顯，用於當世若此其難之慨，然而他畢竟還是要"刺取其微者""以大救裨當世"的。這個"大救裨當世"，合之於前引定庵的"三世説"，其要旨全在於"變"。變的結果是"天未必不樂一姓，鬼神未必不享一姓"；倘若拒絕"變"拒絕改革，那就要"以俟踵興者之改圖"，等待國祚他移之後別家的改革

---

① （清）龔自珍：《龔自珍全集》，第233—234頁。

了。定庵的這一理論，與自莊存與、劉逢禄、宋翔鳳以來的常州今文一派一脉相承。只是莊、劉、宋借"三統說"立論，突显三統說中的"天命所授者博，非獨一姓"之義，警策帝王當以民爲本，潔身自好以不失王"統"；而定庵天和鬼神樂享一姓的前提，已由帝王本身的立德擴展轉移到了革除國家弊政。他的"以俟踵興者"一説尤較莊、劉、宋大膽而激切。

定庵有《五經大義終始問答》文論一組。這一組文論完全環繞三世說而展開。值得注意的是《問答七》。定庵謂：

> 問：太平大一統，何謂也？　答：宋明山林偏僻士，多言夷夏之防，比附《春秋》，不知《春秋》者也。《春秋》至所見世，吴楚進矣。伐我不言鄙，我無外矣。《詩》曰："無此疆爾界，陳常于時夏。"聖無外，天亦無外者也。然則何以三科之文，内外有異？　答：據亂則然，太平則不然。①

按，龔自珍此論帶有"理想"之深意，與他憤而至極所發"山中"與"京師"勢力消長之論大相徑庭。伽達默爾贊賞狄爾泰"把歷史學家置於那種與其對象的理想的同時性之中"的認識論，認爲"這種同時性就是我們所稱的審美的同時性"②（重點號爲筆者所加）。即是說，史家要有"理想"，他不僅要知道歷史"是什麽"，而且有歷史"應當是什麽"的"理想"。正如康德在《重提這個問題：人類是在不斷朝著百善前進嗎？》時所説："真正的熱情，總是在朝著理想的東西以及真正純粹道德的東西前進的。"③（重點號爲康德所加）克羅齊也認爲，史家應當具有"歷史是什麽和應當是什麽"④的學養。據此來看定庵，他的上述言説正是一種"理想"支配下的論調。晚明遺老堅持遺民立場，至清初仍然主夷夏大防。這是"歷史的真實"。定庵譏切其不明《春秋》大義，却是旨在爲清廷張目：按照"三世説"，太平世應當夷夏無防，但太平世係據亂世發展而來，這其中有一個"迴圈演進"的軌跡，此即定庵所說"萬物之數括於三：初異中，中異終，終不異初。……萬物一而立，再而反，三而如初"⑤。龔自珍眼中的現實屬據亂世，據亂世原應當有夷夏大防，也的確表現爲滿漢畛域的"夷

---

① （清）龔自珍：《龔自珍全集》，第 48 頁。

② ［德］伽達默爾著，洪漢鼎譯：《真理與方法》，第 332 頁。

③ ［德］康德著，何兆武譯：《重提這個問題：人類是在不斷朝著百善前進嗎？》，載《歷史理性批判文集》，北京：商務印書館，1991 年，第 158 頁。

④ ［意］貝奈戴托·克羅齊著，［英］道格拉斯·安斯利英譯，傅任敢中譯：《歷史學的理論和實際》，北京：商務印書館，1982 年，第 135 頁。

⑤ 《壬癸之際胎觀第五》，（清）龔自珍：《龔自珍全集》，第 16 頁。

夏大防"。但據亂而改亂,據亂而革除弊政即清廷自覺消除對漢人的歧視"不拘一格降人才",則又當入太平世,當入不應有夷夏大防之世。從漢族士類的立場來説,也就不必拘滯於夷夏大防,不必視清爲"夷"而當爲清政權服務,只要滿清政府能够自覺改革除弊,由"據亂"而進於"太平"。龔氏特别指出衰世之徵在於無是非、無黑白、無善惡、無真偽,渾渾噩噩,死水一潭,卓犖有棱角之士的才智被扼殺,因此他要求"更法",指出:

> 仿古法以行之,正以救今日束縛之病⋯⋯奈之何不思更法?①
>
> 拘一祖之法,憚千夫之議,聽其自斃,以俟踵興者之改圖爾!一祖之法無不敝,千夫之議無不靡,與其贈來者以勁改革,孰若自改革?抑思我祖所以興,豈非革前代之敗耶?前代所以興,又非革前代之敗耶?⋯⋯天何必不樂一姓耶?鬼何必不享一姓耶?奮之奮之!將敗則豫師來姓,又將敗則豫師來姓!《易》曰:"窮則變,變則通,通則久。"②

這是説,"更法"有史可鑒有"理"可循。清廷因革前代之敗而興;前代又因革前代之敗而興。明智者當自知《易》的窮變通久之則及時改革,則天未必不樂授一姓,鬼未必不樂享一姓。也就是説,只有革除弊政,天和鬼神方可庇佑清廷國祚不移。否則就要贈來者以"勁"改革了。國祚不保,由别家替代,結果别家還是要改革。與其贈别家"勁"改革,孰若自改之?可見定庵對清廷自行革除弊政還是有期待的。所以説,定庵的思想是矛盾而複雜的:他既有山中之民大音聲起,京師之氣泄,京師如鼠壤等幾帶"反叛"之義的激切議論;又有天和鬼神當樂享一姓,不棄一姓,亦即天和鬼神當樂享清廷不棄清廷之説。

結　　語

1903 年,張之洞在京曾寫過一首題爲《學術》的詩,張之洞自注曰:"二十年來,都下經學講《公羊》,文章講龔定庵,經濟講王安石,皆餘出都以後風氣,遂有今日,傷哉!"③1906 年左右,章太炎在一篇題爲《説林》的文章中譏龔自珍"文辭側媚,自以取法晚周諸子,然佻達無骨體,視晚唐皮、陸且弗逮;以較近世,猶不如唐甄《潛

---

①　《明良論四》,(清) 龔自珍:《龔自珍全集》,第 35 頁。

②　《乙丙之際箸議第七》,(清) 龔自珍:《龔自珍全集》,第 6 頁。

③　(清) 張之洞:《張文襄公全集》卷二百九十七"詩集四"《學術》之自注,北京:中國書店出版社,1990 年。

書》近實。後生信其狂耀，以爲巨子，誠以舒縱易效，又多淫麗之辭，中其所嗜，故少年靡然向風。自自珍之文貴，則文學塗地垂盡，將漢種滅亡之妖邪？"

張、章二氏，一爲清廷達官，一爲排滿革命健將，所痛恨定庵如此，所詆訶定庵之學影響於世風者又如此。錢鍾書曾經正確地指出："假使一個古代思想家值得我們研究，我們應當尊敬他爲他的時代的先驅者，而不宜奚落他爲我們的時代的落伍者。換句話講，我們應當看他怎樣趕在他同時人之先，而不應當怪他落在我們之後。"① 據此看張、章二氏，其人謾罵毋庸理論，其痛心疾首之態已失中和，其論多偏頗難信；然張、章二氏之語又頗有可信者：定庵風靡一時，尤爲思想激進敏銳，較少保守老成，較多前行進取之心的少年所心儀，此當可信之言。而當時勢遽變，能夠風靡一時，爲少年所心儀之定庵學，必非其小學、漢學考據學，而必爲其"大學"、今文經學，此斷可言者！ 一代學風之變，亦一代時政之變之先兆。值此世紀裂變之交，大廈將傾未傾之際，定庵與之，不亦宜乎？

---

① 錢鍾書：《休謨的哲學》，載《錢鍾書散文》，第 123 頁。

《説苑》春秋學歸屬再議

陳顥哲

【摘　要】《説苑》作爲西漢時期的文獻總匯,其中保存了許多前漢時期的經學思想,後世學者多據此考察漢代經説之内容。然《説苑》成書過程并不明朗,且久經散佚,致使學者對其中所持經説歸屬多有歧論。於《説苑》所持《春秋》説,即有歸屬《公羊》《穀梁》《左氏》及三傳兼通諸説,各説相持不決。是以本文旨在探討《説苑》所引據《春秋》學歸屬問題,透過文本及思想之間的分析比對,并歸因各家説詞以釐清持論所據,認爲《説苑》中之《春秋》説當屬《公羊學》。

【關鍵词】　春秋三傳　公羊傳　説苑

【作者簡介】　陳顥哲,1983 年生,北師港浸大(UIC)通識教育中心-中國語言文化中心助理教授。

一、前　　言

劉向(約公元前 77—前 6),字子政,原名更生,歷仕前漢宣、元、成帝三朝。劉向博極群書,爲西漢時期的重要學者。劉向之著作,見於《漢書·藝文志》著録者,有《五行傳記》十一卷、劉向所序六十七篇、《説老子》四篇以及賦三十三篇。這些作品絶大部分亡佚殘缺,賴有後人輯佚,今日才得藉以一窺劉向的學思淵源。

劉向所學既博,又廣見古籍藏書,是以其著作中常見徵引各類典籍,由此引發劉向學思歸屬之爭議。如論《説苑》的《詩》學歸屬,前人各有持毛、魯、韓三家説,更有據《説苑》以推三家《詩》遺説者。漢時《詩》説今多不存,冀《説苑》推考遺文而致使異説紛呈,實是不得已而爲之。然今日三《傳》俱在,其文亦班班可考,但《説苑》之《春秋》學歸屬問題却也同樣各持異論:有據劉向史傳而論《説苑》屬《穀梁》者,有考諸文本而歸《説苑》於《公羊》論,更有因今古學之説而定《説苑》取《左氏》者。時至今日,討論《説苑》的文字雖多,但對於其經學歸屬的課題,或置於不議不論之列,或參合而取論折衷,是以本文試圖直從文獻考訂著手,期能廓清衆議,得其本然。

二、《説苑》所見《春秋》説以《公羊》爲主

欲檢覈《説苑》的三傳歸屬,最具效力的作法,當是直接據其所引用的《春秋》經傳之文做來源蠡測。按徐復觀先生所考,《説苑》所出"春秋"之名凡二十四處:其中未知歸屬者三條、屬《春秋》通義者一條、屬《公羊》者十一條、《穀梁》三條、《春秋繁露》者六條。① 然筆者覆核向宗魯《説苑校證》、趙善詒《説苑疏證》,所得則與徐氏有異。爲免煩冗,筆者將所考内容列表於下

表一　《説苑》引《春秋》表②

編號	篇目	原　　文	筆者所考出處
1	君道	《春秋》不能予君而夷狄之	不書"君"而夷狄之,《公》《穀》義法。
2	君道	有國者不可以不學《春秋》	《史記·太史公自序》轉引董仲舒言論。
3	君道	周德不亡,《春秋》不作。《春秋》作而後君子知周道亡也。	當化用《孟子·離婁下》:"王者之迹息而《詩》亡,《詩》亡然後《春秋》作。"
4	建本	本立而道生。《春秋》之義,有正春者無亂秋,有正君者無危國。	"慎始"之義,同見於《公》《穀》。
5	建本	君身必正,近臣必選,大夫不兼官,執民柄者不在一族,可謂不權勢矣。此皆《春秋》之意而元年之本也。	同上。
6	建本	公扈子曰:有國者不可以不學《春秋》。……《春秋》之中,弒君三十六,亡國五十二。	其言同於《史記·太史公自序》所引董仲舒言論。

---

① 徐復觀:《劉向新序説苑的研究》,《兩漢思想史》卷三,臺北:學生書局,1979 年,第 84 頁。

② 本表所采用版本:(漢)劉向撰,趙善詒疏證:《説苑疏證》,上海:華東師範大學出版社,1985 年;司馬遷:《史記》,北京:中華書局,1997 年;(清)蘇輿:《春秋繁露義證》,北京:中華書局,1996 年。

續　表

編號	篇目	原　　文	筆者所考出處
7	貴德	故睹麟而泣,哀道不行,德澤不洽,於是退作《春秋》,明素王之道,以示後人。	化用《公羊·哀公十四年》傳文。
8	貴德	周天子使家父毛伯求金於諸侯,《春秋》譏之。故天子好利則諸侯貪,諸侯貪則大夫鄙,大夫鄙則庶人盜。	見於《公羊·文公九年》傳文,然三《傳》同譏求金。
9	復恩	子夏曰:《春秋》者,記君不君、臣不臣、父不父、子不子者也。	其言同見《史記·太史公自序》與《春秋繁露·玉杯》。
10	政理	《春秋》曰:四民均則王道興而百姓寧。所謂四民者,士農工商也。	《穀梁·成公元年》傳文曰:"上古者有四民:有士民,有商民,有工民,有農民。"疑本《穀梁》。
11	尊賢	魯不勝其患,將乞師於楚,以取全耳。故《傳》曰:"患之起必,自此始也。"	"傳曰"者,《公羊·僖公二十六年》文。
12	正諫	昔陳靈公不聽泄冶之諫而殺之,曹羈三諫曹君不聽而去,《春秋》序義雖俱賢而曹羈合禮。	義同《公羊·莊公二十四年》傳文。然詳考之,或爲早期《春秋》説。
13	敬慎	羞小耻以構大怨,貪小利以亡大衆,《春秋》有其戒,晉先軫是也。	事出僖公三十三年,然三《傳》皆異。
14	奉使	《春秋》之辭,有相反者四:既曰大夫無遂事,不得擅生事矣;又曰出境可以安社稷、利國家者,則專之可也;既曰大夫以君命出,進退在大夫矣;又曰以君命出,聞喪徐行而不反者何也。	"大夫無遂事"至"專之可也",《公羊·莊公十九年》文。"大夫以君命出",《公羊·襄公十九年》文。"又曰以君命出",見《公羊·宣公八年》。
15	奉使	公子結擅生事,《春秋》不非,以爲救莊公危也;公子遂擅生事,《春秋》譏之,以爲僖公無危事也。	"公子結擅生事",見《公羊·莊公十九年》,三《傳》中唯《公羊》褒之;"公子遂擅生事",見《公羊·僖公三十年》,亦僅有《公羊》貶之。
16	奉使	傳曰:《詩》無通詁,《易》無通吉,《春秋》無通義。	《春秋繁露·精華》作:"《詩》無達詁,《易》無達占,《春秋》無達辭。"

編號	篇目	原　　文	筆者所考出處
17	至公	夫子行説七十諸侯無定處,意欲使天下之民各得其所,而道不行,退而修《春秋》,采毫毛之善,貶纖介之惡,人事浹,王道備。精和聖制,上通於天而麟至,此天之知夫子也。	大意見《公羊・哀公十四年》傳文。《春秋繁露・王道》:"善無細而不舉,惡無細而不去。""人事浹,王道備",見《史記・十二諸侯年表》。
18	指武	《春秋》記國家存亡,以察來世。	漢時《春秋》通義。
19	指武	《春秋》先京師而後諸夏,先諸華而後夷狄。	化用《公羊・成公十五年》:"《春秋》內其國而外諸夏,內諸夏而外夷狄。"
20	辨物	《春秋》乃正天下之位,徵陰陽之失,直責逆者,不避其難,是亦《春秋》之不畏強禦也。故劫嚴社而不爲驚靈,出天王而不爲不尊上,辭蒯聵之命不爲不聽其父,絕文姜之屬而不爲不愛其母。	《春秋繁露・精華》作:"故變天地之位,正陰陽之序,直行其道,而不忘其難,義之至也。是故脅嚴社而不爲不敬靈,出天王而不爲不尊上,辭父之命而不爲不承親,絕母之屬而不爲不孝慈。"
21	修文	《春秋》曰:壬申,公薨于高寢。《傳》曰:高寢者何? 正寢也。	《穀梁・定公十五年》作:"高寢,非正也。"《公羊》無傳。
22	修文	《春秋》曰:天王入于成周。《傳》曰:成周者何? 東周也。	《公羊・昭公二十六年》文。
23	修文	《春秋》曰:正月,公狩于郎。《傳》曰:春曰茵,秋曰蒐,冬曰狩。	經文見於桓公四年。《公羊傳》作:"春曰苗,秋曰蒐,冬曰狩。"《穀梁傳》作:"春曰田,夏曰苗,秋曰蒐,冬曰狩。"《左傳・隱公五年》傳文作:"春蒐、夏苗、秋獮、冬狩。"
24	修文	《春秋》曰:天王使宰咺來歸惠公仲子之賵。賵者何? 喪事有賵者,盖以乘馬、束帛、輿馬曰賵,貨財曰賻,衣被曰襚,口實曰唅,玩好曰贈。	自"賵者何"至"玩好曰贈",全同於《公羊・隱公元年》。
25	修文	《春秋》曰:庚戌,天王崩。《傳》曰:"天王何以不書葬? 天子記崩不記葬,必其時也。諸侯記卒記葬,有天子在,不必其時也。"	《公羊・隱公三年》文。

就筆者所考見,相較於徐氏的考證,尚有六條可再議:

第 8 條,徐氏認爲出於《穀梁傳·桓公十五年》,經:"天王使家父來求車。"傳曰:"古者諸侯時獻于天子以其國之所有,故有辭讓而無徵求。求車,非禮也,求金甚矣。"徐說以《穀梁》有提及"求金",故判爲源出《穀梁》。然筆者以爲當出於《公羊·文公九年》。《説苑》原文所述事爲"周天子使家父毛伯求金於諸侯",關節在於"毛伯""求金",故有"非禮"之譏。而《公羊》經云:"毛伯來求金。"傳曰:"毛伯來求金何以書?譏。何譏爾?王者無求,求金非禮也。"且《説苑》又云"天子好利則諸侯貪,諸侯貪則大夫鄙,大夫鄙則庶人盜",何休《解詁》"求則諸侯貪,大夫鄙,士庶竊盜"與之義同。據此,《説苑》更同於《公羊》,此當從《公羊》。

第 10 條,徐氏云:"尚未能查出其出於何傳"。① 然文中有"四民"之詞,考諸《公羊》傳文皆無所獲,僅見於何休《解詁》;② 而《穀梁·成公元年》傳文則具列"四民"而釋,故此權從《穀梁》。

第 12 條,《説苑·正諫》首章云:"《春秋序義》雖俱賢而曹羈合禮。"徐氏認爲不知何據。案考曹羈事見《春秋》莊公二十四年,《左氏》《穀梁》皆無傳,《公羊》傳曰:

> 曹羈者何?曹大夫也。曹無大夫,此何以書?賢也。何賢乎曹羈?戎將侵曹,曹羈諫曰:"戎衆以無義,君請勿自敵也。"曹伯曰:"不可。"三諫不從,遂去之。故君子以爲得君臣之義也。③

案《公羊》認爲曹僖公能容諫言,曹羈能盡臣子之責,後雖曹公不納諫而使曹羈去國,仍皆得君臣之義。即以義理而言,《説苑》所論曹羈事,當爲取法《公羊》。然若詳考《説苑》全句:"昔陳靈公不聽泄冶之諫而殺之,曹羈三諫曹君不聽而去,《春秋》序義雖俱賢而曹羈合禮。"則曹羈事見於《公羊》;而陳靈公殺泄冶事,却見於《左氏》《穀梁》,那麼最合理的推測,則是泄冶事取《穀》《左》,而下句曹羈事則用《公羊》。然而思及西漢篤守家法的學術背景,參以《説苑》是呈奏帝王以爲諫書的撰著條件,實不太可能出現此種淆亂家法的《春秋》説。

思及此,則其所謂"《春秋》序義"四字,或爲今已不傳之《春秋》説,故當爲《春秋序義》,且此書春秋義可能異於三《傳》,那麼并列泄冶、曹羈即不足爲怪。

---

① 徐復觀:《劉向新序説苑的研究》,《兩漢思想史》卷三,第 81 頁。

② 《解詁》作:"古者有四民:一曰德能居位曰士,二曰辟土殖穀曰農,三曰巧心勞手以成器物曰工,四曰通財粥貨曰商。"(漢) 何休解詁,(唐) 徐彥疏:《春秋公羊傳注疏》卷一七,臺北:藝文印書館,2001年,第 214 頁。

③ (漢) 何休解詁,(唐) 徐彥疏:《春秋公羊傳注疏》卷八,第 102 頁。

第 13 條,徐復觀先生以此出《穀梁傳·僖公三十三年》,經文是"晋人及姜戎敗秦師于殽",亦即春秋著名戰役"秦晋殽之戰"。此戰肇因於秦穆公欲發兵偷襲鄭國,在行軍途中,却被鄭國商人弦高發現而暴露踪迹;於失却先機的情形下,秦軍轉向攻打滑國。征滅滑國後,秦軍在回國的路上與晋軍交戰於殽,秦軍大敗,秦國東進中原的野心也因此受挫。

不過《穀梁》在此的記述,實是將論述的焦點放在戰役之前:

> 不言戰而言敗,何也? 狄秦也。其狄之何也? 秦越千里之險入虚國,進不能守,退敗其師,徒亂人子女之教,無男女之别。秦之爲狄,自殽之戰始也。秦伯將襲鄭,百里子與蹇叔子諫曰:"千里而襲人,未有不亡者也。"秦伯曰:"子之冢木已拱矣,何知!"師行,百里子與蹇叔子送其子而戒之曰:"女死,必於殽之巖唫之下,我將尸女於是。"師行,百里子與蹇叔子隨其子而哭之。秦伯怒曰:"何爲哭吾師也?"二子曰:"非敢哭師也,哭吾子也。我老矣,彼不死則我死矣。"晋人與姜戎要而擊之殽,匹馬倚輪無反者。晋人者,晋子也。其曰人何也? 微之也。何爲微之? 不正其釋殯而主乎戰也。[1]

從《穀梁》的傳文來看,其重心在記叙戰役發生前的秦國側,藉由百里子和蹇叔勸誡的言論暗示此戰必敗;而《説苑》所載,却是晋國側,且把晋國興兵擊秦的責任歸咎於先軫:

> 羞小耻以構大怨,貪小利以亡大衆,《春秋》有其戒,晋先軫是也。先軫欲要功獲名,則以秦不假道之故,請要秦師。襄公曰:"不可,夫秦伯與吾先君有結,先君一日薨而興師擊之,是孤之負吾先君,敗鄰國之交,而失孝子之行也。"先軫曰:"先君薨而不吊贈,是無哀吾喪也;興師徑吾地而不假道,是弱吾孤也;且柩畢尚薄屋,無哀吾喪也。"興師,卜曰:"大國師將至,請擊之。"則聽先軫興兵,要之殽,擊之,匹馬隻輪無脱者,大結怨構禍於秦,接刃流血,伏尸暴骸,糜爛國家,十有餘年,卒喪其師衆,禍及大夫,憂累後世。故好戰之臣,不可不察也。[2]

先從時間點來看,《穀梁》所記,是秦國即將出兵偷襲鄭國之前;《説苑》所録,却只討論晋國於秦師返國之際,且叙述時間綫更囊括大戰後的影響,"糜爛國家,十有

---

① (晋) 范甯集解,(唐) 楊士勛疏:《春秋穀梁傳注疏》卷九,臺北:藝文印書館,2001 年,第 96 頁。

② (漢) 劉向撰,趙善詒疏證:《説苑疏證》卷十,第 291 頁。

餘年"。從叙述的重點來看,《穀梁傳》與《説苑》各側重在不同處,故徐説此條文出於《穀梁》,當不可從。而檢視《公羊》,於此則是綫性説明戰役各時間節點之事,亦記述百里子與蹇叔勸阻秦穆公的對話,却未見先軫的勸進之言,故可知《公羊》亦非《説苑》所本。至於《左傳》,則與《説苑》所述最爲相近。《左傳》先於僖公三十二年載百里子、蹇叔勸戒之事,於三十三年則載有先軫的對話:

> 晋原軫曰:"秦違蹇叔而以貪勤民,天奉我也。奉不可失,敵不可縱;縱敵患生,違天不祥。必伐秦師。"欒枝曰:"未報秦施而伐其師,其爲死君乎?"先軫曰:"秦不哀吾喪而伐吾同姓,秦則無禮,何施之爲? 吾聞之:'一日縱敵,數世之患也。'謀及子孫,可謂死君乎?"①

雖然《左氏》所載頗類《説苑》,但細察内容,仍有相當差距。首先是先軫的對話對象,一爲晋襄公、一爲欒枝,且各自的回應都符合身份,是以不是誤植。次則是先軫認爲應出兵的理由:《説苑》中説服晋襄公的主軸命題是"不假道""不吊喪"的"不合禮";而在《左傳》中與欒枝的對話,先軫言語重點則著眼在戰略利益。故《左氏》與《説苑》此章,應是依據不同的歷史文獻而來。

從三《傳》傳文的比較來看,《説苑》此章的文獻來源,應不是三《傳》,然《説苑》確實也明白寫著"《春秋》有其戒,晋先軫是也"。推敲其語意,應是某《春秋》説有指出晋先軫的貪功征伐而貶斥之,然今已無從考見其説,故筆者認爲本章當別出三《傳》之外。

第 21 條爲《説苑·修文》。然此章中當有錯簡,本章原文爲:

> 《春秋》曰:"壬申,公薨于高寢。"《傳》曰:"高寢者何? 正寢也。曷爲或言高寢,或言路寢? 曰:諸侯正寢三:一曰高寢,二曰左路寢,三曰右路寢。高寢者,始封君之寢也。二路寢者,繼體之君寢也。其二何? 曰:子不居父之寢,故二寢。繼體君世世不可居高祖之寢,故有高寢,名曰高也。路寢其立奈何? 高寢立中,路寢左右。"《春秋》曰:"天王入于成周。"《傳》曰:"成周者何? 東周也。""然則天子之寢奈何? 曰:亦三。承明繼體守文之君之寢,曰'左右之路寢'。謂之承明何? 曰:承乎明堂之後者也。故天子、諸侯三寢立而名實正,父子之義章,尊卑之事别,大小之德異矣。"②

從《説苑》本章語意觀之,"《春秋》曰天王入于成周"至"東周也",應是他章混

---

① (晋) 杜預集解,(唐) 孔穎達正義:《春秋左傳正義》卷十七,臺北:藝文印書館,2001 年,第 290 頁。
② (漢) 劉向撰,趙善詒疏證:《説苑疏證》卷一九,第 566 頁。

入,然亦未可考爲何處佚文。① 但可確知此處混入的"《春秋》曰"至"東周也",源自《公羊傳・昭公二十六年》傳文。

至於《説苑》本章主旨,在於詳談寢制,徐氏以爲本章當本《穀梁傳・定公十五年》,然而該傳文僅有一語:高寢,非正也。② 對於爲何"非正",《穀梁》并無闡説。而此説亦與《説苑》的"高寢者何? 正寢也"相衝突。《公羊傳》於此則無傳,故不知其説。而通考三《傳》,關乎寢制者的記述,有莊公三十二年及定公十五年,試見下表:

	莊公三十二年	定公十五年
春秋經文	公薨於路寢。	壬申,公薨於高寢。
公羊傳	路寢者何,正寢也。	
穀梁傳	路寢,正寢也。寢疾居正寢,正也。	高寢,非正也。

從《公羊》的説法來看,莊公薨於路寢是合禮的,《穀梁》於此亦同;這樣便可理解爲諸侯應當薨於路寢,故定公薨於高寢才招致《穀梁》的"非正"之評。至於《説苑》的理解,則"高寢"是"始封君之寢也",且"繼體君世世不可居高祖之寢",而另外兩路寢,則是"繼體之君寢也"。故定公薨於高寢,應該是非禮之舉,《説苑》所謂的"正寢"之"正",應當是指"始封君之正位",而非謂定公薨於此之"正當性"而言。

關於寢制的問題,三《傳》皆無解説,唯何休《解詁》有提及"天子諸侯三寢":

> 天子、諸侯皆有三寢:一曰高寢,二曰路寢,三曰小寢。父居高寢,子居路寢,孫從王父母,妻從夫寢,夫人居小寢。③

從何休的解釋看來,其與《説苑》説又有區別,除了多出"小寢"之制,"高寢"的功能也不同。因此從禮制内容判别,《説苑・修文》此章非出於三《傳》,而是别有所本。清儒黄以周也在遍考寢制後,認爲劉向"所引傳與今異",④可見此説,實非今日所得見之《春秋》説。徐建委《〈説苑〉研究》一書,便從本章文字的型制著手,推測

---

① 徐復觀、向宗魯亦以爲錯簡。見徐復觀:《劉向新序説苑的研究》,《兩漢思想史》卷三,第 83 頁。(漢)劉向撰,向宗魯校證:《説苑校證》卷一九,北京:中華書局,1991 年,第 484 頁。

② (晋)范甯集解,(唐)楊士勛疏:《春秋穀梁傳注疏》卷一九,第 194 頁。

③ (漢)何休解詁,(唐)徐彦疏:《春秋公羊傳注疏》卷九,第 112 頁。

④ (清)黄以周:《禮疏通故》(第 1 册),北京:中華書局,2007 年,第 67 頁。

《説苑》此處的"《傳》曰"以下,皆是屬於對《春秋經》的闡釋,故可視爲是某種今日已不得見的《春秋傳》文本。① 筆者亦同徐建委之説,不采徐復觀此源於《穀梁》論。

第23條同見《説苑·修文》,該章論旨在於闡釋"公狩于郎"經文。《説苑》文曰:

> 《傳》曰:春曰苗,秋曰蒐,冬曰狩。苗者奈何? 曰:苗者,毛也。取之不圍澤,不揀群。取禽不麝卵,不殺孕重者;秋蒐者,不殺小麑及孕重者;冬狩皆取之。百姓皆出,不失其馳,不抵禽,不詭遇,逐不出防,此苗、蒐、狩之義也。故苗、蒐、狩之禮,簡其戎事也。故苗者毛取之,蒐者搜索之,狩者守留之。夏不田,何也? 曰:天地陰陽盛長之時,猛獸不攫,鷙鳥不搏,蝮蠆不螫,鳥獸蟲蛇且知應天,而況人乎哉? 是以古者必有蔡牢。其謂之田何? 聖人舉事必反本。五穀者,以奉宗廟、養萬民也。去禽獸害稼穡者,故以田言之。聖人作名號,而事義可知也。②

《説苑》於此説解畋獵之事,以四時區分,各名春苗、秋蒐、冬狩,并於後文解釋各名之義;末則釋以夏季爲萬物生長的季節,是爲上應天地自然之時,故未有夏季田獵。其後則追述"田"名之義,則以爲旨在驅除禽獸以護稼穡,取護田圃之意,故名曰"田"。

須加以申説的是,此章舊本并非如此條理分明,本文所據的趙善詒本《説苑》,已據盧文弨《群書拾補》校正,故本章"《傳》曰"之後的三時田,本爲"春曰蒐,夏曰苗,秋曰獮,冬曰狩";後"秋蒐者,不殺小麑及孕重者"本作"春蒐者,不殺小麑及孕重者";同樣的,此并列三時田的"此苗、蒐、狩之義"句,本作"此苗、獮、蒐、狩之義",下句亦同。③ 案《春秋》學之中,本有所謂"三時田""四時田"之公案,舊本《説苑》所録,則爲"四時田",而盧文弨則以爲此章出於《公羊·桓公四年》,故據《公羊》説改爲"三時田"。而據徐建委考訂,舊本"春蒐、夏苗、秋獮、冬狩"之説,可見於《左傳·隱公五年》;"春蒐"亦可作"春搜",同見於《國語·周語》及《國語·齊語》,是以徐建委認爲盧文弨本不必强改《説苑》以從《公羊》,周制本有名稱雷同之四時田。④

---

① 詳可參徐建委:《〈説苑〉研究——以戰國秦漢之間的文獻累積與學術史爲中心》,北京:北京大學出版社,2011年,第144—146頁。

② (漢)劉向撰,趙善詒疏證:《説苑疏證》卷一九,第570—571頁。

③ (清)盧文弨:《群書拾補》中卷,上海:商務印書館,1937年,第510頁。

④ 詳參徐建委:《説苑研究——以戰國秦漢之間的文獻累積與學術史爲中心》,第148—149頁。徐建委推論"'春搜''秋獮'很可能是西周以來的傳統制度,屬於四時田。《公羊傳》'三時田'之説恐怕難以符合周代禮制",并引《春秋繁露·深察名號》篇"春苗,秋蒐,冬狩,夏獮"之文爲證,認爲今文家(轉下頁)

　　但考諸《説苑》本章後文，有釋苗、蒐、狩之名義，且直言"夏不田，何也"，若盧文弨未改動《説苑》，則此句"夏不田"以下則無法解釋。故筆者持徐復觀之立場，以爲此章當是合《公羊·桓公四年》傳文三時田之説。①

　　經前文考述，仍有三條不知所據，疑使用《穀梁》義者，唯見於論及"四民"條。至於同屬《公》《穀》者，僅有"貴始""夷狄之"筆法及論《春秋》性質之通説而已。綜上所述，可歸納《説苑》明引《春秋》説的來源及其比例，參見下表②：

條　　目		數目	占全數比例
同屬公穀	1、4、5、18	4 條	16%
公羊家説③	2、3、6、7、8、9、11、14、15、16、17、19、20、22、23、24、25	17 條	68%
穀梁説	10	1 條	4%
不知何據	12、13、21	3 條	12%
總計		25 條	100%

（接上頁）説亦有四時田。總此而言，他認爲《説苑·修文》此章既非本《公羊》，亦不本《穀梁》，而是"看做今本《公羊》《穀梁》以外的《春秋》傳説爲好"。然筆者以爲其説恐難以服人。如其云"傳統上認爲'三時田'説又見於《禮記·王制》，但《王制》的'三時田'與《公羊》所記不是一個概念"。就《王制》文本，確實未見三時田名號，但同樣亦未見四時田説。而鄭玄注："三田者，夏不田，蓋夏時也。"亦即鄭玄當時仍有見三時田之説，故據此而注《禮記·王制》"歲三田"。且就《禮記·王制》後文云畋獵之制："獺祭魚，然後虞人入澤梁。豺祭獸，然後田獵。鳩化爲鷹，然後設罻羅。草木零落，然後入山林。昆蟲未蟄，不以火田。"獺祭魚，孔《疏》爲正月，春季；豺祭獸，孫詒讓據《夏小正》考訂爲九月底十月初，爲秋季；草木零落、昆蟲未蟄諸語，則顯然爲冬季。核諸此，則知《王制》雖未直云三時田之名，但有論三時田之實，非如徐氏所説未見於《王制》。再者，徐氏舉《春秋繁露·深察名號》所列"春苗，秋蒐，冬狩，夏獮"，以此證今文家亦有四時田説。然盧文弨、孔廣森皆以爲此處"夏獮"爲衍文。又考其文："田之散名，春苗，秋蒐，冬狩，夏獮。"若"夏獮"非衍文，則何以不依四時排序？又據《太平御覽》引《韓詩内傳》，以爲今文家四時田説，其序列爲"春曰畋，夏曰蒐，秋曰獮，冬曰狩"，其名號與《春秋繁露·深察名號》亦有別矣。故筆者以爲《公羊》《禮記·王制》《春秋繁露》仍同持三時田之説，而徐氏説或尚有可議者，然此非本文所重，故略論於此。

① 徐復觀認爲："劉氏此處所用之《公羊》義，係加上《春秋繁露》的内容。"見氏著：《劉向新序説苑的研究》，《兩漢思想史》卷三，第 84 頁。

② 亦有許多學者從事歸納《説苑》所引群籍，如謝明仁：《劉向〈説苑〉研究》，蘭州：蘭州大學出版社，2000年，表 10《〈説苑〉引群籍略表》，第 100—135 頁；表 11《〈説苑〉引群籍統計列表》，第 136—138 頁。然筆者所考與其目的有別，故未采用。

③ 《孟子》《史記》《春秋繁露》并入《公羊》家説。

當然，無可置疑的是，《説苑》所録史事確有與《左氏》重合者。若依此而謂《説苑》從《左氏》，筆者則以爲不可。故參考向宗魯、趙善詒、謝明仁所考述，并酌以己見，比較《説苑》《左氏》同稱史事之處，列表於下：

表二　《説苑》引《左氏》表①

編號	篇目	章節	載事典出處	考　述
1	君道	二十八	《左傳·莊公十一年》《韓詩外傳》	文字大異，較同《韓詩外傳》
2	君道	二十九	《左傳·哀公六年》《韓詩外傳》	與二者皆大異
3	君道	三十	《左傳·哀公六年》《史記·楚世家》	文字大異
4	君道	三十一	《左傳·文公十三年》	異一字，餘全同
5	君道	三十四	《左傳·僖公七年》《吕氏春秋·長見》	文字大異，《説苑》詳於二者
6	建本	二十九	《左傳·文公六年、七年》《史記·晋世家》	文字小異，或合此《左氏》文公六年、七年傳文而成
7	立節	八	《左傳·僖公八年》《史記·宋世家》	文字大異，《説苑》較詳
8	立節	十一	《左傳·昭公二十年》《史記·楚世家》	文字小異
9	立節	十二	《左傳·宣公二年》《國語·晋語》《吕氏春秋·過理》	文字小異
10	立節	十五	《左傳·襄公二十三年》	文字大異、詳略不同
11	貴德	十九	《左傳·昭公十五年》《國語·晋語》《淮南子》	文字大異、詳略不同
12	貴德	二十一	《左傳·宣公二年》	《説苑》多三字，餘全同

---

① 本表所據版本爲趙善詒《説苑疏證》，"章節"分章亦從趙本。

編號	篇目	章節	載事典出處	考 述
13	復恩	五	《左傳·僖公二十四年》 《呂氏春秋·介立》	文字大異、詳略不同
14	復恩	二十七	《左傳·文公十八年》 《史記·齊世家》	《說苑》異五字，餘全同
15	復恩	二十八	《左傳·宣公四年》 《史記·鄭世家》	文字小異
16	政理	二十二	《左傳·襄公三十一年》	文字小異，《說苑》較詳
17	政理	四十一	《左傳·昭公七年》	文字小異
18	尊賢	三十七	《左傳·宣公十二年》	文字大異、詳略不同
19	正諫	二十	《左傳·哀公十一年》 《史記·伍子胥列傳》 《呂氏春秋·知化》	文字大異、詳略不同
20	正諫	二十二	《左傳·襄公二十八年》 《國語·魯語下》	文字大異，較同於《國語》
21	敬慎	二十二	《左傳·成公十六年》 《韓非子·十過、飾邪》 《呂氏春秋·權勳》 《淮南子·人間訓》	文字大異，且與《左傳》詳略不同； 較同於《韓非子》《呂氏春秋》
22	敬慎	二十三	《左傳·僖公三十三年》 《穀梁·僖公三十三年》	文字小異，然與《左傳》詳略不同； 與《穀梁》大異
23	奉使	三	《左傳·宣公十五年》	文字大異、詳略不同
24	奉使	八	《左傳·僖公二十六年》	文字大異、詳略不同
25	奉使	十七	《左傳·昭公五年》 《韓非子·說林下》	文字大異，《說苑》略於《左傳》
26	權謀	二十六	《左傳·哀公元年》	文字小異
27	權謀	二十八	《左傳·定公九年》	文字大異、詳略不同
28	權謀	三十二	《左傳·襄公二十八年》	文字大異、詳略不同
29	權謀	三十四	《左傳·定公八年》	文字大異、詳略不同、情節不同

續　表

編號	篇目	章節	載事典出處	考　　述
30	權謀	三十七	《左傳·桓公六年》	文字小異
31	權謀	四十	《左傳·僖公三十三年》	文字大異、詳略不同、情節不同
32	至公	十一	《左傳·文公十二年》	文字小異
33	至公	十二	《左傳·定公四年》 《史記·伍子胥列傳》	文字小異、詳略不同
34	指武	二十	《左傳·僖公十九年》	文字大異,《説苑》略於《左傳》
35	談叢	一〇一	《左傳·僖公五年》 《淮南子·説林訓》 《文子·上德》	文字大異,除"脣亡而齒寒"外全異,疑脱簡
36	辨物	二十二	《左傳·昭公七年》 《國語·晋語》	文字大異,較同《國語》
37	辨物	二十四	《左傳·昭公八年》	文字小異
38	修文	二十一	《左傳·隱公元年》 《公羊·隱公元年》	文字大異,應同《公羊》
39	修文	二十二	《左傳·隱公元年》 《公羊·隱公三年》	文字大異,應同《公羊》

如果采取嚴格的標準,《説苑》明確出於《左氏》的章節,計有《君道》第 31 章、《貴德》第 21 章、《復恩》第 27 章,此 3 條文字與《左氏》僅有極小差異,當可視爲源自《左氏》。

然而,即便是將文字小異者全歸屬《左氏》,得 12 條;合計應出於《左氏》者 3 條,亦僅得 15 條之數。另外文字差異巨大者,應可視爲別有所本,非出於《左氏》。且所謂"引用《左氏》",只是於歷史事件叙述上同於《左氏》,其間并未涉及發揮義理或經義,然此涉及另一層次問題,容後再論。

至此可見,以《説苑》文本作爲判斷依據,可知《説苑》徵引《春秋》經傳之文以《公羊》家説爲絶對多數,計 17 條;若將《公》《穀》通義并入計算,則有 21 條。依此,可初步判斷《説苑》所主《春秋》説以《公羊》爲主。至於其徵引《左氏》處,明確可考者 3,尚存疑者計有 12 條,當非出於《左氏》者則有 24 條,緣此可知《左氏》確實是《説苑》録引史事的源頭之一,但非《説苑》的主要援用者。

三、《説苑》經學歸屬争議的原因

由最直觀的方式來推想，欲討論《説苑》的經學歸屬，應當透過文本考疏，便可獲得最具説服力之結果。這樣的歸因方式，亦數見於前人研究成果之中，然何以在判讀時，却數説并陳，彼此相持不下？此或可歸因於劉向其人的學術傾向。如前人討論《説苑》之《詩》學歸屬時，就顯然受到此一因素牽制。

漢世之後，《説苑》的相關討論，主要是以史之别傳視之，而并未意識到《説苑》在保存漢代經説的文獻價值，如劉知幾《史通》即據史傳標準評騭《説苑》，其抨擊《説苑》中所載，"皆廣陳虚事，多構偽辭。非其識不周而才不足，蓋以世人都可欺故也"，[①]所謂"陳虚事""構偽辭"者，即是以史家求真的角度言之。只不過，劉向本就不是爲了補史之闕而撰此書，而是爲了戒天子、陳法戒之用，故劉知幾論點實過於苛刻。降至宋世，才開始有學者從勾稽漢代經學的角度討論劉向的作品，如葉大慶《考古質疑》便由經解著眼，討論《新序》《説苑》經説之是非，也因此指出了劉向著作中不愜乃心之處：

> 《節士篇》所言《黍離》詩，乃周詩也，《詩序》非不明白；《新序》乃云衛宣公之子壽，閔其兄且見害而作是詩，亦誤也。[②]

葉大慶引《新序·節士》，於該章中劉向叙及《黍離》之由來，爲衛公子壽傷其兄被害而作[③]，但《毛詩·黍離》小序却云："《黍離》，閔宗周也。周大夫行役至于宗周，過故宗廟宫室盡爲禾黍，閔周室之顛覆，彷徨不忍去而作是詩也。"[④]劉向之説，顯然異於《毛詩》，因此也招致了葉大慶的批評。不過，稍晚的王應麟則加入了"劉向家學"的因素，主張"劉向《説苑》《新序》《列女傳》間引《詩》以證其説，與《毛》義絶異"，

---

① （唐）劉知幾著，（清）浦起龍通釋：《史通通釋·外篇雜説下》卷十八，上海：上海古籍出版社，2009年，第482頁。

② （宋）葉大慶：《考古質疑》卷二，臺北：新文豐出版社，1985年，第42頁。

③ 《新序》云："衛宣公之子，伋也，壽也，朔也。伋前母子也，壽與朔後母子也。壽之母與朔謀，欲殺太子伋而立壽，使人與伋乘舟於河中，將沉而殺之。壽知不能止也，因與之同舟，舟人不得殺伋。方乘舟時，伋傅母恐其死也，閔而作詩，《二子乘舟》之詩是也。……於是壽閔其兄之且見害，作憂思之詩，《黍離》之詩是也。"（漢）劉向著，馬世年譯注：《新序·節士》，北京：中華書局，2014年，第285—286頁。

④ （漢）鄭玄箋，（唐）孔穎達正義：《毛詩注疏》卷四，臺北：藝文印書館，2001年，第147頁。

因劉向"爲楚元王交之孫,交亦受《詩》於浮丘伯。劉向之學,《魯詩》之流也"。① 繼此之後,劉向傳魯學成爲最主流的説法,如清代四庫館臣也是持同樣的理據爲説:

> 向本學《魯詩》,而大慶以《毛詩》繩之,其不合也固宜。是則未考漢儒專門授受之學矣。②

案四庫館臣所以斷劉向守《魯詩》家法,在於援"漢儒專門授受之學"爲據。考《漢書·楚元王》傳,劉向爲楚元王劉交的四世孫,本傳云:

> 楚元王交字游,高祖同父少弟也。好書,多材藝。少時嘗與魯穆生、白生、申公俱受《詩》於浮丘伯。伯者,孫卿門人也。及秦焚書,各別去……元王既至楚,以穆生、白生、申公爲中大夫。高后時,浮丘伯在長安,元王遣子郢客與申公俱卒業。文帝時,聞申公爲《詩》最精,以爲博士。元王好《詩》,諸子皆讀《詩》,申公始爲《詩》傳,號《魯詩》。元王亦次之《詩》傳,號曰《元王詩》,世或有之。③

由《漢書》所提供的資料來看,劉向家族本就有《詩》學淵源,其高祖楚元王劉交學《魯詩》;而楚元王之"諸子皆讀《詩》",則劉向曾祖輩亦當傳承家學;至其祖劉辟彊則"亦好讀《詩》,能屬文"。④ 依四庫館臣説,劉向既然有著如此堅實的家學背景,那麼《説苑》《新序》裡所主張的《詩》説,則當是《魯詩》無疑。然而現實的情況不盡如此,經常是祖不得以概孫,即便是家學淵源,也不能保證"子子孫孫永寶用",劉向、劉歆父子因爲《左傳》而起的爭執就是顯證。故清儒全祖望就對這樣的判斷方式感到不安:

> 問朱竹垞曰:劉向所述皆《魯詩》,未知果否? 答:劉向是楚元王交之後,故以向守家學,必是《魯詩》。然愚以爲未可信。⑤

所以也就有如王引之、馬瑞辰等人,⑥直接比對劉向著作與史傳文獻,進而得出

---

① (宋) 王應麟:《漢藝文志考證》卷二,北京:中華書局,2011 年,第 151 頁。

② (清) 永瑢:《四庫全書總目提要·子部·儒家類一》,臺北:漢京文化,1981 年,第 489 頁。

③ (漢) 班固著,(唐) 顏師古注:《漢書·楚元王傳》卷三十六,北京:中華書局,1962 年,第 1921—1922 頁。

④ (漢) 班固著,(唐) 顏師古注:《漢書·楚元王傳》卷三十六,第 1926 頁。

⑤ (清) 全祖望:《全謝山先生經史問答》卷三,《續修四庫全書》(第 1147 冊),上海:上海古籍出版社,1995 年,第 597 頁。

⑥ (清) 王引之:《經義述聞·毛詩下·劉向述韓詩》,《清人注疏十三經附經義述聞》(第 5 冊),北京:中華書局,1998 年,第 112 頁。馬瑞辰:《列女傳補注序》,收入王照圓:《列女傳補注》,《續修四庫全書》(第 515 冊),上海:上海古籍出版社,1995 年,第 663—664 頁。

劉向作品所用《詩》說,係以《韓詩》爲主,故認爲劉向習《韓詩》。可是這樣的比對方式仍非全然可信,站在相信《説苑雜事》是《説苑》底本的前提上,①被編纂的文字并不能忠實呈現編訂者的學術傾向,故余嘉錫就對這種對比證成的方式提出質疑:

> 況《新序》《説苑》據本傳言,則是采之傳記。據《説苑叙錄》言,則是前人本有其書,向特加以刪治,非所自撰;觀其於淺薄不中義理者,別集以爲百家,則此兩書亦係百家之説,蓋非一人之作,亦非一時之書,與《戰國策》相等。……故無論向所學爲魯爲韓,亦只能於其著作中語氣出自向者求之,若《新序》《説苑》,本非其所自作,恐未可以向之所學便定其中之《詩》說屬於何家也。②

對余嘉錫而言,《説苑》是采摘舊著次第而成,劉向"但求其合乎儒術無悖於義理足矣",是以對衆家諸説,多所保留,"苟可以發明其意,雖有違失,固所不廢",那麼《新序》《説苑》所見經説,都只是前代遺説,《魯詩》有之,《韓詩》亦可有之,"要在讀者不以文害辭,不以辭害志"而已。③

於上所述,可知探求《説苑》詩學歸屬時,已有《魯詩》説、《韓詩》説及兼采衆家,甚且存疑等不同結果。④

但藉由前輩考見《説苑》詩説的方法,可以得知其影響結果的要素有二:一是牽於劉向其人家學背景及學思淵源,如"《魯詩》説""兼采諸家《詩》説";二是欲藉作品逆推其人學宗,如馬瑞辰的"劉向習《韓詩》説"。然而此種方式却會受到《説苑》文

---

① 案《説苑》雖屬名劉向,但宋本《説苑》前有載《説苑叙錄》,爲劉向上書時所奏:"護左都水使者光禄大夫臣向言,所校中書《説苑》雜事,及臣向書、民間書、誆校讎。其事類衆多,章句相溷,或上下謬亂,難分別次序。除去與《新序》復重者,其餘者淺薄不中義理,別集以爲百家,後令以類相從,一一條別篇目……號曰《新苑》,皆可觀。臣向昧死。"此文行世之後,學者多有劉向據《説苑雜事》而編定《説苑》的説法。如余嘉錫便認爲:"夫謂之采傳記行事則非其所自作,謂爲校中書《説苑》雜事,則當時本有《説苑》之書,向但除其與《新序》復重者,爲之條別篇目,令以類相從耳。《新序》叙錄雖亡,度其體例,當亦與《説苑》相同。"語見余嘉錫:《四庫提要辨證》,昆明:雲南人民出版社,2004 年,第 468 頁。然此説亦有反對意見。統諸異説,則可分三類:傳統的劉向"著"《説苑》、余嘉錫等學者主張的劉向據《説苑雜事》而"序"《説苑》,以及較爲近人所接受的劉向"編著"《説苑》。

② 余嘉錫:《四庫提要辨證》,第 474 頁。

③ 余嘉錫:《四庫提要辨證》,第 469 頁。

④ 黃梓勇則詳別條流,別爲五説,分別爲:《魯詩》説、《韓詩》説、兼習韓魯説、存疑説、兼采各家不偏主一家説。詳參黃梓勇:《劉向〈詩〉學家法研究》,《湖南大學學報(社會科學版)》2008 年第 2 期,第 10—11 頁。

本來源的影響,進而動搖結論,設若《説苑雜事》證成爲《説苑》底本,則不可純據《説苑》而論子政之學,反向論之,亦不可將子政之經歷徑套入《説苑》内容的判斷之中。

在今日三《傳》皆存的現狀下,論及《説苑》的《春秋》經詮,欲歸屬源流時,也存在著數説并存的狀況。一如討論《説苑》詩學宗派的情形,劉向本人的學術傾向往往是改變結論的關鍵變因,因此在判斷《春秋》家學的情況上,更是較《詩》有過之而無不及。先是據劉向本傳言:

> (宣帝)初立《穀梁春秋》,徵更生受《穀梁》,講論五經於石渠。①

此是劉向有受《穀梁》學之明證。且《漢書·儒林傳》亦云:"劉向以故諫大夫通達待詔,受《穀梁》",②則劉向爲《穀梁》學家應無可議。此亦是前人論證《説苑》之《春秋》説歸屬於《穀梁》的最重要原因。

此外,劉向又有明引《公羊》之據,向曾上《條灾異封事》:

> 自此之後,天下大亂,篡殺殃禍并作,厲王奔彘,幽王見殺。至乎平王末年,魯隱之始即位也,周大夫祭伯乖離不和,出奔於魯,而《春秋》爲諱,不言來奔,傷其禍殃自此始也。是後尹氏世卿而專恣,諸侯背畔而不朝,周室卑微。③

此番進言,旨在藉由陰陽灾異爲説,欲使成帝慎防讒邪,其以灾變作爲施政示警,本身即帶有濃厚的《公羊》色彩。至於上疏内文,則多援《公羊》以爲説,如"大夫祭伯乖離不和,出奔於魯",化用《公羊傳·隱公元年》文:"祭伯者何? 天子之大夫也。何以不稱使? 奔也。奔則曷爲不言奔? 王者無外。言奔,則有外之辭也。"④而"尹士世卿"則用《公羊傳·隱公三年》文:"尹氏者何? 天子之大夫也。其稱尹氏何? 貶。曷爲貶? 譏世卿,世卿非禮也。"⑤能夠如此嫻熟地使用《公羊》學的經説,劉向精通於《公羊》亦當無可議。

將《漢書》劉向本傳的條件納入,便已有《公》《穀》二傳兩種可能。而章太炎則更在考察漢代《左氏》學後,提出了《説苑》之《春秋》學歸屬於《左氏》的看法。

章太炎在建構《左傳》學的譜系時,即已斷言劉向是兼治《穀梁》與《左傳》的

---

① (漢)班固著,(唐)顔師古注:《漢書·楚元王傳》卷三十六,第 1929 頁。
② (漢)班固著,(唐)顔師古注:《漢書·儒林傳》卷五十八,第 3618 頁。
③ (漢)班固著,(唐)顔師古注:《漢書·楚元王傳》卷三十六,第 1936 頁。
④ (漢)何休解詁,(唐)徐彦疏:《春秋公羊傳注疏》卷一,第 16 頁。
⑤ (漢)何休解詁,(唐)徐彦疏:《春秋公羊傳注疏》卷二,第 27 頁。

學者：

　　《五行志》載子政説，皆釋《穀梁》義……《説苑》《新序》《列女傳》載《左氏》者六七十條，而子公黿羹一事載子夏語，又見弟子口説與《左氏》大義亦有相會者矣。《論衡》言子政玩弄《左氏》，童僕皆呻吟之。《御覽》卷六百十及六百十六并引桓譚《新論》曰：劉子政、子駿、伯玉三人，尤珍重《左氏》，下至婦女無不讀誦者。《漢志》又言其分《國語》爲五十四篇，《五行志》所載子政説《左傳》者亦近十條。然則云自持其《穀梁》義者，特謂不背《穀梁》之學，非不治《左氏》也。①

　　在《漢書》之外，太炎先生更取《論衡》《新論》爲説，證劉向好《左氏》。兼以其《穀梁》背景，故可推知劉向兼習二《傳》。其後，章氏更撰《劉子政左氏説》，抽繹劉向《春秋》説，一方面藉以證成漢代《左氏》説，另一方面則强調劉向爲《穀》《左》兼修之學者。但此處必須指出的是，章太炎執《説苑》“《左氏》説”，其用心在於强調《左氏》亦寓有“素王之志”，欲提高《左傳》地位，使其能與《公羊》比肩。② 這樣的用心導致章太炎在蒐羅劉向著作之《春秋》説時，經常會有左右牽合之病。如《説苑·貴德》：

　　今隱公貪利而身自漁濟上，而行八佾，以此化於國人，國人安得不解於義？解於義而縱其欲，則灾害起而臣下僻矣！故其元年（筆者按：隱公觀魚於隱五年，且隱元年未有“書螟”，其事見於隱五年）始書螟，言灾將起，國家將亂云爾。③

　　隱公貪利之説，見《公羊傳·隱公五年》“公觀魚于棠”，傳文曰：“何以書？譏。何譏爾？遠也。公曷爲遠而觀魚？登來之也。百金之魚，公張之。”④《公羊傳》以爲魯隱公趨漁之利，不惜遠至棠地以觀漁獲。《説苑》引此，并直言君王立身不正時所帶來的影響，上好利則下縱欲，灾害因斯而起，故又據《公羊》“始書螟”爲證，⑤以爲釀灾於此。何休《解詁》亦持此論。顯見《説苑》所據之義實與《公羊》同。

　　但章太炎引《漢書·五行志》劉歆云：“逆釐伯之諫，貪利區霿，以生蠃蟲之孽”

①　章太炎：《春秋左傳讀叙録》上册，《章氏叢書》，臺北：世界書局，1958 年，第 23 頁。

②　黄梓勇：《論章太炎的今古文經學觀》，《漢學研究》2011 年第 4 期，第 236 頁。

③　（漢）劉向撰，趙善詒疏證：《説苑疏證》卷五，第 123 頁。

④　（漢）何休解詁，（唐）徐彦疏：《春秋公羊傳注疏》卷三，第 34 頁。

⑤　（漢）何休解詁，（唐）徐彦疏：《春秋公羊傳注疏》卷三，第 36 頁。

的説法,以此證明《左氏》亦同樣有師説主張隱公趨利,致生螟災,故由此可見"三《傳》皆以矢魚爲貪利,子駿之説,即本其父《穀梁》説,《穀梁》《左氏》一義"。①

然按考《穀梁》傳文,《穀梁》重點在"尊不親小事,卑不尸大功。魚,卑者之事也,公觀之非正也",②實是指摘隱公不當親恭卑事,無直接涉及貪利之説;而《左傳》則載臧僖伯之諫,其勸言云:"若夫山林川澤之實,器用之資,皂隸之事,官司之守,非君所及也。"可見臧僖伯之要旨,在於諫魯隱公須注意爲政者的根本原則,事非當務則不可爲。如此則知《五行志》所引劉歆之説,實非出自《左氏》傳文;而劉向之語,亦非源自《穀梁傳》,可見章氏在論證之時曲成其説,無視了傳世文獻的内容重點。

當然,從章太炎的論述模式來看,其意所嚮,顯然不是《説苑》用了哪一部《春秋傳》,而是在於論證《左氏》學脉的淵源有自,而且欲提高《左氏》的經學地位,以爲《左氏》與二《傳》同樣具備了"素王之法",是以不能持《公》《穀》以非《左氏》。如其在《春秋·隱公元年》經文"天王使宰咺來歸惠公仲子之賵"條下,其據《説苑·修文》云:

> 案子政本治《穀梁》,此條則用《左氏》《公羊》説,而又引荀子之説《穀梁》,明此乃三家説《春秋》制禮之通義,然首引《左氏》説,則此條實《左氏》之大義也。③

《春秋》制禮云云,素爲今文家説,然章氏却曲易爲《左氏》所主張;甚至於具體禮文有別時,章太炎也斷言:"《公羊》知《春秋》改制,不識周時舊章,則於《毛詩》相閡。《左氏》師從其舊,法從其新,斯古今兩制泯無牴牾,此則史官之能事,非鄉曲今文所擬矣。"④顯見章氏之意,在彼而非此,故就此而論,章太炎主張《説苑》從《左氏》之論,實不可信。⑤ 雖然太炎先生晚年在回憶其《左傳》學時,也反省《劉子政左氏

---

① 章太炎:《劉子政左氏説》上册,《章氏叢書》,臺北:世界書局,1958 年,第 35 頁。

② (晋)范甯集解,(唐)楊士勛疏:《春秋穀梁傳注疏》卷二,第 21 頁。

③ 章太炎:《劉子政左氏説》上册,《章氏叢書》,第 31 頁。

④ 案章氏此説頗爲曲折,《説苑·修文》有"天子之賵,乘馬六匹"之説。而詳考典籍,則知《毛詩》主天子駕四、《公羊》主天子駕六、記載春秋之制的《王度記》佚文則又主張天子駕六,是故章氏主張《左傳》既保留有周代舊制,同時也繼承素王新制,故此處天子乘馬之制同於今文説。章太炎:《劉子政左氏説》上册,《章氏叢書》,第 32 頁。亦可參黄梓勇:《論章太炎的今古文經學觀》,第 238 頁。

⑤ 據黄梓勇所論:"所謂'事從其舊,法從其新',明顯是章氏既要堅持劉向稱説的爲左氏義,同時爲了解決《左傳》傳文與劉説不相合的問題,因而牽合而成的一種説法。"語見黄梓勇:《論章太炎的今古文經學觀》,第 238 頁。

說》"牽掫《公羊》,於心未盡慊也",①顯已不盡從早期之說,但其說仍在一片《說苑》從《公》《穀》聲中,留下一抹異彩。且《劉子政左氏說》考論劉向書援引《左氏》的成果:"次第其文,爲之疏證,凡得三十餘事。"②廣爲後人所接受。自是之後,也開始有學者進行《說苑》與《左氏》的文獻比對,確實也發現《說苑》中有許多篇章與《左傳》有相合、互見之處,因此也不能否認二者之間有一定程度的關係。也因爲如此,才多有學者持劉向、《說苑》是三《傳》兼采的立場。③

上所考論《說苑》的《春秋》歸屬問題,核諸說,則可區分爲數種立場:

1. 劉向受《穀梁》,且《說苑》有見《穀梁》義,故《說苑》歸宗於《穀梁》。

2.《說苑》多見援引《公羊》家說,故劉向、《說苑》以《公羊》學爲主。

3.《說苑》與《左氏》内容互見,故劉向持《左氏》學。

4. 統合劉向學思背景,且《說苑》三《傳》并見,故其人兼通三《傳》之學。

上述諸說,各有理據成一家言。然仔細思量,仍有些許疑義。合劉向本傳與西漢學術背景論之,劉向待詔受學《穀梁》,故通《穀梁》義,此毋庸議。但如筆者所考,《說苑》稱引《春秋》經傳,僅有一條勉强可謂出於《穀梁》,是以據劉向生平以論《說苑》,似有未安。

至於說劉向《說苑》主於《左氏》說、劉向兼通三《傳》說,亦當辨明之。劉向之於《左氏》的關係,未見於正史,僅見於王充《論衡》、桓譚《新論》。案《論衡·按書篇》云:"劉子政玩弄《左氏》,童僕婦女,皆呻吟之。"而《新論·識通》則云:"劉子政、子駿、伯玉三人,尤珍重《左氏》,下至婦女無不讀誦者。"今日持劉向兼通三《傳》論者,多合此以爲據。但此處必須先釐清一個問題:劉向看待《左氏》性質爲何?

考王充、桓譚之說,未能知悉劉向"好《左氏》"是以何種立場而玩習,是作爲歷史文獻讀之?抑或是以《春秋》經傳讀之?案《漢書》劉歆本傳載:

> 及歆校秘書,見古文《春秋左氏傳》,歆大好之。時丞相史尹咸以能治
> 《左氏》,與歆共校經傳。歆略從咸及丞相翟方進受,質問大義。初《左氏

① 語見《致徐哲東書》,收於馬勇編:《章太炎書信集》,石家莊:河北人民出版社,2003年,第920頁。

② 章太炎:《劉子政左氏説》上册,《章氏叢書》,第31頁。

③ 如韓碧琴即據《劉子政左氏説》及《兩漢諸子述左傳考》而論,其謂:"劉向雜引三傳之文……故劉向之《春秋》學兼治三傳,似無疑義矣。"見韓碧琴:《劉向學述》,臺北:花木蘭文化出版社,2010年,第178—180頁。同樣意見,亦可見於吳全蘭《劉向哲學思想研究》,其云:"劉向的《春秋》學並不限於《穀梁》學,而是打破學派藩籬,對《左氏》學和《公羊》學亦加以研習并兼收并蓄。"吳全蘭:《劉向哲學思想研究》,北京:中國社會科學出版社,2007年,第51頁。今日學者持此説者不在少數,文繁不及備引。

傳》多古字古言,學者傳訓故而已,及歆治《左氏》,引傳文以解經,轉相發明,由是章句義理備焉。①

如《漢書》所載不失實,則在劉向的時代,《左氏》傳承僅在"傳訓故而已",要到其子劉歆才"引傳文以解經,轉相發明,由是章句義理備焉"。則劉向應不致認為《左氏》具備《春秋》大義;其所謂"好《左氏》"者,應是以歷史文獻的角度觀之。即如徐復觀所持論:"劉向即以《公羊》《穀梁》所傳者能得《春秋》之意,故對兩傳,極少數稱'傳曰',大多數即稱'春秋'或'春秋曰'。"②向宗魯亦論云:"今人據桓譚《新論》'劉子政父子珍重《左氏》'之文,以為子政治《左氏》之證,子政博極群書,豈容獨貴《左氏》。本書(案:《說苑》)取《左氏》文甚多,而涉及經義,則仍用今文,蓋取事不取其義,本傳稱'猶自持其《穀梁》義',不得以為誣也。"③劉向是不是持《穀梁》義,倒不是向氏説之重點。向宗魯所論要旨,在於站在"取事不取義"的前提下,《說苑》中與《左氏》互見的文字確實存在,但并没有任何一條襲用《左氏》之文被視作《春秋》大義,此亦與筆者所考見者相同。

進一步的,筆者也須指出,劉向"兼習三《傳》"的説法,雖合乎今日的學術認知,但恐不符合劉向所處時代的學術共識。在彼時,能確定為《春秋》之傳者,《公羊》《穀梁》而已。《說苑》所引《左氏》處,不是以"《春秋》之傳"的立場,而是將之視為史料而已。是以謂劉向本人兼通《公》《穀》,而又以審閱歷史文獻的眼光喜好《左氏》,方為合乎學術發展之情狀。假若劉向已用《春秋傳》的角度使用《左傳》,則劉歆"引傳文以解經""由是章句義理備焉"之功,便該當歸尊其父,《左氏》學歷史也當改寫了。

回過頭來説,第二種立場是持《說苑》為據,以推劉向之學宗於《公羊》説,則是強調在劉向學習《穀梁》之前已通《公羊》,是較為符合歷史情狀的推測。再者,據《公羊傳疏·序疏》下,徐彦引鄭玄《六藝論》云:

> 治《公羊》者,胡母生、董仲舒。董仲舒弟子嬴公,嬴公弟子眭孟,眭孟弟子莊彭祖及顏安樂,安樂弟子陰豐、劉向、王彦。④

是可知劉向為董仲舒四傳弟子。又,劉向本人對董仲舒亦推崇備至,論董子

---

① (漢)班固著,(唐)顏師古注:《漢書·楚元王傳》,第 1967 頁。
② 徐復觀:《劉向新序説苑的研究》,《兩漢思想史》卷三,第 84 頁。
③ (漢)劉向撰,向宗魯校證:《説苑校證·序例》,第 4 頁。
④ (漢)何休解詁,(唐)徐彦疏:《春秋公羊傳注疏序》,第 3 頁。

"有王佐之材,雖伊、吕無以加"①之語,站在推尊其師法的立場,有此說也不足爲奇。統合前文考見《説苑》引經結果而言,劉向受學《公羊》、具有深厚的《公羊》學素養,亦當無可議。

雖然據《説苑》以推劉向,并援史册以證劉向學思,此説頗爲合理,但諸家説詞,皆不能迴避一個根本性的問題,即如余嘉錫所説:若《説苑》真是劉向編訂《説苑雜事》而成,那麼劉向、《説苑》二者間的連結便不能成立,何可據劉向推《説苑》? 退一步説,即使劉向與《説苑》的關係是"編纂",那該當如何界定其中諸説何處出於劉向? 何者出於舊本?

緣因於此,就《説苑》的考證結果論,説此書所用《春秋》説之核心爲《公羊》尚可,但若要延伸至如徐復觀"由此可推知,劉向晚年,實以《公羊傳》優於《穀梁傳》"立説,②則猶有未妥之處。所幸,儘管今日仍不能確認《説苑》的作者,但可信服的是劉向曾去"淺薄不中義理"之内容,使《説苑》能"以類相從,一一條别篇目",故《説苑》中所録諸文,當爲劉向所認可之"中義理"者;同樣的,《説苑》具文之《春秋》説,亦當不悖劉向所學,故爲其所存録。不過,筆者於此仍持保留態度,不認爲《説苑》中《春秋》學思想即可逆推劉向所學,但劉向之學思,可能在纂著《説苑》的過程中影響去取。下則就《説苑》中之觀念與《春秋》學做出比對,藉以驗證二者的關係。

四、《説苑》君臣思想的《春秋》歸源

從文本出發,可以證成《説苑》所引《春秋》説是以《公羊》爲主,《説苑》傳世文本如此清晰可考,歷代爭議却始終未決,原因實是在於過分放大了劉向其人的因素,致使學者爲牽合人物而使數説相持。不過在文本證據之外,學者也確實忽略了由《説苑》所展現的思想内容,也能成爲判斷其家法的根據,下文即由《説苑》對君臣關係的討論著手,呈現《説苑》的《春秋》學淵源。

西漢時期的《春秋》學以《公羊》學爲核心,《穀梁》只是於宣帝時期短暫立於學官,流行程度雖不如《公羊》,但《穀梁》學思想既曾受天子褒獎,自當存在相當

---

① （漢）班固著,（唐）顔師古注:《漢書·董仲舒傳》,第 2526 頁。
② 徐復觀云:"《新序》中用《穀梁傳》之比例高於《公羊》;而《説苑》用《公羊傳》之比例,則遠過於《穀梁》;由此可推知,劉向晚年,實以《公羊傳》優於《穀梁傳》。"見徐復觀:《劉向新序説苑的研究》,《兩漢思想史》卷三,第 84 頁。

影響力。且劉向曾受詔爲《穀梁》辯護,可知其對《穀梁》學定有相當認識,因此也不能排除他編纂《説苑》時有宗法《穀梁》思想的可能性。因此在溯源《説苑》思想之前,必須先行釐清《公》《穀》在核心觀念,尤其是君臣之義上有所歧異之處。

在傳統觀念裡,《公》《穀》二家同屬今文,解經時皆趨向闡發微言大義,不過二者在許多具體觀念上仍不可混爲一説,例如《公羊》屬齊學而恢奇恣肆,《穀梁》歸魯學故篤實嚴謹,種種諸説,不一而足。就君臣概念而言,也存在不同之處,如二者"王"的觀念不同。以《穀梁》來説,其最爲人所熟知的特色,即是"尊王"之義。如《穀梁·隱公三年》經書"三月庚申,天王崩"下,傳文云"高曰崩,厚曰崩,尊曰崩。天子之崩,以尊也。其崩之何也? 以其在民上,故崩之。"①《穀梁·僖公八年》經書"公會王人、齊侯、宋公、衛侯、許男、曹伯、陳世子款盟于洮"下,傳文先行解釋"王人"有受天子之命,故能名列諸侯之前,而後再行説解"朝服雖敝,必加於上;弁冕雖舊,必加於首;周室雖衰,必先諸侯"。② 從傳文中,不難察見《穀梁》先師的態度,以"在民上""冕必加於首"等言詞,展現了一以王者爲尊的態度,甚且也不惜繳繞文字證成其説。如僖公五年齊桓公會諸侯於首戴、秋八月與諸侯會盟之事,《穀梁》經載"公及齊侯、宋公、陳侯、衛侯、鄭伯、許男、曹伯會王世子于首戴",又載"諸侯盟于首戴"。如果按照"周室雖衰,必先諸侯"的理論來説,"王世子"則必須名列最先,然此處經文却未如此書;是以《穀梁》傳文解釋道"及以會,尊之也",即是以爲前面先列出衆諸侯,再行書"會",表明是諸侯們來與王世子會,而世子地位在諸侯之上。而下則傳文更加以申説:

> 天子微,諸侯不享覲。桓控大國,扶小國,統諸侯,不能以朝天子,亦不敢致天王。尊王世子于首戴,乃所以尊天王之命也。世子含王命,會齊桓,亦所以尊天王之命也。③

《穀梁》的解釋邏輯是:當時齊桓公爲國際盟主,雖不能率領天下朝尊天子,但也不敢僭越天子之尊而招喚天子,故請了天子世子於首戴會面,此即表明桓公有尊天子之心,而諸侯們既然服從桓公,那也意味著諸侯如同桓公一般共尊天子。《穀梁》先師不惜耗費心力加以推衍,其所意指,也就是再三強調天子至尊之意,這樣的

---

① (晋) 范甯集解,(唐) 楊士勛疏:《春秋穀梁傳注疏》卷一,第 15 頁。
② (晋) 范甯集解,(唐) 楊士勛疏:《春秋穀梁傳注疏》卷八,第 78 頁。
③ (晋) 范甯集解,(唐) 楊士勛疏:《春秋穀梁傳注疏》卷八,第 75 頁。

詮釋思路,成爲《穀梁傳》極爲鮮明的特色。[1] 尊王至極,自然也會發展出"天下當奉一人"的觀念,如莊公三年五月,經書"五月葬桓王",《穀梁傳》文便引申發揮曰:"天子志崩不志葬,必其時也。何必焉? 舉天下而葬一人,其義不疑也。"[2]雖然《穀梁傳》的言論之中,并非純爲一味替天子的地位張目,也有著強調君王必須愛民的言論,但終是勸百而諷一,遠不如尊王觀來得令人印象深刻。

相對於《穀梁》著力於尊王,《公羊》的思想便顯得非常異議可怪。且不説在"新周王魯"理論下蘊藏著合理化王朝遞嬗的想法,即便是其認爲《春秋》具備進退天子權柄的言論,也顯得格外激越。如司馬遷《太史公自序》即據董子而言:"是非二百四十二年之中,貶天子,退諸侯,討大夫,以達王事而已。"[3]顯而易見的,在《公羊》家的眼中,無論是"王魯"或者是"以《春秋》當新王",其共同目的都在追求新時代的到來。爲了完美的新世界,舊有的錯誤都必須被糾正,是以天子可貶,諸侯可退,大夫可討,這都是必要的"犧牲"。所以在《公羊傳》中,對權臣、諸侯行事不正者,皆多有所貶斥。即如周天子之尊,亦不稍假辭色,天子使大夫來求車、求金,都直接招致《公羊傳》的批評;議及戰亂頻仍、世局動蕩時,《公羊》家也都會將責任歸咎於天子,以爲其不能正是非,方使天下亂象不止。莊公四年中《公羊傳》經文"紀侯大去其國"下,《公羊傳》先解釋了"齊襄滅紀"的復仇之義,也對天子直言批評:

> 今紀無罪,此非怒與? 曰:非也。古者有明天子,則紀侯必誅,必無紀者。紀侯之不誅,至今有紀者,猶無明天子也。古者諸侯必有會聚之事、相朝聘之道,號辭必稱先君以相接,然則齊、紀無説焉,不可以并立乎天下。故將去紀侯者,不得不去紀也。有明天子,則襄公得爲若行乎? 曰:不得也。[4]

齊襄復先祖之仇而滅紀,此事不待贅言。此處值得論者,在於以理度之,實不允許這種不透過天子仲裁的復仇行爲;況且歸咎起來,當初紀侯譖齊哀公之時,若有聖明天子,那齊紀之間必然會得到公正的處置,不必延宕到今日才有齊襄復仇、

---

① 如《穀梁·昭公三十二年》記載魯國大夫仲孫何忌會同晉國、齊國等諸國大夫"城成周",傳文亦以尊王義爲之説解:"天子微,諸侯不享覲",但"故諸侯之大夫相帥以城之,此變之正也"。意即諸侯雖不能朝覲天子,但當時各國實權都掌握在大夫手中,而此處大夫相偕來築王城,義同於諸侯來事周王,故"變之正"。語見(晉) 范甯集解,(唐) 楊士勛疏:《春秋穀梁傳注疏》卷十八,第182—183 頁。

② (晉) 范甯集解,(唐) 楊士勛疏:《春秋穀梁傳注疏》卷五,第46 頁。

③ (漢) 司馬遷:《史記·太史公自序》,第3297 頁。

④ (漢) 何休解詁,(唐) 徐彥疏:《春秋公羊傳注疏》卷六,第77 頁。

紀侯去國的慘劇。而話說回來,今日襄公之所以要復仇,也仍然是怪罪當今天子不能主其事,才逼使襄公手刃世仇,故《春秋》此處雖賢齊襄復仇,但也微寓有刺天子之意。

此等"貶天子"之義,成爲後世學者推闡的重點。在《公羊·宣公八年》經文書"天子使召伯來錫公命",傳文曰:"其稱天子何? 元年春王正月,正也;其餘皆通矣。"就傳文所釋,至多能解釋成"稱天子爲不正"的貶意。然而何休推闡其說:

> 其餘謂不繫于元年者(筆者案:據徐彥《疏》,當去"元"字),或言王,或言天王,或言天子,皆相通矣,以見刺譏是非也。王者,號也;德合元者稱皇……德合天者稱帝……仁義合者稱王,符瑞應,天下歸往。天子者,爵稱也。聖人受命,皆天所生,故謂之天子。①

依照何休的解釋,不管是稱"王""天王""天子",只要是上未繫年,便都是譏刺之義,其後更次第釋皇、帝王號的道德意涵,并且提出"天子者,爵稱也"的判斷。在《公羊》家眼中,"天子"既然只是爵稱之一,那麼褒之貶之自不在話下,天命對其進之退之自然也就於理有據。這種不奉君位若神明的思路,一直是古典《公羊》學所具備的重要特徵,後漢何休持論如此,前漢董仲舒亦復如是。

在《春秋繁露》之中,這種君位非一家一姓所獨有的言論亦多有所在,像是《順命》篇,董子先云"德侔天地者,皇天右而子之,號稱天子"。② 雖然天子得天所祐,但其後又言:

> 天子受命於天,諸侯受命於天子,子受命於父,臣妾受命於君,妻受命於夫。諸所受命者,其尊皆天也,雖謂受命於天亦可。天子不能奉天之命,則廢而稱公,王者之後是也。公侯不能奉天子之命,則名絕而不得就位,衛侯朔是也。③

依照董仲舒的說法,無論是任何的身份地位,一皆受之於天,這個見解,仍然也就是"天子,爵稱也"的詳說版本。順著此條思路而來,則可知天命靡常,天能貴之,亦能賤之,"天若不予是家,是家者安得立爲天子? 立爲天子者,天予是家。天予是家者,天使是家"。又說:"天之生民,非爲王也,而天立王以爲民也。故其德足以安

---

① (漢)何休解詁,(唐)徐彥疏:《春秋公羊傳注疏》卷十七,第221頁。

② (清)蘇輿:《春秋繁露義證·順命》,第410頁。

③ (清)蘇輿:《春秋繁露義證·順命》,第411—412頁。

樂民者,天予之;其惡足以賊害民者,天奪之。"①故君之得位,并非使天下奉予一人,反而該是順服天意,長養萬民。在《公羊》家眼中,"君"的責任顯然遠遠大過其所有的權力,未能善盡其責者,權力則當被剝奪,桀紂如是,春秋時王亦如是,故"以《春秋》當新王"也就順理成章。

分判了《公》《穀》的君道觀念,便可持《説苑》的思想內容來進行比對。從《説苑》所取的例證之中,不難發現其對於"君"的態度,并不是後世俗儒那種仰望尊君的心態,更不是視君王爲神聖凜然不可侵的存在,而是以"平視"的方式在面對君王:

> 夫天之生人也,蓋非以爲君也;天之立君也,蓋非以爲位也。夫爲人君,行其私欲而不顧其人,是不承天意,忘其位之所以宜事也。如此者,《春秋》不予能君而夷狄之。……人主不以此自省,惟既以失實,心奚因知之,故曰:有國者不可以不學《春秋》。此之謂也。②

這章的核心,旨雖在於勸諫君王須習法《春秋》以鑒往知來,方不致使錯誤重演。而"夫天之生人也,蓋非以爲君也;天之立君也,蓋非以爲位也",則是化用了董仲舒的言論,所不同者,只是在於劉向標舉出《春秋》作爲君王取法的對象。從《説苑》此説,可以推知其看待"君"及其"位"的性質與責任,"君"之所以存在,是爲了百姓,而非以天下奉一人;而有其尊位,亦不是爲了彰顯君的無上身份。換言之,這句話很具體地説明了不以"君位"爲至高無上的思想。其後《説苑》也指出,如果君王"行其私欲而不顧其人",忘記了身當大位的責任,則將"不予能君而夷狄之",以其不當君位而貶斥之。

從另一則《説苑》采用的事例來看,更可以明顯看到《説苑》在看待君王不當位時的反應:

> 齊人弒其君,魯襄公援戈而起曰:"孰臣而敢殺其君乎?"師懼曰:"夫齊君治之不能,任之不肖,縱一人之欲以虐萬夫之性,非所以立君也。其身死自取之也;今君不愛萬夫之命而傷一人之死,奚其過也。其臣已無道矣,其君亦不足惜也。"③

《説苑》所載齊人弒君,即崔杼弒齊莊公之事。魯襄公聽聞弒君之事而執戈怒

---

① (清)蘇輿:《春秋繁露義證‧堯舜不擅疑、湯武不專殺》,第219頁。
② (漢)劉向撰,趙善詒疏證:《説苑疏證》卷一,第33頁。
③ (漢)劉向撰,趙善詒疏證:《説苑疏證》卷一,第33頁。

斥,頗有物傷其類之勢,但師懼却大發議論,以爲齊莊公立身不正,"非所以立君",故遭弒也算是咎由自取。而針對弒君的崔杼,師懼僅輕描淡寫地批評他"無道",所以最終該爲這件事負起責任的,仍然是被弒的齊莊公本人。這種罪咎於君的論點,也得到《説苑》的認可,這從此章列入《君道》而非《臣術》的安排,也當可體會此意。

這一類君王失當而致使失位亡身的負面教材,在《説苑》中并不罕見,其不只是援引春秋時期諸侯事例爲説,也常可見其引湯武伐罪作爲警告君王的例證,如《政理》篇中,以周成王問尹逸爲政態度,尹逸告之以"如臨深淵,如履薄冰"後,更申説曰:

> 天地之間,四海之内,善之則畜也,不善則讎也;夏、殷之臣,反讎桀、紂而臣湯、武;夙沙之民,自攻其主而歸神農氏。此君之所明知也,若何其無懼也?①

同樣的,也必須注意到,早在轅固生與黄生爭於漢景帝前時,景帝便已劃下紅綫:"食肉不食馬肝,不爲不知味;言學者無言湯武受命,不爲愚。"②但劉向仍然讓"夏、殷之臣,反讎桀、紂"這樣的文字留在《説苑》之中,這便可説明其對"君"的定位并不是那種不可易動的認知,而是君若不君,則臣亦可如"夙沙之民,自攻其主"態度,這實與《公羊》學的君道觀念如出一轍。

將君臣視爲地位對等的觀念,也是《説苑》極爲强調的内容。在《正諫》篇首即云:

> 君有過失者,危亡之萌也;見君之過失而不諫,是輕君之危亡也。夫輕君之危亡者,忠臣不忍爲也。三諫而不用則去,不去則身亡;身亡者,仁人之所不爲也。是故諫有五:一曰正諫,二曰降諫,三曰忠諫,四曰戇諫,五曰諷諫。孔子曰:"吾其從諷諫乎。"夫不諫則危君,固諫則危身;與其危君,寧危身;危身而終不用,則諫亦無功矣。智者度君權時,調其緩急而處其宜,上不敢危君,下不以危身,故在國而國不危,在身而身不殆;昔陳靈公不聽泄冶之諫而殺之,曹羈三諫曹君不聽而去,《春秋》序義雖俱賢而曹羈合禮。③

臣子的重要職責,即是在意識到君王有過、國有危亡時,要能勸諫使其復正。

---

① (漢)劉向撰,趙善詒疏證:《説苑疏證》卷七,第180—181頁。
② (漢)司馬遷:《史記·儒林傳》,第3123頁。
③ (漢)劉向撰,趙善詒疏證:《説苑疏證》卷八,第239頁。

進諫有五種類型，而《説苑》最支持者，則爲“諷諫”。諷諫既不至於惹來殺身之禍，亦有盡爲臣之道，故上不危君、下可保身，“在國而國不危，在身而身不殆”；但君王若是一意孤行，則可效法曹羈一走了之。

顯見在《説苑》的理解中，國之不治，責任在君而不在臣，若君王不聽其諫而身死國亡，則臣子更無須陪葬：

> 齊侯問於晏子曰：“忠臣之事其君何若？”對曰：“有難不死，出亡不送。”君曰：“裂地而封之，疏爵而貴之；吾有難不死，出亡不送，可謂忠乎？”對曰：“言而見用，終身無難，臣何死焉；謀而見從，終身不亡，臣何送焉。若言不見用，有難而死之，是妄死也；諫而不見從，出亡而送，是詐爲也。故忠臣者能納善於君而不能與君陷難者也。”①

在此章中，晏子的言論立足於君臣分際，且幾乎可説是貫串全書的根本立場。依照晏子的看法，君主如果不懂得尊重臣下的肯綮逆耳之言，那麽自陷於難時，爲臣者并不需要陪同逃亡或是殉君。這種明顯不符合後代君臣職責的觀念，也同於《公羊》家説，何休《解詁》評曹羈事時有云：

> 孔子曰：“所謂大臣者，以道事君，不可則止。”此之謂也。諫必三者，取月生三日而成魄，臣道就也。不從得去者，仕爲行道，道不行，義不可以素餐，所以申賢者之志，孤惡君也。②

所謂“以道事君，不可則止”出自《論語·先進》，孔子并不贊同人臣必須爲國君的一切行爲後果負責，食君之禄，也只要以道事之；若道不行，則退隱全身可也。“吾非亡國之君，汝皆亡國之臣”的浩嘆，是不會被《公羊》學者所認可的。

同樣是談進諫，《穀梁傳》的態度就保守到不近人情。《穀梁傳》的説法，主要見於宣公二年，經書：“秋，九月，乙丑，晉趙盾弑其君夷皋。”而《傳》文：

> 穿弑也，盾不弑，而曰盾弑，何也？以罪盾也。其以罪盾何也？曰：靈公朝諸大夫而暴彈之，觀其辟丸也。趙盾入諫，不聽。出亡，至於郊。趙穿弑公而後反趙盾，史狐書賊曰“趙盾弑公”。③

趙盾弑君的故事，人多知曉，此不俱論。重點在趙盾由於進諫而惹怒晉靈公，

---

① （漢）劉向撰，趙善詒疏證：《説苑疏證》卷二，第48頁。

② （漢）何休解詁，（唐）徐彥疏：《春秋公羊傳注疏》卷八，第102頁。

③ （晉）范甯集解，（唐）楊士勛疏：《春秋穀梁傳注疏》卷十二，第116頁。

靈公派刺客暗殺趙盾不果，遂使趙盾出逃。但傳文載趙盾"至於郊"，尚未越境，即發生趙盾族弟弒君之事，趙盾雖得以返國，但也背上"弒君"的罪名。趙盾只至於郊，自然有可能是出逃時間尚短而不及越境，但范甯給了一種合乎尊君觀念的說法：

> 禮：三諫不聽，則去，待放於竟三年。君賜之環，則還；賜之玦，則往。必三年者，古疑獄三年而後斷，《易》曰"繫用徽纆，示于叢棘，三歲不得，凶"是也。自嫌有罪當誅，故三年不敢去。①

依照范《注》的解釋，雖然臣子三諫不聽而可去，但必須要以"當誅"的有罪之身待在邊境三年，待國君賜環或玦後才決定去留。也就是說，在《穀梁》的詮釋系統裡，臣子是完全沒有權力與國君相抗衡，無論君主是否英明昏聵，唯有君上才有權力終止君臣關係。這種相比與《公羊》家所持論者，實不下霄壤之異。翻檢《說苑》全書，并無任何類似此種徹底走向君尊臣卑的例證，也由此更可確定《說苑》的思想是追迹於《公羊》。

五、結　　論

心理學在討論人類的邏輯推演過程時，提出了確認偏誤（Confirmation Bias）的假說，意指人特別容易注意到符合預設的資訊，藉以證成個人論點，因此各以其是，非其所非。這個理論很適恰地解釋了《說苑》文本在大致完好的情形下，探討其經學歸屬卻會出現歧說的原因。本文之所以排除劉向學思的因素，即是希冀在相對客觀的條件下進行歸納。

就本文所考述，《說苑》在援引《春秋》經傳時，除少數可能是三《傳》以外的《春秋》說，以及疑似援自《穀梁》的"四民"說之外，其餘部分皆本《公羊》家學。其次則顧慮到文本作爲諫書的性質，是以擇取其中的政治思想作爲比對，經考察後，其以"君"而來的相關思考，亦同樣源自《公羊》。是以就文本證據以及思想脈絡來說，《說苑》所引用之《春秋》學歸屬，當屬《公羊》學範疇。

但《說苑》文本的學宗界定，并不意味著可以直接逆推至劉向其人。以現存的證據而言，不能否認《說苑雜事》的存在，劉向之於《說苑》的關係，并不能直接視爲"作者—文本"的綫性關係。然而前人在進行《說苑》相關考證時，却經常將《說苑》

---

① （晉）范甯集解，（唐）楊士勛疏：《春秋穀梁傳注疏》卷十二，第116頁。

文本與劉向連繫起來。如向宗魯雖承認《説苑》是劉向"啓發篇章,校理秘文"地整理《説苑雜事》而來,但依舊根據劉向本傳判定《説苑》所持《春秋》説純爲《公》《穀》;①至如徐復觀所説,則又是將《説苑》中多徵引《公羊》義爲據,斷劉向晚年轉持《公羊》學。此類推論雖不爲無見,然終究無視了《説苑》的文本成型歷程。

　　在釐清《説苑》的《春秋》學歸屬之後,當有助於吾人理解漢代《公羊》家説,甚且是成爲討論經學理論轉變爲政治理論及運用於史料詮釋的絶佳例證。除此之外,亦或可憑此進行先秦儒學、子學與《公羊》學的比較研究,勾勒《公羊》學理論的思想脉絡。然筆者囿於學力,不及範圍綜論,此仍有待識者辨之。

———————————

① 　劉向撰,向宗魯校證:《説苑校證·序例》,第 1—4 頁。

何休《公羊解詁》與緯書
灾異詮釋之關係[*]

張夏彤

【摘　要】　在漢代灾異學説發展過程中,緯書中已構建了相對完整的灾異理論體系,何休則在《公羊解詁》的灾異條目詮釋中加以應用。具體而言,何休將緯書"陰盛於陽""北斗齊七政"等原理作用於夫婦、君臣、華夷等人倫關係與政治現象,將日食、星異等灾異現象解釋爲人倫異常、王者不能統政之徵兆。在何休對霜、雷等灾異現象的分析中,亦直觀體現出《春秋》《周易》兩部經典的交互詮釋。從《公羊傳》到緯書再到何休《公羊解詁》的灾異詮釋,展現了漢代灾異理論從樸素的現實政治與自然現象縮合到系統的經學詮釋理論構建的發展過程。

【關鍵詞】　漢代　灾異　何休　緯書

【作者簡介】　張夏彤,1998 年生,湖南大學嶽麓書院博士研究生。

在天人感應的理論背景下,兩漢時期的灾異學説憑藉其對政治活動的指導性和實用性得以蓬勃發展,這種發展一方面是對灾異理論原理的體系建構,表現爲《周易》《春秋》類的緯書中,將各類灾異的產生原理與君主應當采取的應對方式進行了詳細的分析和設計;另一方面是在經典文本詮釋時對歷史上已經產生的灾異原理的應用,這在何休《公羊解詁》的灾異詮釋中體現最爲明顯,何休大量應用了緯書中的灾異分析方法,將其原理與《春秋》中記載的具體事例相結合。學界對這一問題的關注總體較少,但孫玲玲在其研究中提出,何休爲灾異取象時,明顯引讖緯

＊　本文爲湖南省社科基金獎勵項目"胡安國與宋代《春秋》學研究"(23JL002)的階段性成果。

叙事化爲己用。① 高瑞傑提出緯書中的灾異學説受董仲舒影響，又進而影響到何休。② 學者多能關注緯書和何休在灾異詮釋上存在某種關聯，但鮮有研究能將二者詮釋灾異應用的方法與本質原理進行一一對比分析。

傳世的《春秋》經文中，記載了百餘條灾異現象，《公羊傳》將這些現象區分爲"灾"和"異"，根據灾、異現象的細分，何休對灾和異的概念進行了概括："異者，非常可怪，先事而至者。"③如日食、星霣、星孛等均屬於"異"；"灾者，有害於人物，隨事而至者。"④如螟、大水、旱等均屬於"灾"。根據何休的概括，灾和異有兩個顯著的區別：第一，異只是一些奇怪的現象，灾會對人、物造成實際的損害；第二，灾是在某些人事活動之後造成的，而異大部分是在某些人事活動之前先發生，可以起到警示作用。何休對於灾異概念的界定以及對灾異的詮釋方法看似是對《春秋》中發生的灾異現象的總結，但同時也是漢代天人感應學説背景下，何休極具個人特色和時代特色的創新創作。何休所生活的東漢末，灾異學説已得到充分發展，何休對於灾異的詮釋不可避免地會受到時代思想的影響。兩漢時期的灾異學説多已亡佚，但緯書中仍保留了較多這一時期的灾異思想，從目前遺留文本來看，何休灾異詮釋方法與緯書灾異學説間有著密切聯繫。

雖然董仲舒在《春秋繁露》中創造了一套上天的灾異與皇帝的言行相關聯的理論體系，但灾異發生的原理以及自然灾異具體是如何與君主行爲建立起聯繫，只有到緯書中才有大量的記載和詳細的分析。徐彦爲《公羊傳》作的疏中，也多次直接指出，何休的注文援引自某部緯書，如僖三年徐彦疏"夏，四月，不雨"時，提出"皆《感精符》文"⑤，《感精符》即《春秋》的緯書。統攬何休對《春秋》中記載的百餘條灾害的詮釋，不論是日食、星霣等天象之異，還是雨、雪、地震等氣象和地質的異常，都能看出何休對這些灾異的解釋與緯書有很多相同及相近之處。通過對比研究緯書灾異和何休灾異説，能夠從中看出兩漢經學中灾異説的發展軌迹，直觀感受灾異學説在經學詮釋中的重要影響。

一、日食：何休對緯書中陰陽關係的應用

《春秋》中記載的天象之異有日食、恒星不見、星霣、霣石、星孛、晦，等等，地上

---

① 孫玲玲：《讖緯叙事與何休灾異説之新變》，《勵耘學刊》第 1 輯，北京：學苑出版社，2023 年，第 15 頁。
② 高瑞傑：《以天馭勢：何休〈公羊〉灾異思想研究》，上海師範大學碩士學位論文，2015 年，第 30 頁。
③ （漢）何休解詁，（唐）徐彦疏：《春秋公羊傳注疏》，北京：北京大學出版社，1999 年，第 35 頁。
④ （漢）何休解詁，（唐）徐彦疏：《春秋公羊傳注疏》，第 52 頁。
⑤ （漢）何休解詁，（唐）徐彦疏：《春秋公羊傳注疏》，第 209 頁。

的異象有多麋、有蜚、有蜮、沙鹿崩、六鷁退飛，等等。地上發生的如多麋、有蜮之類的異象，往往是單一、獨立的異象，何休的詮釋方式多借用字的發音引申出異象所指，如"麋之爲言猶迷也，象魯爲鄭瞻所迷"；[1]再有或借用動物的特性表達現實的情況，如"蜮之猶言惑也，其毒害傷人，形體不可見，象魯爲鄭瞻所惑，其毒害傷人，將以大亂而不能見也"。[2] 這是一種較爲簡潔直觀的詮釋方式。但在對異常的天象或氣象進行詮釋時，何休所采用的詮釋方式則有明顯受到緯書影響的痕迹。

《春秋》中共有三十餘次關於日食的記載，首次日食發生在魯隱公三年："三年，春，王二月。己巳，日有食之。"《公羊傳》將《春秋》中對日食現象的記載總結爲："某月某日，朔，日有食之者，食正朔也。……失之前者，朔在前也，失之後者，朔在後也。"[3]按照自然規律，日食應該發生在"朔"日，也就是每月的第一天，《春秋》經文會記成"某月某日，朔，日有食之"的體例。除此之外，《春秋》經文有另外兩種特殊的記載體例，分別爲不記某日，如"冬，十月，朔，日有食之"；[4]或無"朔"字，如"王三月，庚午，日有食之"。[5] 對此，《公羊傳》認爲，這是因爲日食來早或者來晚，總之并非在恰當的日期也就是朔日發生。何休對此解釋爲："此象君行外强内虚，是故日月之行無遲疾，食不失正朔也。"[6]首先，何休認爲，日食這種現象是對國君行爲的反映，如果國君行爲外在剛强，内在謙虚，内外和合，那麼日月的運行均正常，不會有哪一方運行快或者運行慢，日食自然也就會按時發生。如果國君行爲暴急，所對應的自然現象是太陽運行快，月亮運行遲，最終的結果就是"過朔乃食"，也就是日食現象發生在朔日之後。反之，"君行懦弱見陵，故日行遲，月行疾，未至朔日而食"。如果君主行爲懦弱，對應的則是太陽走得慢，月亮走得快，導致的結果是未到朔日就發生了日食。

在這條經文的詮釋中，何休側重於解釋國君行爲和日食發生時間這兩者的關係。但在另一處對日食的記載中，經文增加了"鼓用牲於社"，也就是日食發生時魯國人的應對行爲。對於"鼓用牲於社"經文的詮釋，《公羊傳》和何休解詁更側重於解釋在當時的知識水準中，人們對日食這一現象背後原理的認知。這次日食發生

---

① （漢）何休解詁，（唐）徐彦疏：《春秋公羊傳注疏》，第 156 頁。

② （漢）何休解詁，（唐）徐彦疏：《春秋公羊傳注疏》，第 157 頁。

③ （漢）何休解詁，（唐）徐彦疏：《春秋公羊傳注疏》，第 35 頁。

④ （漢）何休解詁，（唐）徐彦疏：《春秋公羊傳注疏》，第 109 頁。

⑤ （漢）何休解詁，（唐）徐彦疏：《春秋公羊傳注疏》，第 157 頁。

⑥ （漢）何休解詁，（唐）徐彦疏：《春秋公羊傳注疏》，第 35 頁。

在魯莊公二十五年，《春秋》經文中記載："六月，辛未，朔，日有食之。鼓用牲於社。"①天上發生日食的現象，人們在地上的"社"舉行應對的活動，即擊鼓、用牲。《公羊傳》解釋，其原理爲"求乎陰之道"，這指出了日食現象背後的原理是陰陽關係的體現，具體來説就是陰盛於陽，陽被遮擋。《公羊傳》又進一步補充人類應對日食還存在另一種活動，即"以朱絲營社"，也就是用紅絲縈繞社主。對此，何休認爲"社者，土地之主也。月者，土地之精也。上繫於天而犯日，故鳴鼓而攻之，脅其本也。朱絲營之，助陽抑陰也"。② 社是土地之主，天陽地陰，朱絲營社的行爲本質上是脅陰之本。

要而言之，在何休對日食異象的分析中，陰陽關係問題是其本質，日食發生的原理就是陰盛於陽，因此，應對日食的核心行動就是助陽抑陰。在《春秋》的記載中，最重要的一對陰陽關係就是君臣關係，除此之外還有夫人及國君、夷狄與諸夏、諸侯與周天子。按此原理，有日食現象出現，就意味著人事中此類陰陽關係出現問題，具體而言，便是預示臣强於君、夫人甚於國君、夷狄侵伐諸夏、諸侯僭越天子等類事情的發生。在《春秋》經文記載的三十五次日食中，何休正是按照此原理將日食這一異象對應隨後發生的事情。這些與日食對應的事件包括：衛州吁弑君、楚上僭稱王、戎犯中國、夫人淫洪、狄滅邢衛、晋里克比弑二君、楚執宋公、楚世子商臣弑其君、楚人滅庸、齊人弑其君商人、中國精奪、周有篡禍、犯天子邑、昭公死外、晋大夫專政、楚犯中國圍蔡、魯失國寶、齊陳乞弑其君舍，等等，何休列舉出的日食所對應的事件無一例外，均屬於陰盛於陽的情況。

陰陽關係 對應人事關係	對 應 事 件					
陰陽對應君臣	衛州吁弑君	晋里克比弑二君	楚世子商臣弑其君	昭公死外	晋大夫專政	齊陳乞弑其君舍
陰陽對應華夷 （天子諸侯）	楚上僭稱王	戎犯中國	中國精奪	楚犯中國圍蔡	狄滅邢衛	楚執宋公
陰陽對應夫婦	夫人淫洪					

以君臣、夫婦等關係對應陰陽關係，進而對應因陰陽關係異常而發生的異象，

---

① （漢）何休解詁，（唐）徐彥疏：《春秋公羊傳注疏》，第171頁。
② （漢）何休解詁，（唐）徐彥疏：《春秋公羊傳注疏》，第171頁。

這一方法并非源於何休,而是在《周易》和《春秋》類的緯書中就有充分的記載。何休在對日食灾異的詮釋中或直接引用或間接化用了緯書中的諸多原理。

緯書對日食現象進行分析的理論基礎是以陰陽對應日月,進而聯繫君臣的範式,在《春秋感精符》中就有明確的記載:"三綱之義,日爲君,月爲臣。日者陽之精,耀魄光明,所以察下也。月者陰之精、地之理也。"①這是此詮釋範式的理論來源之一,同時也是何休在解釋以"朱絲營社"應對日食的理論鋪墊,即"月者陰之精、地之理",正是因爲月是地之理的體現,才能爲何休的"社者,土地之主……脅其本"提供論述的基礎,月是土地之理的體現,社是土地之主,所以人們在地上以朱絲營社正是脅天上月亮之本。《春秋運斗樞》中也有關於日食的記載:

> 君不聰聽,無知。德威不嚴,舒懦。爲臣下所侵,則日光青赤,其後久旱,地動搖宮。陰氣盛,下臣大恣橫,陽精挑奪,日行失度,不得則日月薄於晦。陽爲臣所悅,故以晦日蝕之,失後也。②

《運斗樞》中記載的晦日食的原因是陰氣盛、陽氣不足,導致太陽的運行失去了原有的法度,也就是何休所言的"日行遲,月行疾",最後導致的結果是在晦日就發生了日食。《運斗樞》對日食發生原理的描述與《公羊傳》和何休的論述極爲相仿,并且何休對其中的細節做出了補充。除此之外,緯書中還有其他關於日食的分析,如《感精符》中有不同時間發生日食該如何應對的記載:

> 朔日蝕,正臣陰退,后妃以内過省己。蝕二日者,王侯蕃黜州輔,以暴恣自改悔。③
> 日蝕,主行蔽明,壅塞,改身修政,乃黜不法。④

在《周易》的緯書《稽覽圖》中,同樣有利用陰陽關係分析君臣關係的理論,其描述爲:

> 侵消息者,或陰專政,或陰侵陽。侵之比先蒙,三則震。專政者,言陰爲之雖正,不得專也,猶當歸之於陽。專之一則震,侵甚則蝕矣。⑤

這一理論的背景是六十四卦中的雜卦卦氣侵襲消息卦卦氣,發生這種情況的原因

---

① (清) 趙在翰:《七緯·春秋感精符》,北京:中華書局,2012 年,第 521 頁。
② (清) 趙在翰:《七緯·春秋運斗樞》,第 503 頁。
③ (清) 趙在翰:《七緯·春秋感精符》,第 533 頁。
④ (清) 趙在翰:《七緯·春秋保乾圖》,第 588 頁。
⑤ (清) 趙在翰:《七緯·易稽覽圖》卷上,第 72 頁。

有二,其一是"陰"專政,其二是"陰"侵"陽"。《稽覽圖》中對此現象的分析比何休在《春秋公羊傳解詁》的説明要更爲詳細,《稽覽圖》中,日食現象同樣是陰侵陽的異象,但在日食現象之前,就會出現其他異象,如會先出現蒙氣①,有時還會伴隨地震,如果情況更爲嚴重就會出現日食的現象。在鄭玄爲《稽覽圖》作的注中,將"陰侵陽"的現象與政治行爲進行了對應:"陽者君,陰者臣。臣專君政事,亦陰侵陽。臣謀殺其君,亦陰侵陽也。"②鄭玄首先將陽和陰對應爲君和臣,臣子擅專君主的政治事務或者臣子謀殺君主,這都是陰侵陽的體現。結合《稽覽圖》和鄭玄注可以看出,以陰陽關係比擬君臣,再聯繫自然界中的灾異現象,是在漢代緯書流行之際具有一定通用性質的灾異詮釋方式,也正因此,何休在詮釋日食時,會自然地聯繫君臣、夫婦等具有類似屬性的人事關係,并對事件的性質及其背後的倫理意涵進行評判。雖然何休、鄭玄關於《春秋》三傳有明顯的經義相争,但在對灾異的詮釋上,二人却并不相違背,均采信緯書中的灾異學説,這也反映出灾異學説在東漢解經時的應用。

二、星孛: 何休對緯書中星異體系的應用

除日食之外,《春秋》中出現較多的另一類異象是星孛,《公羊傳》將其解釋爲彗星。該異象共出現三次,分別在魯文公十四年"有星孛入於北斗"、魯昭公十七年"有星孛於大辰"、魯哀公十三年"有星孛於東方",何休對這三處星象之異各有不同的解釋。"有星孛入於北斗"在經文的表達上與其他兩處有明顯區別,即多了"入"字,這是因爲北斗星有斗身和斗柄,有"中",所以言"入"。何休對此異象的解釋爲:"孛者,邪亂之氣,彗者,掃故置新之象也。北斗,天之樞機玉衡,七政之所出。是時桓文迹息,王者不能統政,自是之後,齊、晋并争,吴楚更謀,競行天子之事,齊、宋、莒、魯弑其君而立之應。"③何休認爲,首先星孛的出現是因有邪亂之氣,其次,由於《公羊傳》認爲孛即彗星,聯繫"彗"之本意,星孛出現一般意味著舊有的局面被打破,新的局面即將形成。

---

① (漢) 班固:《漢書·五行志》,北京:中華書局,1962 年,第 1460 頁。"《京房易傳》曰:有霓、蒙、霧。霧,上下合也;蒙如塵雲;霓,日旁氣也。"由此可見,蒙氣是自然界中可以觀測到的一種自然現象,一團雲氣遮蔽太陽,使其光芒晦暗不明。

② (清) 趙在翰:《七緯·易稽覽圖》卷上,第 72 頁。

③ (漢) 何休解詁,(唐) 徐彦疏:《春秋公羊傳注疏》,第 306 頁。

　　從《春秋》記載的三次星孛來看,最大的區別是發生位置不同,不同位置意味著異象所對應的人事活動也不盡相同。按照何休的注釋,北斗中樞機玉衡的位置是"七政",也就是日月五星的出處,明君帝王的法度皆遵循北斗的指引。星孛於此,説明人間的王者之政出現變化,所以何休在此異象對應的人事活動均爲齊晋并爭、吳楚更謀之類王政被奪的例子。"星孛於大辰",何休在《公羊傳》的基礎上將"大辰"釋爲"心"宿,"心者,天子明堂布政之宫,亦爲孛。彗者,邪亂之氣,掃故置新之象,是後周分爲二,天下兩主,宋南里以亡"。① 因爲心宿象徵天子宣明政教的明堂,孛於明堂即意味著天子之政不能頒行。"星孛於東方"與"星孛於大辰"有相似之處,據何休解釋,"東方"代表在日出時出現星孛,此時星宿皆已不見。"星孛於東方"出現的時間是十一月,"周十一月,夏九月,日在房心。房心,天子明堂布政之庭,於此旦見,與日爭明者,諸侯代王治,典法滅絶之象,是後周室衰微,諸侯相兼,爲秦所滅,燔書道絶"。何休認爲,星孛出現在早上、房心的方向,這是星與日爭明的現象,類比到人間,就是諸侯與天子相爭的景象,因此此異象對應的是周王室衰微。

　　在《元命苞》《文耀鈎》《運斗樞》《感精符》等《春秋》的緯書中,多有將星象與人事活動聯繫起來的分析,何休在《解詁》中所用到的幾種詮釋星象的方式,在緯書中亦曾被提及。根據《運斗樞》記載,北斗七星在衆星中具有特別的地位:

> 北斗七星,所謂璿機玉衡以齊七政。杓攜龍角,衡殷南斗,魁枕參首,是謂帝車。運於中央,臨制四鄉。分陰陽,建四時,均五行,移節度,定諸紀,皆繫於斗。②

在緯書中,位於斗柄的玉衡、開陽、搖光三顆星被稱爲"杓",位於斗身部位的四顆星天樞、璿、機、權四顆星被稱爲"魁",杓和魁合在一起就是"斗"。斗具有分陰陽、建四時、均五行、移節度、定諸紀的作用,這不僅是在自然天象中的作用,也是對人類世界的指引,這種指引表現爲"五帝所行,同道異位,皆循斗樞機衡之分,遵七政之紀、九星之法"。③ 帝王君主通過察於天文,審視施行的政治是否符合北斗齊七政之指引。正是因爲北斗星對君主的政治有如此重要的指引作用,所以當有星孛異象進入北斗時,會有帝王之政受到威脅的象徵。在《感精符》中,也將"星孛入於北斗"

① (漢)何休解詁,(唐)徐彦疏:《春秋公羊傳注疏》,第507頁。
② (清)趙在翰:《七緯·春秋運斗樞》,第485頁。
③ (清)趙在翰:《七緯·春秋運斗樞》,第486頁。

的異象對應了人事活動："孛賊入於北斗中者,大國結謀伐天子。"①正是在此理論背景下,何休將王者不能統征、諸侯行天子事、弒君而立的事件看作星孛的應驗。

除此之外,"星孛於東方"和"星孛於大辰"在緯書也分別有相關的記載:

> 星孛於東方,言陰奪陽,臣代主,以兵相滅,以勢相乘,天下變易,帝位
> 久空,人人徼倖,布衣縱橫,禍未定息,主滅亂起,陰動爭明之異也。②

星孛於東方是陰奪陽,臣代主的徵兆,這與何休所列的諸侯代王治、周室微弱是相符合的。

> 孛星賊起,光入大辰者,將有陰謀,以邪犯正,與天子爭勢。居位者大
> 臣謀主,兩王并立,周分之異也。③

孛星入大辰則是邪犯正、兩王并立、周室二分的異象,這也與何休周分爲二、天下兩主的説法如出一轍。除此之外,何休提到的"心者,天子明堂布政之宮"在緯書中也有更詳細的記載:"房四星,心三星,五度有天子明堂,布政之宮。"④由此可見,在對星象之異的分析中,緯書已經構建起一整套較爲全面的分析方法,星孛的各種情況在緯書中都有現成的理論依據,因此,何休在對星孛的異象進行分析時,幾乎可以直接取用緯書中的原理,結合《春秋》中的具體事件進行具體分析和解釋。

三、地質、氣象灾異:何休對緯書文本的直接引用

在氣象灾異中,受到緯書影響最明顯的是霣霜。《春秋》中記載了兩處霣霜,分別是僖公三十三年的"霣霜不殺草,李梅實"和定公元年的"霣霜殺菽"。在"霣霜不殺草"的何休解詁中,直接引"《易·中孚記》⑤曰:'陰假陽威之應也。早霣霜而不殺萬物,至當霣霜之時,根生之物復榮不死,斯陽假與陰威,陰威列索,故陽自霣霜而反不能殺也。'此禄去公室,政在公子遂之應也。"按照何休所引的易緯,霣霜是陰氣假借陽氣之威勢的徵應,這象徵的是公子遂作爲臣子,僭越君主,操控政治的局面。

---

① (清)趙在翰:《七緯·春秋感精符》,第535頁。

② (清)趙在翰:《七緯·春秋感精符》,第535頁。

③ (清)趙在翰:《七緯·春秋感精符》,第535頁。

④ (清)趙在翰:《七緯·春秋元命苞》,第407頁。

⑤ 《易·中孚記》即爲《易緯稽覽圖》之別稱。

在如今可見的《易·中孚記》,即《易緯稽覽圖》中,的確有關於隕霜的記載,但文辭與何休所引稍有出入:"賊陰逆隕者霜,故陽虐之,應早隕霜,以殺萬物,萬物終歲不復生。陰假威之,應亦早隕霜而殺物,至隕霜時,根生榮不死,斯陽假與陰威之烈,責陰假威誅,而陰不能誅。"①根據鄭玄對易緯的注釋,所謂"陰假威"即"君使臣桉問,則臣反假君威而殺之心也"。②這裏很清晰地列舉了陰假威的例子,君主派遣臣子去審問,但臣子反而假借君主之威而殺之。

在《春秋》的緯書中,也有隕霜的相關記載,可以與之相互補充。首先,緯書中説明了霜的形成原理:"陰陽凝爲霜。"③霜是陰陽二氣的共同作用下形成的;其次是霜在自然界中的作用和地位:"霜者陰精,冬令也,四時代謝,以霜收殺,霜之爲言亡也,物以終也。"④在自然界四季的輪轉中,霜象徵著消亡,事物的終結;最後緯書還記載了霜這一自然現象在人類世界的象徵意義:"霜,殺伐之表。季秋霜始降,鷹隼擊。王者順天行誅,以成肅殺之威。若政令苛,則夏下霜。誅伐不行,則冬霜不殺草。"⑤霜在人類世界中象徵著殺伐,即人君順應天道,通過合理的政令,對有罪之人施行誅伐。如果君主的誅伐沒有被執行,則會出現如本條經文"霜不殺草"的情況。在對緯書中霜這一灾異的産生原因和象徵意義有了初步的了解之後,再看何休解《春秋》中的另一次隕霜現象"隕霜殺菽",何休解爲:"周十月,夏八月,微霜用事,未可殺菽。菽者少類,爲稼强,季氏象也。是時定公喜於得位,而不念父黜逐之耻,反爲淫祀,立煬宮,故天示以當早誅季氏。"⑥何休認爲此時節的正常現象是微霜,是不至於殺死菽這種植物的,菽在穀物中具有較爲强大的生命力,象徵季氏,雖然年幼但强過其兄。上天降下殺菽的異象,就是在提醒魯定公應該盡早誅殺季氏。在這條經文的詮釋邏輯中,核心依然是將隕霜看作君主施行誅伐,與緯書對隕霜的詮釋方法并無二致。此外,緯書中還就兩次隕霜有專門的討論:"魯僖公即位,隕霜不殺草,臣威强也。李梅實,梅李大樹,比草爲貴,是君不能伐也。定公即位,隕霜不殺菽,菽者稼最强,季氏之萌。"⑦緯書認爲,魯僖公即位時發生的"隕霜不殺草"的異象是臣子威勢過强的體現,此即何休所説"政在公子遂";魯定公即位時的"隕霜不殺

---

① (清) 趙在翰:《七緯·易稽覽圖》卷上,第 75 頁。
② (清) 趙在翰:《七緯·易稽覽圖》卷上,第 75 頁。
③ (清) 趙在翰:《七緯·春秋元命苞》,第 411 頁。
④ (清) 趙在翰:《七緯·春秋考異郵》,第 561 頁。
⑤ (清) 趙在翰:《七緯·春秋感精符》,第 524 頁。
⑥ (漢) 何休解詁,(唐) 徐彥疏:《春秋公羊傳注疏》,第 551 頁。
⑦ (清) 趙在翰:《七緯·春秋考異郵》,第 562 頁。

菽"意味著季氏的禍端,即何休所説"早誅季氏"。可見,何休的解釋與緯書是一致的。

賈霜之外,何休在對雷電這一氣象灾異分析時,也與緯書中的記載多有契合之處。隱公九年三月,《春秋》經文中記載了"大雨震電"的一條異象,《公羊傳》認爲,這條經文之所以被認爲是異象,是因爲雷并不應該出現在這個時間。何休對此詮釋爲:

> 震雷電者,陽氣也。有聲名曰雷,無聲名曰電。周之三月,夏之正月,雨當水雪雜下,雷當聞於地中,其雉雊,電未可見,而大雨震電,此陽氣大失其節,猶隱公久居位不反於桓,失其宜也。……發於九年者,陽數可以極,而不還國於桓之所致。①

根據何休的解釋,雷電這種現象是陽氣發生作用,周曆三月,正常的自然現象是水雪雜下,雷在地中并未發出來,電也沒有顯現。隱公九年三月之所以出現大雨震電的現象,是陽氣在錯誤的時節發出,以此喻指隱公不返國於桓。雷這一現象產生的原理與對應的人事在《易緯稽覽圖》及鄭玄注中均有詳細的記載。《稽覽圖》中,描述雷產生的部分如下:"降陰下迎,陰起合和而陽氣用,上薄之則爲雷。雷有聲,名曰雷;有光,名曰電。"②陽氣用事,上薄之則會產生雷,這是對雷的現象和原理的描述,此外更重要的是雷產生的時間。據《稽覽圖》記載:"太陽霓出地上,少陽時并而聲微。"③根據鄭玄爲《稽覽圖》所作的注釋,《周易》中的太陽卦用事,即正月泰卦用事,會先出現"霓",霓出地上,到少陽卦用事時,并用而成雷聲。但正月時,雷聲微弱,難以爲人所聞。《稽覽圖》中又説:"太陽一二,以上自雷,雷聲。當雷不雷,太陽弱。不當雷而雷,太陽弱。不少陽爲雷,上侵之比也,先白乃當雷。"④依據鄭玄注,此處"太陽"爲二月之卦大壯卦,鄭玄解釋道:"臣强君弱,雷從《解》起。"⑤結合《後漢書·郎顗傳》中的記載:"雷之始發大壯始,君弱臣强從解起。"⑥可見,到二月大壯卦之時,也就是鄭玄注的"春分之後",雷聲才真正能被人感知到。如果在此時雷聲發作,則是正常的現象。由此不難看出,在何休對雷電異象的詮釋中,涉及如緯書等

---

① （漢）何休解詁,（唐）徐彦疏:《春秋公羊傳注疏》,第 61 頁。

② （清）趙在翰:《七緯·易稽覽圖》卷上,第 69 頁。

③ （清）趙在翰:《七緯·易稽覽圖》卷上,第 74 頁。

④ （清）趙在翰:《七緯·易稽覽圖》卷上,第 68 頁。

⑤ （清）趙在翰:《七緯·易稽覽圖》卷上,第 68 頁。

⑥ （南朝宋）範曄:《後漢書·郎顗傳》,北京:中華書局,2014,第 1072 頁。

漢代其他經典中對灾異的認識,正是因爲有一個相對完善的灾異理論體系的建立,何休便可以利用這些已經成熟的理論加以取用。

何休對霜、雷這兩種氣象灾異有著較詳細的注解,除此之外,《春秋》中出現的其他的如雨雪、冰雹等氣象灾害,何休的詮釋雖然簡短,同樣可以看出其詮釋中有緯書原理出現的身影。隱公九年經"大雨雪",這是一次暴雪的灾異,何休云"蓋師説以爲平地七尺雪者,盛陰之氣也"。① 在何休的詮釋中,暴雪是盛陰之氣所導致的,緯書中將其解釋爲"盛陰之氣,凝滯爲雪"②,其詮釋理路一致。僖公十年和二十九年經文的兩次"大雨雹",何休解釋爲"夫人專愛之所生";③昭公三年"大雨雹",何休解釋爲"爲季氏"。④ 在夫婦關係中,夫人爲陰,在君臣關係中,季氏爲陰,這都是陰氣異常所導致的灾異。緯書將雹的原理解釋爲:

> 陰氣之專精凝合生雹。雹之爲言合也。以妾爲妻,大尊重。……强臣擅命,夷狄内侮,后妃專恣,刑殺無辜,則天雨雹。僖公二十有九年秋,昭三年冬并大雨雹。時僖公專樂齊女,綺畫珠璣之好,掩月光,陰陽凝爲灾異,昭公事晋,陰精用密,故灾。⑤

據其記載,雹的産生原理是陰氣專精凝合而成,而此原理對應的人事活動有以妾爲妻、强臣擅命、夷狄内侮、后妃專恣、刑殺無辜等等,并且緯書還選列了經文中出現的兩次雨雹,認爲僖公二十九年的雨雹是僖公專樂齊女所致,昭公三年的雨雹是昭公事晋所致。僖公時期發生的兩次雨雹何休均將原因歸於夫人專愛⑥,這背後的原因要追溯到僖公八年。僖公八年有"用致夫人"的經文,《公羊傳》認爲,之所以在稱謂上貶"姜氏"爲"夫人",是在譏諷以妾爲妻。⑦ 根據何休解詁可知,魯僖公原本聘楚女爲夫人,齊女爲媵,但齊國人威脅僖公,使僖公立齊女爲嫡夫人,此即對應緯書中所言的以妾爲妻、專樂齊女。昭公三年的"大雨雹",何休解釋爲"爲季氏",季氏作爲臣子,專權擅政,後又有放逐國君之行徑,實乃緯書中提到的"强臣擅命"之所致。而緯書所提到的"昭公事晋"的緣故在何休的注釋中并未得見。

---

① (漢)何休解詁,(唐)徐彦疏:《春秋公羊傳注疏》,第62頁。

② (清)趙在翰:《七緯・春秋説題辭》,第628頁。

③ (漢)何休解詁,(唐)徐彦疏:《春秋公羊傳注疏》,第227、263頁。

④ (漢)何休解詁,(唐)徐彦疏:《春秋公羊傳注疏》,第479頁。

⑤ (清)趙在翰:《七緯・春秋考異郵》,第562頁。

⑥ (漢)何休解詁,(唐)徐彦疏:《春秋公羊傳注疏》,第227、263頁。

⑦ (漢)何休解詁,(唐)徐彦疏:《春秋公羊傳注疏》,第220—221頁。

　　除以上的灾異,在《春秋》地震、旱、不雨等灾異中也可見何休與緯書對灾異詮釋原理的應用。例如僖公三年"夏四月,不雨",何休解釋道:

　　　　太平一月不雨即書,《春秋》亂世,一月不雨未害物,未足爲異,當滿一時乃書。一月書者,時僖公得立,欣喜不恤庶衆,比致三年,即能退避正殿,飭過求己,循省百官,放佞臣郭都等,理冤獄四百餘人,精誠感天,不雩而得澍雨,故一月即書,善其應變改政。①

　　何休解釋,此處一月不雨即書是因爲僖公能够應變改政,精誠感天,而據徐彦疏文,何休此處對於"不雨"異象的分析來自《春秋感精符》。再如文公九年地震,何休解釋爲"地動者,象陰爲陽行。是時魯文公制於公子遂"。地屬陰,陰當靜,所以地動象徵著陰在做著本該陽做的事情,這與緯書所言"地震,下謀上"②的原理一致。又如《春秋考異郵》中,將大旱解釋爲"國大旱,冤獄結。旱者陽氣移,精不施,君上失制,奢淫僭差,氣亂感天,則旱徵見"③,認爲旱是陽氣不遜,象徵君上失制。在經文記載的兩次大旱中,何休分別解釋爲"新作南門之所生"④和"伐萊逾時"⑤。新作南門是僖公有奢侈不遵循古制之惡,伐萊逾時是因爲古代師出不逾時,而此逾時正體現宣公不體恤軍隊,這均爲君上失制的具體體現。雷電、地震、冰雹、雨雪、霜等自然和地質灾異,不論何休是否直接引用緯書的文本,都可以看出這是對緯書記載的原理的應用,并且,我們需要特別注意的是,何休在借用緯書文本與理論時,基於的是諸緯對灾異現象原理的共同認知,并不拘泥於《春秋》一經,而是對《周易》緯書的内容也做了吸納,這使得《周易》與《春秋》兩部經典在對灾異詮釋時實現了文本和思想的交互。

四、結　　語

　　綜觀何休對於日食、地震、雨、雪等灾異的詮釋可以看出,何休對《春秋》中記載的灾異有一套前後自洽的詮釋體系,何休對於原理的總結和應用是一貫的,比如反

---

① （漢）何休解詁,（唐）徐彦疏:《春秋公羊傳注疏》,1999 年,第 209 頁。徐彦疏:"'即能'至'澍雨'皆《感精符》文。"

② （清）趙在翰:《七緯·春秋潛潭巴》,第 611 頁。

③ （清）趙在翰:《七緯·春秋考異郵》,第 565 頁。

④ （漢）何休解詁,（唐）徐彦疏:《春秋公羊傳注疏》,第 243 頁。

⑤ （漢）何休解詁,（唐）徐彦疏:《春秋公羊傳注疏》,第 335 頁。

映陰陽關係的日食現象,何休都會用來對應君臣、夫婦等具有陰陽特色的人事關係。當然,何休之所以能夠前後一致地使用某些詮釋方法,在一定程度上是由於兩漢時期這些灾異詮釋方法的通用性,這種通用性就體現在緯書對灾異的記載。緯書中,對各類灾異的産生原因和應對之策都有非常詳細的總結和歸納,這種歸納并不是緯書體系内部的自説自話,而是具有開放性和通行性的理論體系。正是因爲在緯書中已經記載了對各類灾異的完善分類,當經學家面臨對某一灾異的詮釋時,可以不需要再重新創造詮釋方法,而是根據現有的原理進行取用,這種取用的依據是人們對於灾異原理的共識。當然,這種取用也并非是機械式的照搬,而是根據不同經典的特點加以融合,比如何休在取用緯書中灾異原理的基礎上,又結合《春秋》經文記載的灾異事件,將灾異和人事活動進行關聯。

雖然緯書和何休在對日食、星象等現象進行詮釋時有相通的理論基礎,但緯書側重於將各種自然灾異現象分解與人事活動構建聯繫,從而建立起一套相對完整的詮釋體系,而何休在對灾異進行分析時,是建立灾異和人事已經具備聯繫的思想底色之上,再對人事活動進行更詳細的分析和更全面的判斷,這是因爲何休要結合《春秋》記載的事件和《公羊傳》的傳文進行"微言大義"的詮釋。何休這種詮釋灾異的方法不僅是在《公羊傳》基礎上的更進一步,同時《春秋經》、《公羊傳》、何休《解詁》這三種文本也反映出不同時代下,天人感應學説在持續地縱深和細化發展。

在《春秋》經文中,灾異只是被記載下來的一些反常現象,至於這些現象究竟是不是由人類活動引發的,或者又預示著將有什麼變故,通過經文記載無從得知。到了《公羊傳》中,通過經師們一代代的傳承和總結,這些反常的現象根據其發生在事前還是事後、是否對人物有害分爲灾和異。但《公羊傳》也僅限於將或灾或異的現象進行描述,并沒有將這灾異直接對應前後經文中的具體人事活動。再到何休的注中,何休不僅會對灾異的原理進行介紹,最重要的是他直接將記載灾異的經文與前後其他人事活動的經文聯繫起來,這是《春秋》經文詮釋過程中,具有何休個人特色的創發,何休一方面吸收了兩漢時期的灾異原理,另一方面結合《春秋》中的具體事例進行應用。這一過程直觀地反映出天人關係在漢代的發展,西漢時期,公羊家所傳的《公羊傳》以及董仲舒的《春秋繁露》重在强調自然現象和人類行爲之間存在某種聯繫,讓國君産生不可肆意妄爲的意識。觀念的强化需要更爲細緻的理論作爲支撐,於是到緯書中,人們將大量能被觀測到的自然現象做出系統性區分,什麼時間應該出現什麼現象,某一現象正常時的聲音如何、顔色如何都有詳細的記載,《周易》的緯書中甚至將自然現象與易卦相結合。這一時期,緯書像是記載人們對於灾異認知的百科全書,其中幾乎匯總了人們可能遇到的所有灾異現象。到東漢何休解詁《公羊傳》的灾異時，天人概念經過上百年的深化與發展，已經成爲人們的思想底色，在此思想基礎上，又有大量被記載下來直接可供查閱的對灾異現象的分析，那何休所需要做的最重要的工作，就是結合已有的對灾異現象原理的記載，找出《春秋》中對應的具體的事件，人們對灾異的觀察、分析、歸納、應用是一個循序漸進的歷史過程。

緯書和何休的灾異詮釋方法還體現出，漢代解釋灾異最重要的工具就是陰陽概念。最直觀的如日食現象，是由日月的運轉關聯君臣、夫婦等關係的發展；再如地震，何休解釋地震的理論基礎就是陽動陰靜，地震的發生就是陰陽運動悖反故而爲異。但陰陽概念并不來自《春秋》的詮釋系統，反而是《周易》中的重要概念，《周易》以陰爻和陽爻爲基礎，通過陰陽爻的變化與排列，提供了一套對世界認知的方法。易卦中的陰陽關係與自然界中寒溫現象相結合，便構成了《周易》類緯書分析灾異的一個重要方法。何休能够將《周易》中的基礎性概念應用於對《春秋》的詮釋，這說明在何休詮釋經典的過程中，經典之間是存在相互貫通、相互完善的可能性的。單從原始的經文來看，《春秋》和《周易》是兩部内容毫不相干的經典，有著各自獨立、自洽的詮釋系統，但兩部經典在時代背景下發展出的其他或“經”或“緯”的枝幹，却在灾異的詮釋方面實現了一種和諧與互助：《周易》爲《春秋》中的灾異現象提供了一種原理上的指導和詮釋的可能性，《春秋》則爲《周易》中的概念和理論補充了具體的實例。何休對《春秋》中的灾異詮釋固然是灾異學説的一個重要應用，但這種應用的另一個重要方面則是在現實政治生活中，基於天人感應觀念的灾異學説的確爲解決某些政治問題提供了一種有效的解決方案。而灾異學説在現實政治生活中的實用性、影響力，又進一步促進了灾異學説在經典詮釋之中的應用。

這兩部經典之所以能够在某一特定時代或某作者的詮釋中達到協調原因無非有兩個方面，不論經典在發展的過程中形成何等複雜的體系，其原初文本是對當時現實世界的客觀性或主觀性記載，若爲客觀的歷史性記載，那麼經典定會有基於事實的相通之處；若爲帶有主觀性的記載，那麼只要人們對於客觀世界的認識没有產生突破性的進展，那就難以出現顛覆性的認識，所以這些看似帶有主觀性的記載也就必然能在某處實現共鳴，這表現在解經活動中，就是經典之間有交互詮釋的可能性。回到文本，《春秋》和《周易》兩部經典之所以能够在對灾異的解經過程中出現這種互動，源於在人的認知中所共有的對於灾異的神秘性感受。灾異事件之所以能够在《春秋》中被記載下來，是因爲這些灾異現象在當時帶來了嚴重的後果或極大的神秘性，而《周易》又恰恰是一本試圖解釋自然萬物和宇宙規律的經典，所以，當《周易》發展到漢代的緯書時期，人們根據當時的認知對灾異做出分類并試圖解釋原因,《春秋》中記載的灾異事件自然就成了具有代表性的素材。由於人們對灾異的認識基本達成了共識,因此不論是《春秋》還是《周易》,在涉及灾異的詮釋時自然也就實現共通。歸根到底,何休對《公羊傳》灾異的詮釋,是在東漢時期人們對灾異的認識極度豐富、灾異詮釋體系較爲完備背景下的一次典型理論應用行爲,在不同經典的共築下,人們對灾異的認知達成一定的共識,何休在此基礎上對具有共識性的原理進行取用,并借此在詮釋過程中展示何休所認同的《春秋》大義。在何休的詮釋下,原本《春秋經》和《公羊傳》中的灾異學説被具體化和細化,《春秋》作爲一部爲後世立法的經典,伴隨著何休解詁文在解經時地位的提升,經何休詮釋後的灾異學説也一定程度上爲後世的政治生活提供了指導。

"賢讓國"還是"大居正"？

——以《春秋》三傳對隱公讓國之評介爲核心 *

李 蝶

【摘 要】《春秋》三傳對於魯隱公與魯桓公的身份及隱公讓國事件的記載各不相同,由此牽涉出隱公即位與讓國合法性判斷的問題。《穀梁傳》、《左傳》與《公羊傳》所確立的君位繼承原則各不相同,但都不出儒家倫理的範疇,其中《穀梁傳》與《左傳》對於隱公身份及其讓國事件的記載能够自洽,在本質上都遵從了"大居正"的要求。而在《公羊傳》中,隱公即位的合法性略微低於桓公却得以即位,這一行爲并不符合"大居正"之義,而後《公羊傳》又對隱公讓國給予了"賢"的肯定評價。由此可見,雖然"大居正"與"賢讓國"兩條經義在原則上相互抵牾,但於隱公讓國事件上又有可調和之處,從魯隱公讓國的對象、心志和行迹來説,其讓國的行爲反而是對"大居正"的維護。

【關鍵詞】《春秋》 嫡長子繼承 讓國 儒家倫理

【作者簡介】 李蝶,1999 年生,復旦大學哲學學院中國哲學專業博士研究生。

《春秋》作爲力主"撥亂反正"之經典,尤爲看重君位繼承中的身份合法性問題。而魯隱公作爲《春秋》十二公中的第一公,其即位與讓國同樣面臨著是否遵循"大居正"原則的問題。廣泛來説,"大居正"意謂符合禮制規定,在君位繼承方面,則可簡要概括爲遵循嫡長子繼承制的要求。從《春秋》三傳的記載來看,均記載了魯惠公無嫡子的事實,但對魯隱公和魯桓公的身份記載不一,所確立的即位原則也各不相

---

* 本文爲湖南省社科基金獎勵項目"胡安國與宋代《春秋》學研究"(23JL002)的階段性成果。

同。目前學界對於隱、桓即位合法性的討論大都由此展開。① 其次,也有學者從"大居正"的角度分析了隱、桓二者即位的合法性,認爲隱公讓國雖不能成,但仍符合"大居正"之義。② 但是,對於"賢讓國"與"大居正"兩條相互抵牾的經義體現在魯隱公讓國一事中時,其間的張力還可作進一步的討論和調和。

一、儒家倫理視域下的立嗣原則

《春秋》三傳對於魯隱公讓國一事的記載有著明顯的差異,如隱、桓二人母親身份,隱、桓二人各自即位的合法性依據,以及魯隱公讓國行爲的不同記載和論説等。儘管三傳存在詮釋方面的差異,但都依《春秋經》進行闡發,在處理君位繼承問題時,所基於的也都是儒家倫理的原則,故在嫡長子繼承制的主導下,它們分別基於"子以母貴"和"長幼有序"的原則對隱、桓即位的合法性進行辯護,并由此引申出魯隱公"讓國"的合法性問題。

(一)《左傳》——基於"子以母貴"的原則

元代學者黃澤曾指出:"古者諸侯立子,自有定論,乃是論其母之貴賤,初不以年,唯立嫡而後論年耳。"③諸侯立嗣有著嚴格的禮制規定,而以其各自母親的身份最能直接反映嗣子間的尊卑。《左傳》開篇就對隱、桓母親的身份予以了説明:

> 惠公元妃孟子。繼室以聲子,生隱公。宋武公生仲子。仲子生而有文在其手,曰爲"魯夫人",故仲子歸於我,生桓公而惠公薨,是以隱公立而奉之。④

杜預認爲:"元妃死,則次妃攝治内事,猶不得稱夫人,故謂之繼室。"⑤孔穎達本著

① 對於隱、桓即位的合法性已有部分學者討論,可參見陳峴《君位繼承及其合法性來源——以〈春秋〉中隱、桓繼位正當性之爭爲例》,《哲學與文化》2022 年第 11 期;黎漢基《〈穀梁〉政治倫理探微》,北京:中華書局,2020 年;曾亦、郭曉東《春秋公羊學史》,上海:華東師範大學出版社,2017 年;段熙仲《春秋公羊學講疏》,南京:南京師範大學出版社,2002 年;蔣慶《公羊學引論》,沈陽:遼寧教育出版社,1995 年。

② 參見黃銘:《貴者自正始——董仲舒對"大居正"與"讓國"的闡釋》,《中國儒學》2016 年第 11 輯。

③ (元)黃澤著,(元)趙汸編:《春秋師説》,北京:中國社會科學出版社,2020 年,第 59 頁。

④ (晋)杜預注,(唐)孔穎達正義:《春秋左傳正義》,北京:北京大學出版社,1999 年,第 33—36 頁。

⑤ (晋)杜預注,(唐)孔穎達正義:《春秋左傳正義》,第 35 頁。

“疏不破注”的原則,接續了杜預的觀點:“經傳之説諸侯,唯有繼室之文,皆無重娶之禮,故知元妃死,則次妃治內事。次妃謂姪娣與媵諸妾最貴者。”[1]二者一致認爲仲子作爲魯惠公的續娶,其身份并不能與嫡夫人相等同。依據禮制,如《公羊傳》所載:“諸侯娶一國,則二國往媵之,以姪娣從。姪者何？兄之子也。娣者何？弟也。諸侯一聘九女,諸侯不再娶。”[2]春秋時期,諸侯一娶九女,分別是嫡夫人及其姪娣,共三人;右媵及其姪娣,共三人;左媵及其姪娣,又三人,總共九人,而後不復再娶。依此來看,魯惠公重娶顯然是違反禮制規定的,然而杜預從不違天命的角度予以解釋,從而規避了這一問題,他認爲:“以手理自然成字,有若天命,故嫁之於魯。”[3]使得魯惠公重娶仲子這件事雖違背了禮制的規定,但是在神諭的昭示下却具備了一定的合理性。因此,此處僅是仲子手有文爲“魯夫人”,而非在事實上以嫡夫人的身份嫁與魯惠公,而孔穎達亦直言“仲子實妾”。[4]

不同的是,作爲繼室的聲子地位理應更高,處於嫡夫人之下,衆媵妾之上的層級。那爲何繼室在嫡夫人死後擁有管理內室的權力,但仍然不能够被稱爲夫人呢？此即要從根源上,避免出現前任夫人之子與繼室之子同爲嫡子,而相互争位的禍亂。而此處因聲子作爲繼室,有嫡夫人之權,行夫人之事,無夫人之名,故而其地位高於其他一般的媵妾(見圖一)。

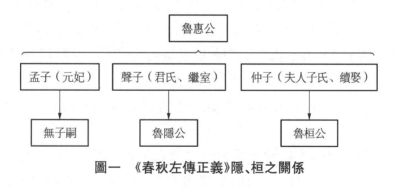

圖一　《春秋左傳正義》隱、桓之關係

① （晋）杜預注,（唐）孔穎達正義:《春秋左傳正義》,第 35 頁。

② （漢）何休解詁,（唐）徐彦疏:《春秋公羊傳注疏》,北京:北京大學出版社,1999 年,第 158 頁。

③ （晋）杜預注,（唐）孔穎達正義:《春秋左傳正義》,第 35 頁。

④ 孔穎達於《春秋經·隱公元年》“秋,七月,天王使宰咺來歸惠公、仲子之賵”,釋曰:“仲子乃惠公妾耳,王使賵之者,隱立桓爲大子,成桓母爲夫人,天王知其然,故遣賵惠公,因即賵之。”又於《春秋經·隱公二年》“十有二月,乙卯,夫人子氏薨”,釋曰:“仲子實妾,桓未爲君,故仲子不應稱夫人也。今稱夫人薨,是隱成之,讓桓爲大子,成其母喪。”見（晋）杜預注,（唐）孔穎達正義:《春秋左傳正義》,第 45 頁、第 67 頁。

按照杜、孔的觀點來看,魯隱公"於第當立",其即位的合法性高於魯桓公。元妃孟子無子嗣,而繼室聲子有子隱公,那麼繼室作爲嫡夫人和衆媵妾的中間層級,其子嗣便可以成爲繼嫡子之後的第二順位繼承人,這樣也就避免了兩位夫人和不同嫡子之間的爭鬥,繼而按"子以母貴"之義,作爲繼室之子的魯隱公比作爲一般媵妾之子的魯桓公更加具備即位的合法性。

(二)《穀梁傳》——基於"長幼有序"的原則

生母身份地位的高低是決定誰能成爲即位者的關鍵要素,而三傳對於隱、桓之母,即仲子、聲子身份的判斷却并不統一。《穀梁傳》以"仲子"爲惠公之母,"夫人子氏"爲隱公之妻,不似《左傳》《公羊傳》點明了隱、桓之母的身份,從而便不能以隱、桓之母的身份來斷定各自的尊卑。

對於"夫人子氏"身份爲何者這一問題的解決,是理清三傳之間有關仲子、聲子與隱公、桓公關係討論的關鍵。《公羊傳》載:"十有二月,乙卯,夫人子氏薨。夫人子氏者何?隱公之母也。"[1]因在《公羊》的語境中,仲子薨逝於春秋之前,故此處的"夫人子氏"只能是隱公之母聲子。《穀梁傳》則不以子氏爲隱公之母,而以之爲隱公之妻,"夫人者,隱之妻也。卒而不書葬,夫人之義,從君者也"。[2] 一是魯隱公爲魯國國君稱公,其妻可稱夫人;二是由經書夫人子氏薨,而不書夫人子氏葬可知,因魯隱公此時尚在人世,故妻不得先於夫葬。而於《左傳》中,對於"夫人子氏"的判斷并不與隱公相關,而是以仲子薨於惠公去世之後,唯有仲子得以稱爲名義上的夫人,故"夫人子氏"指的是仲子,且由隱五年"考仲子之宮"可知彼時正是三年之喪結束,推導出此處的夫人正是桓公之母。

《公羊傳》和《左傳》均以仲子爲桓公之母,《穀梁傳》則以仲子爲"惠公之母,孝公之妾"[3]。那麼,《左傳》中的隱公之母爲何者?從其對於君氏去世的描述可知:

> 夏,君氏卒。聲子也。不赴於諸侯,不反哭於寢,不祔於姑,故不曰"薨"。不稱夫人,故不言葬。不書姓,爲公故,曰君氏。[4]

① (漢)何休解詁,(唐)徐彦疏:《春秋公羊傳注疏》,第34頁。
② (晋)范甯注,(唐)楊士勛疏:《春秋穀梁傳注疏》,北京:北京大學出版社,1999年,第12頁。
③ (晋)范甯注,(唐)楊士勛疏:《春秋穀梁傳注疏》,第6頁。
④ (晋)杜預注,(唐)孔穎達正義:《春秋左傳正義》,第72頁。

對於"君氏"的判斷,《穀梁傳》《公羊傳》的記載與《左傳》也有分歧:

> 《公羊傳》:尹氏者何? 天子之大夫也。①
>
> 《穀梁傳》:尹氏者何也? 天子之大夫也。②

"君氏"在《穀梁傳》中作"尹氏",與《公羊傳》相同,且兩傳都認爲指的是周天子的大夫,而非指隱公之母聲子(君氏),因魯隱公雖爲魯國國君,但并未真正即位,故以"君氏"稱其母來區別其他媵妾。

在《穀梁傳》的叙事中,魯隱公生母的身份無從知曉,仲子的身份與魯桓公也并無直接的血緣關係,其身份的尊卑并不會對魯桓公能否成爲即位者造成關鍵影響。所以,在《左傳》和《公羊傳》中可以通過仲子、聲子的身份確定隱、桓二者的尊卑,而《穀梁傳》并未涉及魯隱公和魯桓公二者母親身份的比較,故不能按照"子以母貴"的原則來判斷二者的尊卑(見圖二)。

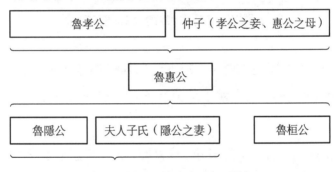

圖二　《穀梁傳》隱、桓之關係

儘管并未提及隱、桓二者身份的尊卑之分,但《穀梁傳》卻表明了二者之間有著明顯的長幼之別。"傳言天倫,則貴賤相似可知。又云受之天子,隱非嫡明矣。"③隱、桓二人俱非嫡子,并且尊卑貴賤的程度相當,那麼只有長幼這一客觀事實可以作爲隱、桓何者具有即位合法性的依據。《穀梁傳》主張立嗣的主要根據便是長幼秩序,也即按照"有嫡立嫡,無嫡立長"的原則來確定即位人選,"天倫"的具體指向是"兄先弟後"的天然次序,而"隱長桓幼",魯隱公作爲魯桓公的兄長,即位的次序應先於魯桓公,其即位的合法性也就高於魯桓公。

---

①　(漢)何休解詁,(唐)徐彦疏:《春秋公羊傳注疏》,第 37 頁。

②　(晋)范甯注,(唐)杨士勋疏:《春秋穀梁傳注疏》,第 14 頁。

③　(晋)范甯注,(唐)杨士勋疏:《春秋穀梁傳注疏》,第 2 頁。

(三)《公羊傳》——基於"子以母貴"的復合原則

從《公羊傳》的記載來看,魯惠公無嫡子,能夠繼承君位的人選僅有魯隱公和魯桓公等庶子。在面臨君位繼承人的選擇時,并不適用"立嫡以長不以賢"的標準,那麼看上去就只有"立子以貴不以長"這一原則,可以作爲隱、桓何者應當即位的判斷依據。但事實上,"桓幼而貴,隱長而卑。其爲尊卑也微,國人莫知",可見桓公和隱公的地位差距微乎其微,以至於到了國人都難以分辨的地步,而造成這種細微差異的主要原因仍是源於他們各自的母親的身份差異(見圖三)。

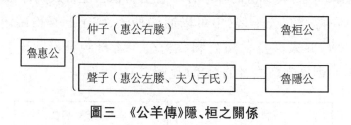

圖三　《公羊傳》隱、桓之關係

何休認爲,《春秋》規定了"諸侯一娶九女",便已明確了九女之間的身份有著嚴格的尊卑等級,并由此奠定了立嗣子的先後次序:以嫡夫人之子優先,衆媵妾之子次之。

> 嫡,謂嫡夫人之子,尊無與敵,故以齒。子,謂左右媵及姪娣之子,位有貴賤,又防其同時而生,故以貴也。嫡夫人無子,立右媵;右媵無子,立左媵;左媵無子,立嫡姪娣;嫡姪娣無子,立右媵姪娣;右媵姪娣無子,立左媵姪娣。①

儘管魯隱公與魯桓公的尊卑差異極小,但魯桓公的身份還是略微尊於魯隱公。《公羊傳》載:"桓何以貴?母貴也。"何休斷言:"桓母右媵。"按照以上所列次序,在嫡夫人無子的情況下,右媵之子能夠繼承君位的合法性高於左媵之子。又結合"子以母貴"的原則,魯桓公尊貴於身爲左媵之子的魯隱公,進而其即位的優先次序也高於魯隱公。

《春秋》三傳對於立嗣原則的主張,都有一致的基礎,即君位繼承者必須是先君之子或直系親屬,而後在這種以血緣親疏爲基礎的繼承制度上,延展到"尊尊"的層面。魯惠公無嫡子,且魯隱公較魯桓公年長是三傳的共識,那麼按照《穀梁傳》中

---

① （漢）何休解詁,（唐）徐彥疏:《春秋公羊傳注疏》,第 13 頁。

"有嫡立嫡，無嫡立長"的主張來看，魯隱公即位是具備合法性的。反觀《公羊傳》的主張："有嫡立嫡，無嫡立貴"，可以發現魯隱公的即位合法性是不够充分的，但緊接而來的問題便是，既然魯隱公的即位合法性不充分，那《公羊傳》爲何要對這種基於"不正"的行爲予以褒揚呢？

二、魯隱公即位合法性的判斷

　　三傳對於隱、桓二者的身份判斷，以及二者即位的合法性問題上，所依據的標準都各不相同。在以嫡長子繼承制爲主導的原則下來看，《公羊傳》認爲魯桓公即位的合法性略高於魯隱公；而後世學者在對《左傳》的不同詮釋中，也逐漸衍生出了"桓高於隱"的論説。《穀梁傳》以隱長桓幼，斷定了魯隱公即位的合法性高於魯桓公。在最終的歷史事實上，無可否認的是由隱公先即位，但是三傳對於其即位緣由的詮釋也存在著差異。《左傳》采取的是魯隱公"代桓公攝政"的説法；《穀梁傳》認爲即位者理當爲魯隱公，而魯桓公爲弑兄篡位的惡人；《公羊傳》的觀點則是"隱爲桓立"。

（一）隱攝桓立

　　《春秋》以"元年、春、王、正月、公即位"作爲諸侯即位的書法，以體現"正五始"之義，五者秩序井然、環環相扣。而隱公即位的記載僅爲："元年，春，王正月。"三傳對於該條經文有著不同的闡發，《左傳》曰："元年春，王周正月。不書即位，攝也。"①即通過不書"即位"來表明隱公是居於攝政之位。對於隱公於第當立，却以攝位自居，在隱元年三月還有"公攝位而欲求好於邾，故爲蔑之盟"②，以及隱十一年，羽父爲求大宰一職向隱公進讒言請求弑殺桓公時，隱公答道"爲其少故也，吾將授之矣。使營菟裘，吾將老焉"③等事件作爲例證。

　　魯隱公應該即位而不即位，根源於其有讓國之心，故於"生桓公而惠公薨，是以隱公立而奉之"條下，孔穎達疏曰：

　　　　隱公當嗣父世，正以禎祥之故，仲子手有夫人之文，其父娶之，有以仲
　　子爲夫人之意，故追成父志，以位讓桓。但爲桓年少，未堪多難，是以立桓

① （晋）杜預注，（唐）孔穎達正義：《春秋左傳正義》，第48頁。
② （晋）杜預注，（唐）孔穎達正義：《春秋左傳正義》，第49頁。
③ （晋）杜預注，（唐）孔穎達正義：《春秋左傳正義》，第130頁。

爲太子,帥國人而奉之。己則且攝君位,待其年長,故於歲首不即君位。①

那麼,在魯隱公已經攝位的事實前提下,對於後續即位之人魯桓公,由何人所立的問題,就存在較大的爭議。依《春秋左傳正義》來看,魯隱公在理論上應當即位,成爲魯國國君,因此,"立而奉之"即隱公有追成父志的讓國之心,故以己居攝君之位,立桓公爲"太子",以待後期將君位讓與。

歷史上對"立而奉之"亦存在多種解釋。首先需明確二者的次序是"先立後奉",接著才是對"立"這一行爲主導者的判定,一是如杜預、孔穎達之説,桓公由隱公即位後所立。二是在此基礎上,對於"立"的時間節點和"奉"的對象進行判斷,如鄭衆和賈逵等人。鄭衆認爲"隱公攝立爲君,奉桓爲大子","立"指隱公完成居攝君之位的動作,而後以桓公爲太子;賈逵則曰:"隱立桓爲大子,奉以爲君。"説明隱公在將桓公立爲太子後,更進一步將其當成君主來對待。孔穎達依循著杜預進行闡發,將二者的觀點視作"繆妄"。但綜合來看,杜預僅説:"爲桓尚少,是以立爲大子,帥國人而奉之。"②并未表明是"奉以爲太子"還是"奉以爲君",可見,賈逵和杜預的解釋其實在本質上并無背離之處。

除此之外,第二種看法則超出了桓公爲隱公所立的立場,而是認爲桓公由惠公在世時所立,這一分歧產生的根源仍是對隱、桓身份的判定不同。司馬遷《史記・魯周公世家》載:

> 四十六年,惠公卒,長庶子息攝當國,行君事,是爲隱公。初,惠公適夫人無子,公賤妾聲子生子息。息長,爲娶於宋。宋女至而好,惠公奪而自妻之,生子允,登宋女爲夫人,以允爲太子。③

清代高士奇指出這一説法"近誣"④,但此種記載仍然深深地影響了後世學者的看法。如宋代劉敞認爲"隱賤桓貴,桓貴當立,而隱公不能奉之以立,而已篡其位"⑤,故在其看來,隱公攝位以讓國的行爲,屬於篡位而非讓國。而後,竹添光鴻援引趙姬以趙盾母子爲嫡夫人和嫡子之事,反駁了前述杜預"禮無二嫡"的觀點:

> 孟子卒,聲子繼室,是爲夫人。既而仲子生桓公,立爲大子,故仲子升

---

① (晋)杜預注,(唐)孔穎達正義:《春秋左傳正義》,第36—37頁。

② (晋)杜預注,(唐)孔穎達正義:《春秋左傳正義》,第36頁。

③ (漢)司馬遷:《史記》卷三十三,北京:中華書局,1959年,第1528—1529頁。

④ (清)高士奇:《左傳紀事本末(一)》,北京:中華書局,2018年,第47頁。

⑤ (宋)劉敞:《春秋權衡》,北京:中國社會科學出版社,2022年,第2頁。

爲適夫人，猶趙姬以盾爲適子，故以其母叔隗爲内子而已下之，禮當如是也。杜固執諸侯無再娶之説，以仲子爲妾，此襲《公羊》之謬耳。①

不同於“子以母貴”的處理方式，竹添光鴻依“母以子貴”之義，認爲嫡庶之間的身份可以任意變换，故而桓公尊於隱公，實以不合理的解釋來爲桓公的合法性辯護。更爲直接地，楊伯峻在注解《左傳》“仲子生而有文在其手，曰爲魯夫人，故仲子歸於我”一條時，認爲“宋仲子之嫁於魯，蓋附會其手紋有似‘魯夫人’三字耳。據下《傳》文，歸於我即嫁於惠公爲嫡妻”。②又有“魯惠公，此時已死。仲子，惠公夫人”③。也就是從一開始就明確了仲子爲魯惠公的繼嫡夫人，而元妃孟子無子嗣，那麽，繼嫡夫人之子魯桓公就是嫡長子，進而儘管魯隱公作爲繼室聲子的子嗣，却也無法超越嫡長子這一身份的合法性。④

對仲子是否爲嫡夫人的判斷不一致，導致了對魯隱公與魯桓公即位合法性的判斷不一，但衆多解釋的相同點都是認爲魯隱公居於攝政之位，并且都認同“隱攝桓立”的説法，那麽魯隱公作爲一個攝政之君，能否居於諸侯之位呢？孔穎達認爲：“隱公所攝則位亦攝之，以桓大子，所有大事皆專命以行，攝位被殺，在君位而死。”⑤即魯隱公所居之位具有雙重屬性，是攝政之位亦是君位。楊伯峻對此的看法相同，認爲：“攝位稱公亦猶周公攝位稱王，固周禮也。”⑥結合史實來看，攝政稱王確實早已有之，如鄭玄注《周禮•天官•叙官》曰：“周公據攝而作六典之職，謂之《周禮》。營邑於土中。七年，致政成王，以此禮授之，使居雒邑，治天下。”⑦又有《禮記•明堂》曰：“武王崩，成王幼弱，周公踐天子之位，以治天下。”⑧這説明周公在輔佐年幼的成王時，出於政治安全的考慮而稱王，楊寬據此也認爲克殷未久，成王年

---

①　［日］竹添光鴻：《左傳會箋》，沈陽：遼海出版社，2008 年，第 21 頁。

②　楊伯峻：《春秋左傳注》，北京：中華書局，2016 年，第 4 頁。

③　楊伯峻：《春秋左傳注》，第 8 頁。

④　蔣慶《公羊學引論》中也認爲《春秋》不許隱得立，是因爲隱公庶子爲卑，桓公嫡出爲貴；張端穗也認爲，隱公、桓公兩人的母親身份的不同，造成了他們地位尊卑不同的事實：桓公是太子，隱公是公子，并據此得出桓貴於隱，《左傳》不貴讓國的結論。參見蔣慶：《公羊學引論》，第 162 頁。張端穗：《〈春秋公羊傳〉崇讓觀之内涵、緣起及意義》，《東海中文學報》2003 年第 15 期。

⑤　（晋）杜預注，（唐）孔穎達正義：《春秋左傳正義》，第 48 頁。

⑥　楊伯峻：《春秋左傳注》，第 4 頁。

⑦　（清）孫詒讓：《周禮正義》，北京：中華書局，2015 年，第 11 頁。

⑧　（清）孫希旦：《禮記集解》，北京：中華書局，1989 年，第 842 頁。

幼,政治局勢尚不穩定,周公的攝政,是周朝的緊急措施。[1]　可以想見,魯隱公所面對的局面與周公相似,因爲魯桓公年幼,没有執政的能力,故由魯隱公居攝政之位,行執政之事。

(二) 隱當立桓不當立

《穀梁傳》未對魯隱公和魯桓公之母的身份地位予以説明,導致魯隱公和魯桓公的尊卑不明,可知的是二者俱非嫡子,且之間有著明確的長幼秩序。除開"有嫡立嫡"的立嗣原則外,它的主張仍然符合嫡長子繼承制的要求,因爲長幼作爲第二層次的限定,也是不可或缺的條件。

《穀梁傳》曾多次指出"兄弟,天倫也","兄先弟後,天之倫次",以魯隱公作爲魯桓公的兄長,斷定當由魯隱公即位。魯桓公作爲魯隱公之弟,顯然不能逾越這一秩序與之爭位,否則即《穀梁》所言"弟先於兄,是廢天倫"。因此,魯惠公若將君位傳給魯桓公,則有違禮制的規定。《穀梁傳》曰:"先君之欲與桓,非正也,邪也。雖然,既勝其邪心以與隱矣。"[2]此時在天然成立的客觀條件面前,人爲的選擇并不能從根本上改變嗣君"正"與"不正"的事實。

從中也可以看出,魯惠公作爲君主,其立嗣權力的行使是有嚴格界限的,并不能擅專,此即《左傳》所言:"王不立愛,公卿無私,古之制也。"嫡長子繼承制是不可動摇的原則,諸侯不得因自己的喜好而擅自更立嗣君,倘若魯桓公是嫡長子,魯惠公便不會想立其而不得;又假如魯隱公是嫡長子,那麽魯惠公也不得有傳位於魯桓公的行爲。再者,"隱爲世子,親受命於惠公;爲魯君,已受之於天王矣",此處的先君之命和天王的册封則是魯隱公即位具有正當性的客觀保證,且進一步明確了魯隱公即位的合法性高於桓公。

(三) 隱爲桓立

《公羊傳》中隱公的即位并不具備充分的合法性,其雖長於桓公,但不及桓公尊貴,無論在何種條件下,顯然都是桓公即位的合法性更高。《公羊傳》對於隱公爲何能够即位這一問題,給出的答案是"隱長又賢,諸大夫扳隱而立之",一是魯隱公自身具備"賢能"的品格而被衆人擁立爲君,二是魯隱公之即位乃爲魯桓公而立。在種種相對具有優勢條件的疊加下,更加削弱了"尊卑"作爲隱公即位條件的限制性。

[1]　楊寬:《西周史》,上海:上海人民出版社,2003 年,第 140 頁。
[2]　(晋)范甯注,(唐)杨士勋疏:《春秋穀梁傳注疏》,第 2 頁。

　　清代學者孔廣森提出的新“三科九旨”中的一科三旨認爲：“人情者，一曰尊，二曰親，三曰賢。”①以此區別於何休所提出的“三科九旨”，將“尊”“親”“賢”這三個重要的維度作爲了“人情”科的三旨。尊尊、親親都是由自然的親緣關係所確定的倫理原則，并不爲後天的人力所決定。《禮記·喪服小記》載：“親親、尊尊、長長，男女之有別，人道之大者也。”②“親親”主要是針對父親這一層級而言，“尊尊”則主要是針對祖、曾祖、高祖。③　可見，“親”和“尊”都以先天形成的血緣關係爲客觀基礎，“親”由血緣關係的親疏遠近決定，“尊”由等級社會中的尊卑秩序決定，但賢與不賢却是人們基於一定的道德標準予以判斷的。

　　王國維在《殷周制度論》中分析“尊尊”“親親”“賢賢”三者對於宗法制的作用時提出：

　　　　周人以尊尊、親親二義，上治祖禰，下治子孫，旁治昆弟，而以賢賢之義治官。……有土之君，不傳子、不立嫡，則無以彌天下之争。卿、大夫、士者，圖事之臣也，不任賢，無以治天下事。④

“尊尊”與“親親”基於并適用於一定的血緣關係範圍内，“賢”則脱離了這一範圍。古代以“唯才是舉”“選賢與能”等標準作爲選拔人才的要求，包括《春秋》認爲“世卿，非禮也”的原因也在於“士”階層不應當有世襲的制度，而應當選拔有才能之人擔任，如此可以避免卿、大夫等形成割據力量，帶來争端和禍亂。但是，這一要求只適用於卿、大夫、士這些階層，對於以血緣親疏爲核心的宗室來説，“賢能”這一選拔標準顯然是與嫡長子繼承制相背離的。對此，《穀梁傳》的觀點十分鮮明，主觀判斷下的“賢”并不能逾越“貴”這一客觀事實，其引“雍曰：‘夫多賢不可以多君，無賢不可以無君。立君非以尚賢，所以明有統也。建儲非以私親，所以定名分。名分定，則賢無亂長之階，而自賢之禍塞矣。君無嬖幸之由，而私愛之道滅矣。’”⑤“貴”所指向的是禮制，而“賢”并不能違背禮制，否則就會産生禍亂。

　　對於以“得衆”作爲諸侯國君即位合法性來源的做法，《春秋》亦不贊同。對比隱公四年發生的“衛人立晋”一事可知。

————————

①　（清）孔廣森：《春秋公羊經傳通義》，上海：上海古籍出版社，2014年，第241頁。

②　（清）孫希旦：《禮記集解》，第871頁。

③　（漢）鄭玄注，（唐）孔穎達正義：《禮記正義》，北京：北京大學出版社，1999年，第966頁。

④　謝維揚、房鑫亮主編：《王國維全集》（第八卷），杭州：浙江教育出版社，2010年，第315頁。

⑤　（晋）范甯注，（唐）楊士勛疏：《春秋穀梁傳注疏》，第19頁。

　　《公羊傳》：晋者何？公子晋也。立者何？立者不宜立也。其稱人何？
　　衆立之之辭也。然則孰立之？石碏立之。石碏立之，則其稱人何？衆之
　　所欲立也。衆雖欲立之，其立之非也。①

按《春秋》之例，立、納、入均爲篡辭，故"衛人立晋"實不宜立。對諸大夫"扳隱而立"則有徐彥疏："今此諸大夫廢桓立隱，亦是不正，何故不作文貶之以見罪？正是在春秋前，欲明王者受命，不追治前事故也。"②明知衆大夫擁立魯隱公是不正當的，并且《春秋》托王於魯，魯隱公作爲《春秋》的首公，更應該起到爲後世建法的作用，但《公羊傳》却認爲立魯隱公之事在春秋前，可以不予追究。這也恰恰説明了立隱的行爲是不合法的，只是規避了這一問題，從而讓既成事實能夠成爲立論的起點。

　　并且，在魯隱公即位的事件上，除了諸大夫的擁立之外，還存在著"權"的考量。"隱於是焉而辭立，則未知桓之將必得立也。且如桓立，則恐諸大夫之不能相幼君也。故凡隱之立，爲桓立也。"③説明了魯隱公的即位是在具體的歷史情境下的選擇，一是因爲桓公年幼，没有主持國家大事的能力；二是倘若隱公不當國君，就難以保證桓公一定能夠即位，所以魯隱公之"權立"，也是爲魯桓公而立。

　　在嚴格的嫡長子繼承制的範圍内，年長、賢德以及得衆等條件，都不能成爲選擇即位者的判斷標準，但隱、桓二者的特殊性就在於不能完全比照嫡長子繼承制的要求，因爲現實的情況是二者的尊卑差異極微，故在此情境下，隱公年長、賢能、得衆等優勢的疊加，以及更爲重要的讓國之心的凸顯，使得《公羊傳》在明確當立者爲桓公的前提下，對於隱公的即位持有一種緩和的、寬容的態度，除了隱晦地將"賢"作爲魯隱公即位的補充性原則之外，又以"不追前事"的原則默許了其即位行爲。

　　在《春秋》三傳的設定中，《穀梁傳》以"長幼有序"的原則斷定魯隱公應當即位，加之魯隱公有先君之命，且符合"大居正"之義；歷代學者對於《左傳》所産生的兩種解讀以及對於隱、桓二者身份的不同認識，産生了兩種即位合法性的判定，一是認爲魯隱公爲繼室之子，其即位的合法性高於魯桓公，二是認爲魯隱公爲媵妾之子，其即位并不具備合法性；《公羊傳》中隱、桓俱非嫡子，分別爲左媵之子與右媵之子，尊卑也微，以"子以母貴"的原則判斷出魯桓公即位的合法性略微高於魯隱公，但對魯隱公即位的事實持"不追前事"的默許態度。

---

① （漢）何休解詁，（唐）徐彥疏：《春秋公羊傳注疏》，第 44 頁。

② （漢）何休解詁，（唐）徐彥疏：《春秋公羊傳注疏》，第 12 頁。

③ （漢）何休解詁，（唐）徐彥疏：《春秋公羊傳注疏》，第 12 頁。

三、"賢讓國"与"大居正"之調和

《春秋》政教之始,作爲力主"撥亂反正"之書,魯隱公和魯桓公以何種身份即位,以及魯隱公應不應當即位更是對其讓國行爲是否具有合法性判定的前提,更確切地說,關係著其讓國行爲是否與"君子大居正"的原則相沖突。"君子大居正"首次出現是在《公羊傳》"癸未,葬宋穆公"的傳文中,何休對於"大居正"的解釋是"明修法守正,最計之要者"。徐彦的意思則更加具體:"君子之人大其適子居正,不勞違禮而讓庶也。"①故"大居正"就是要嚴格按照禮制的次序繼代,堅持以嫡長子繼承君位的要求。《穀梁傳》和《左傳》的記載雖然迥異,但都能明確得出魯隱公即位的合法性。然而如前所述,在《公羊傳》中,魯隱公的即位并不符合嫡長子繼承制的要求,可在這一"不正"的前提下,魯隱公的讓國心志,却得到了《公羊傳》的肯定,因此,在"大居正"與"賢讓國"這看似沖突的兩者之間,勢必存在可調和的空間。

(一)《春秋》"賢讓國"

《春秋》三傳中,均有對魯隱公讓國行爲的描述,但因其即位的依據不同,故對其讓國行爲褒貶不一。《穀梁傳》認爲魯隱公有讓國之賢行,但不該讓國;杜預和孔穎達對於《左傳》的闡釋以及《公羊傳》的經義本身,則從不同的角度一致肯定了魯隱公的讓國之志,對《春秋》於隱公元年不書"公即位"的詮釋是最直接的體現。

《穀梁傳》所明確的是魯隱公具備即位的合法性,但是魯隱公却有讓國之志,欲將君位讓與魯桓公,故於隱元年不書"公即位"以彰顯魯隱公的讓國之志。不過值得注意的是,《穀梁傳》并不認同魯隱公的讓國行爲,一是因爲其讓國的對象"不正",魯桓公爲魯隱公之弟,其不能逾越"兄先弟後"的次序;二是魯桓公弒隱而立,更加說明了"隱善桓惡",其不具備擔任國君的品德;三是"《春秋》成人之美,不成人之惡",魯隱公讓國給幼弟魯桓公是成父之惡。這種既不居正,又陷父於不義的行爲,《穀梁傳》并不認同。

> 隱將讓而桓弒之,則桓惡矣。桓弒而隱讓,則隱善矣。善則其不正焉
> 何也?《春秋》貴義而不貴惠,信道而不信邪。孝子揚父之美,不揚父之
> 惡。先君之欲與桓,非正也,邪也。雖然,既勝其邪心以與隱矣,已探先君

---

① (漢)何休解詁,(唐)徐彦疏:《春秋公羊傳注疏》,第41頁。

之邪志而遂以與桓,則是成父之惡也。①

《春秋》所主張的"成人之美"是一種道德提升,而不成人之惡則是一種道德要求,當兩者相抵觸時,"不成人之惡"更爲基礎,也更爲重要。并且對於追成父志和居正而言,魯惠公傳位給魯隱公不僅僅是父命和先君之命,更遵循了嫡長子繼承制的要求,這屬於正統的繼承譜系,魯隱公欲將君位讓給桓公,是"私以國讓,是忘君父",純屬於"私相授受"的私人行爲。

胡安國也從"讓"的界定出發,認爲"攝"與"讓"兩者之間有著實質性的差異,并對《左傳》將隱公的讓國行爲定義爲"攝"表示否定。

> 攝、讓異乎? 曰:非其有而居之者,攝也,故周公即政而謂之攝;推己所有與人者,讓也,故堯、舜禪授而謂之讓。惠無適嗣,隱公繼室之子,於次居長,禮當嗣世。其欲授桓,所謂推所有以與人者也,豈曰攝之云乎?②

在他看來,魯桓公不當立,國君之位應該歸魯隱公所有,但是其想要授位於魯桓公,這一將所有之物或者權力轉讓給了他人的行爲便是"讓",因此是不應該言"攝"的。但胡安國應是忽略了對於魯桓公年幼且無執政能力的現實考量,故對於隱公"於第當立"這一觀點來説,"攝政"只是對魯隱公實行讓國行爲的描述,本質上仍是指向讓國。

《左傳》對不書"公即位"的解釋是"不書即位,攝也",孔穎達引《釋例》曰:"隱既繼室之子,於第應立,而尋父娶仲子之意,委位以讓桓。"③魯惠公欲以仲子爲嫡夫人而不得,魯隱公作爲繼室之子,於次序當立,但其追成父志,故以仲子之子魯桓公爲"大子",待魯桓公具備執政能力時,將國君之位讓與。杜預、孔穎達一致認爲,魯隱公雖然不即位,但也改元朝廟,《春秋經》只書"元年,春,王正月",是以表明其應當即位而自不即位。但在另一部分《春秋》學者,如劉敞、高士奇等人看來,魯桓公是名正言順的嫡長子,按照禮制規定應當即位,但是因其年幼,故由魯隱公代理執政,進而并不認同魯隱公具有讓國的行爲,所謂的"攝",即胡安國所認爲的"非其有而居之",國君之位本就非魯隱公所有,故其讓國的行爲也就不成立。

"讓"意謂推己所有之物與人,而非奪人之物與己,在《公羊傳》當中,國君之位非魯隱公所有,同樣以"讓"言之。《公羊傳》曰:"公何以不言即位? 成公意也。何

---

① (晋) 范甯注,(唐) 杨士勛疏:《春秋穀梁傳注疏》,第 2—3 頁。
② (宋) 胡安國:《春秋胡氏傳》卷四,杭州:浙江古籍出版社,2010 年,第 44 頁。
③ (晋) 杜預注,(唐) 孔穎達正義:《春秋左傳正義》,第 48 頁。

成乎公之意？公將平國而反之桓。"①與《左傳》對隱公即位未書"公即位"的解釋一致，此處也是爲了要彰顯魯隱公的讓國之志，因"桓貴隱卑"魯隱公讓國的行爲實屬應然。其次，從隱二年至終隱之篇無正月，"隱將讓乎桓，故不有其正月也"②，以此表明魯隱公從始至終都無有國之心。

儘管《春秋》以不書"公即位"表明了魯隱公的讓國之志，但是對事件的最終判定還需要結合相應的行動，誠如董仲舒所言："是故隱不自立，從其志以見其事也。從賢之志以達其意。"③而魯隱公的讓國行爲，主要體現在"天王使宰咺來歸惠公、仲子之賵""君氏卒""夫人子氏薨""考仲子之宫"等事件中。

《左傳》認爲仲子薨於春秋始，魯惠公薨逝時，仲子已病重，將不久於人世，天王聽聞以後遂使宰咺前來歸二者之賵，而非《公羊傳》所認爲的薨於春秋前，無論如何，生賵和兼賵的行爲都是違禮的。仲子身爲魯惠公媵妾而得賵的原因在於，魯隱公有讓國之意，故對仲子的身份進行了抬升，"成桓母爲夫人"即以夫人之禮來對待仲子。接著，在"考仲子之宫"一事上，因仲子并非嫡夫人，且桓公此時尚未即位，故不能爲其立廟，而是魯隱公成全了魯惠公欲立仲子爲嫡夫人的心意，爲仲子另立別宫。《公羊傳》的解釋與之相似。仲子身爲右媵，生前并未成爲夫人，其子魯桓公亦未成君，因"隱爲桓立"，故以夫人之禮將仲子薨逝之事廣告於諸侯。這體現出魯隱公無有國之心，當立者爲魯桓公，"故善而書仲子，所以起其意，成其賢"。④ 同樣，在仲子之宫事件的處理上，再一次强調了"隱爲桓立，故爲桓祭其母也。然則何言爾？成公意也"。⑤《公羊傳》如此書法，也是爲了成全魯隱公的讓國之志。

相比之下，魯隱公對待自己的母親聲子的卒葬則進行了降格的處理。《左傳》曰："夏，君氏卒。聲子也。不赴於諸侯，不反哭於寢，不祔於姑，故不曰薨。不稱夫人，故不言葬。"魯隱公不行國君之禮，故其母"君氏"也不能用夫人之禮和"薨"之辭。《公羊傳》亦曰："夫人子氏者何？隱公之母也。何以不書葬？成公意也。何成乎公之意？子將不終爲君，故母亦不終爲夫人也。"魯隱公既已在事實上成爲魯國國君，按"母以子貴"之義，其母聲子應爲夫人，但因隱公有讓國之志，故不以夫人之禮相待。《春秋》之中，國君及其夫人書薨又書葬，所以爲了與正式的夫人相區別，

---

① （漢）何休解詁，（唐）徐彦疏：《春秋公羊傳注疏》，第11頁。
② （漢）何休解詁，（唐）徐彦疏：《春秋公羊傳注疏》，第65頁。
③ （清）蘇輿：《春秋繁露義證》，北京：中華書局，1992年，第77頁。
④ （漢）何休解詁，（唐）徐彦疏：《春秋公羊傳注疏》，第21頁。
⑤ （漢）何休解詁，（唐）徐彦疏：《春秋公羊傳注疏》，第48頁。

此處未書子氏之葬,這是最直接地自我降格的體現。

面對公子翬想説服魯隱公終生爲魯國國君的詒言,魯隱公堅決地表明了自己的態度:"吾否。吾使修塗裘,吾將老焉。"段熙仲認爲:"隱之賢讓國也,祭桓之母,不終其母爲夫人。隱與桓之尊卑也微,國人莫知。隱之既立也,百姓安之,諸侯説之,然而使修塗裘,則亦三以魯國讓矣。"①然而公子翬見魯隱公不爲所動,反向魯桓公挑撥,致使魯隱公被弑於鍾巫之祭時,其讓國行爲最終未得到實現。

雖然魯隱公未能正常將國君之位讓給魯桓公,但是《春秋》對其讓國之志予以了肯定,徐彦認爲:"隱公有讓心,實是善事,但終讓不成,爲他所殺,亦是善心不遂,而《春秋》善之。"②包括在董仲舒看來,其讓國之志是值得褒揚的。董仲舒曰:"今讓者《春秋》之所貴。"又曰:"故凡人之有爲也,前枉而後義者,謂之中權,雖不能成,《春秋》善之。魯隱公、鄭祭仲是也。"③魯隱公能稱得上"中權"的原因在於,在自知己之不正的情況下,仍"爲桓立",這是考慮到魯桓公年幼的事實,恐諸大夫不能輔佐魯桓公,故先即位、後讓國。

(二)"讓國"与"居正"

在《左傳》和《穀梁傳》的設定中,魯隱公的身份都是當立之人,但是爲了追成父志,欲將國君之位讓與魯桓公,《左傳》的叙述是魯隱公爲了成全魯惠公欲立仲子爲嫡夫人的心意,故將魯桓公奉爲"大子",從而對仲子的身份予以抬升;《穀梁傳》的記載是魯惠公欲將國君之位傳與幼子魯桓公而不得,魯隱公"探父之邪心",欲讓位於魯桓公。兩傳之中,魯隱公都具備即位的合法性,其讓國的行爲如《穀梁傳》所言爲一種私相授受。反觀《公羊傳》的記載,魯隱公即位的合法性較魯桓公低,故其應當將君位返還給魯桓公。按"君子大居正"之義,本不應該發生讓國事件,但魯隱公的讓國行爲却并不與"大居正"相抵觸,而是在嫡長子繼承制的要求下,對"大居正"的一種補充。

從讓國的對象來看,魯桓公本就是"宜立者",而魯隱公即位也是"爲桓立",在這一層面上并不與"大居正"相冲突。如前所述,魯桓公爲右媵仲子之子,魯隱公爲左媵聲子之子,其實二者之間的尊卑差異極其微弱,加之魯桓公年幼,尚未具備處事能力,而魯隱公年長且賢能,并有讓國之志,所以魯隱公得以即位,這在事實和禮

---

① 段熙仲:《春秋公羊學講疏》,第547頁。

② (漢)何休解詁,(唐)徐彦疏:《春秋公羊傳注疏》,第11頁。

③ (清)蘇輿:《春秋繁露義證》,第60—61頁。

制之間存在著一定的張力。《春秋》"崇禮讓，絶慢易"，"讓"的對立面是"争"，禮制之所以做出如此嚴格的界定就是爲了避免由争端導致的禍端。

從讓國的實際行爲來看，魯隱公多次行事以表明自己的讓國心意，《春秋》也褒揚其讓國之善志，但是同時也在維護魯桓公作爲國君繼承人的合法性，從而表現出"惡隱不返桓"的傾向。終隱之篇，分别發生了日食、蟓灾、"大雨震電"和雨雪等灾異，日食暗示了公子翬進詔謀之事，而"大雨震電"和雨雪都發生在不該發生的時節，也是魯隱公不及時讓國與魯桓公所致，何休認爲："八日之間，先示隱公以不宜久居位，而繼以盛陰之氣大怒，此桓將怒而弒隱公之象。"①這些灾異的嚴重性分别對應了魯隱公居位的時間長短，儘管何休在這方面一定程度上結合了讖緯的説法，但也表達出對於魯隱公不能適時讓位的批評。

并且，魯隱公的讓國還應當具有徹底性。當面對公子翬的詔言時，魯隱公表示要告老於塗裘，這裏很明顯地表達了魯隱公自己的讓國心意，但是《公羊傳》并沒有言"成公意也"，原因在於真正的國君爲魯桓公，而"普天之下莫非王土"，魯隱公只是爲魯桓公守國，塗裘并非他的國土，故不能擅自據爲己有。清代學者高士奇以《左轉》的視角認爲："顧隱之失不在於讓，而所以處讓之道有未善也。"②魯隱公的讓國意圖并無異議，只是其讓國的方式有所不妥。

在《公羊傳》的語境中，魯隱公作爲左媵之子即位，但是又能返還君位給更具即位合法性的魯桓公，所以《春秋》善隱能返桓，從讓國的對象和具體行爲來看，魯隱公的讓國行爲實際上并不與"君子大居正"的原則相抵觸，反而是在確保"大居正"的前提下，對"大居正"的一種維護和補充。《公羊傳》所同時張大的"大居正"與"賢讓國"這兩條相互抵牾的經義，在隱讓桓的事件中，兩者由對立走向了調和。

結　　語

《春秋》三傳對於隱、桓即位的合法性雖各執一詞，但造成這一分歧的重要原因在於三傳對於歷史事實的評判和出發點不一致。《左傳》以事解經，《公羊傳》借事名義，《穀梁傳》對於經義的闡發更加直截了當。對於隱、桓二人即位合法性的判定，三傳雖然記載各異，但并不存在不可調和的矛盾。《左傳》以"母以子貴"爲原則，《穀梁傳》以"長幼有序"爲標準，兩者之間對於隱、桓即位問題合法性的討論都

---

① （漢）何休解詁，（唐）徐彦疏：《春秋公羊傳注疏》，第 62 頁。

② （清）高士奇：《左傳紀事本末（一）》，第 53 頁。

能自洽,并且隱公都理應即位。而在《公羊傳》的論述當中,對魯隱公的即位合法性低於魯桓公的判斷雖然不同於另外兩者,但隱公得以即位的事實却無可否認。通過分析,隱公即位的合法性來源於其較桓公年長和賢能,在桓公無法主政的情況下,隱公即位具有保存魯國的重要性,加之其未即位時便有讓國之志、即位之後又有讓國之行,進而隱公即位看似是對"大居正"的破壞,實則是對"大居正"的維護,并由此突出了《公羊傳》對於讓國的褒揚之義。

三傳通論

《左傳·晋楚邲之戰》
及其叙戰之義法

——以筆削昭義、叙事義法爲例

張高評

【摘　要】　春秋史,爲諸侯争霸之歷史。春秋國際形勢之分合,取决於晋楚霸業之消長。自城濮之戰晋勝楚負,晋國稱霸中原,前後達一百二十年。其間,惟邲之戰,楚勝晋敗,楚莊王稱霸天下,自是春秋一大變局。《左傳》長於叙事,尤其工於叙戰,以長篇鉅製叙述邲戰之終始本末,狀寫楚莊王之胸襟器度。試與城濮之戰、鞌之戰、鄢陵之戰相較,互有殊勝,各具優長,自是叙事傳統的經典名篇。本文嘗試就筆削昭義、叙事義法二層面,細説《左傳》邲戰之叙事義法。論文架構,分爲五大端討論:一、《春秋》之義,昭乎筆削;不書特書,互發其藴。二、謀篇安章,提叙爲先;片言居要,文眼警策。三、鎔意裁辭,逆攝伏應;預言成敗,叙戰定法。四、言叙語叙,運實於虚;擬言代言,藉事明義。五、解散史事,連類而書;兩兩相映,對叙顯義。以傳統叙事學言,《左傳》叙邲之戰,自是典範。

【關鍵词】　邲之戰　叙事傳統　屬辭比事　《春秋》書法　《左傳》叙事
【作者簡介】　張高評,1949 年生,英國威爾士三一聖大衛大學漢學院訪問教授、成功大學名譽教授。

叙事之“叙”,爲初形本義。漢許慎《説文解字》云:“叙,次第也。从攴余聲。”於是,“叙”字引申即兼涵位次、主次、調整、設計之意。中國傳統叙事學之範疇,“叙”之本字即已概括無遺。叙事,或作序事,《説文解字》云:“序,東西牆也。从广予聲。”清段玉裁《注》:“經傳多假序爲叙,《周禮》《儀禮》‘序’字注,多釋爲次第是也。"①由此觀之,"叙"爲本字正字,"序"爲同音通假字。

中國叙事傳統,胎源於屬辭比事之《春秋》教,著力於其事、其文與其義間的體用關係。②《春秋》書法一變,而爲《左傳》之叙事義法,注重事件安排的位次,人物規劃的主次,聚焦於表意方法的調整,以及修辭形式的設計。基此觀點,本文從或筆或削之書法切入,考察《左傳》邲之戰的叙事義法,從立意謀篇到安章鍛句,論證提叙、預叙、言叙、語叙、類叙、對叙諸叙事要法。若行有餘力,楚莊王形象之凸顯,《春秋》書法之微辭隱義,亦一并述及。

一部春秋史,可謂晋楚霸業或長或消之歷史;其他華夷諸侯國身處晋楚之間,則或依或違,或聚或散而已。晋自城濮之戰,晋文公勝楚子玉,於是周襄王策命文公爲侯伯,晋國從此稱霸中原。惟文公辭世之後,襄公、靈公、成公、景公、屬公昏庸相繼,大權旁落,政卿趙盾當國,於是晋逐漸非楚之匹敵。幸賴悼公中興,晋國持續主盟中夏,乃長達一百二十餘年。其間,惟魯宣公十二年,晋楚邲之戰一役,晋敗楚勝,受挫於楚莊王。爲問:楚莊王何德何能,竟以唯一夷狄之君,而主盟華夏,號令天下?觀《左傳》叙邲之戰,可以知其大凡。

楚自春秋以來,無日不圖中原。桓公二年《左傳》載鄧之會,"始懼楚也"。猾夏之勢,已不可遏止。楚勢之强,由來久矣!歷武王、文王、成王、穆王,於是"漢陽諸姬,楚實盡之"。③楚成王雄志遠略,觀兵問鼎(宣公三年);楚穆王蠭目豺聲,得志於北方(文公元年)。於是撫有蠻夷,奄征南海,漢水以東,方城之外,幾入荆楚版圖。霸業奠基如此,漸漸可與齊晋爭盟矣。④

楚莊王即位,求賢若渴,任賢使能。如孫叔敖、伍舉、申叔時輩,皆竭智盡忠,襄贊左右,於是能抗衡上國,而爭霸中原。文公十六年,庸人帥群蠻叛楚,楚莊王滅庸。二年,楚命鄭公子歸生伐宋,宋師敗績。宣公十一年,楚莊王討夏徵舒,伐陳,繼而入陳、縣陳。後聽申叔時諫,旋復封陳。⑤ 十二年春,楚子圍鄭、克鄭,然後許鄭

① (漢) 許慎著,(清) 段玉裁注:《説文解字注》卷六,三篇下《叙》,卷一七,九篇下《序》,臺北:洪葉文化事業公司,1998 年,第 40 頁,總頁 127,第 14 頁,總頁 448。

② (清) 焦循:《孟子正義》卷一六《離婁下》,北京:中華書局,1996 年,第 574 頁。"晋之《乘》,楚之《檮杌》,魯之《春秋》,一也。其事,則齊桓晋文;其文,則史。孔子曰:'其義,則丘竊取之矣。'"

③ 張高評:《〈春秋〉直筆書滅與〈左傳〉以史傳經——以楚滅華夏爲例》,《漢籍與漢學》2018 年第 3 期,第 76—100 頁。

④ 韓席籌:《左傳分國集注》卷一一《楚滅諸小國》,南京:江蘇人民出版社,1963 年,第 625—628 頁。

⑤ 張高評:《〈春秋〉"楚子入陳"與〈左傳·申叔時諫縣陳〉之解讀》,《國文天地》2019 年第 6 期,第 20—27 頁。

平。楚既封陳、克鄭,陳鄭服楚矣,而魯衛震動,楚莊王盟中夏之勢已隱然成形。夏六月,晋出師救鄭,於是爲中原霸權之争奪,而有晋楚邲之戰。

楚"德立、刑行、政成、事時、典從、禮順",未戰之初,晋上軍將隨武子早已料斷楚"不可敵"。無奈中軍佐先縠剛愎怙亂,中軍將荀林父指揮失能,致晋軍明知楚不可敵,猶不得不勉與楚戰。最終,晋以群龍無首,亂軍争渡,自相殘殺而敗北。《左傳》長於叙事,尤其工於叙戰,以三千五百餘言,叙寫晋楚邲之戰的終始本末。《左傳》叙戰之長篇鉅製,以邲之戰爲最。邲之戰,楚勝而晋敗,於是楚莊王列名春秋五霸,與齊桓公、晋文公、秦穆公、越王句踐齊名。其胸襟器度爲何如也? 觀《左傳》叙邲戰前後相關之楚事,可以知之。

一、《春秋》之義,昭乎筆削;
不書特書,互發其藴

(一) 義以爲經,屬辭比事因之

元趙汸《春秋屬辭·序》云:"聖人既作六經,以成教於天下,而《春秋》教有其法,獨與五經不同,所謂屬辭比事是也。"趙汸又稱:"聖人作經,亦必屬辭比事,而後可施筆削。所以學《春秋》者,非屬辭比事,亦未必能達筆削之權。"[1]由此觀之,屬辭比事固爲作《春秋》之法,亦是研讀《春秋》之法,更是解説詮釋《春秋》之法。抑有進者,吾人欲通達或筆或削之權,捨屬辭比事之教,恐亦事倍而功半。

清章學誠説:"史之大原本乎《春秋》,《春秋》之義昭乎筆削。"筆削之義,大抵體現在"詳人之所略,異人之所同,重人之所輕,而忽人之所謹"諸方面。[2] 今觀《左傳》《公羊傳》《穀梁傳》《史記》之叙事義法,確實多從或筆或削衍化而來。載而書之,曰筆;捨棄不書,曰削。即使筆而書之,亦有詳略、重輕、異同、忽謹、有無、虛實、直曲之差别。要而言之,其事之或詳或略、或重或輕,其文之或有或無、或異或同,大多與作者之視角、典籍之屬性,著述之指趣有關。

晋楚邲之戰,影響華夷内外消長之形勢,自是春秋以來一大變局。《左傳》叙

---

① (元) 趙汸:《春秋屬辭》卷首《春秋屬辭序》,臺北:大通書局,1970 年,第 1 頁,總頁 14677;(元) 趙汸:《東山存稿》卷三《春秋纂述大意寄宋景濂王子充》。

② (清) 章學誠著,葉瑛校注:《文史通義校注》卷五《内篇五·答客問上》,北京:中華書局,1985 年,第470 頁。

戰,往往詳叙戰前之兵法謀略,千瀾萬波,多爲戰役之勝負作張本。至於叙寫戰況戰狀,寥寥不過數行而止。既戰之後,又作無數鋪襯,以爲影響餘波。蓋前已著神於虛,故後可省力於實。①《左傳》叙晋楚邲之戰,正面叙寫戰狀,極簡略,只輕點閃現"車馳卒奔,乘晋軍"、"中軍、下軍争舟,舟中之指可掬也"、"晋之餘師不能軍,宵濟,亦終夜有聲"凡34字而已。前此叙寫未戰前事,極詳盡,約2 300字。叙戰後餘波,約650字,亦餘音嫋嫋,非戛然而止。

《左傳》以歷史叙事載記此戰事,文長三千五百餘字,相較於《公羊傳》《穀梁傳》及《史記·晋世家》,可謂長篇鉅製,大塊文章。筆削之義,《左傳》叙邲之戰,最可見或筆或削之書法。左氏之筆削,體現在詳略、異同、重輕、忽謹各書法史筆方面,經由綜觀比較,可得而言。《左傳》以歷史叙事說經,旨在提供經世之資鑒,故晋楚雙方之利病虛實,戰前宜詳叙重寫:凡攸關楚之所以勝者,極力鋪陳;造成晋之所以敗者,盡情點染。一切比事與屬辭,多脉注綺交於成敗勝負。邲之戰,楚勝而晋敗,《左傳》叙楚之所以勝,先叙楚子圍鄭,叛而討之,服而舍之,於是乎釋鄭而得鄭。次叙晋師救鄭,晋軍主退與主戰之步調不一,《左傳》以言叙詳寫楚强不可敵者二:其一,隨武子言楚"德立,刑行,政成,事時,典從,禮順",不可敵,晋軍當"知難而退,觀釁而動"。其二,欒武子力駁楚師必敗之說:楚君無日不討國人而訓之、而申儆之云云,可見楚軍不驕、不老、有備。既戰之前,預言成敗如是,而楚莊王霸略已呼之欲出。邲之戰餘波,詳叙楚莊王稱"止戈爲武""武有七德",遂不爲京觀。觀其胸襟寬宏,器宇軒昂,儼然一代霸主之氣象。

邲之戰,晋軍之必敗,尚未交戰,晋楚雙方皆知之,《左傳》亦盡情點染,載之詳,而言之重。褒貶懲勸,固史書之使命,蓋作爲資鑒,當如是叙事。如詳寫先縠(彘子)剛愎怙亂之行,知莊子"殆哉必敗"之言;伍参料"晋師必敗",郤獻子稱"弗備必敗";士會重申"有備不敗"。於是晋除上軍不敗之外,由於不虞無備,又"中軍下軍争舟",導致亂軍争渡,自相殘殺;"晋之餘師不能軍,宵濟,亦終夜有聲。"不備取敗(隱公五年),乃《左傳》叙戰所提供之歷史教訓:或恃陋不備(成公九年),或恃吳不備(成公十七年),或討魯不備(昭公五年),②并邲戰晋之無備致敗而五,足爲後世行軍用兵之殷鑒。

《三傳》解說《春秋》,《左傳》偏重歷史叙事,《公羊傳》《穀梁傳》則主說歷史哲

---

① 張高評:《左傳之文學價值》(修訂版),第九章《叙事文學之軌範》,臺北:五南圖書出版公司,2019年,第248頁。

② (明)陳禹謨:《左氏兵略》卷一《不備取敗》,臺北:武學書局,1956年,第44頁。

學。《公》《穀》主歷史哲學解經，所重在微言大義，所輕在成敗勝負的歷史教訓。主軸之指義既定，於是或筆或削，或屬辭或比事，詳略、重輕、異同亦隨之。故同敘一事，或各自表述若是。此即清方苞説義法，所謂"義以爲經，而法緯之"。① 如邲之戰，《左傳》之所詳所重，已説如前。《春秋》書"晋荀林父帥師及楚子戰于邲"，《公羊傳》以義解經，側重詳説《春秋》書法，何以"與楚子爲禮"，全文偏敘莊王伐鄭一端。敘邲之戰，只"莊王鼓之，晋師大敗。晋衆之走者，舟中之指可掬也"20字而已。《左氏》《公羊》説經，重輕、詳略、異同，有如此者。《穀梁傳》以義説經，其簡略較諸《公羊傳》，更勝一籌。解《春秋》書法，只釋經文"晋師敗績"之"敗績"，曰："績，功也。功，事也。"又釋"夏六月乙卯"："日，其事敗也。"徒章句訓詁而已，無關宏旨。

《史記·晋世家》敘邲之戰，略如：楚莊王圍鄭，鄭告急，晋師馳救。晋人或主還，或主戰，又逢鄭助楚攻，於是晋敗，走河，爭渡。顧忌"助楚殺仇"，景公不誅荀林父。《史記·晋世家》受限於世家之體例，只是略敘梗概而已，敘事不如《左傳》之詳，又乏微言大義之藴含，蓋兩失之。

（二）或特書或不書，以互發其藴，互顯其義

孔子作《春秋》，有書，有不書。其所書者，謂之筆；不書者，謂之削。或筆或削之際，往往互發其藴，互顯其義。元趙汸《春秋屬辭》所謂"以其所書，推見其所不書；以其所不書，推見其所書"。② 此乃推求《春秋》書法之門徑，自中唐啖助、趙匡以下，凡研治《春秋》宋學者，苟欲捨傳而求經之微辭隱義，以經治經者多知而用之。

《春秋》書法中，有所謂特筆見義者，又稱特書見義、特文見義、發疑見義，指故布懸念，揭示非常，啓人疑惑，而啓人追索者。③ 宋王應麟《困學紀聞》論《春秋》，揭示而推重之，④亦筆削之一法也。今觀《左傳》敘晋楚邲之戰，運用《春秋》特筆見義之書法不少，歷代治《春秋》《左傳》之學者，早已揭發其蒙。如楚子圍鄭，爲晋楚邲

---

① （清）方苞：《方望溪先生全集》卷二《讀史·又書〈貨殖傳〉後》，《四部叢刊》初編本，臺北：臺灣商務印書館，1979年，第20頁，總頁40。

② （元）趙汸：《春秋屬辭》卷八《假筆削以行權第二》，第1—2頁，總頁14801。

③ 張高評：《比事屬辭與古文義法——方苞"經術兼文章"考論》，第五章《即辭觀義與〈春秋〉修辭學》，臺北：新文豐出版公司，2016年，第216—229頁。

④ （宋）王應麟：《困學紀聞》卷六《春秋》，文淵閣《四庫全書》本，上海：上海古籍出版社，1992年，第19頁，總頁266。王應麟稱："《春秋》以道名分，其特書皆三綱之大者。曰'成宋亂'，以宋督弗討而貨略是取也。曰'宋灾故'，以蔡般弗討而細故是恤也。曰'用致夫人'，以嫡妾無辨而宗廟之禮亂也。曰'大夫盟'，以君弱臣彊，而福威之柄移也。吁！其嚴乎！"

戰之緣起,起手即叙寫"出車大臨"之事。清方苞比較《春秋》被圍之相關記載,發現《左傳》叙此,蓋異人之所同,於是揭示"特書"之書例:

> 論序事常法,出車大臨,乃被圍常事,本不必書。而特書者,與能信用其民,義相發也。《春秋》之法,書入則不復書圍,退師修城,乃復圍以前之事,亦不宜書。而特書者,見楚子行師,進退有禮,與篇末論武有七德,義相發也。①

依《春秋》書法,常事不書;"巷出車""國人大臨",乃被圍之常事,本不必書。《左傳》特書之者,呼應楚莊王推崇鄭伯,爲能信用其民,於是許鄭平。依《春秋》之法,既已書"入",則不復書"圍",②然《左傳》叙"楚子退師,鄭人修城,進,復圍之,三月克之。入自皇門,至于逵路"。鄭人退師修城,乃復圍以前之事,亦不宜書。然《左傳》皆筆而書之,所以襯托"楚子行師,進退有禮",且與篇末楚莊論武有七德,義相發明。本不必書,亦不宜書,而特書者再,此之謂特筆見義、特書見義。總之,由特筆叙事,楚莊之胸襟器度可以想見,一代霸主之形象亦呼之欲出。

將戰,歷數敵我雙方將領之名位,乃《左傳》叙戰時點將之常法。《左傳》於邲之戰,臚列將帥之名録職守云:"荀林父將中軍,先縠佐之。士會將上軍,郤克佐之。趙朔將下軍,欒書佐之。趙括、趙嬰齊爲中軍大夫。鞏朔、韓穿爲上軍大夫。荀首、趙同爲下軍大夫。韓厥爲司馬。"特書中軍、上軍、下軍之大夫,此一書法與其他戰役相較,確實絶無而僅有。方苞《左傳義法舉要》爲之指出:

> 四大戰,無書三軍之大夫者,惟邲特書。以晋之喪師,由先縠剛愎,而趙括、趙同實助之。鞏朔、韓穿,則有設七覆於敖前事;荀首,則有以其族反之,獲連尹襄老、囚楚公子縠臣事;趙嬰齊有使其徒先具舟於河事。苟不先書其職司,則不知其爲何人。既備舉六人,則趙旃求卿未得,魏錡求公族未得,皆以卿族在軍行,而非有職司,亦見矣。③

點名晋國中軍、上軍、下軍之將、之佐,以及司馬,諸戰役無一例外。不過,注記

---

① (清)方苞口授,王兆符傳述:《左傳義法舉要》,臺北:廣文書局,1977年,第12頁,總頁24。

② (清)張應昌:《春秋屬辭辨例編》卷二〇《書圍》《書入》,《續修四庫全書》本,上海:上海古籍出版社,2002年,第1—19頁,總頁533—541,第19—30頁,總頁541—547。《左傳》襄公十三年"弗地曰入",杜預《注》:"勝其國邑,不有其地也。"《公羊傳》隱公二年:"人者何?得而不居也。"依《春秋》書例,有伐入并書者,然一旦書入,則不書圍。

③ (清)方苞口授,王兆符傳述:《左傳義法舉要》,第13頁,總頁25。

"趙括、趙嬰齊爲中軍大夫。鞏朔、韓穿爲上軍大夫。荀首、趙同爲下軍大夫",則晉楚城濮之戰、秦晉殽之戰、晉齊鞌之戰、晉楚鄢陵之戰外,爲獨一無二。《左傳》特書"三軍之大夫",顯然與春秋四大戰互有異同。緣於先縠剛愎敗師,而趙括、趙同實助之。依《春秋》常事不書之書例,特書者,或以明罪責。然鞏朔、韓穿,設七覆而上軍不敗;荀首,則以其族反之,而射一人、囚一人。《左傳》亦特書其職司於前,所以表彰其事功,切合獎善而懲惡之資鑒精神。

晉楚邲之戰,荀林父將中軍,爲晉國中軍、上軍、下軍之最高統帥。而荀林父之出辭發言,《左傳》敘寫邲戰,全文只有三筆。身爲邲戰晉軍作戰之指揮官,《左傳》敘寫荀林父言行,何以疏略若此? 輕忽如是? 其實,或筆或削可以見義,《左氏》敘事之妙,"尤在無字句處",即見筆削之妙。① 《春秋》書法之發用,可於此等處見之:

> 此篇專罪林父也! 寫林父,只三筆。此外,於發言盈庭者,無所可否;於詭變百出者,無所防備。楚詐晉亂,未聞中軍帥一言主持,而坐以待盟。事變一成,輒思先濟;而激事變之人,復由林父遣使,則咎誰諉哉?《左氏》于無字句處,寫出一空疏優柔小照,而千波萬浪皆朝宗於此。②

晉中軍將,或稱爲元帥,位居六卿之首。主持晉國之軍事政治,統帥將士,指揮作戰,理當號令如山,一言九鼎,中軍、上軍、下軍爲之馬首是瞻。然《左傳》敘邲之戰,敘寫中軍將荀林父,只以三筆:一曰"荀林父將中軍";二曰"及河,聞鄭既及楚平,桓子欲還,曰:'無及于鄭而勦民,焉用之? 楚歸而動,不後。'"三曰"桓子不知所爲,鼓于軍中曰:'先濟者有賞!'"身爲元帥,而不戰欲還,而不知所爲,而號令魯莽造次如是,致陷晉軍於傷亡敗戰,是才德平庸,不配其高位。此外,荀林父於諸將之議論滔滔,不置可否;於戰場之詭變百出,無所防備。楚詐而晉亂,未聞中軍帥有一言之定奪。異哉! 荀林父之爲中軍將也。吳闓生《左傳微》稱:"此役桓子本不欲戰,倉卒應敵,又不豫爲之備。"於是臨戰倉皇,一敗塗地若是。

荀林父身爲晉軍元帥,將權不立,威令不行。論其形象,爲無言、無計、無備、無能,爲空疏散漫,爲優柔寡斷,終致晉軍群龍無首,離心離德。總之,德不配位。據《左傳》記載:荀林父之軍旅生涯,自擔任御戎至中軍將,長達 37 年,庸碌平凡,并無

---

① (清)馮李驊:《左繡》卷首《讀左厄言》,臺北:文海出版社,1967年,第1頁,總頁46。

② (清)陳震:《左傳日知錄》,參李衛軍編著:《左傳集評》,北京:北京大學出版社,2016年,第848頁。

特殊表現。① 因此,荀林父於邲戰之表現如此,《左傳》寥寥數語之點睛,自在情理之中,不感意外。誠如清陳震《左傳日知録》所云:"千言萬語,皆襯托一人不言不語;千計萬畫,皆形容一人不計不畫,其妙皆在無字句處。"②此以少言勝多言,因無聲而勝有聲之對叙義法(詳後),或緣於《春秋》筆削書法之啓發。清莊存與《春秋正辭》説《春秋》之義,所謂"不當書者,皆書其可書,以見其不可書";"以所不書知所書,以所書知所不書"。③ 荀林父軍階,位居要津,領導統御能力如此不堪,確有若干"不當書者"。《左傳》爲長者諱,屬辭比事之際,遂"書其可書,以見其不可書"。讀者知此乃或書或不書,或筆或削《春秋》書法之發用,"以所不書知所書,以所書知所不書",則思過半矣!

《春秋》之筆削,一變爲書法之詳略、重輕、異同、忽謹,再變爲史傳之尚簡、用晦、虛實、直曲,三變而爲文學之隱秀、含蓄、蘊藉、文外曲致。唐劉知幾《史通》論史傳叙事之妙,推崇尚簡與用晦,其言云:"晦也者,省字約文,事溢於句外";"夫能略小存大,舉重明輕,一言而巨細咸該,片語而洪纖靡漏,此皆用晦之道也"。《左傳》叙邲之戰,狀寫晉師亂軍爭渡之場景,曰"中軍下軍爭舟,舟中之指可掬",其尚簡用晦,傳神如畫,諸家多能言之,如:

> "中軍下軍爭舟,舟中之指可掬。"夫不言攀舟亂,以刃斷指,而但曰"舟中可掬",則讀者自睹其事矣。④

> 先乘舟者,恐多乘沉舟,以兵斷爭舟攀舷者之指。指墮舟中,身墮邲水中而死。可掬者,言其多也。⑤

晋楚邲之戰,《左傳》叙楚軍快速推進:"車馳卒奔,乘晋軍"之當下,晋元帥荀林父竟然"不知所爲",手足無措,茫無主張。接著,又誤判形勢,胡亂下令軍中曰:"先濟者有賞!"隨武子(士會)既料楚不可敵,故上軍有備而不敗。中軍大夫趙嬰齊先

---

① 方朝暉:《春秋左傳人物譜》卷一《晋荀林父》,濟南:齊魯書社,2001 年,第 214—219 頁。有關荀林父之事迹,據《左傳》記載:荀林文於僖公二十七年,御戎,二十八年,將中行。文公七年,令狐之役佐上軍,十二年,河曲之戰佐中軍,十七年,討宋亂,無功而還。宣公五年,帥師救鄭伐陳,九年,帥諸侯師伐陳,未成而返,十二年,邲之戰將中軍。自御戎至中軍將,長達 37 年。

② (清)陳震:《左傳日知録》卷三《晋荀林父帥師及楚子戰于邲,晋師敗績》,台北國家圖書館藏鈔寫本。

③ (清)莊存與:《春秋正辭》卷三八七《春秋要旨》,《皇清經解》本,臺北:復興書局,1961 年,第 1 頁,總頁 8443。

④ (唐)劉知幾著,(清)浦起龍通釋:《史通通釋》卷八《模擬》,上海:上海古籍出版社,1978 年,第 222 頁。

⑤ (日)竹添光鴻:《左氏會箋》卷一一,成都:巴蜀書社,2008 年,第 1 頁,總頁 877。

具舟於河，故敗而先濟。其餘中軍下軍諸將，或剛愎，或怯亂，或推諉，或無備。致發生楚兵壓陣，亂軍爭渡，"中軍下軍爭舟，舟中之指可掬"之慘狀。[①] "不言攀舟亂，以刃斷指"，但叙"舟中之指可掬也"。妙在以事件之結局替代原因與過程，就一端體現全面，於是楚軍追擊、亂軍爭渡、自相殘殺之敗戰場景，遂繪聲繪影呈現。而晉軍無備，主帥無能之言外之意，[②]亦妙成文外曲致。主文而譎諫，其此之謂乎！《六一詩話》引梅聖俞之説，所謂"狀難寫之景如在目前，含不盡之意見於言外"，[③]此本説詩，可移以論《左傳》叙事之尚簡用晦。試對照劉知幾《史通·模擬》、明凌稚隆《春秋左傳注評測義》[④]、清劉繼莊《左傳快評》、日本竹添光鴻《左氏會箋》之評點解説，可悟《史通·叙事》所謂"一言而巨細咸該，片語而洪纖靡漏"，亦《左傳》本於《春秋》筆削之旨，而成叙事用晦之書例。

二、謀篇安章，提叙爲先；片言 居要，文眼警策

孔子筆削魯史記，作成《春秋》，其中多微辭隱義，其實難知。《孟子·離婁上》拈出其事、其文、其義，作爲破譯《春秋》密碼的三元素，於是有所謂歷史哲學、歷史編纂學。《禮記·經解》稱："屬辭比事，《春秋》教也。"[⑤]屬辭，即其文；比事，即其事。辭文如何連屬，史事如何排比，要皆聚焦於史義，以史義爲依歸。而且，辭如何屬？事如何比？亦皆脉注綺交於史義。清方苞説義法，所謂"義以爲經，而法緯之"，義先有，而法後成，猶云意在筆先，畫竹必先成竹於胸。換言之，即方苞所謂"法以義

---

① 李衛軍編著：《左傳集評》，第 845 頁。（清）劉繼莊《左傳快評》云："嬰齊具舟於河後，中軍、下軍所爭者，即此舟也。故敗而先渡，不止嬰齊一人，蓋中軍敗，而皆得先渡也。趙嬰齊爲中軍大夫，所具之舟本以應接中軍故也。工尹齊將右拒卒以逐下軍，潘黨從唐侯爲左拒以從上軍。而不及中軍者，以中軍先渡也。"

② （明）張蕭：《左傳儁》，參李衛軍編著：《左傳集評》，第 845 頁。

③ （宋）歐陽修：《六一詩話》，（清）何文焕：《歷代詩話》，北京：人民文學出版社，1982 年，第 267 頁。

④ （明）凌稚隆：《春秋左傳注評測義》，《四庫全書存目叢書》經部（第 127 冊），臺南：莊嚴文化公司，1997 年，第 10 頁，總頁 47。"二軍爭舟，先入舟者斫斷後扳舟者指，指墮舟中，故舟中之指可以兩手掬之，言其多也。二軍，在軍之右，皆移去濟河。唯上軍以有備，故獨不移。《經》所以書戰，言猶有陳也。"

⑤ （漢）鄭玄注，（唐）孔穎達疏：《禮記注疏》卷五〇《經解第二十六》，臺北：藝文印書館，1955 年，第 1 頁，總頁 845。

起","法隨義變"。①

文辭以叙事爲最難,而《左傳》長於叙事,學者多稱之。劉知幾《史通·雜說上》推崇《左氏》之叙事:"工侔造化,思涉鬼神,著述罕聞,古今卓絶。"②中唐啖助贊揚《左傳》:"博采諸家,叙事尤備,能令百代之下頗見本末。因以求義,經文可知。"③清章學誠《論課蒙學文法》稱:"叙事之文,其變無窮。離合變化,奇正相生,如孫、吳用兵,扁、倉用藥,神妙不測,幾於化工。其法莫備於《左氏》。"④《左傳》叙事之法式,筆者曾臚列三十餘法。⑤ 今復按有關叙事之法,以《左傳》晋楚邲之戰爲例,闡説其叙事的藝術,以及屬辭的義法。

歷史編纂學,可一言以蔽之,曰屬辭比事而已。屬辭比事,一般多視爲兩個概念。不過,也有學者認爲屬辭可以包括比事,如元趙汸《春秋屬辭》、清張應昌《春秋屬辭辨例編》,從著作之命名可知。⑥ 史書以叙事傳人爲主,如何排比編輯史事? 如何連屬約飾辭文,在在影響到歷史叙事的品質,與讀者的接受反應。其後續生發的作用,勢將影響圖書之傳播,知識之流通。方法之高下,必然左右成效,由此可見。

修辭學講究表意方法的調整,與優美形式的設計,即是屬辭功夫之展示。晋陸機《文賦》論及行文之當下,有關文意去留的銓衡,以及文辭高下的取捨:"或仰逼於先條,或俯侵於後章。或辭害而理比,或言順而義妨。離之則雙美,合之則兩傷。考殿最於錙銖,定去留於毫芒。苟銓衡之所裁,固應繩其必當。"⑦有關意與辭高下輕重的斟酌與去留,何似《春秋》學筆削去取的銓衡!《左傳》叙事傳人,致力於屬辭,用心於比事,於鎔意裁辭,定奪章句,最見功夫。就叙事手法而言,提叙之於屬辭,有綱舉目張之功;預叙之於比事,有引人入勝之效。誠如《文賦》所謂:"考殿最於錙銖,定去留於毫芒。"論證如下:

---

① 張高評:《比事屬辭與古文義法——方苞"經術兼文章"考論》,第七章《比事屬辭與方苞論古文義法》,第 353—364 頁。

② (唐)劉知幾著,(清)浦起龍通釋:《史通通釋》卷一六《雜説上》,第 451 頁。

③ (唐)陸淳編:《春秋啖趙集傳纂例》卷一《三傳得失議》,《經苑》本,臺北:大通書局,1970 年,第 4 頁,總頁 2358。

④ (清)章學誠:《章氏遺書》,《章氏遺書補遺·論課蒙學文法》,臺北:漢聲出版社,1973 年,第 1358 頁。

⑤ 張高評:《左傳之文學價值》(修訂版),第九章《叙事文學之軌範》,第 231—250 頁。

⑥ (清)張應昌:《春秋屬辭辨例編》卷首《凡例》,第 1 頁,總頁 6。"屬辭比事,《春秋》教也。聖經書法,必聯屬其辭,排比其事而乃明。……言屬辭,則比事該之矣。"

⑦ (晋)陸機著,張少康集釋:《文賦集釋》,北京:人民出版社,2002 年,第 145 頁。

　　所謂提叙，指約文以屬辭，提綱挈領而叙事之。[1]《左傳》叙事，於浩瀚繁雜之史事，往往於篇首總挈綱領，撮取亮點。警醒提撕如此，接續而叙事，雖出入縱橫，亦不散漫。《左傳》叙寫晉楚邲之戰，出於提叙者四：安排於戰前者二，料楚不可敵，晉當知難而退。設計於戰後者亦二，一則凸顯楚莊之器度，一則爲晉之敗戰作總括，要皆提叙之法。

　　《左傳》叙邲之戰，自"春，楚子圍鄭"始，至"晉侯（景公）使復其（荀林父）位"止。[2] 戰爭之叙寫，千頭萬緒，觸手紛綸；敵我之形勢，錯綜複雜，如何著墨？《左傳》用提叙法，理清頭緒，提出亮點重點。綱領在握，有助於讀者之閲讀與接受，如晉隨武子盛稱楚人六事，而楚莊王稱武有七德，《左傳》叙事，多出於提叙。於是楚與晉尚未交戰，而成敗利鈍可以前知。先説楚人六事具備，《左傳》云：

> 　　隨武子曰："善！會聞用師，觀釁而動。德、刑、政、事、典、禮不易，不可敵也，不爲是征。楚軍討鄭，怒其貳而哀其卑，叛而伐之，服而舍之，德刑成矣。伐叛，刑也；柔服，德也。二者立矣。昔歲入陳，今茲入鄭，民不罷勞，君無怨讟，政有經矣。荆尸而舉，商農工賈不敗其業，而卒乘輯睦，事不奸矣。蒍敖爲宰，擇楚國之令典，軍行，右轅，左追蓐，前茅慮無，中權，後勁，百官象物而動，軍政不戒而備，能用典矣。其君之舉也，内姓選于親，外姓選于舊；舉不失德，賞不失勞；老有加惠，旅有施舍；君子小人，物有服章，貴有常尊，賤有等威；禮不逆矣。德立，刑行，政成，事時，典從，禮順，若之何敵之？見可而進，知難而退，軍之善政也。兼弱攻昧，武之善經也。子姑整軍而經武乎，猶有弱而昧者，何必楚？仲虺有言曰：'取亂侮亡。'兼弱也。《汋》曰：'於鑠王師，遵養時晦。'耆昧也。《武》曰：'無競惟烈。'撫弱耆昧，以務烈所，可也。"[3]

　　宣公十二年春，楚莊王圍鄭。夏六月，晉師救鄭。既而聞鄭及楚平。中軍將荀林父不欲戰，欲還。隨武子（士會）附和荀林父，表示贊同。依違之際，《左傳》以語叙法叙事，提叙之後鋪陳約 280 字。不但交代士會的主張，楚莊王之勵精圖治，楚

---

① 張高評：《左傳之文學價值》（修訂版），第九章《叙事文學之軌範》，第 242—243 頁。

② （清）王源：《左傳評》卷四《晉荀林父帥師及楚子戰于邲，晉師敗績》，臺北：新文豐出版公司，1979 年，第 17 頁。論説邲之戰："文共十段：楚入鄭，一也；晉救鄭，二也；議戰，三也；邀戰，四也；合戰，五也；戰後情狀，六也；楚勝告成事，七也；鄭殺石制，八也；鄭如楚，九也；晉赦林父，十也。"

③ （晉）杜預注，（唐）孔穎達疏：《春秋左傳注疏》卷二三宣公十二年《晉楚邲之戰》，臺北：藝文印書館，1955 年，第 4—8 頁，總頁 389—391。

國之"不可敵,不爲是征",亦順勢帶出。其中,爲求警醒,多以提叙法作强調,前後各一次:先之,提叙曰"德、刑、政、事、典、禮不易"。總提之後,乃進行分疏,作爲楚"不可敵"之論據,以及晉"不爲是征"的堅强理由。將終,再出以提叙之法,添字加注,結以"德立,刑行,政成,事時,典從,禮順",復以"若之何敵之"反詰申説。前後各作一次提叙,綱舉目張,反對與楚作戰,乃昭然若揭。晉諸將如隨武子,欒武子等,料楚之不可敵,見識卓犖明白如是,猶且不能停止一戰,其罪難道只在先縠、荀林父?[1] 韓獻子分惡之説,隨武子分謗之論,已隱約指出,世當有能論辨之者。

邲之戰,晉師敗績。楚將或議築京觀,以耀示子孫。楚莊王不爲,引詩申説"止戈爲武",以提叙法闡述"武有七德",自謙"我無一焉,何以示子孫?"邲之戰如此收場,楚莊王之聲威亦由是奠定。楚莊王不爲京觀,以提示綱領之叙事法,舉出"禁暴、戢兵、保大、定功、安民、和衆、豐財",作爲七武德之綱領。總提之後分疏:以"今我使二國暴骨,暴矣",反敲"禁暴"。以"觀兵以威諸侯,兵不戢矣",關照"戢兵"。以"暴而不戢,安能保大?"呼應保大。以"猶有晉在,焉得定功?"質疑定功。以"所違民欲猶多,民何安焉?"顧及安民。以"無德而强爭諸侯,何以和衆?"强調和衆。以"利人之幾,而安人之亂,以爲己榮,何以豐財?"檢視豐財。末以"武有七德,我無一焉,何以示子孫?"反詰作收。同時,再深入一層,正反兩面鋪陳:"古者明王伐不敬,取其鯨鯢而封之,以爲大戮,於是乎有京觀,以懲淫慝。"但是,邲之戰,只因晉師救鄭而已,惡不及此!故曰"今罪無所,而民皆盡忠以死君命,又可以爲京觀乎?"其胸襟寬大,器度恢宏,爲何如也?

陸機《文賦》稱:"或文繁理富,而意不指適。極無兩致,盡不可益。立片言而居要,乃一篇之警策。……雖衆辭之有條,必待茲而效績。"[2]就閱讀接受而言,警策,猶文眼、詩眼、提叙,皆有提撕、聚焦、凸顯、統攝之作用。提叙之法,面對文繁理富,極無兩致時,"立片言而居要",最有警策之效用。清劉熙載《藝概·文概》曰:"揭全文之指,或在篇首,或在篇中,或在篇末。在篇首,則後必顧之;在篇末,則前必注之;在篇中,則前注之、後顧之。'顧''注',抑所謂'文眼'者也。"[3]驗之本文,信有此妙。

① (清)馬驌:《左傳事緯》卷四,濟南:齊魯書社,1992年,第164頁。"善哉晉人之料楚也,欒武子曰:'楚自克庸以來,其君不驕。'隨武子曰:'民不罷勞,君無怨讟。'夫莊之爲莊,晉固已明之矣。知之而猶與戰,其罪寧止在彘子哉?"

② (晉)陸機著,張少康集釋:《文賦集釋》,第145頁。

③ (清)劉熙載:《劉熙載論藝六種》,《藝概》卷一《文概》,成都:巴蜀書社,1990年,第42頁。

綜觀邲之戰,全篇之警策、文眼有二:其一,隨武子所云“觀釁而動”,居於篇之首;其二,君子引史佚所謂“毋怙亂”,位在篇之末。皆以提叙爲警策,爲文眼者。清方苞《左傳義法舉要》曾中説之:

> 晋人怙亂之釁,爲楚所窺;而楚君重言戒,無釁可乘,此句(觀釁而動),乃通篇之關鍵。①

怙亂,爲此篇樞紐,衆所共知。然以著晋之所以敗,而楚之不可敵,不能該也。以著先縠、趙括、趙同、魏錡、趙旃之憤事,而林父及群帥之失謀,不能該也。故以“觀釁而動”貫穿前後。②

今考《左傳》邲之戰,“觀釁而動”冠於篇首,作爲核心與亮點。藉隨武子料楚,順勢提撕,自然天成,有神無迹。清方苞《左傳義法舉要》考察邲之戰,發現“楚君明於七德,修其六事,日夜警備,無釁可乘。楚令尹臨事而懼,當幾而決;伍參知彼知己,料敵得間”。總之,楚國君臣上下,要皆無釁可乘。反觀晉軍之瑕隙,不獨先縠之專行,趙括趙同之黨附,魏錡趙旃之樂禍而已。除此之外,林父不能制命,先縠之更對,二憾之求成,無備又不戒。晋軍之四釁,自楚人觀之,皆歷歷在目,不敗何待!由此觀之,《左傳》邲之戰,“觀釁而動”一語,乃貫穿前後之通篇關鍵,堪稱敘戰之文眼,成敗之提叙,一篇之警策。

邲之戰文尾,叙鄭人殺乘亂分鄭者二人。君子評論此一事件,引史佚“毋怙亂”之言,指桑罵槐,妙遠不測,所謂詭詞謬稱。左氏借題發揮處,多用此種筆法。③綜觀《左傳》邲之戰,晋之怙亂者多,晋中軍將林父、中軍佐先縠而外,如中軍大夫趙括、下軍大夫趙同,以及卿族魏錡、趙旃諸輩,皆各逞其私,坐觀成敗,所謂怙亂者也。怙亂者,爲晋人,《左傳》文尾却引史佚“毋怙亂”之言,及《詩》作論斷,且揭示“怙亂”二字。看似評論鄭石制之怙亂,實則旁見側出,遥指晉國先縠諸人之怙亂,思乘亂取利。清方宗誠《春秋左傳文法讀本》稱:“怙亂二字,明雖專論僕叔,實則暗論巘子也。”④此之謂也。換言之,怙亂,乃晋之所以敗;毋怙亂,楚所以不可敵。由此觀之,“怙亂”自是提叙綴於篇末者。其爲文眼警策,與冠於篇首,置於篇中,其妙

① (清)方苞口授,王兆符傳述:《左傳義法舉要》卷一《邲之戰》,第13頁,總頁25。
② (清)方苞口授,王兆符傳述:《左傳義法舉要》卷一《邲之戰》,第21頁,總頁41。
③ 吳闓生:《左傳微》,臺北:臺灣中華書局,1970年,第39頁。《左傳》莊公八年“君子是以善魯莊公”,吳曰:“此所謂詭詞謬稱,全書皆一種筆法。”
④ (清)方宗誠:《春秋左傳文法讀本》,李衛軍編著:《左傳集評》,北京:北京大學出版社,2016年,第848頁。

固無以異。①

《左傳》叙事傳人,往往開篇即用提叙之法,有助於系統閲讀,全盤掌握。以邲之戰爲例:"《左氏》謀篇,先之以提契,使讀者未竟全篇,了然知晋必敗,楚必勝。若後來追奔逐北者,皆意中必有之事,自然湊泊。"②謀篇安章之要領,可於此中悟得。

三、鎔意裁辭,逆攝伏應;預言成敗,叙戰定法

《左傳》解釋《春秋》,其法有四,其一曰"先經以始事"。《春秋》書法之先經,衍變爲叙事手法,即成預叙。③謀篇安章之際,先叙一事,或爲養氣蓄勢,或與後文呼應,謂之預叙法。劉知幾稱:"將叙其事,必預張其本,彌縫混説,無取睽言。"④史傳之張本叙事,即是預叙。吳閩生論《左傳》文法之奇有四,其一曰逆攝,所謂"吉凶未至,輒先見敗徵"。⑤

情節,爲事件先後順序之安排。預叙法,以邏輯性思維演示情節發展,不以時間視角看待情節,堪稱精心之構築。⑥張本、逆攝、預叙,同實而異名,要皆講究其事、其文、其義之有機組合,實則不離《春秋》書法之大凡;亦即《文心雕龍》談鎔意裁辭,所謂"情理設位,文采行乎其中"之法。⑦預叙法之特色有三:一曰憑空特起,無所附著。二曰如明月未來,先見滿天星斗。三曰似東海霞起,總射天台。⑧史傳文學而預言叙事、逆料成敗,容易觸發懸念,引人入勝。《左傳》於叙事長篇,或一事而多年分記者,輒出於預叙之法,以此。《詩經·邶風·旄丘》:"何其處也?必有與

① 所謂文眼,指文章最精彩、最傳神、最耐人尋味處。或冠於篇首,或置於篇中,或綴於篇末,既支配篇章結構,亦左右鎔意裁辭。要之,皆一篇之核心與亮點。提叙之性質與作用,與警策、文眼並無不同。參考(清)劉熙載:《劉熙載論藝六種》,《藝概》卷一《文概》,第42頁。

② (清)張昆崖:《左傳評林》,李衛軍編著:《左傳集評》,第841—842頁。

③ (清)劉熙載:《劉熙載論藝六種》,《藝概》卷一《文概》,第43頁。"叙事有主意,如傳之有經也。主意定,則先此者爲先經,後此者爲後經,依此者爲依經,錯此者爲錯經。"

④ (唐)劉知幾著,(清)浦起龍通釋:《史通通釋》卷八《模擬》,第223頁。

⑤ 吳閩生:《左傳微》卷首《與李右周進士論左傳書》,第1頁,總頁3。

⑥ 李隆獻:《先秦兩漢歷史叙事隅論》,《中國叙事文學的不遷之祧——淺析〈左傳〉的叙事技巧》"故事與情節",臺北:臺大出版中心,2017年,第536—537頁。

⑦ (梁)劉勰著,范文瀾注:《文心雕龍注》卷七《鎔裁第三十二》,北京:人民文學出版社,1958年,第543頁。

⑧ 張高評:《左傳之文學價值》(修訂版),第九章《叙事文學之軌範》,第242頁。

也。何其久也？必有以也。”推尋歷史所以然之故，《左傳》往往先以預叙法出之，作爲點睛、提醒之用。既以逆攝成敗，又可呼應前後。

《左傳》叙戰，往往詳寫戰前，而略叙戰況；詳寫兵法謀略，而略叙戰場戰況。未戰之先，往往逆料戰事之成敗勝負，形成《左傳》叙戰的一大特色。如晉楚城濮之戰前歲（僖公二十七年），楚子玉甫治兵于蔿，蔿賈即斷言：“過三百乘，其不能以入矣！”秦晉殽之戰前年（僖公三十二年），秦師尚未東征，而蹇叔哭師曰：“孟子，吾見師之出而不見其入也。”皆叙戰而預言成敗之顯例。蓋《左傳》爲史學，著書立説，以經世資鑒爲依歸。一場戰役因何成功勝利？固然值得師法；如之何而敗戰喪師？亦值得鑒戒。推而至於其他成敗、存亡、禍福、得失之故，皆左氏所尤關注，往往藉由預叙，而道出所以然之故。

邲之戰全文，大抵可分爲三大段：自“楚子圍宋”，至“必長晉國”，是未戰前事。“楚少宰如晉師”至“宵濟，亦終夜有聲”，是將戰、正戰時事。“桓子請死”到“歸於怙亂”，是既戰後之事。[①]《左傳》預言成敗，多安排於未戰之前，或以之料敵料事，或以之知彼知己。大多臆則屢中，如響斯應。其爲經世資鑒，一也。顯而易見者有五處：出於晉之將帥者四，出於楚國者一。認知敵國之虛實得失，順勢逆料成敗者，事例有三：如晉隨武子料楚、晉欒武子料楚料鄭，楚伍參料晉。總之，楚之必勝，晉人已籌算及之。晉之必敗，伍參觀察晉釁可見。分論如次：

> 隨武子曰：“善。會聞用師，觀釁而動。德、刑、政、事、典、禮不易，不可敵也，不爲是征。……德立，刑行，政成，事時，典從，禮順，若之何敵之？見可而進，知難而退，軍之善政也。兼弱攻昧，武之善經也。子姑整軍而經武乎，猶有弱而昧者，何必楚？”

> 欒武子曰：“楚自克庸以來，其君無日不討國人而訓之于民生之不易，禍至之無日，戒懼之不可以怠。在軍，無日不討軍實而申儆之于勝之不可保，紂之百克，而卒無後。訓之以若敖、蚡冒，篳路藍縷，以啓山林。箴之曰：‘民生在勤，勤則不匱。’不可謂驕。先大夫子犯有言曰：‘師直爲壯，曲爲老。’我則不德，而徼怨于楚，我曲楚直，不可謂老。其君之戎，分爲二廣，廣有一卒，卒偏之兩。右廣初駕，數及日中，左則受之，以至于昏。內官序當其夜，以待不虞，不可謂無備。子良，鄭之良也。師叔，楚之崇也。師叔入盟，子良在楚，楚、鄭親矣。來勸我戰，我克則來，不克遂往，以我卜

① （清）馮李驊：《左繡》卷一一，第3頁，總頁745。

也,鄭不可從。"①

隨武子料楚,以爲荆楚"德立,刑行,政成,事時,典從,禮順",無釁可觀,無懈可擊,故不可敵,不可征。欒武子論楚君無日不討,箴之以民生在勤。整軍經武,勵精圖强如此,實不宜進攻、不可交戰,晋軍應當知難而退。楚鄭實親,却來勸我戰,故鄭不可信。隨武子、欒武子之鐵口直斷,驗之來日,多如響斯應,不爽錙銖。《左傳》之前知,於事爲預叙,於文則爲逆攝、張本、伏筆。金聖歎謂:"文章最妙,是目注彼處,手寫此處。若有時必欲目注此處,則必手寫彼處。一部《左傳》,便十六都用此法。"②此自《左傳》叙事之逆攝法、預叙法可證。又如伍參料晋,一針見血,深中肯綮:

> 伍參言於王曰:"晋之從政者新,未能行令。其佐先縠剛愎不仁,未肯用命。其三帥者,專行不獲。聽而無上,衆誰適從?此行也,晋師必敗。"③

伍參之料晋,言簡意賅,句句確指,直指晋釁。謂"晋之從政者新,未能行令",指中軍將荀林父,號令不行。"其佐先縠剛愎不仁,未肯用命",指先縠怙亂,離心離德。"其三帥者,專行不獲",指上軍將士會、下軍將趙朔,與中軍將荀林父,皆擅作獨爲,行未有得。"聽而無上,衆誰適從?"晋軍群龍無首如此,令將士無所適從。因此,總結斷定:這次戰役,"晋師必敗"。故《春秋》書曰"晋荀林父帥師及楚子戰于邲,晋師敗績",無論晋隨武子之料楚、晋欒武子之料楚料鄭,或楚伍參之料晋,其立意謀篇,多脉注綺交於"晋師敗績"一語,以之鎔意,以之裁辭,而有叙戰之預言成敗。

晋三軍之將,皆不欲戰,欲戰者唯一中軍佐。楚之王與令尹,亦不欲戰,欲戰者唯一嬖人伍參,此自《左傳》之藉言記事可知。楚莊、孫叔之勝晋,隨武、欒武諸人皆已料及;荀林父之敗戰,伍參之料敵,知莊子、韓獻子亦皆自知。《孫子兵法·謀攻》云:"知彼知己,百戰不殆;不知彼而知己,一勝一負;不知彼,不知己,每戰必敗。"④就瞭解敵情而言,隨武子、欒武可謂知彼矣,主帥無能,累死三軍,爲之奈何?伍參識晋知彼,楚莊、孫叔聽受其言,故楚於邲戰勝晋。至於晋將知莊子料晋師必

① (晋)杜預注,(唐)孔穎達疏:《春秋左傳注疏》卷二三,第11—13頁,總頁393—394。

② (清)金聖歎著,陸林輯校整理:《金聖歎全集》,《貫華堂第六才子書西厢記》卷之二《讀第六才子書西厢記法》之十五,南京:鳳凰出版社,2008年,第857頁。

③ (周)左丘明著,(晋)杜預注,(唐)孔穎達疏:《春秋左傳注疏》卷二三,第11頁,總頁393。

④ 李零:《〈孫子〉十三篇綜合研究》,《謀攻第三》,北京:中華書局,2006年,第23頁。

敗,韓獻子料荀桓子失屬亡師,要皆陳述事實,凸顯真相,絕非危言聳聽,而言不聽、計不用。如:

> 知莊子曰:"此師殆哉!《周易》有之,在《師》之《臨》,曰:'師出以律,否臧,凶。'執事順成爲臧,逆爲否,衆散爲弱,川壅爲澤。有律以如己也,故曰律。否臧,且律竭也。盈而以竭,夭且不整,所以凶也。不行之謂《臨》,有帥而不從,臨孰甚焉?此之謂矣。果遇,必敗,彘子尸之。雖免而歸,必有大咎。"

> 韓獻子謂桓子曰:"彘子以偏師陷,子罪大矣。子爲元師,師不用命,誰之罪也?失屬亡師,爲罪已重,不如進也。事之不捷,惡有所分。與其專罪,六人同之,不猶愈乎?"師遂濟。①

知莊子(荀首)論晉師,劈頭一句:"此師殆哉!"斬釘截鐵,預告安危。接著引《易》,因卜筮而臆測:"不行之謂《臨》。有帥而不從,臨孰甚焉?"此與前述伍參料晉相較,皆異口同聲,逆料荀林父"未能行令"。原因無他,緣於"彘子尸之"之故。知莊子甚至斷定,晉楚一旦交戰(遇),晉國"必敗"。同時預言:"雖免而歸,必有大咎。"杜預《注》:"爲明年晉殺先穀傳。"②劉知幾《史通·模擬》"將敘其事,必預張其本",此之謂也。韓獻子謂桓子曰云云:荀林父身爲元師,"彘子以偏師陷,師不用命";於是判斷"失屬亡師,爲罪已重"。然而,韓獻子所敘,要皆戰前之合理推測,事實尚未發生。而浮想聯翩,言之鑿鑿,幾疑其真實存有。晉楚尚未交戰,而超前料斷荀林父"失屬亡師",且一口咬定"爲罪已重";爲既戰之後,"晉師歸,桓子請死"事,預作張本。吳闓生論《左傳》文法之奇,所謂"吉凶未至,先見敗徵",逆攝預敘之謂也。

方苞《左傳義法舉要》提出"觀釁而動,乃通篇關鍵"的觀點,已具說於前。深知楚軍無釁可乘,晉軍却存在許多缺失。不特隨武子、知莊子、韓獻子諸將心知肚明,即楚伍參等亦早有先見,甚至晉將如士會、趙朔、欒書、韓厥等,亦皆知之。然先穀違命,韓厥惑師,諸將未能强諫,荀林父不能定謀,故無從自弭其釁,只得坐觀成敗。悲夫!③

---

① (晉)杜預注,(唐)孔穎達疏:《春秋左傳注疏》卷二三,臺北:藝文印書館,1955年,第8—10頁,總頁391—392。

② (晉)杜預注,(唐)孔穎達疏:《春秋左傳注疏》卷二三宣公十三年《晉楚邲之戰》,第1頁,總頁404。"冬,晉人討邲之敗與清之師,歸罪於先穀而殺之,盡滅其族。"

③ (清)方苞口授,王兆符傳述:《左傳義法舉要》,第22頁,總頁43。

《左傳》叙戰,預言成敗存亡,億則屢中。論斷前知所以多中者,蓋以舉動容止決定吉凶,行爲因果反饋禍福。宋趙汝楳《易雅·占釋》談命占之要,其法有五:曰身、曰位、曰時、曰事、曰占。除了占筮之外,其他自身、名位、時機、事態,多取決於立身處世之行爲因果。《左傳》叙戰之預斷安危成敗,大抵參稽言語、動作、威儀,及人事之治亂敬怠。故其億也多中,而其驗也不爽。而且,往往經由人事道德因果之叙事,化爲成敗興廢之判斷準據。① 先秦謂之觀人術,《漢書·藝文志·諸子略》稱爲形法家。除了知莊子預斷晋師之危殆,徵引《周易》占筮爲説外,其他隨武子、欒武子、伍參、韓獻子之逆料吉凶禍福,多本於行事之因果,而逆料報應之不爽。《易經·坤卦·文言》曰:"積善之家,必有餘慶;積不善之家,必有餘殃。"禍福自取,其此之謂乎!

四、言叙語叙,運實於虛;擬言代言,藉事明義

《禮記·經解》:"屬辭比事,《春秋》教也。"前節所論之提叙法、預叙法,要皆屬辭約文之工夫。就修辭學而言,可歸類爲優美形式之設計。本節探討之言叙法、語叙法,涉及擬言、代言之內在理路,亦歸本於屬辭約文之藝術層面。左丘明爲《春秋》作傳,往往既述且作、以述爲作。猶如《莊子》所謂"寓言",司馬遷所云"成一家之言",章學誠所稱"六義比興"。一言以蔽之,曰藉事明義而已矣!

漢班固《漢書·藝文志》稱:"左史記言,右史記事。事爲《春秋》,言爲《尚書》。"此大體言之,實不必盡然。唐劉知幾《史通》論《左傳》:"言之與事,同在傳中。然而言事相兼,煩省合理,故使讀者尋繹不倦,覽諷忘疲"。② 言事相兼,煩省合理,遂成《左傳》叙事文體之定評。至於記言或記事,不必强分爲二。章學誠《文史通義》云:"古人事見於言,言以爲事,未嘗分事言爲二物也。"·③ 驗之《尚書》與《左傳》,自是公允之論。

(一) 言叙語叙,運實於虛

錢鍾書《管錐編·杜預序》,推崇《左傳》之記言,以爲"實乃擬言、代言。謂是後

---

① 張高評:《〈左傳〉因果式叙事與以史傳經——以戰爭之叙事爲例》,《東海中文學報》2013 年第 25 期,第 79—112 頁。

② (唐) 劉知幾著,(清) 浦起龍通釋:《史通通釋》卷二《載言》,第 34 頁。

③ (清) 章學誠著,葉瑛校注:《文史通義校注》卷一《內篇一·書教上》,第 31 頁。

世小説、院本中對話、賓白之椎輪草創,未遽過也".① 同時,特提《左傳》成公十六年鄢陵之戰,《左傳》所叙"巢車之望"一段記言:

> 楚子登巢車以望晋軍,子重使大宰伯州犁侍于王後。王曰:"騁而左右,何也?"曰:"召軍吏也。""皆聚於中軍矣!"曰:"合謀也。""張幕矣。"曰:"虔卜於先君也。""徹幕矣!"曰:"將發命也。""甚囂,且塵上矣!"曰:"將塞井夷竈而爲行也。""皆乘矣,左右執兵而下矣!"曰:"聽誓也。""戰乎?"曰:"未可知也。""乘而左右皆下矣!"曰:"戰禱也。"伯州犁以公卒告王。苗賁皇在晋侯之側,亦以王卒告。皆曰:"國士在!且厚,不可當也。"②

鄢陵之戰前夕,楚共王登上巢車,從晋國投誠的伯州犁隨侍在側,居高臨下瞭望,藉以搜集晋國軍隊的虛實。《左傳》以記言對白,叙成"巢車之望"一段妙文。晋國軍隊的進退動靜,從楚共王眼中看出問出,自伯州犁口中指點説出。其記言對白,錢鍾書一言以蔽之,曰借乙口叙甲事。詳言之,"不直書甲之運爲,而假乙眼中舌端出之,純乎小説筆法矣!"且云:"甲之行事,不假乙之目見,而假乙之耳聞亦可。"要之,借乙口叙甲事,乃人物局中之對答,能推進情事之發展云云。實則,"借乙口叙甲事"之言叙法,爲《左傳》叙事要法之一。鄢之戰之叙事,運實於虛之言叙語叙不少。

劉知幾著有《史通》,爲史學批評之名著。闢有《叙事》專篇,討論叙事之體,以爲其別有四:"有直紀其才性者,有唯書其事迹者,有因言語而可知者,有假讚論而自見者。"其中,因言語而可知者,指"言有關涉,事便顯露"。③ 相當於言叙法、語叙法。蓋記言,不止於問答應對而已,對話亦可以兼有叙事的功能。考察《左傳》之對話,作用大抵有四:一、刻畫性格,表現情懷。二、推進情節,逆料形勢。三、展示場景,替代解説。四、交代枝節,統遠攝微。④《左傳》對白之上乘者,往往"事見於言,言以爲事"。若具此妙,則雖記言,亦兼含叙事之作用矣。若此之倫,要皆運實於虛之法。叙事傳人憑藉言語,指義傳達亦仰賴言語。言語,位居叙事與指義的中介環節。屬辭約文之於史義、比事間的脉注綺交關係,亦由此可以考見。

語叙,又稱言叙。藉言語以叙事,事即寓乎言語之中。或因擬言代言而叙事,

---

① 錢鍾書:《管錐編》,《春秋集解·杜預序》,臺北:書林出版公司,1990 年,第 166 頁。
② (晋) 杜預注,(唐) 孔穎達疏:《春秋左傳注疏》卷二八,第 7—8 頁,總頁 475。
③ (唐) 劉知幾著,(清) 浦起龍通釋:《史通通釋》卷六《叙事》,第 168 頁。
④ 張高評:《左傳之文學價值》(修訂版),第十章《説話藝術之指南》,第 264 頁。

或寓是非功過以記言,皆運實於虛之叙事法。① 劉知幾《史通·載言》論《左傳》"言事相兼,煩省合理",《模擬》篇又説《左傳》"功業不書,見於應對",②則是以記言取代叙事,成爲叙事之主體。如《左傳》邲之戰,料算成敗安危,大多見於楚晋諸將之對白應答。藉言以記事,晋楚雙方以言語互叙,成爲叙事特色之一。凡此,皆"借乙口叙甲事"之方法。相形之下,單調平板叙事傳人者較少。其表現之層面多方:其一,自晋人口中叙楚事,由楚人口中叙晋事,是錢鍾書所謂借乙口説甲事之對面寫法,《左傳》有之。如楚之不可敵,鄭不可從,不爲是征,從晋人隨武子口中道出,自欒武子對白看出。晋荀林父未能行令,先縠未肯用命,三帥專行不獲,晋師必敗,亦從楚人伍參之應對中得之。上文已述,不贅。

其二,言叙語叙之妙用,在運實於虛,虛者皆實。封陳、圍鄭、邲戰,《左傳》叙楚莊王求霸、定霸、成霸,亦"功業不書,見於應對"。案:此亦"借乙口叙甲事"之法。借列國諸將之應對,以見促成楚莊霸業之所以然。宣公十一年,楚子因陳夏徵舒弑其君,伐陳。遂入陳,因縣陳。申叔時諷諫之,乃復封陳。楚莊王伐陳封陳之功業,《左傳》藉由申叔時之應對,形塑楚子從善如流,知過能改之形象。③ 宣公十二年春,楚子圍鄭,三月克之。《左傳》叙鄭襄公肉袒牽羊,應對遜順,故莊壬許之成。④ 汪道昆以爲"辭令妙品"。可見鄭伯辭令之説服,應對之得體。隨武子所謂:"楚軍討鄭,怒其貳而哀其卑,叛而伐之,服而舍之,德刑成矣。"王者之氣象,已不疑而具。清馮李驊《左繡》評封陳圍鄭:"陳縣復封,虧了別人一篇妙文。鄭人許平,虧了自己一篇妙文。"⑤此所謂妙文,實指申叔時、鄭襄公二人之應對詞令。清馬驌《左傳事緯》謂:

---

① 張高評:《左傳之文學價值》(修訂版),第九章《叙事文學之軌範》,2019 年,第 239 頁。

② (唐)劉知幾著,(清)浦起龍通釋:《史通通釋》卷八《模擬》,第 222 頁。

③ (晋)杜預注,(唐)孔穎達疏:《春秋左傳注疏》卷二二,第 16—17 頁,總頁 383—384。《左傳》宣公十一年冬,申叔時曰:"夏徵舒弑其君,其罪大矣,討而戮之,君之義也。抑人亦有言曰:'牽牛以蹊人之田,而奪之牛。'牽牛以蹊者,信有罪矣;而奪之牛,罰已重矣。諸侯之從也,曰討有罪也。今縣陳,貪其富也。以討召諸侯,而以貪歸之,無乃不可乎?"王曰:"善哉!吾未之聞也。反之,可乎?"對曰:"可哉!吾儕小人所謂取諸其懷而與之也。"乃復封陳。

④ (周)左丘明著,(晋)杜預注,(唐)孔穎達疏:《春秋左傳注疏》卷二二,第 2—3 頁,總頁 388—389。《左傳》宣公十二年春,楚子圍鄭,三月克之。入自皇門,至于逵路。鄭伯肉袒牽羊以逆,曰:"孤不天,不能事君,使君懷怒以及敝邑,孤之罪也。敢不唯命是聽。其俘諸江南以實海濱,亦唯命。其翦以賜諸侯,使臣妾之,亦唯命。若惠顧前好,徼福于厲、宣、桓、武,不泯其社稷,使改事君,夷于九縣,君之惠也,孤之願也,非所敢望也。敢布腹心,君實圖之。"左右曰:"不可許也,得國無赦。"王曰:"其君能下人,必能信用其民矣,庸可幾乎?"退三十里而許之平。潘尫入盟,子良出質。

⑤ (清)馮李驊:《左繡》卷一一,第 1—2 頁,總頁 742—743。

"彼楚莊，誠一世之雄也！欲效桓、文之事，故强爲仁義之言。其於陳也，既縣而復封之，則曰不貪其富，於是乎釋陳而得陳矣。其於鄭也，既入而復和之，則曰其君下人，於是乎釋鄭而得鄭矣。"①《左傳》叙寫楚莊具有霸王之胸襟器度，多於詞令應對中見之，此之謂言叙、語叙。

晉楚邲之戰，自是楚莊王定霸、成霸之關鍵戰役。吳闓生《左傳微》稱："楚莊爲春秋令辟，此篇所以表彰之。"②《左傳》表彰楚莊王，并不直叙戰役戰事本身，却特寫晉軍與楚軍若干應對話語。如晉隨武子"德立，刑行，政成，事時，典從，禮順"之說，足見楚莊成霸之所以然；晉欒武子稱"楚自克庸以來，其君無日不討"諸論，整軍經武，戒慎恐懼如是，見楚莊王追求霸業的決心與毅力。不直叙楚莊霸業，別從晉將眼中明察看出，口中娓娓道出，運實於虛，虛者皆實矣！吳闓生《左傳微》云："此篇以鋪張楚莊霸業爲主，而行文專從晉師一面叙述，運實於虛，特開奇局，且有内中國而外夷狄之意也。"③誠然！晉軍敗於邲戰之後，楚莊王不築京觀，申明止戈爲武，標榜武有七德，再借莊王親口道出，儼然楚莊定霸之氣勢。與前隨武子所陳楚之六事，欒武子所述克庸以來善政，要皆《左傳》"功業不書，見於應對"，以言語叙事之範例。

其三，化實爲虛，實事虛言；傳神寫真，盡在阿堵之中。鄢陵之戰"巢車之望"，錢鍾書推崇之，以"借乙口叙甲事"，稱說《左傳》記言之妙，或"不直書甲之運爲，而假乙眼中舌端出之"；或者"甲之行事，不假乙之目見，而假乙之耳聞"。要之，皆純乎小說筆法矣！說已見前。邲之戰，《左傳》叙楚將許伯、樂伯、攝叔之挑戰晉師，致師晉軍。論其美妙，亦不遑多讓。如：

> 楚許伯御樂伯，攝叔爲右，以致晉師，許伯曰："吾聞致師者，御靡旌，摩壘而還。"樂伯曰："吾聞致師者，左射以菆，代御執轡，御下兩馬、掉鞅而還。"攝叔曰："吾聞致師者，右入壘，折馘，執俘而還。"皆行其所聞而復。晉人逐之，左右角之。

> 晉魏錡求公族未得，而怒，欲敗晉師。請致師，弗許。請使，許之。遂往，請戰而還。楚潘黨逐之，及榮澤。……趙旃求卿未得，且怒于失楚之致師者。請挑戰，弗許。請召盟。許之。④

---

① （清）馬驌：《左傳事緯》卷四，第 164 頁。
② 吳闓生：《左傳微》卷四《楚莊之霸》題評，第 13 頁，總頁 108。
③ 吳闓生：《左傳微》卷四《楚莊之霸》，第 16 頁，總頁 111。
④ （晉）杜預注，（唐）孔穎達疏：《春秋左傳注疏》卷二三，第 14 頁，總頁 394。

兩軍對陣,爲了威赫震懾,誘敵出戰,乃前往敵方陣營,進行示威挑釁,企圖挫敗士氣,激怒對方,謂之致師,或稱挑戰。《周禮·夏官·環人》:"環人,掌致師。"鄭玄注:"致師者,致其必戰之志。古者將戰,先使勇力之士犯敵焉。"①《左氏會箋》:"致師言挑戰,使彼師至此之謂。"②《史記·項羽本紀》《集解》:"李奇曰:'挑身獨戰,不復須衆也。'瓚曰:'挑戰,擿嬈敵求戰。'"③總之,挑身獨戰曰挑戰,係就勇士而言。激怒使戰曰致師,乃針對敵國而論。二者雖有人我之殊,然對敵示勇立威,則無不同。

致師挑戰,爲一種明目張膽、示威挑釁的軍事行動。戰爭情節叙寫中,往往爲最富動態感之一環。《左傳》叙楚將許伯、樂伯、攝叔之致師,妙在轉換叙事模式,僅以聽聞作爲行動的演示。至於劍及屨及落實之致師歷程,叙事一概從上省略。錢鍾書《管錐編》論《左傳》記言,所謂"甲之行事,不假乙之目見,而假乙之耳聞"見之者,其此之謂。楚致師者三,《左傳》初只虛寫所聞,未嘗實叙所行。而結以"皆行其所聞而復",是所聞已發用爲所行,所行已踐履所聞。致師挑戰之實況,《左傳》三點"而還"字,絕非閑筆無謂。章太炎《春秋左傳讀》釋"還"字,引《夏官·環人》注:"環,猶却也,以勇力却敵。"是"還"字,即"環"義。故三人致師,各著一"而還",扣切"而復",實叙平安返歸之得意,益加生動傳神。④"致師"一段叙事,化實爲虛,實事虛言;傳神寫真,有如此者。清方苞《左傳義法舉要》稱:"致師實事,皆以虛言出之。"⑤確爲的評!

許伯致師,御者疾馳,旌旗偃倒,迫近敵營,然後安全折返。樂伯致師,車左用利箭射敵,替代御者執掌馬韁;御者下車,整齊馬匹,調理馬脖子上的皮帶,然後安全返回。攝叔致師,車右進入敵營、殺死敵人,割下左耳,抓住俘虜,然後安全歸返。三楚將致師,化實爲虛,實事虛言,試與下文晋魏錡、趙旃之挑戰致師相較,一寫真,一直叙,而高下立判。

清楊繩武《文章鼻祖》拈出"虛者實之,實者虛之"二語,以評價楚軍三人之致師挑戰,值得參考:

---

① (漢)鄭玄注,(唐)賈公彥疏:《周禮注疏》卷三〇,臺北:藝文印書館,1955 年,第 14 頁,總頁 460。

② (日)竹添光鴻:《左氏會箋》卷一一《邲之戰》,第 893 頁。

③ (漢)司馬遷撰:《史記》卷七《項羽本紀第七》,北京:中華書局,1959 年,第 329 頁。

④ 章太炎:《春秋左傳讀》,臺北:學海出版社,1984 年,第 401—402 頁。《宣公篇·吾聞致師者御靡旌摩壘而還》釋"還"字:"蓋致師本欲以一二人致千萬人,先却其一二人,餘卒自激怒百倍,故必却之而後可致之也。"

⑤ (清)方苞口述,王兆符傳述:《左傳義法舉要》卷一,第 16 頁,總頁 32。

　　許伯御樂伯一段，"吾聞致師者"三層是虛説，而"靡旌摩壘"等語，却實行其所聞而復，是實事而語却虛，又一虛者實之，實者虛之之法也。看來晉軍輕佻，楚軍持重；晉軍不和，楚軍輯睦；晉君徇私，楚軍急公；晉軍無備，楚軍有備。①

　　繪畫之留白，音樂之無聲，叙事之無文字處，皆留存若干想象空間，可以計白當黑，以無作有，提供補充發揮。《左傳》善用"實者虛之，虛者實之"之法，於是生發許多言外之意，足以生發文情，豐滿内涵。如楚許伯、樂伯、攝叔致師一段，從中可見"晉軍輕佻，楚軍持重；晉軍不和，楚軍輯睦；晉君徇私，楚軍急公；晉軍無備，楚軍有備"，種種曲直虛實，多見於文字之外。實事虛言，信有此妙。

　　唐徐彦伯《樞機論》："夫言者，德之柄也，行之主也，志之端也，身之文也，既可以濟身，亦可以覆身。"故言語者，心聲之表徵，榮辱得失之符契。成敗勝負之消息，往往形諸言語之間。筆者以爲：邲之戰，晉之敗戰，固敗於桓子之無能，敗於彘子之怙亂，敗於三帥之專行不獲。抑有進者，更敗於衆口之紛紛，論議之煌煌，群龍無首，吾誰適從？《左傳》之前半幅，寫晉人紛紛議論，人各一見，何其縟而繁也？一一叙記先縠、原屏、魏錡、趙旃、隨季、欒書之言語，而亂象可見，敗迹可尋。論者稱："晉人之争論繁而富，楚人之争論簡而静，勝敗之氣象，已形成於言語之間。"②豈不信哉！此亦藉言記事外一篇，所謂借事以明義者也。

　　其四，邲之戰，晉將帥與楚令尹之謀略，皆經由言叙語叙娓娓道出。既可爲知彼知己之依憑，而行軍用兵之指向，兵學素養之大凡，亦從而可知。《左傳》叙戰，詳叙兵謀，則略寫戰事，且多先叙謀略，後叙戰事。如隨武子言兵謀者四：曰"觀釁而動"，一也。曰"見可而進，知難而退"，二也。曰"兼弱攻昧"，三也。曰"遵養時晦"，四也。知莊子論軍隊之安危，引《周易》，稱"師出以律"。欒武子引子犯"師直爲壯，曲爲老"之言，論士氣之高低，攸關戰事之成敗。晉國軍官論兵法，談謀略，頭頭是道如此，無奈群龍無首，無所適從，言不聽，計不用，無濟於事，流於紙上談兵而已。

　　楚國軍隊之編制，陣勢的布置，借隨武子所言，昭然若揭："軍行，右轅，左追蓐，前茅慮無，中權，後勁"，或即楚武王之"荆尸"陣法。未戰之時，楚軍之車右，挾轅爲戰備。在左者，追求草蓐爲宿構。軍行時，則分在兩厢，夾轅以爲戰備。前建旌茅，以虞敵之有無。智者爲謀主居中，掌握勝敵之機要。再以精兵猛將殿後，捍禦不意

---

① （清）楊繩武：《文章鼻祖》，李衞軍編著：《左傳集評》，第 856 頁。

② （清）劉繼莊：《左傳快評》，李衞軍編著：《左傳集評》，第 843—844 頁。

之掩襲。① 韓友一以爲：陣法之位次配置，相當於白虎、青龍、朱雀、玄武。"中權，以控四隅。五陣備，變化見矣"。② 左氏不直叙楚之陣勢，而藉由隨武子之聲口，娓娓道出。是雖記言，兼有叙事之功能。言叙之妙，既凸顯士會料敵之智慧，又刻畫出人物性格；既回應元帥欲還之意，亦推進叙戰情節之發展；同時，更繪聲繪影示現、展演楚軍車戰之場景。

至於楚軍之出陣，進退啓行，車馳卒奔，皆由令尹孫叔敖出言定計。所謂"寧我薄人，無人薄我"，言主動攻擊，即是最佳防禦。"先人有奪人之心"云云，言先聲可以奪人，制敵必須機先。凡此，經由言叙語叙，人物形象之個性特質，楚人敗晋之兵法謀略，楚將之指揮若定，亦皆順勢表出。由此觀之，楚令尹孫叔敖沉著鎮定，臨事而懼，又長於畫謀用計。不輕言開戰。一旦參戰，即告傳捷，自是楚國勝捷的關鍵人物。邲之戰，孫叔敖定調出謀，自有其功。楚莊王之奠定霸業，孫叔敖居功甚偉。故《史記‧滑稽列傳》稱："孫叔敖之爲楚相，楚王得以霸。"③人才之難得如此！

(二) 擬言代言，藉事明義

錢鍾書《管錐編》稱：《左傳》之記言，以爲"實乃擬言、代言"。錢氏曾云："史家追叙真人實事，每須遥體人情，懸想事勢，設身局中，潛心腔内，忖之度之，以揣以摩。庶幾入情合理。"④考察擬言之緣起、方法與作用，十分深刻精彩。不過，何謂"代言"？隱約類及，著墨并不太多。

代言，作爲文體之一，指設身處地，代人發言，既轉換角色，又展現身份、心態、聲情、視角。代言體，詩文有之，小説戲曲尤其多見。論者稱：詩人作詩，而采用代言體，乃是一種化妝的抒情。⑤ 筆者亦以爲：《左傳》作爲史傳文學，藉載言記言以體現史義，其代言是否亦存有化妝的抒情？《宋史‧綦崇禮傳》稱："(綦氏)所撰詔

---

① （明）宋徵璧：《左氏兵法測要》卷七，臺南：莊嚴文化公司，1995 年，第 4—7 頁，總頁 511—513。楚自武王，始爲荆尸，見《左傳》莊公四年。所謂荆尸，指楚國之陣法，或即隨武子所言。古之用兵，未有不陣者。止爲營，動爲陣。春秋之戰争，主要爲車戰。楚陣以轅爲主，以轅表車。

② （清）李元春：《左氏兵法》卷上，南懷瑾主編：《正統謀略學彙編》初輯（第 14 册），臺北：老古出版社，1978 年，第 30 頁，總頁 66。

③ （漢）司馬遷撰：《史記》卷一二六，第 3201 頁。《循吏列傳》載孫叔敖爲楚相："施教導民，上下和合。世俗盛美，政緩禁止。吏無奸邪，盜賊不起。""三得相而不喜，三去相而不悔。"

④ 錢鍾書《管錐編》，《春秋集解‧杜預序》，第 166 頁。

⑤ 楊義：《李白代言體詩的心理機制》，《愛思想》，網址：https://read01.com/Azy8nE.html，2015 年 3 月27 日。

命數百篇，不私美，不寄怨，深得代言之體。"①《左傳》因敘事傳人而代言，其言敘、語叙是否"不私美，不寄怨"，如實傳真，一如詔命？如何擬言？何以代言？此與敘事之義法，自有關聯。

《孟子·離婁下》，標示其事、其文、其義三者，作爲孔子作《春秋》之元素。《禮記·經解》篇，凸顯屬辭與比事，作爲《春秋》之教。漢司馬遷《史記·十二諸侯年表序》稱孔子："西觀周室，論史記舊聞，興於魯而次《春秋》。上記隱，下至哀之獲麟。約其辭文，去其煩重，以制義法。"②衡以屬辭比事之《春秋》教，其事，即是比事；"去其煩重"，爲比事的手段與歷程。其文，即是屬辭；約其辭文，爲屬辭的要務與工夫。史料如何取捨，辭文如何損益，即是或筆或削之"法"。徒法不能以自行，故清方苞說義法，稱"義以爲經，而法緯之"。義，先發；法，後起。因此，法因義而起，法亦隨義而變。

如何屬辭？如何比事？攸關"如何書"的課題，涉及"法"的表達方式。孔子宣稱："其義，則丘竊取之矣！"竊取，指私爲之。謂《春秋》之義，出於孔子的獨斷私爲、別識心裁、一家之言。換言之，義，猶歷史哲學，牽涉到"何以書"的課題。就歷史編纂學而言，史家如何屬辭？如何比事？多以"何以書"之史義爲依歸。史義，成爲屬辭比事的指南針，"如何書"諸法的定航器。余英時研究章學誠的歷史思想，曾說："史學能否成爲一種專門的學問，要視撰史者是否於事與文之外，尚能得史義而定。"③史義，即是章學誠所提別識心裁。而別識心裁，與筆削之義、一家之言，最有密切關係。《春秋》筆削魯史記，《左傳》"因孔子史記，具論其語"，中有筆削因革，可見別識心裁。是以成一家之言，蔚爲春秋之信史，而與《公羊》《穀梁》不同。

楚莊王，爲春秋五霸之一。左丘明極推重之，以爲春秋之令主。於是藉《左傳》之敘事傳人，敘其封陳、圍鄭、邲戰、伐蕭、平宋諸役，以表彰其霸業，建構"立桓文之業，收中原之霸權"之形象。自歷史編纂學觀之，④《左傳》欲塑造楚莊王之霸王形象，當然可以經由史料之取捨，辭文之損益，以見史家的別識心裁。章學誠以爲"通纂組以成文"，猶"合甘辛而致味"，史家有予奪之權。而且，成一家之言者，"必有詳

---

① （元）脫脫等編修：《宋史》卷三七八《綦崇禮傳》，北京：中華書局，1977 年，第 11682 頁。

② （漢）司馬遷撰：《史記》卷十四，第 509 頁。

③ 余英時：《歷史與思想》，《章實齋與柯靈烏的歷史思想》，臺北：聯經出版公司，1977 年，第 187—196 頁。

④ 何炳松著，劉寅生等編：《何炳松文集》第四卷《歷史研究法》，第八章《編比》，北京：商務印書館，1997 年，第 53—61 頁。

人之所略,異人之所同,重人之所輕,而忽人之所謹"。因此,同叙楚莊王稱霸,《左傳》與《公羊傳》《穀梁傳》《史記》諸傳世文獻相較,詳略、異同、重輕、忽謹方面,各有殊異。持與出土文獻清華簡《繫年》較論,在體例、内容、立場,以及撰作之目的方面,亦各有異同。① 上列諸作或筆或削著眼之視角不一,故雖同叙一人一事,自有詳略、異同、重輕、忽謹之落差。

同理,《左傳》叙寫楚莊王之功業,何者不書,何者特書? 如何提叙,何以預叙? 何以變叙事爲言叙語叙,或許便於擬言代言? 爲何解散史事,分類重組? 何以連類而書,是否便於比事以見義? 筆者以爲,一切屬辭比事,脉注綺交,多爲編著者之別識心裁,多緣體現史義而作。要之,篇中之提叙、預叙、言叙、語叙、擬言、代言,以及類叙、對叙,一切有關之鎔裁附會,皆爲《左氏傳》史義之發用,多爲左丘明之別識心裁。《孟子·公孫丑上》:"以力假仁者霸,霸必有大國。"春秋五霸,皆以力假仁者,楚莊王自不例外。清馬驌《左傳事緯》論之曰:

> 彼楚莊,誠一世之雄也! 晋方多難,奚堪與抗耶? 楚欲效桓、文之事,故强爲仁義之言。其於陳也,既縣而復封之,則曰"不貪其富",於是乎釋陳而得陳矣。其於鄭也,既入而復和之,則曰"其君下人",於是乎釋鄭而得鄭矣。其於宋也,既困而復盟之,則曰"爾無我虞",於是釋宋而得宋矣。邲戰不競,晋國震驚,清丘弗信,衛人渝盟。莊王至此,豈猶有顧中國者乎? ……爲操爲舍,總以收中國之霸權也。②

"楚欲效桓、文之事,故强爲仁義之言"二語,爲馬驌評論的重點:一指齊桓晋文之霸業,一指"强爲仁義之言"之詞令。故《左傳》叙楚莊創霸的原委,大多不直書功業,而別從應對與辭令,烘托出求霸的規劃,定霸的策略,以及成霸的決心與準備。所以馬驌《左傳事緯》言:"爲操爲舍,總以收中國之霸權也。"《左傳》爲書,叙寫楚莊王爭霸,屬辭比事皆以傳寫如上之消息爲主。

就約文屬辭來说,言叙語叙亦有出於代言者。錢鍾書曾稱史家,"追叙真人實事,每須遥體人情,懸想事勢,設身局中,潛心腔内,忖之度之,以揣以摩。庶幾入情合理"。因此,順理成章,擬言代言自是體現史義的一種途徑。蓋憑藉歷史人物的口舌應對,可以寄寓左丘明對事件的裁判,人物的予奪,歷史的批評,以及歷史的詮

---

① 李隆獻:《〈左傳〉與〈繫年〉"戰爭叙事"隅論——以邲之戰、鄢陵之戰爲例》,《先秦兩漢歷史叙事隅論》,臺北:"國立"臺灣大學出版中心,2017年,第193—241頁。

② (清)馬驌:《左傳事緯》卷四《楚莊爭霸》,第164頁。

釋。晉楚邲之戰前後，《左傳》敘楚莊王征伐事，何以史料之取捨，辭文的損益，大多以辭令替代敘事？如莊王伐陳、入陳、縣陳，《左傳》書申叔時諷諫之言，莊王乃復封陳。楚子圍鄭入鄭，《左傳》書鄭伯外交辭令，卑辭請和，莊王乃許之平。邲之戰，《左傳》提叙隨武子之言，敷陳德、刑、政、事、典、禮，六事不易；又以欒武子代言楚王，曰訓國人以民生之不易，勝之不可保。邲戰勝晉，楚莊不築京觀，《左傳》詳說止戈爲武，武有七德云云。凡此，皆《史通·模擬》稱《左傳》，所謂"功業不書，見於應對"；馬驌所云"楚欲效桓文之事，故强爲仁義之言"者。

論者稱：叙述者徵引某個評論時，期待藉此論證，加强自己的觀點。如《左傳》於事件叙述之後，輒引用"仲尼曰"。顯示"仲尼曰"的議論，具有普遍性、權威性的價值觀與道理，而爲左氏所認同。換言之，《左傳》徵引"仲尼曰"，具有類似《莊子》"重言"的叙事策略。[①] 此外，《左傳》藉歷史現場人物代言，除了强化真實感、可信度之外，亦傳達左氏之認同與肯定。如此，則大有《莊子》"寓言"之性質。[②] 清章學誠《文史通義·史德》不云乎："必通'六義比興'之旨，而後可以講'春王正月'之書。"[③]吾於左氏"功業不書，見於應對"之代言，亦作如是觀。

清皮錫瑞《春秋通論》云："借事明義，是一部《春秋》大旨。"[④]若以筆削可以見義，比事可以求義，屬辭可以顯義觀之，則《左傳》以辭令替代叙事諸篇，亦可稱爲左丘明史義之代言。考察城濮之戰的記言，《左氏》以爲晉文有德有禮，且能勤民，所以勝；此堪稱《左氏》之戰爭哲學。據此推之，隨武子所云"德立、刑行、政成、事時、典從、禮順"六事不易，則士會堪稱左氏關於美政的代言人。楚莊王不爲京觀，見於應對，稱止戈爲武，武有禁暴、戢兵、保大、定功、安民、和衆、豐財七德；則楚莊王標榜七武德，旨在寢兵以息民，耀德不觀兵，無異左氏戰爭思想之代言者。[⑤] 詩人李白作詩，采用代言體，論者以爲"乃是一種化妝的抒情"。同理可推，邲之戰，左丘明書寫楚莊王之功業，多見於辭令應對，乃是一種經過化妝的叙事。猶孔子曰："其義，

① 李隆獻：《〈左傳〉"仲尼曰叙事"芻論》，《先秦兩漢歷史叙事隅論》，第 463—466 頁。

② （戰國）莊周，（清）郭慶藩集釋：《莊子集釋》卷九上《寓言第二十七》，北京：中華書局，2006 年，第 947 頁。"寓言十九，重言十七，卮言日出，和以天倪。"《釋文》："寓，寄也。以人不信己，故托之他人，則十言而九見信矣。"

③ （清）章學誠著，葉瑛校注：《文史通義校注》卷三《内篇三·史德》，第 221—222 頁。

④ （清）皮錫瑞《春秋通論》，《春秋·論春秋借事明義之旨》，北京：中華書局，1995 年，第 21 頁。

⑤ （清）姜炳璋：《讀左補義》卷首《綱領下·屬寢兵息民》，臺北：文海出版社，1968 年，第 5 頁，總頁 99—100。張高評：《左傳之武略》，《〈左傳〉兵學及其思想》，高雄：麗文文化公司，1994 年，第 5—22 頁。

則丘竊取之矣！"

五、解散史事，連類而書；兩兩
相映，對叙見義

宋程頤《春秋傳·序》曾言，《春秋》大義易見，"惟其微辭隱義、時措從宜者爲難知也"。① 故博學通儒如朱熹，亦因《春秋》爲難知、難看、自難理會、難説、不可曉，平生不敢説《春秋》，故未有專著傳世。② 《禮記·經解》提示："屬辭比事，《春秋》教也。"若參考《孟子·離婁下》《春秋繁露·玉杯》《史記·十二諸侯年表序》而綜合驗證之，則《春秋》之微辭隱義可得而考索。清章學誠《文史通義·言公上》，揭示推求《春秋》書法之法門，其言曰：

> 夫子因魯史而作《春秋》，孟子曰："其事，齊桓、晋文，其文則史；孔子自謂竊取其義焉耳。"載筆之士，有志《春秋》之業，固將惟義之求。其事與文，所以藉爲存義之資也。③

既然"其事與文，所以藉爲存義之資"，吾人若沿波討源，以果求因，則知排比史事、連屬辭文，皆可以求得《春秋》之微辭隱義。《左傳》解經，薪傳屬辭比事之法，體現爲歷史叙事，深知"其事與文，所以藉爲存義之資"，故可就其事之編比以觀義，亦可因其文之損益而顯義。本文前所談論郯之戰諸叙事法，如提叙、預叙、言叙、語叙，多較偏重"屬辭顯義"之書法。本節所談類叙、對叙之法，則較接近比事觀義之書法。

(一) 解散史事，連類而書

解散史事，分類重組。事有主從，筆有重輕，立格方有剪裁，此之謂類叙法。④ 在情節安排方面，類叙法的特色，在類聚而群分，叙事打破時間之順序，以相類、相近、相關之史事相比次。類叙法，蓋從"比事見義"之《春秋》書法衍變而來。

---

① （宋）程顥、程頤：《二程全書》，程頤《伊川經説》卷四《春秋傳·序》，臺北：臺灣中華書局，1966 年，第 6 頁。

② （宋）黎靖德編：《朱子語類》卷八十三《春秋·綱領》，北京：中華書局，1986 年，第 2149—2156、2165 頁。

③ （清）章學誠著，葉瑛校注：《文史通義校注》卷二《内篇二·言公上》，第 171 頁。

④ 張高評：《左傳之文學價值》（修訂版），第九章《叙事文學之軌範》，第 234—235 頁。

清李光地《榕村語録》稱:"《春秋》之教,所謂比事者,以同類之事相例也。"①《春秋》比事書法之一,爲以同類之史事相比相從,再傳衍化而爲歷史叙事,則成連類而書之法。晋楚邲之戰,類叙法成爲重要的叙事模式之一。

方苞提倡"義法",於《左傳》諸大戰名篇,多發凡起例,金針度人。如僖公十五年《秦晋韓之戰》,僖公二十八年《晋楚城濮之戰》,宣公十二年《晋楚邲之戰》,成公十六年《晋楚鄢陵之戰》,皆有專文評述,指點叙戰之要法。又於晋楚邲之戰,揭示"連類而書"之類叙義例,尤具特色。戰争之叙寫,涉及層面廣闊,堪稱千頭萬緒,觸手紛綸。叙戰之難,難在人與事之煩雜細碎,令人不知所措。方苞《左傳義法舉要》特於《邲之戰》揭出,且提示"連類而書"之叙事法,作爲因應。其言曰:

> 此戰之事與言,最煩雜細碎,故特起連類而書之例。使一事之先後爲序,則意脉不貫,拳曲臃腫而不中繩墨矣!②

情節之表述,若以事件之時間先後爲序,是爲原叙法,或順叙法。③由於邲之戰情況特殊,其"事與言,最煩雜細碎",若沿用原叙、順叙,以之叙次邲戰,勢將"意脉不貫,拳曲臃腫而不中繩墨"。於是,相體裁衣,因事命篇,左氏起用"連類而書"之法。《左傳義法舉要》舉例説之云:

> 因楚人致師,晋人逐之,連類而及晋人請戰,楚人逐之。因魏錡求公族不得,欲敗晋師而請使,連類而及趙旃求卿不得而請使。以二事捨此别無可安置處也。又以"怒於失楚之致師者",緊抱上文,上與魏錡之怒,下與"二憾往矣"相應。義法之精密如此。④

> 楚人致師,鮑癸以其有辭而免之;晋人請戰,楚潘黨以其有辭而免之。魏錡、趙旃,皆以有求不遂而請使,其顯見者也。⑤

楚人致師,與晋人請戰;魏錡求公族不得,與趙旃求卿不得;晋鮑癸、楚潘黨,各以其有辭而免之。上述三組事件,彼此間屬性妙肖類似,誠所謂無獨有偶,無巧不成書,於是比物連類,叙事類及。看來,除了采行類叙之法,别無可安置之處。

---

① (清)李光地:《榕村語録》,(清)張應昌:《春秋屬辭辨例編》卷五十二《比事屬辭書法總論》,第1頁,總頁592。

② (清)方苞口授,王兆符傳述:《左傳義法舉要》,第22頁,總頁43。

③ 張高評:《左傳之文學價值》(修訂版),第九章《叙事文學之軌範》,第233—234頁。

④ (清)方苞口授,王兆符傳述:《左傳義法舉要》,第17頁,總頁33。

⑤ (清)方苞口授,王兆符傳述:《左傳義法舉要》,第22頁,總頁43。

又如:

> 晉軍帥皆不欲戰,而欲戰爲先縠;楚君臣皆不欲戰,而欲戰者獨伍
> 參。……隨季知楚之不可敵,而不能止先縠之獨進;欒書知鄭之不可從,
> 而不能折趙括趙同之黨同。荀首以《易》論敗之可必,楚子以《詩》論勝之
> 不足爲功。①

或欲戰或不欲戰,君臣上下不同調,晉與楚有類似個案,可連類而書。士會知
楚,欒書知鄭,亦皆有不能止、不能折者,亦連類而及。荀首以《易》論敗,楚子以
《詩》論勝,亦以預占勝敗而類叙。《左傳義法舉要》又云:

> 欒書之言,則趙朔稱善;郤克之言,則隨季稱善。趙嬰齊以舟具而先
> 濟,趙旃之兄與叔父以良馬而先濟。趙旃以遇大敵,棄車而走林,後以失
> 良馬棄甲而走林。逢大夫二子之尸,連尹之尸;知罃之囚,公子穀臣之囚。
> 凡事皆兩兩相映,如錦繡組文,觀者但覺悅目,而無從覓其針功。後有作
> 者,不可及也矣!②
> 雖連類而書設覆具舟二事,其實三子相語,乃趙旃初往時事也。③

欒書、郤克二人發言,各得趙朔、隨季之稱善,故連類而書之。"趙嬰齊以舟具
而先濟,趙旃之兄與叔父以良馬而先濟",雖有以舟具、以良馬之差異,然於"先濟"
一事則類似,亦連類而及之也。叙趙旃遇敵,先棄車、後失良馬棄甲,終皆"走林"。
走林一也,故連類書之。《左傳》續寫趙旃之巧遇:"逢大夫二子之尸,連尹之尸;知
罃之囚,公子穀臣之囚。"叙三尸二囚,亦是連類而書之法。士會設覆,趙嬰齊具舟,
晉軍所以未敗,故類叙及之。凡此,要皆"兩兩相映,如錦繡組文,觀者但覺悅目,而
無從覓其針功",渾然天成,類叙之法也。

《左傳》叙邲之戰,特起連類而書之例。今人讀之,但覺"溜溜直下","渾然無
迹",而未詳"慘澹經營"之苦心歷程。清方苞深知"此戰之事與言,最煩雜細碎,故
特起連類而書之例",《左傳義法舉要》爲之拈出,誠所謂"鴛鴦繡出從君看,且把金
針度與人"。《左傳義法舉要》曾反向思考:《邲之戰》若未采行"連類而書"之類叙,
而用原叙法、順叙法叙事,叙戰之場景將如之何? 方苞云:

---

① (清) 方苞口授,王兆符傳述:《左傳義法舉要》,第 22 頁,總頁 43。
② (清) 方苞口授,王兆符傳述:《左傳義法舉要》,第 22 頁,總頁 44—45。
③ (清) 方苞口授,王兆符傳述:《左傳義法舉要》,第 17 頁,總頁 34。

試思晋師既敗以後，有楚人教晋脱扃，及逢大夫免趙旃，知莊子獲連尹襄老等事。若更叙此三事，則詞意繁雜而不相屬，篇法散漫而無所統，與宋以後諸史無異矣！故因嬖子不肯設備，連類而預書之，敗後三事，得以類相從而不雜矣！①

翻查《左傳》文本，叙至“上軍不敗”“趙嬰齊敗而先濟”處，顯然晋軍已敗戰，勝負已分曉。邲之戰，若用原叙法、順叙法叙事，叙戰當終止於此，不再贅述。實則不然！《左傳》叙戰，正如火如荼，叙寫戰前之情事，諸如“楚人教晋脱扃，及逢大夫免趙旃，知莊子獲連尹襄老”諸事。謀篇安章，何以設計措置如此？蓋中軍佐嬖子以爲：“師無成命，多備何爲？”於是叙戰乃就“不肯設備”，連類而預書之，才有上述“敗後三事”，以類相從而書之筆法。

由此觀之，“連類而書”之類叙法，取決於事件、情節，或行事之相同、相似、相近、相關；至於彼此的紛歧差異，在所不計。② 同時，與時間之前後久暫，亦了無關係。叙事若采原叙、順叙，則詞意將“繁雜而不相屬，篇法亦散漫而無所統”。相較於原叙法、順叙法，類叙法之順理成章，自有殊勝之處。確實，“捨此更無可安置處”，“捨此別無可安置處”。

《史記》列傳有合傳，則衍化爲平行并列之叙次，如以名位合傳者，如《管晏列傳》《范雎蔡澤列傳》《廉頗藺相如列傳》《魯仲連鄒陽列傳》《劉敬叔孫通列傳》《魏其武安侯列傳》是。以學術合傳者，如《老子韓非列傳》《孫子吴起列傳》《孟子荀卿列傳》《儒林列傳》是。③ 以際遇近似而合傳者，如《屈原賈生列傳》等，大多脱胎於類叙。

（二）兩兩相映，對叙見義

《春秋》比事之書法有二：或以類比，謂之類叙；或以對比，謂之對叙。《左傳》叙春秋五大戰，對叙亦爲一大要法。如城濮之戰（僖公二十八年），叙晋楚之成敗勝負，大多兩兩對列，相互映襯烘托。清方苞《左傳義法舉要》稱：“叙事之文，最苦散漫無檢局。惟《左氏》於通篇大義貫穿外，微事亦兩兩相對。”④兩兩相對之對叙，自

---

① （清）方苞口授，王兆符傳述：《左傳義法舉要》，第 17 頁，總頁 34。

② （美）歐文·M·柯匹、卡爾·科恩著，張建軍、潘天群等譯：《邏輯學導論》，第十一章《類比與或然推理·類比論證的評價》，北京：中國人民大學出版社，2007 年，第 495—499 頁。

③ 孫德謙：《太史公書義法》卷四《合傳》，臺北：臺灣中華書局，1969 年，第 18—20 頁，總頁 83—85。

④ （清）方苞口授，王兆符傳述：《左傳義法舉要》，第 12、22 頁，總頁 23、43。

不局限於城濮之戰而已。今移以考察《邲之戰》,方苞《左傳義法舉要》曾稍加舉例:

> 隨季言楚之六事不易,楚子言己之七德俱無,引《詩》者五,古賢之言二,楚先君晉先大夫之言二。隨季則總述楚之軍政,欒書則獨舉楚之車法。①

《左傳》敘次戰事,於敵我雙方陣營,往往對列分述,使之兩兩相映,相互襯托。而得失成敗,顯然在目。晉楚邲戰之對比見義,自不例外。如開篇敘隨、會知彼(楚),荀首知己(晉),而晉楚勝負已判分,此對叙之例一。篇首"隨季言楚之六事不易",篇終"楚子言己之七德俱無",知彼與知己對叙,而晉楚之成敗可見,此對叙之例二。

士會料楚,稱"會聞用師,觀釁而動",而楚莊明於七德,修其六事,日夜警備,無釁可乘;"隨季總述楚之軍政,欒書獨舉楚之車法",從中可見。伍參之料晉,稱荀林父"未能行令","先縠剛愎不仁,三帥專行不獲",將士"聽而無上,衆誰適從?"品評人物,可謂一針見血。晉軍之瑕隙,不獨荀林父不能制命,先縠之怙亂專行而已。趙括趙同之黨附,魏錡趙旃之樂禍,二憾之求成,無備又不戒,亦皆沆瀣一氣,爲書掣肘,已詳前文。晉軍之四釁,自楚人觀之,皆歷歷在目,不敗何待!晉人稱楚國無釁,楚人料晉師必敗,兩兩相映,對比叙事,而成敗之兆可以前知。此對叙之大者,其例三。

《孫子兵法·謀攻》稱"將者,國之輔也"。試持此説,以觀察邲戰中之軍政行令,可見晉楚之反差甚大,而二國之成敗利鈍,對叙可知。方苞《左傳義法舉要》,對列比較晉與楚號令之施行與否,如云:

> 荀林父之命,不獨不行於先縠,趙括趙同乃得而更之,趙旃魏錡皆得而强之。而楚之軍政,則專致於孫叔,不獨伍參不敢違,三帥亦莫敢參焉,即王亦必告焉而使自改其前命。②

《孫子兵法·謀攻》論將之軍政行令曰:"軍之所以患于君者三:不知三軍之不可以進,而謂之進;不知三軍之不可以退,而謂之退;是謂縻軍。不知三軍之事,而同三軍之政,則軍士惑矣。不知三軍之權,而同三軍之任,則軍士疑矣。三軍既惑且疑,則諸侯之難至矣,是謂亂軍引勝。"③《孫子兵法》所謂"軍之所以患于君者三",

---

① (清)方苞口授,王兆符傳述:《左傳義法舉要》,第22頁,總頁44。
② (清)方苞口授,王兆符傳述:《左傳義法舉要》,第22頁,總頁43。
③ 李零:《〈孫子〉十三篇綜合研究》,《謀攻第三》,第22頁。

所稱"三軍既惑且疑",所云"亂軍引勝",晋中軍元帥荀林父及其將佐,皆足以當之。荀林父德不配位,諸將怙亂專行,是所謂糜軍、亂軍。而楚之軍政,專致於孫叔敖,指揮統一無二,則晋楚未戰,成敗可知矣!邲之戰,尚有其他有關之對叙法,"言叙語叙"中已論述,兹不再贅。

對叙法,乃屬辭比事之《春秋》書法,後轉變衍化爲歷史叙事之法。清姜炳璋《讀左補義》論屬辭比事曰:"若一傳之中,彼此相形而得失見;一人之事,前後相絜而是非昭。"①彼此相形、前後相絜,而王霸之升降,世變之消息,可以藉比事以見指義。推而廣之,舉凡校短量長,求同究異,判別得失優劣,察查消長興亡,考證是非真僞,辨明雅俗因革,②多可以用對叙法表述己意,用對叙法實事求是。

六、結　語

元趙汸《春秋纂述大意寄宋景濂王子充》稱:孔子作《春秋》,"亦必屬辭比事而後可施筆削。所以學《春秋》者,若非屬辭比事亦不能達筆削之權"。孔子《春秋》,義昭乎筆削;或筆或削之法,發而用之,則爲屬辭比事之《春秋》教。故屬辭比事,遂成爲《春秋》之創作論、學《春秋》之階梯法門。推而廣之,研治《春秋》、解讀《春秋》、詮釋《春秋》者,亦當以屬辭比事之《春秋》教爲鎖鑰、爲利器、爲津梁。《左傳》以史傳經,苟欲抉發《春秋》之微辭隱義,考察中國傳統之叙事學,若非"屬辭比事"之法,亦將難以登堂,遑論入室。

《左傳》之叙戰,多因事命篇,各有面目。殊勝之中,有貌異而心同者,而貌同心異者尤多。若研討春秋五大戰,則華夷內外之際,有關霸業之消長、內外之分際、侯國之依違,兵謀之虛實、人材之進退等等,多可以考索求得。近三年來,筆者已先後探討周鄭繻葛之戰、秦晋韓之戰、宋楚泓之戰、晋楚城濮之戰,且已發表有關論文。③ 猶有未足,今再完成晋楚邲戰之文稿,以就教於方家。他日,擬再考察秦穆公稱霸西戎(秦晋崤之戰)、晋齊鞌之戰、晋楚鄢陵之戰諸叙戰名篇。以屬辭比事之

① (清)姜炳璋:《讀左補義》卷首《綱領下‧屬辭比事》,第8—9頁,總頁106—107。
② 張高評:《論文選題與研究創新》,第六章《研究方法之講求‧比較法》,臺北:里仁書局,2013年,第260—271頁。
③ 張高評:《左傳英華》,《秦晋韓之戰》《宋楚泓之戰》《晋楚城濮之戰》,臺北:萬卷樓圖書公司,2020年,第47—76頁、第77—92頁、第117—178頁。周鄭繻葛之戰,參考張高評:《鄭莊公稱雄天下與〈左傳〉之叙事義法》,《古典文學知識》2020年第2期,第88—99頁。

《春秋》教爲準的,較論《尚書》《國語》《史記》、出土文獻,乃至《東周列國志》。就其詳略、重輕、異同、虛實、有無、曲直、顯晦,探討或筆或削《春秋》書法之衍化,梳理叙事義法之大凡,爲中國傳統叙事學再盡綿薄文力。

依原初規劃,本文觸類所及,尚有三端,值得探討:一、排比史事,連屬辭文;張本繼末,究其終始;爲《左傳》叙事傳統之探討。二、氣魄胸襟,夷夏稱雄;春秋五霸,楚莊入列;爲楚莊王霸業之論衡。三、《春秋》書法,罪責林父;内晋外楚,界嚴華夷;爲《春秋》詮釋史之考察。受限於篇幅,將另撰他篇討論。

隨境釋義：《左傳》《國語》所見春秋辭令特色

——以"忠""信"與賦詩、引詩、占《易》爲例證之考察[*]

黃聖松

【摘　要】 "隨境釋義"之"境"指"語境"（context），簡言之，即使用語言之環境。《左傳》常載春秋人物之辭令，内容涉及規諫君上、議論事務、外交儀節、回應提問等；形式多爲單方面陳述，偶見雙方或多方對話。陳述内容常見闡釋倫理詞彙之涵義——如"忠""信"等，最爲特殊者乃結合陳述時語境而衍繹詞彙。在不同語境下，相同倫理詞彙却有相異描述，此即筆者所稱"隨境釋義"現象。本文以《左傳》與《國語》爲範圍，分析對話形式中，以"隨境釋義"方式闡釋"忠""信"觀念之記載。"忠"之核心概念爲秉持敬肅態度而盡己之心，"信"是誠實不欺且言行一致。二書記載春秋時人對"忠""信"之詮解雖達數種，實是春秋時人於掌握核心概念下，依不同語境而闡釋。此外，春秋時人認爲"忠""信"是治"事"者須備之態度與品德，"事"除"祀"與"戎"外，自春秋中期以降又擴及外交之"事"。"隨境釋義"特色亦可見諸賦詩、引詩與占《易》。發言者緊扣與對方之關係，藉語境轉化詩句或爻辭、卦名之意象或情境，達到重新詮釋文本之效果。

【關鍵詞】 春秋　《左傳》《國語》　語境（context）　隨境釋義

【作者簡介】 黃聖松，1975 年生，台灣成功大學中文系教授兼系主任。

---

* 本文部分内容曾於復旦大學中華文明國際研究中心與巴黎高師文化遷變跨學科創新基地聯合主辦的"古希臘與早期中國的語言、書寫及思想"學術工作坊（上海，復旦大學，2023 年 10 月 28 日）宣讀。

一、前　言

傅斯年謂《左傳》《國語》屬“間接材料”,言二書“和直接的材料成極端的相反”。[①] 然吾人欲探究先秦史,除却二書更無完整文獻可論。沈玉成、劉寧亦言《左傳》“當是草創於春秋末而寫定於戰國中期以前,由授受者不斷補充潤色,大體定型”。[②] 趙伯雄雖曰今本《左傳》乃“一次完成”,意指“《左傳》作爲一部完整的解經著作,其排纂史料與撰寫解經語是同時進行的”。然趙氏仍主張《左傳》成書“應該大致在公元前 375—公元前 343 年之間”,約屬戰國中葉。[③] 潘萬木認爲《左傳》“作於春秋末年;後人雖有竄入,但它還是基本上保存了原來的面目”。[④] 諸家推論《左傳》成書時間雖略有早晚,大致在春秋末期至戰國中葉間。《左傳》成書既近春秋,内容當能如實反映史事。至於《國語》之編成,張以仁謂“太史公所説的纂《國語》與《左氏春秋》的左丘明爲同一人,這個左丘明在太史公的觀念裡,係與孔子同時”;[⑤] 肯定《國語》與《左傳》之關聯。葛志毅言“語”本《尚書》體例,《國語》與《尚書》在體例上前後相承,故“必是先有史官輯《尚書》既成,嗣後復有欲接續之而纂成《國語》者”;[⑥] 亦極肯定《國語》史料價值。

《左傳》既寫春秋時代 255 年史事[⑦],叙人物、録事件、陳制度、述品評等内容,可資吾人了解春秋歷史之梗概。張高評先生曰“《左傳》一書,其義,爲經;其體,爲史;其用,則爲文;其旁支,衍而爲諸子、爲哲理”,誠哉斯言。至於《左傳》研究之路徑與趨向,張先生歸納爲討論《左傳》作者及成書時代、經學、史學、義理、文學、評點與

---

① 傅斯年所謂“直接的材料”又稱“直接的史料”,傅氏云:“凡是未經中間人手修改或省略或轉寫的,是直接的材料。”見傅斯年:《史學方法導論》,原載傅孟真先生遺著編輯委員會編:《傅孟真先生集》,臺北:臺灣大學,1952 年;收入李學勤主編,傅斯年著:《民族與古代中國史》,石家莊:河北教育出版社,2002 年,第 419—466 頁。

② 沈玉成、劉寧:《春秋左傳學史稿》,南京:江蘇古籍出版社,1996 年,第 82 頁。

③ 趙伯雄:《春秋學史》,濟南:山東教育出版社,2004 年,第 17—25 頁。

④ 潘萬木:《〈左傳〉叙述模式論》,武漢:華中師範大學出版社,2004 年,第 42 頁。

⑤ 張以仁:《從司馬遷的意見看左丘明與〈國語〉的關係》,原載《“中研院”歷史語言研究所集刊》第 52 本第 4 分,臺北:“中研院”歷史語言研究所,1981 年;收入氏著:《張以仁先秦史論集》,上海:上海古籍出版社,2010 年,第 115—153 頁。

⑥ 葛志毅:《史官的規諫記言之職與〈尚書〉〈國語〉的編纂》,收入氏著:《譚史齋論稿續編》,哈爾濱:黑龍江人民出版社,2004 年,第 102—118 頁。

⑦ 《左傳》始自魯隱公元年(公元前 722 年)而終於魯哀公二十七年(公元前 468 年),總計 255 年。

《左傳》學研究史等，①可謂豐富且多樣。除客觀記載史事，《左傳》亦保留時人對話言辭。張先生認爲《左傳》所錄，"要皆春秋當時口語，遠比《漢書》所錄奏議簡牘爲生動"，不僅如此，"即春秋初中晚各期，亦彼此異致"。張先生乃云《左傳》"所錄語言，可謂能忠實反映春秋各時代、各階層之特色"。② 誠如李惠儀先生所述，一部文本往往摻雜更早文本——或爲口述，或爲書面流傳，總而言之，吾人所閱文本包含更早文本闡釋往事之原則與模式，③《左傳》亦應如是。《左傳》部分内容亦當前有所本，經《左傳》編訂者增删、修訂、潤飾等加工手續乃呈現今日面貌。因史料不足徵，吾人難曉今本《左傳》援用材料，亦未詳《左傳》編定者如何加工與修飾程度，僅能以今本《左傳》探究春秋時人言辭表達特色。顧頡剛與趙光賢皆提出《左傳》本是搜羅各類史書或文獻之彙編，爾後方逐步演變爲編年之史。④ 至於今本《左傳》出於何人之手已恐難細究，不妨姑且稱爲《左傳》編訂者。至於《國語》作者除傳統左丘明之説，衛聚賢認爲全書經六人之手於不同時間輯録而成，時間集中於戰國時代。⑤ 譚家健主張是三晋史官所作，⑥沈長雲亦持此見。⑦ 即便《國語》成書已至戰國時代，然因與《左傳》關係密切，⑧傳統更稱爲《春秋外傳》，重要性不言而喻。上文已陳"語"既是《國語》之體例與特點，亦當能體現春秋時人言辭表達特色。

---

① 張高評：《〈左傳〉學研究之現況與趨向》，收入氏著：《〈左傳〉之文韜》，高雄：麗文文化事業公司，1994年，第1—10頁。

② 張高評：《〈左傳〉之文學價值》，臺北：五南圖書出版公司，2019年，第261頁。

③ ［美］李惠儀著，文韜、許明德譯：《〈左傳〉的書寫與解讀》，南京：江蘇人民出版社，2016年，第1頁。

④ 顧頡剛講授，劉起釪筆記：《春秋三傳及國語之綜合研究》，成都：巴蜀書社，1988年，第36頁。趙光賢：《〈左傳〉編撰考（上）（下）》，收入氏著：《古史考辨》，北京：北京師範大學出版社，1987年，第165—187頁。

⑤ 衛聚賢：《古史研究》，臺北：明倫出版社，1972年，第525頁。

⑥ 譚家健：《關於〈國語〉的成書時代和作者問題》，《河北師院學報（哲學社會科學版）》1985年第6期，第6—14頁。

⑦ 沈長雲：《〈國語〉編撰考》，原載《河北師院學報（哲學社會科學版）》1987年第3期；收入氏著：《上古史探研》，北京：中華書局，2002年，第325—338頁。

⑧ 張岩云："《左傳》五分之四的内容和《國語》的全部内容都來自春秋時期的教材類短文。二者取材於同一篇短文的情況約有八十次左右。因此，《國語》《左傳》應是同一個史料搜集和使用過程中兩個不同的撰寫結果。由於《左傳》側重歷史，《國語》側重言論，所以在寫進書中時出現了大同小異的情況。"見張岩：《從部落文明到禮樂制度》，上海：上海三聯書店，2004年，第297頁。

　　春秋時人重視言辭,僖公二十四年《左傳》書晋人介子推云:"言,身之文也。"①又襄公二十五年《左傳》録仲尼之語曰:"《志》有之'言以足志,文以足言',不言,誰知其志?言之無文,行而不遠。"(第 623 頁)二段記載强調"言"須有"文",②然"文"不僅是詞藻之文采,應如《説文解字·文部》(以下簡稱《説文》)云"文,錯畫也,象交文";③"文"尚需交錯組織。又如《釋名》卷四曰:"文者,會集衆綵以成錦繡,合集衆字以成辭義,如文繡然也。"④如何使"合集衆字",則端視言説者能否具有章法。又襄公三十一年《左傳》記晋大夫叔向譽鄭大夫子産之語,引《毛詩·大雅·板》"辭之輯矣,民之協矣;辭之繹矣,民之莫矣"(第 687 頁)。⑤ 强調言辭須輯睦而使人悦繹,亦有賴言説者能組織内容與善用技巧。本文所謂"辭令",可徵諸襄公三十一年《左傳》"公孫揮能知四國之爲,而辨於其大夫之族姓、班位、貴賤、能否,而又善爲辭令"(第 688 頁)。楊伯峻釋"辭令"爲"言語或文章",⑥陳克炯則云"交往應酬的言辭"。⑦ 然經陳彦輝考訂,"辭令"應指"經過修飾或文飾後的言詞",⑧最能反映春秋時人對言辭之重視,故本文援以爲標題。

　　《左傳》與《國語》所録春秋時人辭令特色之一,即本文所論"隨境釋義"。"隨境釋義"之"境"乃"語境"(context),美國學者戴爾·海姆斯(Dell Hymes)爲其定義爲"話語的形式和内容(form and content of text)、背景(settings)、參與者(participants)、目的(end)、音調(keys)、交際工具(mediums)、風格(genre)和相互作用的規範(interacional norms)等"。⑨ 簡言之,語境指使用語言之環境。"隨境釋義"乃發言者依所處語境,援引事件發展情節或與他人對話内容,藉以闡釋關

---

① (晋)杜預集解,(唐)孔穎達正義:《春秋左傳正義》,臺北:藝文印書館,據清嘉慶二十年江西南昌府學版影印,1993 年,第 255 頁。爲簡省篇幅及便於讀者閱讀,下文徵引本書時,徑於引文後夾注頁碼,不再以注脚呈現。

② 張高評:《〈左傳〉之文韜》,第 10 頁。

③ (漢)許慎著,(清)段玉裁注:《説文解字注》,臺北:黎明文化事業公司,1994 年,據經韵樓藏版影印,第 429 頁。

④ (漢)劉熙著,任繼昉匯校:《釋名匯校》,濟南:齊魯書社,2006 年,第 171 頁。

⑤ 今本毛詩"民之協矣"作"民之洽矣","辭之繹矣"作"辭之懌矣",見(漢)毛亨傳,(漢)鄭玄箋,(唐)孔穎達正義:《毛詩注疏》,臺北:藝文印書館,1993 年,據清嘉慶二十年江西南昌府學版影印,第633 頁。

⑥ 楊伯峻:《春秋左傳詞典》,臺北:漢京文化事業公司,1987 年,第 993 頁。

⑦ 陳克炯:《左傳詳解詞典》,鄭州:中州古籍出版社,2004 年,第 1165 頁。

⑧ 陳彦輝:《春秋辭令研究》,北京:中華書局,2006 年,第 2 頁。

⑨ 王建平:《語境研究的歷史與現狀》,收入[日]西槇光正:《語境研究論文集》,北京:北京語言學院出版社,1992 年,第 6—25 頁。

鍵詞彙之義。反之，相同關鍵詞彙於不同語境，常以不同角度説明其義。本文以《左傳》與《國語》爲範圍，分析春秋時人"隨境釋義"之辭令特色。爲使討論聚焦，本文擇《左傳》與《國語》倫理詞彙"忠"與"信"爲例，説明"隨境釋義"之方式與特點。

　　"忠""信"二則倫理詞彙於先秦典籍屢見聯繫，《左傳》與《國語》所見"忠""信"相涉者，《左傳》有 14 則、①《國語》有 11 則，②"忠""信"關係之密切可見一斑。童書

───────────

① 　隱公三年《左傳》："《風》有《采蘩》《采蘋》、《雅》有《行葦》《泂酌》，昭忠信也。"（第 52 頁）又桓公六年《左傳》："所謂道，忠於民而信於神也。上思利民，忠也；祝史正辭，信也。"（第 110 頁）又僖公二十四年《左傳》："口不道忠信之言爲嚚。"（第 257 頁）又文公元年《左傳》："凡君即位，卿出并聘，踐脩舊好，要結外援，好事鄰國，以衛社稷，忠、信、卑讓之道也。忠，德之正也；信，德之固也；卑讓，德之基也。"（第 299—300 頁）又文公十八年《左傳》："孝敬、忠信爲吉德，盜賊、藏姦爲凶德。"（第 352 頁）又文公十八年《左傳》："少皞氏有不才子，毀信廢忠，崇飾惡言。"（第 354 頁）又宣公二年《左傳》："賊民之主，不忠；棄君之命，不信。"（第 364 頁）又成公九年《左傳》："不背本，仁也；不忘舊，信也；無私，忠也；尊君，敏也。仁以接事，信以守之，忠以成之，敏以行之。"（第 448 頁）又襄公二十二年《左傳》："君人執信，臣人執共。忠、信、篤、敬，上下同之，天之道也。"（第 599 頁）又昭公元年《左傳》："臨患不忘國，忠也；思難不越官，信也。"（第 699 頁）又昭公二年《左傳》："叔向曰'子叔子知禮哉！吾聞之曰"忠信，禮之器也；卑讓，禮之宗也"。辭不忘國，忠信也；先國後己，卑讓也。'"（第 719 頁）又昭公六年《左傳》："猶求聖哲之上、明察之官、忠信之長、慈惠之師，民於是乎可任使也，而不生禍亂。"（第 750 頁）又昭公十二年《左傳》："惠伯曰'吾嘗學此矣，忠信之事則可，不然，必敗。外強内温，忠也；和以率貞，信也，故曰"黄裳元吉"。'"（第 792 頁）又昭公十六年《左傳》："子産曰'吾非偷晋而有二心，將終事之，是以弗與，忠信故也。'"（第 827 頁）又昭公二十年《左傳》："其所以蕃祉老壽者，爲信君使也，其言忠信於鬼神。"（第 857 頁）

② 　《國語·周語上》："守以敦篤，奉以忠信。"又《周語上》："且禮所以觀忠、信、仁、義也。忠所以分也，仁所以行也，信所以守也，義所以節也。忠分則均，仁行則報，信守則固，義節則度。"又《周語下》："言敬必及天，言忠必及意，言信必及身。……夫敬，文之恭也；忠，文之實也；信，文之孚也。……象天能敬，帥意能忠，思身能信。"又《周語下》："及其得之也，必有忠信之心間之。"又《周語下》："臣聞之曰'懷和爲每懷，咨才爲諏，咨事爲謀，咨義爲度，咨親爲詢，忠信爲周。'"又《齊語》："忠信可結于百姓，弗若也。"又《晋語二》："唯忠信者能留外寇而不害。除閽以應外謂之忠，定身以行事謂之信。……夫國非忠不立，非信不固。既不忠信，而留外寇，寇知其釁而歸圖焉。"又《晋語五》："賊國之鎮不忠，受命而廢之不信。"又《晋語八》："忠自中，而信自身。……今我以忠謀諸侯，而以信覆之，荆之逆諸侯亦云，是以在此。若襲我，是自背其信而塞其忠也。信反必斃，忠塞無用，安能害我？"又《晋語八》："夫霸王之勢，在德不在先歃，子若能以忠信贊君，而神諸侯之闕，歃雖在後，諸侯將載之，何爭于先？"又《楚語上》："攝而不徹，則明施舍以導之忠，明久長以導之信。……忠信以發之。"又《楚語下》："忠信之質……民是以能有忠信。"見（三國吴）韋昭：《國語韋昭注》，臺北：藝文印書館，1974 年，第 9、33、70—72、78、132—133、157、214、289、335、336、381、402—403 頁。

業認爲"忠"之觀念"似起於春秋時","最原始之義似爲盡力公家之事",①此見大致可從。《説文·心部》釋"忠"曰"敬也,盡心曰忠"。段玉裁《注》(以下簡稱段《注》)云:"敬者,肅也,未有盡心而不敬者。"②簡言之,《説文》釋"忠"乃敬肅以盡心。《説文》之釋可證諸《國語》,《周語上》"考中度衷以蒞之。……考中度衷,忠也"。韋昭《注》(以下簡稱韋《注》)謂"考中,省己之中心,以度人之衷心"。③又《周語下》"言忠必及意",韋《注》曰"出自心意爲忠"(第70—71頁);又"忠,文之實也",韋《注》云"忠自中出,故爲文之實誠也"(第71頁)。皆謂省察己之心意曰"忠",此即《説文》"盡心"之意。又《周語上》"中能應外,忠也"(第34頁);又《晋語八》"忠自中,而信自身",韋《注》云"忠""自中出也"(第335頁);亦强調"忠"須由"中"應外,此"中"與"考中"之"中"義同,咸指盡心如實。總而言之,《左傳》與《國語》"忠"之核心概念爲秉持敬肅態度而盡己之心。蔡鋒認爲春秋時期"忠的内涵還很不確定",④此説實不可從。究其原因是蔡氏未能掌握"忠"之核心概念,故有此言。"信"之意義相對單純,《説文·言部》謂"誠也,从人、言",段《注》云"人言則無不信者,故从人、言"。⑤知"信"乃誠實不欺、遵守承諾。襄公九年《左傳》載鄭大夫子駟與子展之言,曰"信者,言之瑞也,善之主也",《集解》謂"瑞,符也"(第530頁)。竹添光鴻《左傳會箋》(以下簡稱《會箋》)云"言爲信之符節,故前日之言,能合於後日之事也"。⑥喻"信"爲符節,須應驗所言而能契合,强調言行一致。

既掌握"忠"與"信"核心概念,第二節與第三節依《左傳》與《國語》卷帙爲次,説明春秋時人以"隨境釋義"方式闡釋"忠"與"信"涵義,且歸納此項辭令特點。此外,"隨境釋義"亦反映於春秋時人"賦詩""引詩"與"占《易》"之時,第四節分析三者與"隨境釋義"之關係。

二、《左傳》"忠""信"之"隨境釋義"

《左傳》個別述及"忠""信"者甚繁,合二者而論之有16則。其中6則采對話方

---

① 童書業著,童教英校訂:《春秋左傳研究(校訂本)》,北京:中華書局,2006年,第243頁。

② (漢)許慎著,(清)段玉裁注:《説文解字注》,第507頁。

③ (三國吳)韋昭:《國語韋昭注》,第29頁。爲簡省篇幅及便於讀者閱讀,下文徵引本書時,徑於引文後夾注頁碼,不再以注脚呈現。

④ 蔡鋒:《春秋時期貴族社會生活研究》,北京:中國社會科學出版社,2004年,第270頁。

⑤ (漢)許慎著,(清)段玉裁注:《説文解字注》,第93頁。

⑥ [日]竹添光鴻:《左傳會箋》,臺北:天工書局,1998年,第1025頁。

式陳叙"忠""信"觀念，且呈現"隨境釋義"辭令特色，將置於本節討論。另 1 則因與占《易》相關，另置於第四節第五小節説明。合論"忠""信"之 6 則包括隨國 1 則、魯國 2 則、晋國 3 則；以時段區分，①春秋早、中、晚期各 2 則。以下依《左傳》卷帙爲次，分設七小節論述於後。

（一）隨大夫季梁諫隨君莫追楚軍

桓公六年《左傳》記楚武王伐隨，隨遣少師主持和談之事。楚大夫鬭伯比建議："少師侈，請羸師以張之。"若隨張大而棄小國，楚方能得志於漢東諸侯，楚武王乃"毁軍而納少師"。少師見楚師羸弱，返國後竟"請追楚師""隨侯將許之"，隨大夫季梁諫曰：

> 天方授楚，楚之羸，其誘我也。君何急焉？臣聞小之能敵大也，小道大淫。所謂道，忠於民而信於神也。上思利民，忠也；祝史正辭，信也。今民餒而君逞欲，祝史矯舉以祭，臣不知其可也。（第 110 頁）

季梁謂小邦能敵大國係因小邦有"道"而大國多"淫"，"道"乃"忠於民而信於神也"。季梁凸顯"信於神也"，可參成公十三年《左傳》"國之大事，在祀與戎。祀有執膰，戎有受脤，神之大節也"（第 460 頁）之論。《集解》言："膰，祭肉"（第 460 頁）《説文·示部》云："祳，社肉，盛之以蜃，故謂之祳，天子所以親遺同姓。"段《注》曰"經典祳多从肉作脤"，②知"祳""脤"乃一字，係祭祀社神之肉。何以祭祀社神？定公四年《左傳》："君以軍行，祓社釁鼓。"《集解》言："師出，先事祓禱於社，謂之宜社。"（第 946 頁）又《爾雅·釋天》："起大事、動大衆，必先有事乎社而後出，謂之宜。"③由是孔穎達《春秋左傳正義》（以下簡稱《正義》）曰："是軍師將出，必有祭社之事也。"（第 946 頁）《會箋》謂傳文"執膰受脤，俱是於祭末受而執之，互相見也"。④ 知春秋時人認爲之"大事"乃祭祀與戰争，即使戰争亦有祭社之事，故言"祀有執膰，戎有受脤"。祭祀行爲既受重視，且涉及隨國是否"追楚師"之軍事行動，季梁乃緣此釋"忠""信"之義。第一節已陳"信"須言行一致、誠實無欺，

---

① 本文將春秋時代分爲早、中、晚三期，春秋早期爲魯隱公至魯僖公，計 96 年；中期爲魯文公至魯襄公，計 85 年；晚期爲魯昭公至魯哀公，計 74 年。

② （漢）許慎著，（清）段玉裁注：《説文解字注》，第 7 頁。

③ （晋）郭璞注，（宋）邢昺疏：《爾雅注疏》，臺北：藝文印書館，1993 年，據清嘉慶二十年江西南昌府學版影印，第 100 頁。

④ ［日］竹添光鴻：《左傳會箋》，第 888 頁。

祝禱於神亦復如此,故謂"祝史正辭,信也"。然彼時隨國祝史"矯舉以祭",《集解》曰"詐稱功德,以欺鬼神"。(第110頁)申言之即祝史宣稱隨國實力雄厚,追擊楚師將可得勝,是無"信"也。季梁云"道"須"忠於民",又曰"上思利民,忠也",係針對彼時隨國"民餒而君逞欲"而發。楊伯峻《春秋左傳注》(以下簡稱《左傳注》)釋此句云:"人民饑饉而君主唯快意於私欲,自是不忠於民"①。上文已言"忠"須盡心對待,季梁據此釋"忠"曰"上思利民"。季梁言隨君所"逞欲"者,即聽信少師而追楚師,興師動衆雖可彰戰功,然季梁已知"楚之羸,其誘我也",隨軍逐之不僅未能克敵,或又損兵折將而使民困乏,大違肅敬己心以待民人之"忠"。季梁據"國之大事,在祀與戎"觀點發議,力諫隨君逐楚師已不利於民,此乃不"忠";祝史矯舉以祭是欺神,可謂表裏不一,此乃不"信"。不"忠"於民且背"信"於神,無"道"之小邦隨國,定不能敵大國之楚。

(二) 魯人曹劌問魯君何以戰齊

與本節第一小節近似之例,尚見莊公十年《左傳》。魯、齊長勺之役前,魯人曹劌請見魯莊公"問何以戰"。莊公先言以衣食分人,然曹劌謂"小惠未徧,民弗從也"(第146頁)。傳文又云:

> 公曰:"犧牲、玉帛,弗敢加也,必以信。"對曰:"小信未孚,神弗福也。"公曰:"小大之獄,雖不能察,必以情。"對曰:"忠之屬也,可以一戰。戰,則請從。"(第146—147頁)②

《正義》解"犧牲、玉帛"云"四者皆祭神之物"(第146頁);《集解》釋"弗敢加也,必以信"曰"祝辭不敢以小爲大,以惡爲美"(第147頁)。莊公所言對神靈之"信",即上文第一小節所引桓公六年《左傳》季梁所云"祝史正辭,信也"之意。簡言之,莊公自認祭神之物必依禮爲之,不使逾越規範。然曹劌以爲莊公對神之"信"未"孚",故"神弗福也"。《會箋》言"孚者,信之達于彼也","我信而物應之曰孚"。③曹劌謂莊公對神靈之"信",神靈未必感應,難論神靈能否賜福而使戰事順利。莊公再言獄訟之事雖未能盡察,然"必以情"。《魯語上》此句記之較詳,曰"余聽獄,雖不能察,必以情斷之"(第108頁)。二處之"情",《左傳注》援《荀子·禮論》"文理繁,情用省,

---

① 楊伯峻:《春秋左傳注》,北京:中華書局,2000年,第111頁。

② 此事又見《國語·魯語上》,内容大致與《左傳》相似,且未直截述及"忠""信",故本文以《左傳》爲主。

③ [日]竹添光鴻:《左傳會箋》,第222頁。

是禮之隆也",楊倞《注》"情用,謂忠誠",①主張皆可訓"忠"。② 上揭傳文記曹劌言
"忠之屬也",《集解》引桓公六年《左傳》"上思利民,忠也"釋之。此外,《魯語上》載
曹劌覆莊公云"知夫苟中心圖民",韋《注》曰:"苟,誠也,言誠以中心圖慮民事。"(第
108頁)"苟"釋"誠"義屢見典籍,③"中心"當讀"衷心",知《魯語上》所載曹劌之言亦
指莊公能以"忠"慮民。曹劌謂莊公能"情""忠"審獄,戰前可憑此誓軍以激勵士氣。
此則背景亦在戎事之前,莊公先述對神之"信"而再叙對民之"忠",仍與"國之大事,
在祀與戎"觀念聯繫。曹劌在請問魯師如何戰齊之語境下,引出莊公以"情""忠"治
獄之實績,乃因曹劌認爲對神靈之"信"難以驗證。與其藉虛無縹緲之神靈賜福而
期許克敵,未若强調莊公盡心察獄之"忠",使將士同心抗敵益具實效。傳文於此雖
未明確解釋"忠""信"之意,《集解》却用第一小節桓公六年《左傳》季梁詮解"忠"
"信"之詞,可證《集解》認爲二則内容可相發明。曹劌之言益爲可貴者,乃提出"小
信未孚,神弗福也"之論;不僅企圖淡化春秋時人對神靈賜福之説,更嘗試將"大事"
之"戎"聚焦於"忠"於民人,能與季梁之詞呼應。

(三) 魯大夫季文子覆魯君逐莒大子僕

　　文公十八年《左傳》載莒紀公生大子僕與季佗,不僅黜大子僕且"多行無禮於
國",大子僕"因國人以弑紀公,以其寶玉來奔,納諸宣公"(第352頁)。魯宣公命魯
大夫季文子授邑予大子僕,季氏不僅未承命,且使司寇逐大子僕出境。季氏遣大史
克覆宣公,謂大子僕行徑"莫可則也"(第352頁)。《會箋》云"莫可則也者,無可以
爲則者也",④言大子僕之舉不可效法。季氏論其由曰:

　　　　孝敬、忠信爲吉德,盜賊、藏姦爲凶德。夫莒僕,則其孝敬,則弑君
　　　父矣;則其忠信,則竊寶玉矣。其人,則盜賊也;其器,則姦兆也。(第
　　　352頁)

季氏標舉"孝敬""忠信"爲"吉德",又言"盜賊""藏姦"是"凶德"。論及"孝敬"係因
大子僕弑君父,"忠信"則與其所竊之"寶玉"關涉。大子僕何以盜竊"寶玉"奔魯?

---

① (周)荀況著,(清)王先謙集解:《荀子集解》,北京:中華書局,1997年,第357頁。

② 楊伯峻:《春秋左傳注》,第183頁。

③ 《毛詩.唐風.采苓》"苟亦無信",毛亨《傳》"苟,誠也"。見(漢)毛亨傳,(漢)鄭玄箋,(唐)孔穎達正義:
　《毛詩注疏》,第228頁。又昭公二十八年《左傳》"苟非德義,則必有禍",孔穎達《正義》曰"苟,誠也。"
　(第912頁)

④ 〔日〕竹添光鴻:《左傳會箋》,第673頁。

《會箋》云"恐魯不受,故以寶玉納之也",①知此"寶玉"定非尋常之物。定公八年《春秋經》"盜竊寶玉、大弓",《集解》曰:"盜,謂陽虎也。……寶玉,夏后氏之璜。大弓,封父之繁弱。"(第 963 頁)二物又見定公四年《左傳》,西周初年封魯而"分魯公以大路、大旂,夏后氏之璜,封父之繁弱"(第 947 頁)。陽虎所竊"寶玉"既是魯之重器,則大子僕所盜"寶玉"亦當爲莒之重寶。《周禮・春官・天府》記"天府"之官"掌祖廟之守藏與其禁令。凡國之玉鎮、大寶器藏焉。若有大祭、大喪,則出而陳之;既事,藏之"。② 知玉鎮、寶器平時藏於府庫,祭祀乃陳於祖廟。季氏强調大子僕竊"寶玉"與"忠信"聯繫,係因"寶玉"爲莒國宗廟獻祭之重器。延續第一小節所引桓公六年《左傳》"忠於民而信於神也"之文,大子僕竊祭祀之"寶玉"可謂不"信"於神。大子僕竊"寶玉"奔魯乃背棄國人,可謂不"忠"於莒民。知季氏議大子僕未符"忠信"準則,基本仍循春秋初期以來觀念論述。

(四) 晋大夫范文子評楚囚鍾儀

成公九年《左傳》記晋景公觀於軍府而見楚囚鍾儀,景公"問其族"而答以"泠人",問其"能樂乎"而覆云"先人之職官也",景公命其演奏而"操南音"。景公詢及楚共王,鍾儀則言共王爲大子時,"以朝于嬰齊而夕于側也"(第 448 頁)。景公將此事告知晋大夫范文子,范氏譽"楚囚,君子也";又評曰:

> 言稱先職,不背本也;樂操土風,不忘舊也;稱大子,抑無私也;名其二卿,尊君也。不背本,仁也;不忘舊,信也;無私,忠也;尊君,敏也。仁以接事,信以守之,忠以成之,敏以行之。事雖大,必濟。(第 448 頁)

范氏分析鍾儀之言,謂"樂操土風"爲"不忘舊"。鍾儀遭囚而偶得景公關懷,景公命其演奏仍操南國之音,未因窘困而操北方音樂以求寵,此即范氏所言"不忘舊"。"不忘舊"何以有"信"? 第一節已述"信"之核心概念爲遵守承諾、言行一致,鍾儀既答己是泠人,又云此乃先人所司,故言而有"信"以履行先人之職而操南音,此即范氏所謂"信"。鍾儀回應共王之事而"稱大子",范氏評鍾儀"抑無私也",《集解》謂"舍其近事而遠稱少小,以示性所自然,明至誠",《正義》言鍾儀如此答復,"不須隱蔽以示王性自然,言其從小如此,以明己之至誠無所私也"(第 448 頁)。正因鍾儀

---

① ［日］竹添光鴻:《左傳會箋》,第 671—672 頁。
② (漢) 鄭玄注,(唐) 賈公彥疏:《周禮注疏》,臺北:藝文印書館,1993 年,據清嘉慶二十年江西南昌府學版影印,第 311 頁。

“抑無私也”，范氏乃云“忠也”。“無私”何以爲“忠”？《集解》謂鍾儀此言“明至誠”，《正義》亦云“至誠無所私也”，《會箋》則曰“忠者，中外如實之意”，[①]與第一節所述“忠”之核心概念爲盡心對人相符。范氏認爲鍾儀既有“仁”“信”“忠”“敏”諸德，定能“信以守之，忠以成之，敏以行之”，建議景公“盍歸之，使合晋、楚之成”（第448頁）。《左傳注》謂“此三‘之’字皆指事”，[②]指鍾儀能以“信”遵守所托，以“忠”完成使命。總上所述，范氏依鍾儀言行分析“信”“忠”之義，謂“不忘舊”爲“信”而“無私”是“忠”，所釋皆符“信”“忠”核心概念。值得注意者爲，此則所論“忠”“信”亦與“事”關聯，唯此“事”非上諸小節“祀”與“戎”之“大事”，乃言晋、楚外交事務，則“忠”“信”所關涉“事”之範圍已有擴大趨勢。

（五）晋大夫趙文子譽魯大夫叔孫穆子

昭公元年《左傳》記諸侯會於虢，魯大夫季武子竟伐莒而取鄆，莒人至會申訴此事。楚人主張會盟未退而魯伐同盟，要求懲處魯大夫叔孫穆子。晋大夫樂桓子索賂於叔孫氏，宣稱可爲其免責，乃遣人向叔孫氏“請帶焉”。《集解》曰：“難指求貨，故以帶爲辭。”（第699頁）叔孫氏知若不予，樂氏將屢屢請求，乃召樂氏之使，“裂裳帛而與之，曰‘帶其褊矣’”。《集解》云：“言帶褊盡，故裂裳示不相逆。”（第699頁）楊樹達《積微居讀書記·讀〈左傳〉》曰：“此蓋明不與帶而與裳帛之故，意謂帶小不適於用，故以裳帛與之耳。”[③]叔孫氏家臣梁其踁勸其不應愛惜財貨，當賂樂氏以求避禍。然叔孫氏言：“我以貨免，魯必受師。”又云：“叔出季處，有自來矣，吾又誰怨？”《集解》：曰“季孫守國，叔孫出使，所從來久。今遇此戮，無所怨也。”（第699頁）晋大夫趙文子聞此事，譽叔孫氏云：

> 臨患不忘國，忠也；思難不越官，信也；圖國忘死，貞也；謀主三者，義也。有是四者，又可戮乎？（第699—700頁）

“臨患不忘國”指叔孫氏寧遭責戮而不願魯“受師”，此乃“忠”也。“思難不越官”之意，《集解》云“謂言‘叔出季處’”（第699—700頁），係“信”之體現。第一節已述“忠”是盡心對待，叔孫氏於虢之會受楚要脅，寧願個人受戮而不使魯國遭諸侯譴責，是盡一己之心以“忠”於國事。叔孫氏不僅“忠”於國家，亦是“忠”於職司，故趙

---

① ［日］竹添光鴻：《左傳會箋》，第869頁。
② 楊伯峻：《春秋左傳注》，第845頁。
③ 楊樹達：《積微居讀書記》，上海：上海古籍出版社，2006年，第59頁。

氏亦言"思難不越官"所以爲"信"。《左傳注》以"誠"言"信",①雖有其理,然可斟酌。
"信"乃言行一致,叔孫氏既謂"我以貨免,魯必受師";又云"叔出季處"係魯國之常,
故云"吾又誰怨";叔孫氏行其職司而召樂氏使者"裂裳帛而與之",又無怨懟而甘受
責戮。叔孫氏因言行如一,故趙氏以"信"譽之。趙氏掌握"忠""信"核心概念,連結
叔孫氏言辭與表現而釋"忠""信"。尚須注意者爲,趙氏又曰"謀主三者",《集解》謂
"三者,忠、信、貞"(第 700 頁)。"貞"因非本文重心,於此略而不論。《左傳注》云
"計謀有忠、信、貞爲主",②知"謀"乃"謀事"。趙氏謂"忠""信"與謀"事"關涉,此
"事"指魯國外交之事,與第四小節所述之"事"相同。自第一小節至本小節,所述
"忠""信"皆與"事"關涉,知春秋時人普遍認爲主"事"者須具"忠""信"之態度與品
德。唯隨時間推移,將原指"祀"與"戎"之"事",擴大範圍而增益外交事務。

(六) 晋大夫叔向頌魯大夫叔弓

昭公二年《左傳》記魯大夫叔弓聘於晋,晋平公舉行郊勞。叔弓以魯昭公有命,
言"徹命於執事,敝邑弘矣"(第 719 頁),請辭郊勞。晋人延叔弓"致館",叔弓言"寡
君命下臣來繼舊好,好合使成,臣之禄也"(第 719 頁),辭而不敢居館。晋大夫叔向
譽叔弓"知禮哉",云:

> 吾聞之曰:"忠信,禮之器也;卑讓,禮之宗也。"辭不忘國,忠信也;先
> 國後己,卑讓也。《詩》曰:"敬慎威儀,以近有德。"夫子近德矣。(第
> 719 頁)

叔向先強調"忠信"與"辭讓"與"禮"之關係,即行"禮"須具"忠信"與"卑讓",故譽叔
弓"知禮哉"。本文因不述"卑讓",故不論其意。叔向依叔弓言辭與作爲以釋"忠"
"信",謂叔弓"辭不忘國,忠信也",《集解》釋"辭不忘國"曰"謂稱'舊好'"(第 719
頁),《會箋》云"辭不忘國"不僅是"再稱'舊好'也",叔弓後言"敝邑弘矣""好合使
成",皆可謂"不忘國也"。③ 何以"辭不忘國"乃"忠信"之表現? 叔弓二次言稱"來繼
舊好",盡心維繫魯、晋關係而曰"好合使成",可謂"忠"於國事與職司,與第五小節
叔孫氏相類。"信"則指昭公命叔弓"女無敢爲賓",叔弓援君命固辭郊勞與居館,乃
信守君命而言行一致。此則"忠""信"又與外交之"事"關聯,可與第五小節參看,知

---

① 楊伯峻:《春秋左傳注》,第 1205 頁。

② 楊伯峻:《春秋左傳注》,第 1205 頁。

③ [日]竹添光鴻:《左傳會箋》,第 1379 頁。

"忠""信"乃行"事"者須具備之態度與品德。

(七) 小結

本節分叙《左傳》記載"忠""信"内容而涉及"隨境釋義"特色者 6 則，皆能掌握"忠"爲盡心待人，"信"乃言行一致且名實相符之核心概念，依不同語境而闡釋"忠""信"之意。依字面言，本節可見"忠"有"上思利民""無私""臨患不忘國"等描述，"信"有"祝史正辭""不忘舊""思難不越官"等陳叙，尚有合釋"忠信"而曰"辭不忘國"者。此外，另有 2 則雖未就字面説明"忠""信"之意，然經本節申論而可詮釋。值得注意者爲，第一至第三小節强調"忠""信"是行"祀"與"戎"之"大事"者須備之態度與品德，第四至第六小節則將"忠""信"擴充爲治外交之"事"，然皆强調"忠""信"乃治"事"者必備之態度與品德。

三、《國語》"忠""信"之"隨境釋義"

《國語》合述"忠""信"之數量雖未若《左傳》，總計尚有 13 則，其中有 5 則采對話形式且涉及"隨境釋義"。5 則内容與周王室相涉者有二，虞、晋、楚各 1 則。以時代言，述及春秋早期者 3 則、中期者 2 則。① 今依《國語》卷帙次第，分設六小節説明於後。

(一) 周大夫内史過議晋惠公

《周語上》記周襄王命周卿士邵公過及内史過賜晋惠公命，晋大夫吕甥與郤芮相惠公而不敬，惠公又執玉卑而拜不稽首。内史過返王畿後向襄王曰"晋不亡，其君必無後。且吕、郤將不免"（第 29 頁）。内史過申論理由云：

> 民之所急在大事……是故袚除其心，以和惠民。考中度衷以蒞之，昭明物則以訓之，制義庶孚以行之。袚除其心，精也；考中度衷，忠也；昭明物則，禮也；制義庶孚，信也。……今晋侯即位而背外内之賂，虐其處者，棄其信也；不敬王命，棄其禮也；施其所惡，棄其忠也；以惡實心，棄其精也。（第 29—30 頁）

① 第一至第三則分述晋惠公、晋文公與晋獻公之事，三君活動時代屬春秋早期。第四則記叔向之言，第五則載楚莊王時事，皆屬春秋中期。

內史過謂"民之所急在大事",韋《注》云:"大事,戎、祀也。"內史過言辦理"大事"者,須具備"祓除其心""考中度衷以莅之""昭明物則以訓之""制義庶孚以行之"四項態度與品德;又曰"考中度衷,忠也","制義庶孚,信也"。韋《注》釋前者云:"考中,省己之中心,以度人之衷心";又解後者曰:"義,宜也;庶,眾也;孚,信也。當制立事,宜爲眾所信而行之也。"(第29頁)簡言之,內史過謂"忠""信"與"精""禮"乃行"祀"與"戎"之"大事"者必備條件。因"精""禮"非本文重點,故不開展細論。內史過釋"忠"乃盡己之心以度人之心,詮"信"曰信守承諾而履行所言,皆掌握二者核心概念。至於評議惠公失"信",內史過曰"背外內之賂,虐其處者,棄其信也",韋《注》云"背外,不與秦地;背內,不與里、丕之田;虐其處者,殺里、丕之黨也"(第29頁),緊扣惠公未能兌現承諾而失"信"。內史過指責惠公"棄忠"曰"施其所惡",韋《注》云"己所不欲,勿施於人。所惡於下,故不以事上,今晉侯皆施之於人"(第30頁)。韋《注》援《論語·衛靈公》孔子所言"其恕乎!己所不欲,勿施於人"①以釋"忠",此説乍見似未符"忠"之核心概念,實則符應內史過所言"考中度衷"之理。"忠"既是盡己之心以了解他人,己若不欲則他人定然不欲。惠公若不欲他人背"信",却施之於秦君與里克、丕鄭等大夫,即是"棄其忠也"。此外,本則強調"忠""信"之由,與第二節第一至第三小節所述觀念基本一致。內史過認爲國君行"大事"須備"忠""信",唯第二節第一至第三小節強調"忠""信"之對象爲神靈與人民,此處指秦君與里克、丕鄭等諸大夫。內史過論述對象爲惠公,又與第二節第一與第二小節相同。第三小節所論雖是大子僕,亦是莒國儲君,廣義而言可類比國君。"忠""信"乃治"事"者必備條件,國君治一國之"事"亦不例外。惠公因背棄"忠""信"等品德,內史過預言其治國"事"定然不成,從反面強調"忠""信"與"事"之關係。

(二)周大史內史興贊晉文公

《周語上》記周襄王使太宰文公與內史興賜晉文公命,內史興告襄王曰"晉不可不善也,其君必霸",所載內容可與上一小節參看。內史興謂其初入晉,文公命"上卿逆於境,晉侯郊勞,館諸宗廟"(第32頁),內史興譽其能"敬王命"(第33頁)。太宰文公"以王命命冕服,內史贊之,三命而後即冕服。既畢,賓、饗、贈、餞,如公命侯伯之禮,而加之以宴好",內史興贊文公云"成禮義"(第33頁)。內史興又申言:

> 中能應外,忠也;施三服義,仁也;守節不淫,信也;行禮不疚,義也。

---

① (魏)何晏注,(宋)邢昺疏:《論語注疏》,臺北:藝文印書館,1993年,據清嘉慶二十年江西南昌府學版影印,第140頁。

（第 33—34 頁）

“仁”“義”因非本文關注，暫且略而不論。内史興謂文公遣“上卿逆於境”，又親自“郊勞”太宰文公與内史興，且安排“館諸宗廟”等舉措，係“中能應外，忠也”。此“中”讀“衷”，言發自内心接待周王室大夫。“忠”乃秉持敬肅態度而盡心待人，内史興連結文公禮敬接待之舉而釋“忠”曰“中能應外”。晋文公受太宰文公賜命後，“賓、饗、贈、餞”諸禮能依“如公命侯伯之禮，而加之以宴好”。韋《注》釋“如公命侯伯之禮”曰：“如公受王命，以侯伯待之之禮，而又加之以宴好。”（第 33 頁）内史興謂文公此舉是“守節不淫，信也”。“節”之意可參《魯語上》“夫祀，國之大節也”與《越語下》“有節事”，韋《注》皆云“節，制也”（第 117 頁、第 459 頁）。知“守節不淫”乃指禮儀有所節度，言文公未刻意取媚而逾越規制。文公既受命爲侯伯，即以侯伯之禮待太宰文公與内史興而恪遵分際，故釋“信”曰“守節不淫”。本節第一小節與本小節分論惠公與文公，二人皆任晋君而須治一國之“事”。内史興連結文公受襄王賜命能“敬王命”與“成禮義”，分析其具備“忠”“信”等條件，預言必霸諸侯。反觀内史過分析惠公背棄“忠”“信”諸德，不具治國“事”之條件而終未能久在君位，二則記載從正反面論述“忠”“信”與“事”之聯繫。

（三）虞大夫宫之奇論虞之亡國

《晋語二》記晋獻公伐虢之役而假道於虞，虞大夫宫之奇諫虞君而不聽。宫之奇謂其子曰“虞將亡矣，唯忠信者能留外寇而不害”。所謂“留外寇”，韋《注》謂“舍晋軍於國”（第 214 頁）。宫之奇認爲虞君不具“忠”“信”之條件，又讓晋軍假道且駐札國内，終將自取滅亡。宫之奇申論曰：

> 除闇以應外謂之忠，定身以行事謂之信。今君施其所惡于人，闇不除矣；以賄滅親，身不定矣。夫國，非忠不立，非信不固。既不忠、信，而留外寇，寇知其釁而歸圖焉。（第 214 頁）

宫之奇强調“夫國，非忠不立，非信不固”，即治理“國”事者須立“忠”與固“信”。宫之奇釋“忠”曰“除闇以應外”，韋《注》云：“除，去也，去己闇昧之心以應外謂之忠。”（第 214 頁）《説文·門部》曰“闇，閉門也”，段《注》言“闇”可“借以爲幽暗字”。至於“暗”之意，《説文·日部》云“日無光也”，段《注》言“引申爲凡深沉不明之偁”。① 易言之，“闇”指晦暗不明之心思。宫之奇言“除闇以應外謂之忠”，謂“忠”須除“闇”以

---

① （漢）許慎著，（清）段玉裁注：《説文解字注》，第 596、308 頁。

應外，符應第一節所言盡心待人之核心概念。宮之奇特舉"除闇"以明"忠"義，係緣虞君應允晉軍假道伐虢而發，故宮之奇後言虞君"施其所惡于人，闇不除矣"。韋《注》釋此句云："己所不欲而以施人，謂假道以伐虢也。"（第 214 頁）韋《注》此處亦引《論語·衛靈公》之句，可與第一小節參看。虞君不願他人伐己，却讓晉假道而伐虢，此即宮之奇所謂"闇"。宮之奇釋"信"曰"定身以行事"，韋《注》云"定，安也，行事以求安其身"（第 214 頁），强調言行須一致。宮之奇此説之語境乃據虞君"以賄滅親，身不定矣"而發。韋《注》釋"賄"謂"虞受晉屈産之乘、垂棘之璧，假之道也"，"親"指"虢也，虞，大王之後；虢，王季之胄"（第 214 頁）。宮之奇認爲虞君收受晉賂而假道，使其滅兄弟之國，言行不一必難安其身。《周語下》見"言信必及身"之句，韋《注》"先信於身而後及人"（第 71 頁）。自身須先踐"信"方可使人，故謂能"定身以行事"；反之，己不能"信"則"身不定矣"。此又申言治國"事"之君須具"忠""信"之品德，虞君既非"忠""信"之君而留晉軍駐札國内，晉人定以非"忠""信"之法圖謀虞國，故預言"虞將亡矣"。

（四）晉大夫叔向析楚不能襲晉

《晉語八》記魯襄公二十七年宋之盟——即第二次弭兵之會，[①]"楚令尹子木欲襲晉軍"（第 335 頁）。晉趙文子聞之，問晉大夫叔向當如何因應。叔向覆云"子何患焉"，析論曰：

> 忠自中而信自身，其爲德也深矣，其爲本也固矣，故不可損也。今我以忠謀諸侯，而以信覆之，荆之逆諸侯也亦云。（第 335 頁）

韋《注》釋"忠自中而信自身"，謂"忠""自中出也"而"身行信也"（第 335 頁）。"中"讀"衷"謂内心，言"忠"須發自内心。"信"指言行一致，故謂以身行"信"，可與上文第三小節宮之奇所言"定身以行事謂之信"呼應。叔向掌握"忠""信"核心概念，申言晉"以忠謀諸侯，而以信覆之"，乃能成此盟會。韋《注》釋"以忠謀諸侯"云"謀安諸侯"（第 335 頁），此處須作説明。《説文·言部》謂"謀，慮難曰謀"。[②] 依叔向"忠自中"解"以忠謀諸侯"，謂晉國盡心爲諸侯慮難而倡議弭兵。筆者之解可由"荆之逆諸侯也亦云"爲證，韋《注》云"亦云欲弭兵爲忠、信"（第 335 頁）。知此慮難之

---

① 第一次弭兵之會見成公十二年《左傳》"宋華元克合晉、楚之成，夏五月，晉士燮會楚公子罷、許偃。癸亥，盟于宋西門之外，曰：'凡晉、楚無相加戎，好惡同之，同恤菑危，備救凶患。若有害楚，則晉伐之；在晉，楚亦如之。'"（第 458 頁）

② （漢）許慎著，（清）段玉裁注：《説文解字注》，第 92 頁。

"謀"乃謂晉、楚弭兵，諸侯方能安定。韋《注》釋"以信覆之"云"覆驗其忠"（第 335 頁），據叔向"信自身"解之，指晉國踐行"以忠謀諸侯"之心願而成此宋之盟，可謂言行一致。叔向將"忠""信"連結晉國倡議弭兵盟會之語境，且將"忠""信"與辦理盟會之"事"聯繫，知治"事"範圍可延伸至外交事務，與第二節第四至第六小節相符。

（五）楚大夫申叔時釋教導大子之法

《楚語上》載楚莊王使楚大夫士亹爲大子箴之傅，士亹推辭而楚莊王卒使傅之。士亹向楚大夫申叔時請益如何教導大子，申叔時建議教以《春秋》《世》《詩》、禮、樂、《令》《語》《故志》《訓典》。此外，申叔時建言以下列諸事善導大子箴：

> 明施舍以導之忠，明久長以導之信。（第 381 頁）

原文除上揭二句而尚有其他，因未涉本文所論故不録於此。韋《注》釋前句云"施己所欲，原心舍過，謂之忠恕"，後句曰"有信，然後可長久"（第 381 頁）。王引之《經義述聞》卷十八言此處之"忠，謂惠愛也"。王氏援《吴語》"忠惠以善之"（第 443 頁）爲證，認爲"韋《注》以爲忠恕，失之"。[①] 王氏主張"忠"有惠愛之意固然無誤，唯"忠"之核心概念爲盡心待人，故惠愛國人而"施舍"之，可謂"忠"之體現，實不違其義。本則語境係教育大子使其明治國之法度，以"施舍"啓迪"忠"之理，申叔時乃依"忠"之本旨而釋"忠"。《周語上》有"然則長衆使民之道……非信不行"（第 29 頁）之語，"長衆使民"即治理國事，若無"信"則難以推動政務。又上文第三小節亦言"夫國，非忠不立，非信不固"，謂無信則難固國政；易言之，據"信"方能長治久安。"信"之核心概念乃言行一致且名實相符，大子既是儲君而使其知"信"之理，以此治楚方可久長。申叔時以"信"之本旨，於論述教育大子之語境而延伸言治國久長之道，乃"隨境釋義"特色之最佳例證。此外，本則論"忠""信"又與大子聯繫，可與第二節第三小節關涉，強調治國"事"者須備"忠""信"之質。

（六）小結

本節分叙《國語》記載"忠""信"內容而涉及"隨境釋義"特色者 5 則，可見"忠"有"考中度衷""中能應外""除闇以應外"，"信"有"制義庶孚""守節不淫""定身以行事"等諸多陳述，皆能掌握"忠""信"核心概念而闡釋之。此外，另有 2 則雖未具言"忠""信"之意，經本節申論而仍可詮釋。總而言之，"隨境釋義"之特點亦可徵諸

---

① （清）王引之：《經義述聞》，臺北：廣文書局，1979 年，第 8 頁。

《國語》,可證此法是春秋辭令之特色。此外,本節 5 則記載亦强調"忠""信"是治"事"者必備態度與品德,有 4 則爲治國事而 1 則涉及外交,可與第二節參看。由是可證"忠""信"與治"事"之關係確實緊密,且"事"之内容由春秋早期之"祀"與"戎",至春秋中期後擴增至外交領域。

四、"賦詩""引詩"與"占《易》" 反映"隨境釋義"特色

第二節與第三節論述《左傳》與《國語》"隨境釋義"之辭令特色,廣義而言,此特點亦反映於"賦詩""引詩"與"占《易》"。本節分設六小節,除概述賦詩、引詩與占《易》之意,亦自《左傳》各舉例證一則,闡釋三者亦反映"隨境釋義"之特點,依序説明於後。

(一)《左傳》賦詩與引詩概述

《左傳》賦詩資料頗豐,計有 68 篇次①,可分"造篇"與"誦古"二種。② 造篇即春秋時人創作之詩,又依是否録於今本《毛詩》而別爲二類。如隱公三年《左傳》"衛人所謂賦《碩人》"(第 53 頁)録於《毛詩·衛風》③,此類造篇計 4 首。隱公元年《左傳》載鄭莊公賦詩"大隧之中,其樂也融融",及武姜所賦"大隧之外,其樂也洩洩"(第 37 頁),二者不見今本《毛詩》,此類賦詩計 2 則。《左傳》賦詩多爲誦古,往往取一章或數句賦之,此即所謂"斷章取義"。④ 如襄公二十八年《左傳》記齊大夫盧蒲癸曰:"賦詩斷章,余取所求焉。"(第 654 頁)《會箋》云:"如賦詩焉,斷一章唯取所欲,不泥於本義耳。"⑤又《左傳注》言春秋時人賦詩往往"賦者與聽者各取所求,不顧本義,斷章取義也"。⑥ 張素卿認爲賦詩可視爲"對話"方式,其由有三:

第一,它直接以詩句作爲彼此溝通的辭令;第二,賦者不以單向表達

① 毛振華:《〈左傳〉賦詩研究》,上海:上海古籍出版社,2011 年,第 61 頁。
② 《毛詩·小雅·棠棣·序》孔穎達《正義》引鄭玄云:"凡賦詩者,或造篇,或誦古。"見(漢)毛亨傳,(漢)鄭玄箋,(唐)孔穎達正義:《毛詩注疏》,第 320 頁。
③ (漢)毛亨傳,(漢)鄭玄箋,(唐)孔穎達正義:《毛詩注疏》,第 129—130 頁。
④ 楊向時:《〈左傳〉賦詩引詩考》,臺北:中華叢書編審委員會,1972 年,第 13 頁。
⑤ [日]竹添光鴻:《左傳會箋》,第 1259 頁。
⑥ 楊伯峻:《春秋左傳注》,第 1146 頁。

自己的情志爲已足，還冀望對方了解，同時期待有所回應；第三，賦詩時，

詩意詮釋係由雙方共同參與、補足，取意活潑，并非一成不變。①

張先生强調第三點爲"配合當時情境、由對談雙方共同參與的運用方式"②，此即"隨境釋義"之辭令特色。《漢書·藝文志》謂春秋時人賦詩能"微言相感"③，故隨對話語境而心領神會。傅道彬認爲"這種方式有一種觸類旁通、啓發聯想和含蓄豐富的雅趣，是可以顯示語言的技巧和積學的豐厚"。④ 然所謂"觸類旁通、啓發聯想"尚如韓高年所言，須在"雙方認可并遵循的詩學詮釋、接受原則"下進行，如此"方可以達到以微言相接、各言其志的目的"。⑤ 引詩則是徑引詩之内容，《左傳》引詩内容大多可見於今本《毛詩》，偶有不録《毛詩》之"逸詩"。《左傳》引詩達 181 條⑥，分"時人引詩""仲尼引詩"與"君子引詩"3 種。⑦ 本文因論對話語境之辭令特色，故僅述第一種。下文第二與第三小節舉《左傳》賦詩與引詩之例各一，可察春秋時人賦詩與引詩亦具"隨境釋義"特色。

（二）《左傳》賦詩反映"隨境釋義"特色舉隅

第二節第五小節述及昭公元年《左傳》記春季時諸侯會於虢，魯大夫季武子伐莒取鄆而使叔孫穆子遭楚人拘執。後經晋大夫趙文子斡旋，楚人乃免叔孫氏。同年《左傳》又書四月時趙文子趙武、叔孫穆子與曹大夫至鄭，鄭簡公享之。宴時穆子賦《鵲巢》，趙氏曰"武不堪也"。《鵲巢》見於《毛詩·召南》，"詩序"謂《鵲巢》言"夫人之德也"，"國君積行累功以致爵位，夫人起家而居有之"。首章曰"維鵲有巢，維鳩居之。之子于歸，百兩御之"，毛《傳》云"鳲鳩不自爲巢，居鵲之成巢"，又云"諸侯之子嫁於諸侯，送御者皆百乘"。⑧《集解》釋穆子賦此詩，"言鵲有巢而鳩居之，喻晋君有國，趙孟治之"（第 701 頁）。以"鵲"喻晋君而"鳩"指趙武，謂晋君雖有國而趙

① 張素卿：《〈左傳〉稱詩研究》，臺北：臺灣大學出版委員會，1991 年，第 60 頁。

② 張素卿：《〈左傳〉稱詩研究》，第 60 頁。

③ 《漢書·藝文志》："古者諸侯卿大夫交接鄰國，以微言相感，當揖讓之時，必稱《詩》以論其志，蓋以別賢不肖而觀盛衰焉。故孔子曰'不學《詩》，無以言'也。"見（漢）班固著，（唐）顏師古注：《漢書》，臺北：宏業書局，1996 年，第 446—447 頁。

④ 傅道彬：《〈詩〉外詩論箋》，哈爾濱：黑龍江教育出版社，1993 年，第 45 頁。

⑤ 韓年高：《禮樂制度變遷與春秋文體演變研究》，北京：商務印書館，2021 年，第 180 頁。

⑥ 毛振華：《〈左傳〉賦詩研究》，第 57 頁。

⑦ 張素卿：《〈左傳〉稱詩研究》，第 116 頁。

⑧ （漢）毛亨傳，（漢）鄭玄箋，（唐）孔穎達正義：《毛詩注疏》，第 45—46 頁。

武爲執政卿以治之。《會箋》主張結合前述趙武使穆子免禍於虢之會之事,謂"《鵲巢》以喻趙孟任勞而小國得安之,指免己于楚"。《左傳注》亦從此見,曰:"穆叔意或比趙孟爲鵲,以己爲鳩。大國主盟,己得安居,免于楚之請殺之也。"①須注意者爲,《鵲巢》"之子于歸,百兩御之"之句,毛《傳》云"百兩,百乘也"。② 先秦文獻可見"百乘"代指卿大夫,如哀公二年《左傳》記趙簡子謂晉獻公之卿畢萬,"有馬百乘,死於牖下"(第 996 頁)。又《禮記·坊記》"家富不過百乘",孔穎達《禮記正義》云"卿大夫之富,采地不得越百乘"。③ 又《論語·公冶長》記孔子之言"千室之邑,百乘之家,可使爲之宰也",何晏《注》"諸侯千乘,大夫百乘"。④《鵲巢》"百兩御之"之"百兩"既可代指卿大夫,以喻趙武如"鳩"居晋以治國,益符《鵲巢》内容,《集解》之説爲確。穆子賦《鵲巢》之意,趙武不僅能"微言相感",更言"不堪"穆子之譽。穆子掌握詩中"鵲巢"喻國君之筆法,將原以"鳩"喻夫人歸於諸侯之句,代爲執政卿如"鳩"居晋君之"鵲巢"。穆子於宴享盛贊趙武,或藉此感謝趙武解其危難。

《左傳》後文又載穆子"又賦《采蘩》,曰'小國爲蘩,大國省穡而用之,其何實非命?'"(第 701 頁)《采蘩》録於《毛詩·召南》,"詩序"謂此詩乃言"夫人不失職也。夫人可以奉祭祀,則不失職矣"。首章曰:"于以采蘩?于沼于沚。于以用之?公侯之事。"毛《傳》云"之事,祭事也"。⑤ 謂夫人采蘩於水畔,將蘩作爲祭祀之物。穆子賦《采蘩》之目的,《集解》釋曰:"小國微薄猶蘩菜,大國能省愛用之而不棄,則何敢不從命?"(第 701 頁)《會箋》與《左傳注》皆言穆子乃"自賦自解",⑥《左傳》僅此一見。正因穆子自解其賦詩之意,故可正確闡釋其"隨境釋義"之旨。穆子賦《鵲巢》以譽趙武乃晉國之鎮,不僅秉朝政且能左右晉君意志。賦《采蘩》而以"蘩"喻小國之魯,引申原詩之蘩爲水畔易得之菜。穆子藉此謂魯雖不腆厚,然願由晉驅遣,祈請大國執政卿趙武能愛惜之。賦二詩而贊彼抑己,以期增進魯、晉邦誼,展現穆子嫻熟之辭令。

---

① 〔日〕竹添光鴻:《左傳會箋》,第 1350 頁。楊伯峻:《春秋左傳注》,第 1209 頁。

② (漢)毛亨傳,(漢)鄭玄箋,(唐)孔穎達正義:《毛詩注疏》,第 46 頁。

③ (漢)鄭玄注,(唐)孔穎達正義:《禮記注疏》,臺北:藝文印書館,1993 年,據清嘉慶二十年江西南昌府學版影印,第 864 頁。

④ (魏)何晏注,(宋)邢昺疏:《論語注疏》,第 42 頁。

⑤ (漢)毛亨傳,(漢)鄭玄箋,(唐)孔穎達正義:《毛詩注疏》,第 46 頁。

⑥ 〔日〕竹添光鴻:《左傳會箋》,第 1350 頁。楊伯峻:《春秋左傳注》,第 1209 頁。

(三)《左傳》引詩反映"隨境釋義"特色舉隅

　　成公八年《左傳》記晉大夫韓穿至魯，要求將"汶陽之田，歸之于齊"。魯大夫季文子私與韓穿言，謂汶陽之田本魯國舊地，魯成公二年晉於鞌之戰勝齊，乃命其還魯。季氏引《毛詩·衛風·氓》"女也不爽，士貳其行。士也罔極，二三其德"。孔穎達《毛詩正義》釋此句云："我心於汝男子也，不爲差貳，而士何謂二三其行於己也？"①簡言之，即如《左傳注》所述，"女方毫無過失，始終如一；男方行爲則有過錯"。季氏藉與韓穿對話之語境而引用《氓》之該段，《左傳注》謂"以'女'比魯，以'士'比晉"。② 季氏巧妙轉化詩意，喻魯爲"不爽"之"女"而晉是"貳其行"且"二三其德"之"士"，貼合詩句與對話語境。季氏又言自魯成公二年至魯成公八年之七年間，"一與一奪，二三孰甚焉？ 士之二三，猶喪妃耦，而況霸主？"(第445頁)季氏緣詩而發，強調"士之二三"將失嘉偶；霸主晉國若"二三"，"其何以長有諸侯乎？"(第445頁)充分體現對晉"二三其德"作爲之不滿。然季氏深知，即使晉對魯予取予求，面對霸主亦無可奈何。

　　因上述語氣頗爲強烈，爲不致開罪強國，季氏話鋒一轉而另引《毛詩·大雅·板》"猶之未遠，是用大簡"。此句今本《毛詩》作"猶之未遠，是用大諫"。毛《傳》曰："猶，圖也。"鄭玄《箋》云："王之謀不能圖遠，是故我大諫王也。"③季氏引《板》而言"懼晉之不遠猶而失諸侯也，是以敢私言之"(第445頁)。強調前述"士也罔極，二三其德"之詞，乃憂晉未能遠圖而失諸侯，故以"私言"方式"大諫"之。季氏"遠猶"之詞呼應《板》"猶之未遠"，"私言"對應"是用大簡"，是化用詩句内容。《會箋》云"'大簡'猶強諫也，非用大道之謂也，此句與是以'敢私言之'相照。季文子欲大諫之而不敢，借詩以表己志"，④此見可從。季氏此句直用詩意，雖未見"隨境釋義"特點，因與上述引用《氓》聯繫而須予一并説明。總而言之，第二小節與本小節所引《左傳》賦詩與引詩之記載，可證春秋時人廣泛運用"隨境釋義"之辭令特色。

(四)《左傳》占《易》概述

　　《左傳》除常見賦詩、引詩之例，記載《易》之内容亦有19則，其中引《易》者6則，

---

① (漢)毛亨傳，(漢)鄭玄箋，(唐)孔穎達正義：《毛詩注疏》，第135—136頁。

② 楊伯峻：《春秋左傳注》，第837頁。

③ (漢)毛亨傳，(漢)鄭玄箋，(唐)孔穎達正義：《毛詩注疏》，第632頁。

④ ［日］竹添光鴻：《左傳會箋》，第858頁。

占《易》者 13 則，[①]涉及婚嫁、生子、出仕、立君、戰争等事務。19 則中與晉相關者有
5 則、魯國 4 則，秦、齊、衛、陳各 1 則。賴貴三先生分析《左傳》占《易》有廣徵博引之
特點，“卦畫、卦象、卦德的演繹輕鬆自如，游刃有餘；充分反映春秋時期卜筮盛行的
客觀現實及卜筮對社會生活的影響”。益爲重要者爲，《左傳》所載春秋時人占
《易》，“都是針對當時正在進行中的現實事件加以解讀，故需從動態的變化中著力
解析”。[②] 換言之，占《易》所得卦爻辭吉凶狀況，須依“決疑”之事件與人物等條件而
闡釋，[③]亦即反映本文所論“隨境釋義”之辭令特色。鄭吉雄先生指出，《易傳》發輝
《易》理方式乃遵循字義衍繹之規律，即“取《易經》一字一詞，加以發揮、演繹，創造
新的義理”。[④]《易傳》此項特點可徵諸《左傳》占《易》記載，足證此法於春秋時代已
廣爲流行。[⑤] 以下舉《左傳》占《易》記載一則，此例涉及第二節與第三節所論“忠”
“義”之主題，正可彼此聯繫。

（五）《左傳》占《易》反映“隨境釋義”特色舉隅

昭公十二年《左傳》載魯大夫季氏家臣南蒯欲叛其主，南蒯枚筮而得《坤》之
《比》，爻辭曰“黄裳元吉”，南蒯以爲大吉。南蒯示魯大夫子服惠伯，惠伯認爲“忠信
之事則可，不然，必敗”（第 792 頁）。惠伯論曰：

> 　　外彊内温，忠也；和以率貞，信也，故曰“黄裳元吉”。……外内倡和爲
> 忠，率事以信爲共。（第 792 頁）

惠伯先以“忠”“信”爲綱領，直陳“忠”爲“外彊内温”而“信”是“和以率貞”。惠伯之釋乃依
南蒯筮得《坤》之《比》而解，“坎”與“坤”爲《比》之外卦與内卦。《集解》曰：“坎險，故彊；坤
順，故温。彊而能温，所以爲忠。”（第 792 頁）《集解》釋“坎”爲“險”，係依《周易·説卦》
“坎，陷也”之説。孔穎達《周易正義》云：“坎象水，水處險陷，故爲陷也。”又《周易·坎·

---

① 袁玉琦：《簡析〈易〉對春秋時期人與社會的作用——以〈左傳〉引〈易〉爲例》，《青年文學家》2020 年第
18 期，第 78—80 頁。

② 賴貴三：《〈左傳〉記載〈易〉學占例經史文學叙事析論》，張濤主編《周易文化研究》第 9 輯，北京：社會
科學文獻出版社，2017 年，第 58—79 頁。

③ 桓公十一年《左傳》“卜以決疑。不疑，何卜？”（第 122 頁）《會箋》曰“此八字爲卜筮定論”，見［日］竹
添光鴻：《左傳會箋》，第 169 頁。夏含夷認爲“占卜就是爲了‘決疑’”，見［美］夏含夷著，蔣文譯：
《〈周易〉的起源及早期演變》，上海：上海古籍出版社，2022 年，第 58 頁。

④ 鄭吉雄：《從卦爻辭字義的演繹論〈易傳〉對〈易經〉的詮釋》，《漢學研究》第 24 卷第 1 期，第 1—33 頁。

⑤ 張靜：《從〈左傳〉和〈易傳〉的解〈易〉模式看〈易〉象的生成——兼論經傳關係》，《周易研究》2010 年第
3 期，第 46—53 頁。

象》曰"習坎，重險也"，王弼與韓康伯《注》言："坎以險爲用，故特名曰重險。"①《集解》釋"坎"曰"險"，《正義》闡發云"坎有險難，故爲剛彊也"（第792頁），然遭遇險難與"剛彊"未有必然關係。《會箋》則曰"譬如忠告、忠諫，或至犯顔，亦唯欲玉女之心也"，②謂"外彊"如犯顔之諫之事，又有過度推衍之嫌。二説與"忠"之核心概念懸遠，皆有待商榷。

　　實則"坎"之象非唯"險"，《周易·説卦》曰"坎"乃"勞卦也，萬物之所歸也，故曰'勞乎坎'"，③是"坎"亦有"勞"義。此"彊"當讀上聲，《爾雅·釋詁》"勞、來、彊、事、謂、剪、篞，勤也"，④知"勞""彊"皆具"勤"義。由是則"外彊內溫"之"彊"當釋"勞"，不僅不違"坎"之所象，且符應惠伯後文所述。《集解》言"坤順，故溫"，亦援《周易·説卦》"坤，順也"之詞，⑤引申有溫順之意。惠伯依南蒯所占《坤》之《比》而論，因《比》之外卦爲"坎"而內卦爲"坤"，緣此而發"外彊內溫，忠也"之文。上文已論"彊"當釋勤勞，"外彊內溫"指外能勤勞於事而內在順從溫和，頗能掌握盡心待人曰"忠"之核心概念。惠伯又云"外內倡和爲忠"，《集解》言"不相違"（第792頁）。《會箋》云"中外如貫，無所自欺也"，故《集解》乃謂"中外不相違耳"。⑥既是"外內倡和爲忠"，若依《正義》訓"彊"爲剛彊，豈能與"溫"相應而曰"外內倡和"？反觀《周易·謙》"九三，勞謙，君子有終，吉"，《象傳》云"勞謙君子，萬民服也"。⑦君子須"勞"而能"謙"，故萬民欽服。"勞"與"彊"皆勤勞義，《周易正義》釋"謙"云"謙者屈躬下物，先人後己"，⑧可符順從溫和之意。《周易》既有"勞謙"之説，可證"彊"當解作勤勞，外事勤勞而內心柔順，如是方可言"倡和"。

　　《集解》釋"和以率貞，信也"曰"水和而土安正，和、正信之本"。此處言及水與土，亦與《比》之外卦"坎"與內卦"坤"關聯。《周易·説卦》云"坤爲地"而"坎爲水"，⑨《正義》曰"水性溫和"而"土性安正"，《正義》又言"率，循也。貞，正也。用和

---

① （魏）王弼、（晋）韓康伯注，（唐）孔穎達正義：《周易注疏》，臺北：藝文印書館，1993年，據清嘉慶二十年江西南昌府學版影印，第184—185、72頁。

② ［日］竹添光鴻：《左傳會箋》，第1518頁。

③ （魏）王弼、（晋）韓康伯注，（唐）孔穎達正義：《周易注疏》，第184頁。

④ （晋）郭璞注、（宋）邢昺疏：《爾雅注疏》，第22頁。

⑤ （魏）王弼、（晋）韓康伯注，（唐）孔穎達正義：《周易注疏》，第184頁。

⑥ ［日］竹添光鴻：《左傳會箋》，第1519頁。

⑦ （魏）王弼、（晋）韓康伯注，（唐）孔穎達正義：《周易注疏》，第48頁。

⑧ （魏）王弼、（晋）韓康伯注，（唐）孔穎達正義：《周易注疏》，第47頁。

⑨ （魏）王弼、（晋）韓康伯注，（唐）孔穎達正義：《周易注疏》，第185—186頁。

柔之性以循安正道,既和且正,信之本,故爲信"(第 792 頁)。然"率貞"解作"循正",難與"信"之核心概念契合。《會箋》詮曰"東西曲直,水循之而行,信在彼我相接之間",①仍是牽强。《左傳注》言"貞,卜問也。率,行也。以和順行卜問之事,故爲信"。② "貞"有卜問之意可見哀公十七年《左傳》"衛侯貞卜"(第 1045 頁),《説文·卜部》"貞,卜問也"。③ 夏含夷先生認爲"貞""作爲占卜術語,引介言志之辭,即占卜之人希望發生的事情",④此見可從。"和以率貞"言占《易》者既知未來之事,則應和順遵循。《左傳注》之見不違原文,且符應"信"曰言行一致之核心概念,當可從之。惠伯此段議論尚論及爻辭"黄裳元吉",因與本文"忠""信"主題無涉,故節略不述。最後需探究者爲,何以惠伯特舉"忠""信"以釋南蒯筮得之卦?上文已述南蒯欲叛其主,且"其鄉人或知之"(第 792 頁)。惠伯對南蒯言"且夫《易》,不可以占險,將何事也?"《正義》謂惠伯"心疑南蒯事險,故問將何事也"(第 793 頁)。至於"險"之意,楊虎據《荀子·成相》"讒人罔極,險陂傾側此之疑",楊倞《注》"陂與詖同",言"險陂也就是險詖"。⑤ 又《毛詩·周南·卷耳》"詩序"云"内有進賢之志,而無險詖私謁之心",《毛詩正義》曰"險詖者,情實不正,譽惡爲善之辭也"。⑥ 則"不可以占險"乃言"不可以占陰險邪僻之事",⑦此指南蒯欲行叛亂。或當如《左傳注》推測,"惠伯明知而故問",⑧藉此提點南蒯莫行"險"事,故標舉"忠""信"以警之。第二節與第三節已論《左傳》與《國語》述及"忠""信"皆與治"事"關聯,南蒯任季氏之費邑宰,⑨亦有治"事"之責。惠伯誠南蒯,外能勤勞以盡家臣之職,内心温順而不叛家主,此乃"外彊内温,忠也"。惠伯又勸南蒯,須和順以循其所析貞卜結果,是爲"和以率貞,信也"。如此則符"忠""信"之德,可應爻辭"黄裳元吉"之大吉。

賴貴三先生認爲"子服惠伯的解釋確實已失去《周易》的原意,然而這正好説

---

① [日]竹添光鴻:《左傳會箋》,第 1518 頁。

② 楊伯峻:《春秋左傳注》,第 1337 頁。

③ (漢) 許慎著,(清) 段玉裁注:《説文解字注》,第 128 頁。

④ [美]夏含夷著,蔣文譯:《〈周易〉的起源及早期演變》,第 263 頁。

⑤ 楊虎:《左氏易傳輯釋》,北京:社會科學文獻出版社,2022 年,第 168 頁。

⑥ (漢) 毛亨傳,(漢) 鄭玄箋,(唐) 孔穎達正義:《毛詩注疏》,第 33 頁。

⑦ 楊虎:《左氏易傳輯釋》,第 168 頁。

⑧ 楊伯峻:《春秋左傳注》,第 1337 頁。

⑨ 昭公十二年《左傳》:"季平子立,而不禮於南蒯。南蒯謂子仲:'吾出季氏,而歸其室於公,子更其位,我以費爲公臣。'"《集解》:"蒯,南遺之子,季氏費邑宰。"(第 791 頁)

明,《左傳》筮例已不是《周易》古經的觀念了"。① 實則惠伯占《易》乃緣南蒯"決疑"之動機與所筮之爻辭而議,扣合卦象與"忠""信"核心概念,言外之意是勸阻南蒯勿叛季氏,②反映春秋時代占《易》富有"隨境釋義"特色。

(六) 小結

本節概述賦詩、引詩與占《易》之意,且自《左傳》各舉一例爲説,分別爲昭公元年《左傳》魯大夫叔孫穆子賦《鵲巢》與《采蘩》,成公八年《左傳》魯大夫季文子引《氓》,昭公十二年《左傳》魯大夫子服惠伯占《坤》之《比》,藉以説明賦詩、引詩與占《易》亦反映"隨境釋義"之辭令特色。無論以賦詩發論,或言談間引詩,抑或解析占《易》,三者均以對話形式呈現。發言者聯繫賦詩、引詩或爻辭、卦名之内容,緊扣發言者與對方之關係,藉語境轉化詩句或爻辭、卦名之意象或情境,達到重新詮釋文本之效果。

五、結　　語

春秋時人在掌握倫理詞彙核心觀念情況下,利用語境而解釋倫理詞彙,此即本文所論"隨境釋義"之辭令特色。本文以《左傳》與《國語》爲範圍,分析對話形式中涉及"忠""信"倫理詞彙之記載。"忠"之核心概念爲秉持敬肅態度而盡己之心,"信"是誠實不欺且言行一致。合論"忠""信"且涉及"隨境釋義"特色者,《左傳》有六則而《國語》有五則。春秋時人述及"忠"有"上思利民""無私""臨患不忘國""考中度衷""中能應外""除闇以應外"之意涵,"信"有"祝史正辭""不忘舊""思難不越官""制義庶孚""守節不淫""定身以行事"之陳述。若依字面則"忠""信"似有多種詮釋,實則上揭諸詞是春秋時人於掌握"忠""信"核心概念下,依不同語境而闡釋"忠""信"。童書業釋"忠""信"之關係,僅言"'忠'者必'信'……'忠信'即誠實之意,爲道德之本",③未能理解二者與治"事"之關係。經本文分析,春秋時人認爲"忠""信"是行"祀"與"戎"之"大事"者須備之態度與品德,自春秋中期以降,"忠""信"之條件又擴及外交之"事"。"隨境釋義"之辭令特色不唯於時人對話之語境以

---

① 賴貴三:《〈左傳〉記載〈易〉學占例經史文學敘事析論》,張濤主編:《周易文化研究》第 9 輯,第 58—79 頁。

② [美] 夏含夷著,蔣文譯:《〈周易〉的起源及早期演變》,第 182 頁。

③ 童書業著,童教英校訂:《春秋左傳研究(校訂本)》,第 198 頁。

釋“忠”“信”等倫理詞彙,亦可見諸賦詩、引詩與占《易》。發言者聯繫賦詩、引詩或爻辭、卦名之內容,緊扣發言者與對方之關係,藉語境轉化詩句或爻辭、卦名之意象或情境,達到重新詮釋文本之效果。總而言之,“隨境釋義”之辭令特色廣泛運用於春秋時代對話情境,透過書面文字記録於《左傳》與《國語》,使吾人了解此項標記時代風格之辭令特色。

春秋諸侯配偶等級制度的
形成與實踐

金方廷

【摘　要】　春秋時期不少諸侯國已經形成了在多名女性配偶之間界定身份高下的等級制度。根據史料記載,晋國、齊國和鄭國均在春秋中葉對君主的女性配偶進行等級上的規範,然而這種等級制度在幾個國家間的具體實踐各有不同。通過整理和考證晋、齊、鄭三國在規範多名女性配偶等級上的制度實踐,探究這一類制度的形成與發展,便能考察出後世所謂"後宫制度""后妃制度"的歷史淵源,并且比較這三個諸侯國的制度及制度產生的歷史背景,也還能看到這種界定女性配偶關係的制度與周禮文化之間的關聯。

【關鍵詞】　一夫多妻制　后妃制度　諸侯國　先秦禮制

【作者簡介】　金方廷,1988 年生,上海社會科學院文學研究所助理研究員。

　　古代王室和貴族之家皆多娶,在先秦文獻中已經有關於王室、諸侯、貴族之家營建"後宫"并迎娶大量女性配偶的記録:《墨子》載"大國拘女累千,小國累百";特别在一些大國更有"九妃六嬪,陳妾數千"的記載,其中"九""六"在傳統文獻中作爲常見虛數,説明春秋時期的諸侯畜妾數量之多。同樣,翻覽春秋、戰國時期的史料,也不難注意到各個諸侯國和貴族之家不僅妻妾成群、子女數量龐大,且這些家族内部配偶及其子女的關係往往還相當複雜。

　　對于在先秦時期是否已經形成了界定女性配偶之間等級關係的後宫制度、后妃制度,至今仍缺少足够詳盡的討論。先秦史料中關於所謂後宫制度、后妃制度最爲明確的記載見於《禮記》和《周禮》。例如《禮記·昏義》中有"古者天子后立六宫、三夫人、九嬪、二十七世婦、八十一御妻"的記載,學界一般認爲這一説法未見得如實反映了先秦時候的情況,顧頡剛很早就指出這條記載是漢儒的想象,陳東原也認爲所謂"一娶九女"之類的説法屬於後人的附會①,吕思勉先生則相信《禮記》記載的周代妃嬪數目與王莽改制有關。上述幾種觀點頗具代表性,表明學者們基本認爲《禮記》《周禮》的説法與歷史現實不符。與此同時學者對於後宮制度、后妃制度的研究也往往以秦漢爲起始點②,相比之下對先秦時期貴族家庭内部的配偶等級制度的詳細考證則涉足較少③。

或許對於後世稱之爲"後宮制度"或"后妃制度"的配偶等級制度而言,春秋時期才是這種制度規範重要的成型期④。事實上一些春秋史料反映出當時的一些諸侯國已經開始進行後宮制度的改革。這種制度的形成與發展體現出春秋時期的諸侯國婚姻在觀念和原則上已經不同於西周時期的常態。根據考古和出土材料,曾有學者指出西周時期周人夫婦之道是一種"生則同祭、死則同享"的"夫婦一體"的關係⑤,然而這種强調"夫婦一體"觀念到了春秋的諸侯國却顯得相當淡薄,儘管春秋時期仍舊認爲行"嫡庶之別"是周人傳統禮制的重要部分,但是這種"嫡庶"的區分在春秋時期日益遭到來自各方面的衝擊和威脅。這種大方向上的變化使得春秋時期諸侯婚姻關係與西周呈現出許多不同的面目,而且這種演變正是從貴族之家的内部開始發生的。

在這樣的背景下來看春秋時期各諸侯國内部的妻妾等級制度,就需要看到不同諸侯國對女性配偶等級制度的建構采取了不同的方式。類似制度在現存材料中記載較爲豐富的主要有晉國、齊國及鄭國,而這三個國家的宗室對妻妾等級排列的

---

① 姚曉菡:《秦漢後宮制度及后妃概況述論》,西北大學碩士論文,2006年,第3頁。

② 例如朱子彦:《秦漢後宮制度述論》,《學術月刊》2000年第6期,第81—87頁;姚曉菡:《秦漢後宮制度及后妃概況述論》,西北大學碩士論文,2006年。

③ 例如專門研究古代後宮制度的專著《後宮制度研究》一書儘管專闢一章討論"妃嬪、女官與後宮管理機構",但是對先秦時期尤其是周代的狀況交代較爲簡略。參見朱子彦:《後宮制度研究》,上海:華東師範大學出版社,1998年,第45—54頁。也有用哲學角度專門探討《禮記》記載的後宮制度的研究,其中關注的是古代後宮制度存在的"需要",參見劉錦山:《用歷史唯物主義觀點看待文化傳統——從〈禮記〉中後宮制度的根據談起》,《長江論壇》2009年第2期,第12—16頁。

④ 李愽可能是比較早注意到這個問題的學者,在其專著《中國婚姻法文化考論》中,曾經討論到戰國時期妻妾"等級結構名色的變化",可參考李愽:《中國婚姻法文化考論》,哈爾濱:黑龍江大學出版社,2012年,第143—144頁。

⑤ [日]豐田久:《西周金文に見える"家"について——婦人の婚姻そして祖先神領地や軍事など》,《論集:中國古代の文字と文化》,東京:汲古書院,1999年,第137—138、151—152頁。

做法却又各不相同。值得注意的是,儘管各國實行配偶等級排列的方式不同,但這種等級的排列却無一例外均和君位的繼承次序有一定關聯。下面就對這幾個諸侯國的後宫制度進行觀察和比較,從中對春秋時期後宫制度的"建構"或"重構"進行論述。

一、晋國:晋文公配偶的等級排列

晋國在春秋時期締結婚姻關係的取向在諸侯國中獨樹一幟。與其他一些自西周時期已經維持著"世婚"關係的諸侯國不同,晋國由於内亂的緣故,一直到晋惠公和晋文公兩代與秦國通婚并逐漸形成"秦晋之好"時,晋國宗室才開始擁有了能够與之世代通婚的對象①,但實際上到文公一世,迎娶的女性除了秦女之外,還有不少出身戎狄的女性,并且這些女性在晋國宗室内實際存在著高下等級的區分。《左傳》記載了晋襄公去世之後,因太子年幼而晋人以"欲立長君",晋國内部在討論繼嗣者選擇公子雍或公子樂時,趙孟就特別提到了公子樂之母辰嬴的後宫地位尤爲低下:

> 辰嬴賤,班在九人,其子何震之有?且爲二〔君〕嬖,淫也。爲先君子,不能求大而出在小國,辟也。母淫子辟,無威;陳小而遠,無援,將何安焉?杜祁以君故,讓偪姞而上之;以狄故,讓季隗而己次之,故班在四。先君是以愛其子,而仕諸秦,爲亞卿焉。秦大而近,足以爲援;母義子愛,足以威民。立之,不亦可乎?②

從上述這段描述中,可知晋文公的衆多配偶在宗室内部存在著一個等級分明的序列。只不過晋文公時期對後宫妻妾秩序的規劃看起來是一種比較簡單的高低排序③。并且這一秩序的依據不是嫁入晋室的先後次序,反而應當看成一種關乎繼嗣

---

① 筆者曾對春秋早期晋國的通婚情況進行系統討論,可參金方廷:《兩周之際諸侯國的通婚狀況——以齊、晋、鄭爲典型案例》,第二屆青年學者會議,香港浸會大學孫少文伉儷人文中國研究所,2016 年 5 月。

② 楊伯峻:《春秋左傳注》,北京:中華書局,2009 年,第 551 頁。

③ 禮書所載這類金字塔形的妻妾等級秩序,有點類似後來的爵位制度,到了戰國時代,諸侯王妻妾的名位逐漸走向"爵位化",而同等爵位之中還有高下等級的排位,而禮書中的類似記載,當與戰國時代的制度有關。筆者認爲這種類似爵位的妻妾等級制度,應當在春秋時期已經在一些諸侯國中開始實行了。李愓:《中國婚姻法文化考論》,第 144 頁。

次序的政治秩序①,也就是説,晋國宗室内的女性在配偶中的地位在很大程度上可以影響到其子在整個宗室繼承次序當中的排位。這也是爲何在談及誰能接替襄公即位時,晋國的重臣趙孟首先追溯的是諸位公子之母在宗室内的身份等級,其次再考慮這些公子身處的邦國可否作爲其登基後的外援。在綜合考慮了母親的地位、母親的性情品格及公子的外援國之後②,趙孟進而提出,較之辰嬴之子"無威""無援"的尴尬境地,杜祁之子更適宜成爲下一任晋公。因而結合趙孟的整段論述來看,這一時期晋國固然仍没有放棄嫡、庶之分,但是當嫡子一脉缺少適當的繼承人時,如果想要從諸多庶子中選取合適的君主,就必須對庶子的母親乃至母家進行考慮。

根據現有材料甚或還能對晋文公的後宫情況進行一定程度的復原。《左傳》文公六年傳在談到晋文公"後宫"時僅提及六位女性,而所謂辰嬴"班在九人",則可知晋文公的後宫當中最少有九位"有身份的女性"。《左傳》中的這段引文本意並不在於叙述晋文公配偶的狀況,不難看到趙孟在説這段話時,心中似已屬意讓杜祁之子公子雍繼位,是故此處只是叙述了杜祁之前的排序——一方面交待了何以杜祁排位第四的原由,另一方面趙孟還試圖通過這一交待表現杜祁之"義",因而這段叙述的實際用意在於凸顯公子雍母子"母義子愛,足以威民"的品質。

然而輔以其他史料爲佐證,此處仍有可能還原出晋文公後宫中的基本狀況:嫡妻文嬴當居後宫之首;其次由於晋襄公的生母爲偪姞,依據"子以母貴,母以子貴"的原則③,偪姞在後宫中位列文嬴之後排第二;季隗爲重耳居狄時所納,因其出身戎狄的身份,而居於杜祁之前位列第三。除此之外,考慮到重耳避難到秦,"秦伯納女

---

① 可參 Malvin P. Thatcher, "Marriage of the Ruling Elite in the Spring and Autumn Period", Rubie S. Watson & Patricia B. Ebrey edt, *Marriage and Inequality in Chinese Society*. Oxford: University of California Press, 1991, pp.33 - 34.這一秩序還可結合文公同時代的趙衰家中的情況來看,《左傳》僖公二十四年傳云:"狄人歸季隗于晋,而請其二子。文公妻趙衰,生原同、屏括、(搜)〔樓〕嬰。趙姬請逆盾與其母,子餘辭。姬曰:'得寵而忘舊,何以使人?必逆之!'固請,許之。來,以盾爲才,固請于公,以爲嫡子,而使其三子下之;以叔隗爲内子,而己下之。"在這裏,趙衰娶了晋室之女,而趙姬却以不可忘舊爲由,强行要求趙衰迎回趙盾及叔隗,並且趙姬要求自己在地位上身居叔隗之後。但這一做法其實也影響了趙氏内部的繼嗣次序,即"以盾爲才,固請于公,以爲嫡子,而使其三子下之"。這説明晋國一些權貴家庭也存在著通過界定母親身份高低決定繼嗣的情況。

② 此處論及外援國尤須注意秦國對晋國政治的影響,如趙孟在推舉公子雍時,就提到:"好善而長,先君愛之,且近於秦。秦,舊好也。置善則固,事長則順,立愛則孝,結舊則安。爲難故,故欲立長君。"而賈季推舉公子樂,未嘗不是在意公子樂其母爲秦女的出身。

③ (清)阮元校刻:《十三經注疏·春秋公羊傳注疏》,北京:中華書局,1980 年,第 2197 頁。

五人",則除去嫡妻文嬴和媵女辰嬴外,還應當有三位已不知其姓名的秦女,却正可補上引文所没有提到的另外三人①。另外已知晋成公爲文公和某位周女之子,則成公之母很可能也排在這一序列當中(詳見下表)。在跟隨文嬴一同陪嫁的媵女當中,辰嬴很可能因再嫁的身份而在晋文公的配偶當中排位尤其低②,這一點亦可從她擔任婚禮時"奉匜沃盥"的情形得到證明③。

表一　晋文公後宫排位表

排　序	1	2	3	4	5	6	7	8	9
女子稱名	文嬴	偪姞	季隗	杜祁	周女	(秦女)	(秦女)	(秦女)	辰嬴

二、齊國：齊桓公時期有階等的配偶序列

春秋時期除了晋文公之外,齊桓公的妻妾也有著一定排位次序的④。齊桓公因"好内"而擁有人數衆多的配偶,而這些人數衆多的配偶居住受到"女閭"制度的監管。關於齊國設立的"女閭"制度見於《戰國策》"周文君免士工師藉"條:"齊桓公宫中七市,女閭七百,國人非之。管仲故爲三歸之家,以掩桓公,非自傷於民也?"⑤以往一般將這一制度視爲後世娼妓制度的淵源,但正如俞正燮早已指出的那樣:"説者謂始于管子'女閭',實則天地間有此一事,非由人製創始也。"⑥其説甚辯。也有一種説法,認爲"女閭"更像是一種界定和安排後宫的制度。鮑彪《戰國策》注:"閭,

① 但筆者的這一排序仍舊有未盡完滿之處,在這一序列中并没有安插進齊桓公嫁予文公的齊女。清人俞正燮在排列晋夫人次序時,認爲其排布次序依據嫁入晋室的先後次序,認爲齊姜當排在第五,後面則是另外三位秦女,與筆者所排次序相當:"以序推之,齊姜在五,秦女三人亦媵也,其在六七八歟?"可參俞正燮:《癸巳存稿》,新世紀萬有文庫,沈陽:遼寧出版社,2003 年,第 193 頁。

② 此事詳見《左傳》僖公二十三年傳:"秦伯納女五人,懷嬴與焉。"此時稱"懷嬴",示意其曾嫁予晋懷公,後又稱爲"辰嬴"。

③ 見同上。崔明德指出,同時嫁給重耳的五位秦女身份有很大差距,其中辰嬴在這一婚姻當中,本質上是妾。見崔明德:《先秦政治婚姻》,濟南:山東大學出版社,2004 年,第 158 頁。

④ 齊國公族内部的妻妾排位方式與晋國不同,李衡認爲齊國主要是一種"名位加排位"的等級結構,而晋國則是"以位次定名位"。可參李衡:《中國婚姻法文化考論》,第 143 頁。

⑤ (漢)劉向集録,范雍祥箋證:《戰國策箋證》,第 33—34 頁。

⑥ (清)俞正燮:《癸巳存稿》卷十四,第 449 頁。

里中門也，爲門、爲市於宮中，使女子居之。"又因爲《戰國策》提到這一制度時，特爲指出"管仲故爲三歸之家，以掩桓公，非自傷於民也?"①范雍祥認爲"七市"當爲"七帀"，并指出："此言'宮中七帀'，猶宮中服夫人之服者七人，内寵省也。"②此説可從。可是如果認爲"三歸之家"指代"三位夫人"的話，③那麽管仲通過這一行爲想要掩蓋的齊桓公的"醜行"則也應該説的是齊桓公"多内寵"一事。在這一語境下，"女閭"的記載正説明了齊桓公的宮中有著數量衆多的女性。歷史上關於齊桓公配偶記載最詳者莫過於下面這段話：

> 齊侯之夫人三，王姬、徐嬴、蔡姬，皆無子。齊侯好内，多内寵，内嬖如
> 夫人者六人：長衛姬，生武孟；少衛姬，生惠公；鄭姬，生孝公；葛嬴，生昭
> 公；密姬，生懿公；宋華子，生公子雍。④

由此可知齊桓公配偶的妻妾等級秩序與晉國的情況不同，它固然也是一種政治排序，却不是像晉國那樣單綫的高低次序，而呈現爲一種階梯式的等級制，也就是説在區分出固定幾個等級之後，又每個等級都安排了數名地位相當的女性：先有"夫人"三人，次爲"如夫人"六人（格局詳見左圖所示）。并且占據"夫人"這一位置的女性雖然地位很高却都無子嗣，反而"如夫人"無一例外都有子嗣。這一情況或許表明，在齊國"夫人"和"如夫人"這兩種身份的獲取方式是不同的，與"夫人"的稱號相比，"如夫人"更像是一種"母以子貴"原則下賜予女性的稱號。

圖一　齊桓公配偶等級
結構圖示

當然史書中的記載還遺留下許多問題，在此先不去關心"夫人"三人是同時存在還是先後迎娶的⑤，也暫且不討論"夫人""如夫人"這一稱謂本身

---

① （漢）劉向集録，范雍祥箋證：《戰國策箋證》，第 33—34 頁。
② （漢）劉向集録，范雍祥箋證：《戰國策箋證》，第 35—36 頁。
③ 確實有一種説法認爲"三歸"就是"三娶"，古代稱女子出嫁爲"歸"。可録梁章鉅在《制義叢話》中的説法："又曰：三歸者，娶三姓也，如衛宣之娶齊女，而先築新臺；比魯莊之娶孟任，而先臨黨氏。管氏蓋逞女閭之私智，以廣爲聲色之娱，事成而名若揭之，未可知也。"（清）梁章鉅：《制義叢話》卷二十一，清咸豐九年刻本。
④ 楊伯峻：《春秋左傳注》，第 373 頁。
⑤ 畢竟齊桓公年壽不短，哪怕"夫人"僅僅在此意味著"嫡妻"，那麽一生中先後擁有多位夫人也是合情合理的。

的意涵，僅就文獻中論及的這一配偶等級秩序的結構性安排來看，齊國"後宫"排序的突出特點莫過於每個等級當中的女性人數均爲"三"或"三"的倍數，因而從整體上呈現爲一種極有規律的設計。齊桓公時期的配偶等級制度可以説是春秋時期妻妾配偶等級高度完備的現實例證。

　　這一結構不難讓人聯想到禮書所描述的天子和諸侯的后妃制度。《禮記·曲禮下》中有如是記載："公、侯有夫人，有世婦，有妻，有妾。"對這一後宫秩序描述最爲完備的當屬《禮記·昏義》：

　　　　古者天子后立六宫、三夫人、九嬪、二十七世婦、八十一御妻，以聽天下之内治，以明章婦順；故天下内和而家理。天子立六官、三公、九卿、二十七大夫、八十一元士，以聽天下之外治，以明章天下之男教；故外和而國治。①

《禮記·昏義》中所列出的後宫女性稱謂中，"九嬪""世婦"及"御妻"還見於《周禮·叙官》，然而在《周禮》中却少了"三夫人"這一層級。王引之《經義述聞》"《叙官》有九嬪以下無三夫人"一條，特爲指出《禮記》與《周禮》所載有異，王氏引用《周禮·大祭祀》《内小臣》《内司服》及《追師》諸篇論證，"若有其人，則祭祀賓客喪紀皆當從后而與其事，何以獨無夫人之禮事乎？……然則《周禮》無三夫人明矣"，②這是本於《周禮》之内證，表明《周禮》的官制系統中不存在"三夫人"；進而又根據《周語》《魯語》等文獻證明，其他先秦文獻"皆言九嬪而不及夫人，與《周禮》同"。③ 關於如何解釋《禮記》與《周禮》記載的差異，王氏認爲"解者各如其本書以説之可矣，必欲合以爲一，則治絲而棼之也"，這表明他對於歷代注疏皆急於調和兩種文獻之間的矛盾是很不以爲然的。④ 然而他也没有給出解决這一問題的辦法。

　　不過從我們上文所關注的視角來看這一

圖二　《禮記·昏義》所載
天子後宫結構圖示

①　(清) 孫希旦：《禮記集解》，北京：中華書局，1989 年，第 1422 頁。

②　(清) 王引之：《經義述聞》，收入朱維錚主編：《中國經學史基本叢書》(第 5 册)，上海：上海書店出版社，2012 年，第 200 頁。

③　(清) 王引之：《經義述聞》，收入朱維錚主編：《中國經學史基本叢書》(第 5 册)，第 200 頁。

④　無獨有偶，孫詒讓在《周禮正義》中也指出，所謂《周禮》内官之秩次皆與《禮記·昏義》"有不能强合者"。可參(清) 孫詒讓：《周禮正義》，北京：中華書局，1987 年，第 51 頁。

問題,却可以看到《禮記·昏義》所給出的這一女性配偶的等級排列在數字上呈現爲一個整齊而又不斷遞增的數列,而對不同層級女性人數的規定反而不見於《周禮》的系統。事實上《周禮》中所言及的"九嬪"未必同於《禮記》,《周禮》中的"九嬪"一名并不突出"九"這一序數,而更像是以"九"爲虛指,①但反觀《禮記·昏義》的天子后妃序列則無論如何都只能將"九"理解爲"三(夫人)""二十七(世婦)""八十一(御妻)"這一遞增序列的中間數。從這個角度看,"九嬪"連同"世婦""御妻"很可能都是沿用已久的稱謂,"三夫人"在《昏義》系統中之所以有其存在的必要性,就在於"三"這個數字正巧可以滿足數字序列的遞增排布。

不過也正因爲《昏義》中的這一排列在數字上過於整齊,很容易讓人懷疑古制是否可能恪守三、九、二十七、八十一這樣精確的數列來安排天子的后妃人選,更何況這一安排實際對應於天子治國的官爵等級:"天子立六官、三公、九卿、二十七大夫、八十一元士,以聽天下之外治,以明章天下之男教;故外和而國治。"但更有意思的是,無論是齊桓公配偶的身份等級制度還是《禮記·昏義》所聲稱的天子後宮秩序,二者的形態均同古代的爵位等級制度相仿。清人金鶚《求古録禮説》一書收入一篇"天子世婦女御考",特辨析《禮記·昏義》中的這一記載與《王制》所載之官制的關係,并特斥這一秩序建構尤其不可信之處:

> 此説蓋以《王制》言天子三公、九卿、二十七大夫、八十一元士,后之設官,當與之準,故有百二十人之數。然《王制》所言亦未可信,《周官》六官之屬合三百六十,以法周天之度,其人數更不止此,豈止百二十人耶?②

這帶給我們的啓示是,此類相似制度的形成及其在史料中的體現或許可以類比閻步克先生對《周禮》冕服制度的觀察,他將《周禮》中對這一制度的記載視作一種制度性的"建構",并指出:

> "建構"并不是憑空進行的。從人類學和社會學的角度看,結構性的東西不會無因而生。《周禮》六冕的等級架構與運用規則呈現爲一個結構,其君臣通用和"如王之服"的特徵,也一定有某種我們尚不明確的結構

---

① 參考《考工記》的説法,"内有九室,九嬪居之",從宮室的營造上看,除了王后之外便只有九嬪。《國語》中"内官不過九御",韋昭注曰"九御,九嬪"。也有學者提出"九嬪"這個稱謂可能有其現實依據,漢代的皇帝後宮往往不過十餘人,這表明周代天子后妃之制"似以九人爲近"。(清)黄以周:《禮書通故》,北京:中華書局,2007年,第274頁。錢玄之説同於黄以周,見錢玄:《三禮通論》,南京:南京師範大學出版社,1996年,第586頁。

② (清)金鶚:《求古録禮説》卷二,清光緒二年孫熹刻本。

性來源。①

當然要清楚地追溯古代女性配偶等級秩序的"結構性來源"恐怕就要超出本文的論
題範圍了,但至少可以從史料的對比當中勾勒出這一傳統制度的某種現實淵源所
在。禮書中這種依據三、六、九爲界加以排序的方式無疑同齊桓公時期的配偶等級
安置方式具有高度相似性。然而無論是後宮的人數還是等級的複雜程度,齊桓公
時期的實踐都遠遠比不上《禮記・昏義》中的描述。即便如此,將齊國的後宮排序
方法視作禮書中所載的那種後宮秩序的雛形,抑或是類似制度在特定歷史時期的
實踐,我想是完全合理的。簡單歸納一下二者的共性,可以看到:除了以"三"的倍
數規定每一等級的人數并呈現爲遞增的趨勢外,它們都屬於同一類金字塔形的結
構,於是層級與層級之間等級分明。這意味著齊國在春秋時期的配偶等級秩序設
計,同禮書中的這一後宮等級秩序的構想,所依據的是同一種制度設計的原則。

　　齊國實行的這一"後宮"的等級制度與晋文公時代對妻妾等級的安排顯然所遵
循的是兩種不同的制度設計原則。固然這兩種制度的意圖都是要爲王侯貴族整齊
多位配偶之間的秩序,以避免可能發生的爭奪和亂象,但兩個國家在具體的安排和
做法上又很不相同。表面上看,晋國的這種只論高下、不分階等的安排未免顯得有
些粗糙,不同身份的女性(如姪娣、媵)在同一平面上僅僅單綫地依據高低排列。但
是看到齊國這裏則明顯是一種更加精細化了的等級分布,所有文獻中提到的諸位
齊桓公的后妃都是出身較好、身份顯赫的女性。至於所謂"如夫人"固然是妾室的
稱謂,正所謂"後世稱人之妾爲如夫人,本此也",②然而這一稱呼實際非常曖昧,大
有欲蓋彌彰的味道。從這些女性的出身來看,她們都是屬於"外有大援"的女子,所
以《左傳》記載"管仲卒,五公子皆求立",③這表明齊桓公時期施行的這一整齊的配
偶等級制度從根本上并不能消弭或減弱公子的爭嫡之心。由此亦可以看出齊國的
配偶秩序與晋國的另一個差別在於,誕生於"如夫人"這一等級的公子在即位的爭
奪當中仍處於較爲有利的地位(特別是當"夫人"都未曾生子的時候),而之所以如
此的關鍵就在於"如夫人"這一層級之下的、出身寒微的媵妾之子或許早已被排除
在了繼嗣的考慮之外,一國內部的權力爭奪主要發生在這些擁有册命"身份"的女
性及其子之間。所以儘管齊國的配偶等級制度看起來要嚴密得多,却未必能够很

① 閻步克:《官階與服等》,上海:復旦大學出版社,2010 年,第 77 頁。
② 趙翼《陔餘叢考》"如夫人、小妻、傍妻、下妻、少妻、庶妻"一條。(清)趙翼:《陔餘叢考》,石家莊:河北
　　人民出版社,1990 年,第 653 頁。
③ 楊伯峻:《春秋左傳注》,第 375 頁。

好地防止或減少公室內部圍繞繼嗣權所展開的爭奪。

三、鄭國：鄭文公、鄭穆公 兩代的配偶排序

除了晉國和齊國外另一個值得專門探討的國家是鄭國。鄭國自鄭莊公以下的數位君主其子嗣數量均相當可觀，①以至於鄭國時常因群公子內訌而陷於政治混亂的局面。歷任鄭公均都存在著"多娶"的情況，可惜有關這些配偶的記載卻非常有限，例如鄭莊公雖然有子十二人，但關於鄭莊公的配偶現在僅知有鄧嫚及雍姞，但顯然鄭莊公的配偶還有更多不知其名的女子。

又比如《史記·鄭世家》提及鄭文公曾經有"三夫人"：

> 初，鄭文公有三夫人，寵子五人，皆以罪蚤死。公怒，溉逐群公子。② 子蘭奔晉，從晉文公圍鄭。時蘭事晉文公甚謹，愛幸之，乃私於晉，以求入鄭爲太子。③

此處"三夫人"的具體所指并不明確。到底"三夫人"指的是鄭文公先後有三位"夫人"，還是説鄭文公如齊桓公那樣曾經爲配偶設立了"三夫人"的等級，史書中没有給出清楚的回答。不過歷史上鄭文公確實擁有一個龐大的後宫，其規模堪比齊桓和晉文。由於鄭文公擁有諸多配偶，此事還招致後人的評論，如清人劉寶楠在作《論語正義》時曾就"管仲有三歸"一事特爲評價春秋諸侯多妻，其中就以鄭文公爲特例：

> 鄭文公娶於芈、姜、江、蘇，及魯文二妃，齊桓三夫人諸文説之，則皆列國驕淫之事，多娶異姓，與"諸侯不再娶"之禮相違，故左氏備文譏之，不得援以説昏制也。④

劉寶楠因持"諸侯不再娶"之見而認爲這些記載都是非禮的行爲。當然拿春秋時期諸侯國君的"多娶"與西周時期諸侯國大體保持著"夫婦一體"的婚姻狀態相比確實

---

① 例如《左傳》莊公十四年曾提到，鄭莊公之子子忽、子突、子亹及子儀均已過世，然而"莊公之子猶有八人"。楊伯峻：《春秋左傳注》，第 198 頁。

② 參梁玉繩《史記質疑》，有一種觀點(徐廣)認爲"公怒，溉逐群公子"一句可斷作"公怒溉，逐群公子"，又言"溉，一作瑕是也，即子瑕"。(清) 梁玉繩：《史記質疑》卷二十三，清廣雅書局叢書本。

③ (漢) 司馬遷：《史記》，北京：中華書局，1959 年，第 1766 頁。

④ (清) 劉寶楠：《論語正義》，北京：中華書局，1990 年。

是有了很大的變化，但關鍵在於解釋爲何會出現這種變化，而不能僅僅停留在分辨哪一種制度更合乎禮儀的要求。現將鄭文公的婚配録於下：

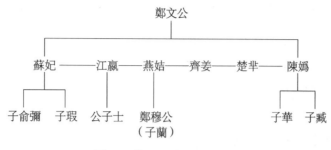

圖三　鄭文公婚配世系表

這些配偶中不少人都爲鄭文公誕下子女，這使得鄭文公選立繼嗣者時出現了很大的問題。《史記》對這一問題的描述强調的是鄭文公所寵愛的兒子皆早死，最終"群公子"中的子蘭憑藉著依附晉國才得以繼位。《左傳》中對於這一事件的記載詳見於《左傳》宣公三年傳：

> 文公報鄭子之妃曰陳媯，生子華、子臧。子臧得罪而出。誘子華而殺之南里，使盜殺子臧於陳、宋之間。又娶于江，生公子士。朝于楚，楚人酖之，及葉而死。又娶于蘇，生子瑕、子俞彌。俞彌早卒。洩駕惡瑕，文公亦惡之，故不立也。公逐群公子，公子蘭奔晉，從晉文公伐鄭。①

關於這段記載首先需要討論的是，上文所叙與《史記》提到的"三夫人"到底有無關係。楊伯峻在注釋當中提到過去普遍將《史記》所言"三夫人"視作《左傳》文中次序言及的陳媯、江嬴及蘇妃，而"寵子五人"則爲文中列出的子華、子臧、公子士、子瑕及子俞彌②。楊氏認爲此説有不合理之處，稱"此五人子則是矣，寵則未也。且'皆蚤死'不確"。③ 仔細審讀這一段話，不難看出《左傳》叙述中提到的這幾位公子恰恰是不受鄭文公所寵愛而最終被他逐出鄭國的"群公子"。實際上，這裏非但不能將《史記》提到的"寵子五人"與《左傳》言及的五位公子一一對應，在確定"三夫人"的身份上也是如此。《左傳》僖公二十二年傳中，已經明確地提到鄭文公的兩位夫人

---

① 見楊伯峻：《春秋左傳注》，第 674 頁。

② 見楊伯峻：《春秋左傳注》，第 674 頁。

③ 見楊伯峻：《春秋左傳注》，第 674 頁。

"芈氏"和"姜氏"：

> 丙子晨，鄭文夫人芈氏、姜氏勞楚子於柯澤。楚子使師縉示之俘馘。
>
> 君子曰："非禮也。婦人送迎不出門，見兄弟不逾閾，戎事不邇女器。"①

此處比較肯定的是"芈氏"爲楚國芈姓女子，而且後文還稱這位女子爲"文芈"，②携上了鄭文公的號，説明鄭文公有一位來自楚國的夫人。至於另一位夫人"姜氏"一般認爲是齊女。既然鄭文公曾同時有兩位夫人，正可證明鄭國的"三夫人"更可能是一種類似品階的稱號，與齊桓公的"三夫人"之稱相類。這意味著鄭文公配偶當中可以同時有三名女性被冠以"夫人"之位，如此一來就不難理解鄭文公多次從他國娶女的做法了，很有可能鄭文公先後"娶于江"和"娶于蘇"都是爲了填補"三夫人"這一位階的空缺。

從上述記載來看，鄭國在當時應該具備了配偶等級制度的雛形，但是鄭國實行的等級制度其形態究竟如何，上文列舉的材料無法透露更多與此相關的信息。不過到了鄭文公的下一代，也即其子鄭穆公時，已經有證據表明鄭穆公的配偶在等級排序上是相當嚴密的：

> 子然、子孔，宋子之子也；士子孔，圭嬀之子也。圭嬀之班亞宋子，而相親也；二"子孔"亦相親也。僖之四年，子然卒；簡之元年，士子孔卒。司徒孔實相子革、子良之室，三室如一，故及於難。子革、子良出奔楚。子革爲右尹。鄭人使子展當國，子西聽政，立子産爲卿。③

這段記載出自《左傳》襄公十九年傳，其本意是爲了交待鄭國子孔專政的背景。所謂"圭嬀之班亞宋子，而相親也"，這句話的意思是説，由於子然、子孔之母宋子與圭嬀在鄭穆公的配偶當中排位相次，於是兩位女性的關係很親密，使得二人所生育的孩子(二"子孔")之間的關係也很親密。這是造成後來子孔、子良、子革雖分爲三室，其政同出於子孔一人之手的根源，之後這三室合力成爲鄭國內部政治紛爭中的一股勢力。

從這一記載中至少有兩個方面尤其值得關注：首先"圭嬀之班亞宋子"的記録表明鄭穆公的配偶之間有著清楚的等級次序。儘管史書上對鄭穆公配偶的記載并不詳盡，然而并不妨礙讀者注意到鄭國的妃嬪之間的次序堪稱嚴密。其次，這種君主的配

---

① 　見楊伯峻：《春秋左傳注》，第 399 頁。

② 　見楊伯峻：《春秋左傳注》，第 400 頁。

③ 　見楊伯峻：《春秋左傳注》，第 1049 頁。

偶位次排序甚或極大地影響了鄭國此後的國内政治格局。從後來鄭國政治發展的方向看,以子孔爲核心的政治集團其成形的基礎源於圭嬀與宋子的"相親",背後所折射出來的其實是鄭國"七穆"内部兩大派系得以孕育的背景。往深一層説,這種政治派系的劃分與鄭穆公諸子的出身又有著脱不開的關係。從上文記載的結果來看,所謂"鄭人使子展當國,子西聽政,立子産爲卿"實則代表了鄭國内部反對子孔的政治勢力,最終正是這個群體中的成員取代了子孔、子革、子良一黨曾一度占據的公職。這一政治勢力以子罕及其胞弟爲核心:鄭穆公諸庶子中的三人子罕、子駟及子豐爲同生(同母)兄弟,[1]子展爲子罕之子,子西爲子駟之子,因而當時反對子孔專政的主要勢力大約就是這個以子罕、子駟、子豐三兄弟及其子嗣爲成員的政治團體。

由此可知,春秋後半葉鄭國内部的"七穆"專政固然其中發展尤爲複雜,但追溯"七穆"内部派系相争的源頭往往可以上溯到鄭穆公的妃偶情況。如果再進一步探討春秋中後期的"七穆",也即以鄭穆公的七位公子爲首的七個鄭國卿大夫宗族,[2]則會注意到一個有趣的現象:《左傳》中每次提及"七穆"這些宗族内部的成員時必定依據某種固定的順序對這些提及的成員進行排序。[3] 此處將值得注意的記載羅列於下:

> 《左傳》襄公二年傳:秋七月庚辰,鄭伯睔卒。於是子罕當國,子駟爲政,子國爲司馬。[4]

> 《左傳》襄公八年傳:子駟、子國、子耳欲從楚,子孔、子蟜、子展欲待晉。[5]

> 《左傳》襄公九年傳:將盟,鄭六卿公子騑、公子發、公子嘉、公孫輒、公孫蠆、公孫舍之及其大夫、門子,皆從鄭伯。[6]

> 《左傳》襄公十年傳:於是子駟當國,子國爲司馬,子耳爲司空,子孔爲

----

① 《左傳》襄公十三年傳:"罕、駟、豐同生。"有關討論可參駱賓基:《鄭之"七穆"考》,《文獻》1984 年第 3 期,第 43 頁。

② 需要指出,關於"七穆"究竟是哪七個宗族,學術界似乎并未形成定論,穆公諸子當中,在後世活躍著的宗族約有八個。《容齋隨筆》卷九《三家七穆》中認爲"七穆"是罕、駟、豐、印、游、國、良。但實際上未必就是這樣。

③ 這一部分的有關討論,可參考房占紅:《七穆與鄭國的政治》,吉林大學碩士學位論文,1999 年,第 18—20 頁。

④ 楊伯峻:《春秋左傳注》,第 922 頁。

⑤ 楊伯峻:《春秋左傳注》,第 957 頁。

⑥ 楊伯峻:《春秋左傳注》,第 968—969 頁。

司徒。冬十月戊辰,尉止、司臣、侯晋、堵女父、子師僕帥賊以入,晨攻執政于西宮之朝,殺子駟、子國、子耳,劫鄭伯以如北宮。子孔知之,故不死。書曰"盜",言無大夫焉。①

參考房占紅《七穆與鄭國的政治》研究,從上面這些材料中可以讀出一個固定的"七穆"之間的排序:

表二 鄭國"七穆"宗族排序表

宗族排序	良	游	罕	駟	國	孔	印
公子世代	子良	子游	子罕	子駟	子國	子孔	子印
公孫世代	子耳	子蟜	子展	子西	子産		子張
公孫以下	伯有		子皮	駟帶			

在《左傳》中提及七穆諸公子、公孫的時候,都是先列出公子世代的成員,再列出公孫世代的成員,再次爲公孫世代以後的成員;而每一世代當中羅列不同成員時,則均遵守著上表中從良氏到印氏的先後排序,基本沒有例外。最典型的莫過於《左傳》襄公九年傳的記載:"鄭六卿公子騑、公子發、公子嘉、公孫輒、公孫蠆、公孫舍之及其大夫、門子。"這一組鄭國宗室成員的名單呈現出來的是一組極爲規律的排序。這組名單中的"六卿"同時包含了"七穆"中公子世代和公孫世代的成員:公子世代的排序爲"公子騑"子駟、"公子發"子國和"公子嘉"子孔;到了公孫世代則是"公孫輒"子耳(子良之子)、"公孫蠆"子蟜(子游之子)及"公孫舍之"子展(子罕之子)。如果把這一段中提到的人物單獨列表的話,呈現的結果,便是非常規整的排列秩序:

表三 《左傳》襄公九年"鄭六卿"宗族排序表

宗族排序	良	游	罕	駟	國	孔	印
公子世代				公子騑 (子駟)	公子發 (子國)	公子嘉 (子孔)	
公孫世代	公孫輒 (子耳)	公孫蠆 (子蟜)	公孫舍之 (子展)				

---

① 楊伯峻:《春秋左傳注》,第 980 頁。

　　《左傳》撰著中所暗含的這一"七穆"之宗族順序,房占紅將這一問題放置在"世卿制運行規律"的層面進行探討,由此她認爲,這其中反映的是鄭國的參政順序應當是一種長幼有序的次序,所以"七穆"當中權力的流動所依據的也是一種長幼順序爲基本原則的次序。不過與其認爲這是一個單純的長幼秩序,不如將之看成是這些宗族分支在整個鄭國宗室當中的政治排序。但關鍵問題就在於,這一政治秩序的根源是什麼? 筆者對於"以長幼順序爲基本原則"的觀點是持懷疑態度的,這一論述當中最大的疑難,出自罕、駟、豐這三支同母所出的兄弟,如果上面列出的"七穆"宗族排序真的僅僅是長幼秩序的話,那麼同母所出的罕、駟兩族的排序也太過靠近了。[①] 這一現象所帶來的提示是,也許"七穆"的排序并非單純的長幼秩序,而是依據"子以母貴、母以子貴"的原則設置的諸公子先後排序,這一先後排序可能要追溯到穆公時期諸位配偶的等級排序,正如宋子與圭嬀之子在穆公諸子中排序最末,也同他們的母親在整個配偶的等級排序中的地位相一致。根據這一猜想,便可以根據"七穆"的宗族高下秩序,以倒推的方式排列出一個穆公時期后妃排序的次序表:

表四　鄭穆公后妃排序與"七穆"宗族排序對照表

后妃秩次	嫡妃		某女[②]		某女(同母)			宋子		圭嬀	
公子排序	靈公夷(嫡長子)	襄公堅(庶長子)	子良	子游	子罕	子駟	子豐	子國	子孔	子然	士子孔	子印	子羽
宗室排行			良氏	游氏	罕氏	駟氏	豐氏	國氏	孔氏		印氏	

　　論述至此恐怕很難迴避這樣一個問題:首先,既然鄭國在鄭文公時期就已經安置了具有品階意味的"三夫人",而鄭穆公時期的配偶關係又呈現爲等級規制極其精密的設計,那麼鄭國與此前討論過的齊、晉兩國相比,在配偶等級制度上又有著怎樣的特色?

　　儘管材料非常有限,仍能從上面的討論中看到,鄭國對宗室配偶的管理既不是

---

① 當然從常理推斷,一位男性有多名女性配偶的情況下,一女連續生下兩位在家庭排序中相齒的兒子,并非絕無可能,特別是考慮到古人生子早夭比例高,以至於現在所看到的兄弟排序同出生次序有著較大差距。

② 子良、子游疑爲同母所出。

"晋式"的,也不全然是"齊式"的,而看起來像是前面兩種制度的糅合:鄭國一方面與齊國采納了相似的品階式女官稱謂,另一方面女性配偶之間又有著高下相齒的次第排行,并且這一配偶等級秩序很可能還影響到了這些女性之子嗣在未來鄭國宗室中的政治排序,這一點又和晋國制度的特點頗有類似之處。

餘　論

前文通過三個案例的分析可以看到,大約在春秋中期的時候,在晋國、齊國和鄭國分別産生了能够對君主女眷進行等級排列的制度,但三個國家在這個問題上的具體實踐却有著較大的區別。對比晋文公將女性配偶加以簡單排列的做法,齊桓公時期用階等的方式規定女性配偶等級的實踐不僅更爲複雜,這種制度實踐還非常接近於《禮記・昏義》中記載的古代后妃制度;而鄭國的做法則像是將晋國和齊國的制度加以結合,簡單説就是在階等的基礎上更疊加了次序排行,於是鄭國國君的女性配偶等級制度顯得愈加繁複。

問題是,這幾個國家施行的制度之間會否存在著相互影響的機制? 儘管根據上述從材料中歸納出來的特點,想要進一步探究各國制度之間的關聯確實非常困難,因爲現存的相關材料實在不足。然而在此筆者仍願意提供一則思考這一問題的角度,那就是比照春秋時期各諸侯國歷任君主的年表,通過計算這幾位君主的在位時間以及當時的國際關係來推測國與國之間存在的可能影響。因爲事實上在文中提到的幾位國君的在位時間相距不遠,甚至有些正是同時代的歷史人物:鄭文公繼位時,正當齊桓公十三年(公元前 673),此時距離齊桓稱霸諸侯(公元前 679)方才6 年;晋文繼位時爲鄭文公三十八年,并且晋文公與鄭文公於同一年去世(公元前628)。[①] 從年表中可知,鄭文公在位的大部分時間與齊桓、晋文兩任霸主在位時間重合,而鄭穆公在位時,齊、晋兩國先後稱霸階段雖然已經終結,但如果説齊桓、晋文稱霸時期曾對於這種女性配偶設立的等級制度作出一定的修正及改革的話,那麼這些修正及改革在鄭穆公時期應該已經基本定型。當然直接從年表中推斷一個時代制度的演變及傳播也許非常危險,不過藉助年表進行不同諸侯國之間的時代比對,甚或可以從時代的縱向面來觀察、分析各國制度的形成與發展。

---

① 此處參考的是平勢隆郎所整理的"新十二諸侯年表"。[日]平勢隆郎:《新編史記東周年表——中國古代紀年の研究序章》,東京:東京大學出版會,1995 年,第 78—99 頁。

　　春秋時期的人們已經知道"內寵并后,外寵二政,嬖子配適,大都耦國"實乃"亂之本",①所以可以想見,當一位貴族男性擁有人數衆多且來源複雜的女性配偶,爲這群女眷建立一套標志高低、先後次序的制度其實是一種勢在必行的選擇。除此之外,這種春秋時期産生和發展起來的規範家庭內部女眷關係的制度,很可能與西周以來逐步建立起來的禮儀秩序有著些許聯繫,我認爲這種介於女性之間的等級制度可以看作是將周禮文化進一步發展和延伸的結果。前文已經提到,齊國所施行的女性配偶等級制度與禮書的記載相似,這種等級分布的基本規則又非常類似西周時期已經出現的"列器"等級制度,②而這種排列禮器的規定則又可追溯到周人對祭祀次序的安排。固然要回答齊國這些君主的女性配偶之間的等級制度與祭祀活動存在何種關聯仍舊非常困難,但是規範女性配偶等級的制度和祭祀活動陳列禮器的規範在結構上的相似性讓筆者感到這并非偶然。

　　西周時期貴族女性之間也并非没有身份上的區分,但是從出土材料看,西周時期貴族女性的等級身份必須放置在西周時期周人社會整體的禮制框架中來理解。西周時期的女性禮儀身份主要取決於其丈夫在整體禮儀制度中的地位,女性彼此之間無非是"某侯夫人"與"某伯夫人"的分別,在禮器的使用方面(最具代表性的禮器莫過於鼎、簋),貴族女性盡數遵從其夫的禮儀等級自降一等——這些都是西周中晚期墓葬中極爲常見的情况。③ 所以從禮制發展的層面觀察春秋時期諸侯國的制度改革,可以將春秋時代的這種女性配偶等級制度看成是西周所確立的禮儀等級制度向宗族內部進一步延伸的表現,也就是説,禮儀所標志的人與人之間的等級關係更進一步深入到了同一位男子的多名女性配偶之間——"禮"用來示意"差等"的功能愈發地滲透,與此同時圍繞這一禮儀精神所建構的約束人際關係的制度也愈發的精細化乃至精密化。

---

① 楊伯峻:《春秋左傳注》,第 272 頁。

② 閻步克先生就曾根據青銅器列器制度,探討祭祀次序與六冕制度的關聯,可參閻步克:《官階與服等》,第 80—87 頁。

③ 可參韋心澄:《西周至春秋早期貴族女性墓隨葬品的考察及其相關問題》,收入《兩周封國論衡——陝西韓城出土芮國文物暨周代封國考古學研究國際學術研討會論文集》,上海:上海古籍出版社,2014年,第 303—325 頁。但是在宗族內部,特別是同一名丈夫的不同妻妾之間的身份、等級關係如何,現在我們對此所知甚少。

敦煌殘卷 P.2535＋P.4905《春秋穀梁經傳解釋僖公上第五》文本特點與闕文擬補

肖海華

【摘　要】　敦煌文獻 P.2535＋P.4905 係《春秋穀梁經傳解釋僖公上第五》殘卷，記録了《穀梁傳》僖公八年"言夫人而不以氏姓"到僖公十五年結束的經傳，并隨文附有注解。其中經傳部分與范注本有較多差異，一些是字詞之别或傳鈔錯誤，還有一些涉及文意和義例，都具有珍貴的校勘學和經學價值。其注解文字也異於范注楊疏，内容以疏通文意爲主，不重義例而重歷史背景，且大量采用《左傳》《公羊》之説，體現了中古時期一些經師對文意的理解。寫卷破損之處涉及五十多行内容，本文也在前人基礎上進一步結合行款空間和上下文意，擬補出殘缺文字，以便於研究和利用。

【關鍵词】　春秋穀梁經傳解釋　敦煌學　闕文擬補

【作者簡介】　肖海華，1998 年生，香港中文大學中國語言及文學系古代文獻專業博士研究生。

　　法國國家圖書館藏有一份尾題"春秋穀梁經傳解釋僖公上第五"的寫卷 P.2535，該卷可與 P.4905 綴合，内容從《穀梁傳》僖公八年"言夫人而不以氏姓"之"以"字，到僖公十五年經傳結束，并隨文附有注解。這份材料（本文簡稱"《解釋》"）自發現以來，羅振玉、劉師培、陳鐵凡、許建平、王天然等人都有較爲集中的校録討論乃至條辨，①但是對於異文的深入挖掘和集中整理則仍顯不够，而且，寫卷前半部

---

①　羅振玉：《鳴沙石室佚書目録提要·春秋穀梁傳解釋》，《鳴沙石室佚書正續編》，北京：北京圖書館出版社，2004 年，第 8 頁。劉師培：《敦煌新出唐寫本提要·春秋穀梁傳解釋僖公上第五殘卷》，（轉下頁）

分有大量内容殘損,也影響了對材料的認識和利用。本文擬在前人基礎上進一步總結《解釋》的文獻學與經學價值,并根據行款空間和傳注内容補出闕文。

一、經傳異文及其價值

《穀梁傳》存世版本不多,除開成石經外皆爲范注本,自宋紹熙刻本至阮刻本,文本差異不大,敦煌所出幾件寫本也沒有太多異文。[①]《解釋》所載經傳則與它們有很多不同。自羅振玉開始,學界一直對其中差異多有關注,《合集》、王天然在逐句校勘中均有涉及,陳鐵凡還整理了一份異文表,我們在此基礎上總結異文類型及其特點。其中一些異文不影響經文理解或經書體例,只是字詞層面的差異,可以分類總結;餘者則牽涉較多,單列出來逐條討論。

(一) 字詞層面的差異

1. 用字差異

《解釋》與它本的有一些差異體現在用字不同,如它本之"酖",《解釋》寫作"鴆","丕鄭父"之"丕"寫作"邳","無雍泉"之"無"寫作"毋"、"雍"寫作"壅",顯示出用本字用專字的傾向;又如"遂次於匡""季姬歸於鄫",《解釋》"於"皆作"于",以"于"連接地名,似乎與全書體例更加統一。至於"麗姬"寫作"孋姬",應該是"麗"受到後面"姬"字的類化影響;"趨"寫作"趍","鹹"寫作"醎","稚"寫作"穉","殺"寫作"煞",則反映了中古時期的俗寫情況。

有兩組異文值得注意:"吾君已老矣,已昏矣",後一"已"字《解釋》作"以";"季姬及鄫子遇于防,使鄫子來朝……以病鄫子也",《解釋》第一處作"鄫"而後兩處皆作"鄑",另一條經文"季姬歸于鄫"也作"鄑"。同一個詞而前後用字不同,可能是《解釋》鈔寫之誤,也有可能底本作"以""鄫",後據用字習慣改爲"已""鄑",但是改動不够徹底。

(接上頁)《劉申叔遺書》(下册),南京:江蘇古籍出版社,1997 年,第 2020—2021 頁。陳鐵凡:《敦煌本禮記左穀考略》,《孔孟學報》1971 年第 21 期,第 113—160 頁。許建平:《敦煌經籍叙録》,北京:中華書局,2006 年,第 287—289 頁;又張涌泉主編,許建平撰:《敦煌經部文獻合集》(第 3 册),北京:中華書局,2008 年,第 1420—1435 頁。王天然:《敦煌殘卷伯 4905、伯 2535〈春秋穀梁經傳解釋〉考》,《〈穀梁〉文獻徵》,北京:社會科學文獻出版社,2014 年,第 45—85 頁。本文所引五人觀點均見於這六篇文獻,不再具列出處,其中"《敦煌經部文獻合集》(第 3 册)"簡稱《合集》。

① 參看張涌泉主編,許建平撰:《敦煌經部文獻合集》(第 3 册),第 1363—1419 頁。

2. 虛詞有無

與范注本相比,《解釋》多省略虛詞。它本有句末語氣詞"也"而《解釋》没有的共 24 處,①無"矣""乎"的也各有 2 處和 1 處。此外如"吾夜者夢夫人趨而來曰",《解釋》"夜者"作"夜";"世子已祠,故致福於君",《解釋》無"故"字;"吾若此而入自明,則麗姬必死,麗姬死,則吾君不安",《解釋》無前一"則"字;"所以使吾君不安者,吾不若自死",《解釋》無"自"字;②還有"覆酒於地而地賁",《解釋》作"覆酒於地,地墳",和後文"以脯與犬,犬死"對應更加整齊。這些虛詞去掉也不影響句意,難以判斷孰先孰後,但《解釋》的文本明顯更加簡潔。此外,"稱國以殺,罪累上也",《解釋》後半句作"累上",所省雖非特虛詞,但也意同而文簡,姑附於此。

有些虛詞的存在會對句意産生影響,如十年夏傳文"國,子之國也,子何遲於爲君",《解釋》作"國則子之國也,子何遲爲君",此爲"遲"的意動用法,無需加"於",《合集》指出《列女傳》此處亦無"於"字,《解釋》明顯要優於傳世本。至於八年秋傳文"一則以宗廟臨之而後貶焉,一則以外之弗夫人而見正焉",兩小句並列成文,而《解釋》脱後一"以"字,則顯得句意不够通暢,整體句式也不够整齊。

也有少量異文是《解釋》比范注本多一虛詞。如前舉"國,子之國也"作"國則子之國也",多一"則"字;"楚人敗徐于婁林。夷狄相敗,志也",《解釋》作"夷狄自相敗",句意因此更加明晰。而"君喟然歎曰",《解釋》作"君喟然而嘆曰";"故獻公謂世子曰:'其祠。'世子祠",《解釋》末句作"故世子祠",這些則似無太大必要,尤其是後一例頻繁用"故",顯得有些重複。

3. 用詞差異

《解釋》與它本的用詞差異主要是同義替换,如"胡不使大夫將衛士而衛冢乎",《解釋》"胡"作"何";"因此以見天子至于士皆有廟",《解釋》"此"作"是"。又"里克所爲弑者""其爲重耳弑奈何""故里克所爲弑者",三處"弑"指向相同,而諸本用字各有差異:唐石經第一處作"殺"而餘者作"弑",③阮刻本同;④宋紹熙刻本三處皆作"弑";⑤《經典釋

---

① 其中"諸侯城,有散辭(也)"一處涉及經義理解上的差異,見下文"(二)經義層面的差異"中的相關討論。

② 《解釋》注解稱"不如自死",以"自死"釋"死",則注解者或許已經看到了作"自死"的異文,但是尊重底本,僅以異文作爲訓釋參考。

③ 《景刊唐開成石經》(第 4 册),北京:中華書局,1997 年,第 2461、2462 頁。

④ (清)阮元校刻:《阮刻春秋穀梁傳注疏》(二),杭州:浙江大學出版社,2020 年,第 305、308 頁。

⑤ 《宋本春秋穀梁傳注疏》(二),北京:國家圖書館出版社,2019 年,第 43、46 頁。

文》"十年弒其君"條稱"申志反。下'弒二君''所爲弒'并同",①則第一、三處作"弒"。《解釋》三處皆作"殺",或許在一定程度上反映了早期文本的面貌。

還有一些改詞是出於避諱的目的,如寫卷中數見以"人"代"民",以"理"代"治",以"太子"代"世子",劉師培等皆已指出係避唐諱。總的來説,這些詞語都意義相同或相近,替換之後也對文意影響不大。

4. 訛誤與衍脱

《解釋》中有一些異文可以明確爲訛字,如:"來朝者,來請己也",《解釋》"請"作"朝",係涉上而誤,劉師培已經指出此爲訛字;"吾與女未有過切",《解釋》"過"作"遇",并據此誤字作注解,不知有無底本依據,但"過""遇"最初當是由於形近而訛。②

衍脱亦有其例,如"天子七廟,諸侯五,大夫三,士二",《解釋》"諸侯五"下多一"廟"字,後文"大夫三""士二"皆無,此"廟"字或爲衍文。又如十五年春經文"楚人伐徐",三傳相同而《解釋》獨作"楚伐徐",《春秋》指代國家時有不同體例,稱國與稱人有經義上的區別,但是上文"楚人伐黃""楚人滅黃"、下文"楚人敗徐于婁林",《解釋》皆作"楚人",此處也没有必要更換稱呼,或許是鈔寫時脱漏"人"字。此外,僖十五年"十有一月,壬戌,晉侯及秦伯戰于韓",三傳相同而《解釋》無"壬戌",注解稱"晉侯中智以下,不思上德之源,輕失臣人,愎諫多忌,所以戰於韓曰",顯然注解者所據經文是書日的,此處或許是鈔寫經文時有脱漏。從這裡也能看出,寫卷應該只是一份鈔本,并非作者原稿。

(二) 經義層面的差異

有一些異文涉及經傳文意或經書體例,有必要略作討論。其中時月日的書寫有三條:九年秋九月"甲子,晉侯詭諸卒",《解釋》作"甲戌",同於《公羊》;僖十二年春"王正月,庚午,日有食之",《解釋》作"王三月",同於唐石經及《公羊傳》《左傳》;十二年冬十二月"丁丑,陳侯杵臼卒",《解釋》作"丁未"。此三條《合集》分別引用清人之説,證明《解釋》比范注本更加合理。另有一些異文無涉時日,但也和文意相關,現略作討論。

僖八年秋七月"禘于大廟,用致夫人",傳文"言夫人必以其氏姓,言夫人而不以氏姓,非夫人也。立妾之辭也,非正也",《解釋》"非正也"作"非正夫人也",似不如

---

① （唐）陸德明:《經典釋文》,北京:中華書局,1983 年,第 331 頁。

② 張涌泉主編,許建平撰:《敦煌經部文獻合集》(第 3 册),第 1432 頁。

范注本。"立妾之辭也,非正也"是對經文的定性,上文已經分析書法得出了"非夫人也"的結論,故此處總結評價,稱"非正"。"非正也"在傳文中多次出現,不是指非正夫人,而是説這種行爲不正當,孔子及經師不贊同。若爲"非正夫人也",則與全書體例不符,也和"非夫人也""立妾之辭也"重複。

十年冬經文"大雨雪",《左傳》同此,獨《公羊》"雪"作"雹",《解釋》亦作"雹"。案《漢書·五行志中之下》:"釐公十年冬大雨雪,劉向以爲,先是釐公立妾爲夫人,陰居陽位,陰氣盛也。《公羊經》曰'大雨雹',董仲舒以爲,公脅於齊桓公,立妾爲夫人,不敢進群妾,故專壹之象見諸雹,皆爲有所漸脅也,行專一之政云。"①引文與《公羊》相對,則《左傳》和《穀梁》至少有一個作"雪",而劉向習《穀梁》,則此處作"雪"的應該至少有《穀梁》。傳世本與此相符,《解釋》則有些違礙。不過,《公羊傳》此條疏文只説"《左氏》作'雪'",也不排除徐彦所見《穀梁》版本作"雹"的可能性。此外,《左傳》昭三年冬"大雨雹"、四年春正月"大雨雹",杜預注"當雪而雹,故以爲災而書之",以爲冬春雨雪爲常事,不應書,書者當爲雹;《公羊》亦皆作"雹",而《穀梁》後一處作"雪",范甯注稱"或爲雹",不知是指《左》《公》還是指所見《穀梁》版本有作"雹"者。按照杜預注"常事不書"、"當雪而雹"則書的邏輯,僖十年冬似乎也應該以作"雹"者爲是。此處《公羊傳》謂"何以書?記異也",《解釋》也稱"書之,記異",或許正是有這方面的考慮。

十四年春傳文"諸侯城緣陵。其曰諸侯,散辭也。聚而曰散,何也?諸侯城,有散辭也,桓德衰矣",《解釋》末句作"諸侯城,有散辭,桓德衰矣"。少一語氣詞"也",而整個句子的語勢不同,文意理解也有差異。范注本"也"字將前後斷開,前面"諸侯城,有散辭也"是一個語意自足的小句,如此則"諸侯城"是話題,指經文書"諸侯城",其後"有散辭也""桓德衰矣"都是對它的注解説明,即經文書"諸侯"意味著有散辭、意味著桓公德衰,所以范注説"言諸侯城,則非伯者之爲可知也",正是把"諸侯城"作爲經文單拎出來。而《解釋》沒有"也"字,"諸侯城有散辭"可以按照范注理解,也可以連讀,理解爲:諸侯城緣陵這件事之所以有散辭,是因爲桓公德衰,此即《解釋》所説"言諸侯於城之時各有散略,於事不共同心,是由桓公之德衰而諸侯不

① 劉知幾對此條有疑問,錢大昕指出,這是由於劉知幾所見版本誤"雪"爲"雹",其實《漢書》此處本就當作"雪",體例上由雪到霜再到雹,而且南、北監本也都作"雪",證明"雪"字無誤。他還認爲,"僖公十年冬大雨雪,此《左氏》《穀梁》經文,故引劉向説,次引《公羊經》作'大雨雹',兼采董仲舒説。蓋以經有異文,特附出之,其餘書大雨雹者,別見於後。班史義例之精如此"。説見(清)錢大昕:《廿二史考異》附錄一《三史拾遺》,上海:上海古籍出版社,2004年,第1418頁。

致力也"。① 比較而言《解釋》的文本和注解都更好。上文"其曰諸侯，散辭也"，已經將"諸侯城"定性爲散辭，包括了末句范甯注的意思，不需要再重複；而且這句話是承接"聚而曰散，何也"而來，顯然是問理解爲"散"的原因，所以直接回答"桓德衰"即可。由此反觀經文，或許本就無"也"字，《解釋》此條可能保存了較古的面貌。

十四年冬"蔡侯肸卒"，傳文"諸侯時卒，惡之也"，"惡"做動詞，《釋文》音烏路反，范甯注引麋信説"肸不附中國，而常事父讎，故惡之而不書日也"。《解釋》"惡之也"作"惡也"，少一"之"字，似乎是指蔡侯惡，所以不書日，"惡"當讀烏各反，做形容詞。注解稱"日卒正，時卒惡也。惡之者，爲其父"，以"時卒惡"釋"惡也"，與"日卒正"相對，讀烏各反，與注疏本不同，但也補充説"惡之"。"惡也"與"惡之也"意思差別不大，"惡之"往往是因其"惡"，傳世本中兩種表達皆常見，如隱元年"不日卒，惡也"，莊十九年秋"其不日，数渝，惡之也"，單從此處難以知曉何者爲是。也許《解釋》全本體例分明，皆作"惡也"，也有可能此處只是底本偶然脱漏，而後影響了《解釋》的説解方式。

驪姬亂晉的故事在先秦時期就很出名，古書一般都説驪姬來自驪戎：《左傳》莊二十八年"晉伐驪戎，驪戎男女以驪姬"；《國語·晉語》"獻公伐驪戎，克之，滅驪子，獲驪姬以歸"，劉向《列女傳·獻驪姬》略同於此；《史記·十二諸侯年表》晉獻公五年"伐驪戎得姬"，《晉世家》也有"五年，伐驪戎，得驪姬、驪姬弟""初，獻公將伐驪戎，卜曰'齒牙爲禍'，及破驪戎，獲驪姬，愛之，竟以亂晉"。② 從"驪姬"之名來看，應該和"狐姬"一樣，來自以驪爲名的姬姓國家。③ 而《穀梁傳》僖十年説"晉獻公伐虢，得麗姬"，異於諸説，或由前文僖二年晉滅虞、虢之事而誤。《解釋》此處殘缺（見圖一），傳文僅餘"獻公伐"和"姬"，"姬"下注解從頭開始介紹孋姬來歷，則殘缺部分當只有大字傳文，無法再插入小字注解。《合集》據傳世本補爲"晉獻公伐虢，得孋姬"，即補充了"虢得孋"三字。但細審圖版，殘缺部分對應下圖最左側傳文四到五個大字，最右一行也可補出"吾曰是又將"五字，此處就算字號稍大，應該也不會只

① 原文"言"後有一"由"字，或爲涉下文"由"而衍。此句《合集》斷爲"諸侯於城之時各有散略於事，不共同心"，或亦可通。

② 《莊子·齊物論》有"麗之姬，艾封人之子也"，但該篇重點是説明齊物思想，麗姬可以是任何一個女子，故事真實性並不重要，故此處不予討論。

③ 吕思勉指出："驪戎立國甚古。《周書·史記篇》'昔有林氏召離戎之君而朝之'，即驪戎也。《史記·周本紀》：'紂囚西伯於羑里。閎夭之徒，求驪戎之文馬而獻之紂。'是時驪戎爲姬姓之國與否不可知，然其與姬姓之國已有交涉，則其確鑿矣。"見吕思勉：《中國民族史》第三章《匈奴》，北京：中國大百科全書出版社，1987年，第47頁。

有三個字。只有在空白處補上傳文"驪戎得驪"四字,方可基本與殘缺面積相符。且注解稱"驪姬,驪戎之女,獻公伐於驪戎,驪戎男以驪姬女獻公也",絕口不提"虢",也可見其對應傳文當爲"驪戎",與《左傳》等書一致。①

圖一　P.4905"得驪姬"相關部分(采自"國際敦煌項目"網站)

以上異文均涉及經義理解,較爲重要,除個別明顯的鈔寫、理解錯誤外,《解釋》的文本大都較傳世注疏本要好。不過,由於我們不知道《解釋》的文本來源和異文取捨態度,所以難以確定這些異文究竟是有明確的版本依據,還是某一位經師根據《左傳》《公羊》等文獻擅自改動。雖然理論上是更好的文本,也未必能夠直接代表《穀梁傳》原貌。不過不管怎樣,這些異文都彌足珍貴,向我們展現了中古時期《穀梁傳》的一種版本以及某些經師對文本的理解。

二、《解釋》的注解特點

除所據經傳有校勘學與經學價值外,《解釋》對大部分內容都有簡短注解,是我們了解中古《穀梁傳》學術史的重要材料。王天然總結了三條注釋特點:1."以章句

---

① 《合集》直接根據傳世本補爲"晋獻公伐虢,得驪姬",王天然從之,並認爲此處注解之文乃是"取《左傳》爲説,實與《穀梁》本義相違"。但實際上此處不只是注解取捨的問題,而是傳文本就與傳世本有所不同。《解釋》注解之文雖然比較粗疏,並不遵從《穀梁》師説家法,但在注解時注重疏通經傳文意,應該不會直接與之相悖,否則謬誤過於明顯。

體解經，更重文意的疏通，於經傳義例的推導、歸納、發明不甚措意"；2."雜取衆書爲解，并不局限於三《傳》之屬"；3."對《穀梁》牴牾不通之説采取回護態度"。除第3條比較寬泛外，①另外兩點都非常準確（只是不宜徑視作章句體）。其中第1點直接討論注解内容的形式和目的，是本節討論的重點，以下試從以疏通文意爲主、不重視義例、注重歷史背景這三個方面來加以説明，并藉此討論一些具體條目，力求較爲全面地理解《解釋》的思路，對其優劣之處皆予以申發。第2點則主要是注解材料的來源，王氏已有説明，本節也會通過例證來體現這一點。

（一）以疏通文意爲主

《解釋》的主要工作是疏通文意，所以訓釋字詞、説解句意在其中占了很大比重。比如九年九月葵丘之盟書日，傳文説"桓盟不日，此何以日？美之也"，盟會一般只看信不信，此處捨"信"而另言"美"，不合常例，故何休發疑，而鄭玄釋之，范甯、楊士勛從鄭玄并盡力彌縫。②《解釋》説"言自此以前齊桓之盟而不日者，信之。今有所美善於桓，故復日之，不論信不信也"，③提及"自此以前齊桓之盟"和"不論信不信"，顯然注解者已經注意到其他條例以及前人討論，但他又無心於此，只是翻譯傳文，解釋傳文爲何如此發問，并不理會更深層次的書法問題。事實上此説連何休最初的質疑都没能避開：葵丘之盟書日爲美，餘者不日是否爲惡？藉助《解釋》，讀者能夠大致明白傳文的字面邏輯，却不理解其深層緣由，也無從歸納全書體例。

字詞訓詁也是疏通文意的重要内容，《解釋》在這方面做了很多工作。有些解釋直接來自《公羊》《左氏》二傳及其注釋，如十五年"晦。震夷伯之廟"，傳文稱"晦，冥。震，雷也"，比較籠統，《解釋》説"震者，有雷電擊之也""謂晝日而無光而冥"。

---

① 王書中舉出的例證是僖公十二年對"管仲死"的理解，認爲《穀梁傳》此處與事實不符，《解釋》以"故因此以著其死"作解是彌縫回護。但管仲之死本就有多種説法，《穀梁》此處未必即牴牾不通，而《解釋》以書法作解也是經師常見做法，未必需要強調"回護"態度。或許更加值得關注的是，《解釋》對有疑問或有待辨別的地方往往處理得較爲簡單，只以疏通文意爲主而不多做討論，且往往以"書法"爲藉口。除此處外，如下文討論的"其君之子云者，國人不子也"，《解釋》稱"言國人不以奚齊爲君之子，故云其君之子以明之"，不理解"子"的内涵，簡單地處理爲書法問題，實際上是一種遁詞。

② 相關討論俱見《穀梁傳》此條注疏。信則不日是衆人共同遵守的前提，齊桓霸主之盟皆不書日，獨此處例外，故《穀梁》以"美之"作解，是於"信"之外另設標準。何休認爲這是遁詞，質問其餘桓盟是否不美。鄭玄解釋：此處乃因齊桓之德將衰，"自此不復盟"，所以詳録之。但其實此後尚有牡丘與淮兩會，故楊疏又解釋餘者爲兵車之會，鄭玄指的是衣裳之會。

③ 原文殘缺，據文意擬補，詳見本文所附釋文及注釋。

《公羊傳》"震之者何？雷電擊夷伯之廟者也"，杜預注《左傳》"震者，雷電擊之"，即《解釋》前一條的來源；後一條則取於何休注"晝日而冥"。又如十年夏"獻公私之"，《解釋》稱"私，寵愛也"，就語境釋義，簡潔明了，《左傳》襄二十三年"獻子私焉"，杜注"私，相親愛"，與此相似。"臣莫尊於太子""則何爲不使祠也""吾若此而入自明"，《解釋》分別説"莫，無也""祠，祭也""若，如也"，則顯得有些瑣碎，其實它們本非疑難詞。九年夏"公會宰周公、齊侯、宋子、衛侯、鄭伯、許男、曹伯于葵丘。天子之宰通于四海"，《解釋》説"周公，天子三公，食采於周。公，爵也"，逐字解釋"周"和"公"，又稱"東夷、西戎、南蠻、北狄謂之四海"，此説當來自《爾雅·釋地》"九夷、八狄、七戎、六蠻謂之四海"，但是傳文"四海"是指天下，天子無外，所以宰周公可以與諸侯會盟，并且直稱"宰"而不必繫國名；而《爾雅》所謂"四海"是指華夏邊界，猶"四表"，非天下之意。此處經文并不涉及夷狄，不當據《爾雅》爲説，《解釋》引用經典却顯得過於死板。

此外，因爲《解釋》重視經傳原文，所以也有些地方體悟得很好，或者能够簡潔扼要地解釋問題，有勝過注疏之處。如前文提到的"諸侯城有散辭，桓德衰矣"，只是比范注本少一虛詞，而對邏輯的梳理清晰很多。又如十年夏"晉殺其大夫里克"，傳文稱"里克弑二君與一大夫，其以累上之辭言之，何也？其殺之不以其罪也。其殺之不以其罪奈何？里克所爲殺者，爲重耳也。夷吾曰：'是又將殺我乎？'故殺之不以其罪也"，從里克弑君到"殺之不以其罪"到爲重耳殺再回到殺里克，繞了好幾層，而後從頭叙述驪姬一事始末，最後重申"故里克所爲弑者，爲重耳也"。整段話的邏輯并不好懂，而注疏皆無説。《解釋》在"殺之不以其罪"下稱"言里克欲殺夷吾而見殺，不以弑君而見殺也"，很好地揭示了傳文之意，讀者理解了這一層，也就能够明白後文重耳驪姬之事都是爲了説明"欲殺夷吾"。有些地方雖然引用其他文獻，但也可以看出取捨删改。如"刎脰而死"下説"脰，頸也，異方而言也"，與何休注"脰，頸也，齊人語"略同，但《公羊》是齊學，可以徑稱"齊人語"，《穀梁》則不便如此説，故只含混稱"異方而言"。又如"齊師、曹師伐厲"，范注未言及討伐原因，何休認爲厲國葵丘之會叛命，《左傳》則説"秋，伐厲。以救徐也"。《解釋》和《左傳》一樣聯繫上文"公孫敖帥師及諸侯之大夫救徐"，但此伐厲與救徐相隔數月，故只説"厲，楚之與國，伐之以報伐徐也。蓋于時厲與楚伐徐"，改"救徐"爲"報伐徐"，比較審慎。

(二) 不重視義例

《公羊》和《穀梁》相關注疏討論最多的是經文義例，比如時、月、日的書寫和虛詞的使用等問題，往往需要比經推例總結書法，有些重要的制度和義理也需要闡發。從僖八年到十五年，范甯注討論了"鄭伯乞盟"不書使、"晋侯詭諸卒"不書葬、"公孫敖帥師及諸侯之大夫救徐"不具列諸國、"公至自會"書致、"獲晋侯"書獲等問題，楊士勛疏也討論了"稱國以殺，罪累上也"和"遂，繼事也。次，止也"兩見、"諸侯城緣陵"不繫國、"蔡侯肸卒"不書葬、"五月，日有食之"不書日不言朔等問題，《解釋》則僅有少數幾處。而且，不僅注疏關注義例，傳文本身就有很多地方在分析書法，要疏通這些傳文，就必須對義例有所了解。《解釋》在這方面偶有可觀之處，如十四年夏六月"季姬及繒子遇于防，使鄫子來朝"，文有殘缺，王天然補爲"此婦人之制於貳"，并指出此係發揮成九年傳例。但此外大部分情况都顯得比較粗疏，如九年秋七月傳文"内女也，未適人，不卒，此何以卒也?"、九月傳文"桓盟不日，此何以日? 美之也"，注、疏據此討論很多書法和禮制的問題，《解釋》則只是翻譯傳文，并不過多發揮。

比較典型的例子是九年冬"晋里克殺其君之子奚齊"，傳文稱"其君之子云者，國人不子也。國人不子，何也? 不正其殺世子申生而立之也"，《解釋》説"言國人不以奚齊爲君之子，故云其君之子以明之"，説解非常簡略，只是申講了一下文意，認爲國人不視奚齊爲"君之子"，所以有意這麽稱呼。但即使這樣，也能明顯看出作者没有讀懂傳文。通觀上下文，國人"不正其殺世子申生而立之"，只是不贊成奚齊當國君而已，并没有否定他的公子身份。而且傳文説"其君之子云者，國人不子也"，正是因爲"不子"，所以才稱"君之子"，這是兩個稱呼，《解釋》以"國人不以奚齊爲君之子"釋"國人不子"，認爲二者同一，將問題理解得過於簡單。范甯則將問題説得很清楚，他爲"國人不子"作注説"諸侯在喪稱子，言國人不君之，故繫於其君"：先君未葬時稱子，這是特殊時期對國君的固定稱呼，國人此時不稱奚齊爲"子"，正是不以其爲君，所以只能稱爲"君之子"，即視之爲先君的兒子而已。只要抓住最關鍵的"子"字，則書法也一目了然。

《公羊》傳、注皆善於總結體例、發揮義理，《解釋》與之相合者有 15 處，凡討論義例大多采納其説。如"螽，蟲灾也"一條范、楊皆無説，而《解釋》認爲"螽，衆也，象公久在外而煩師衆也"，是對《公羊》天人感應説的巧妙化用。何休此處稱"公久出，煩擾之所生"，純説灾異；文三年秋"雨螽于宋"何休説"螽，猶衆也。衆死而墜者，群臣將爭彊相殘賊之象"，以"衆"訓"螽"，有聲訓之意，所以《解釋》糅合二説，先將"螽"説解爲"衆"，再以"久在外"引出"煩師衆"，其本質仍是感應之説。

也有一些化用不夠合理，如"宋其稱子何? 未葬之辭也"，《解釋》稱"未葬故稱子。不稱名者，非尸柩之前"，不僅就傳意解釋爲何稱子，還主動提出"不稱名"這一問題，與別處不重義例形成對比。王天然指出此係雜糅何休注解，以"非尸柩之前"

解釋不稱子某。而何休此説又是因爲《公羊傳》莊三十二年傳文明確提出"君存稱世子,君薨稱子某,既葬稱子,逾年稱公",在喪有"子某"和"子"兩種稱呼,何休彼處稱"名者,尸柩尚存,猶以君前臣名也",故而此處以"非尸柩前"釋之。但是《穀梁》并無此體例,傳注疏皆無此説,《左傳》總結體例也只説"未葬而襄公會諸侯,故曰'子'。凡在喪,王曰'小童',公侯曰'子'",直接説在喪皆稱"子",不區分葬與未葬,簡潔明了,理亦可通。《解釋》特意作此説明,畫蛇添足,使讀者難明其意。

(三) 注重歷史背景

《春秋》學除了比經推例,另一個重要面向是史學價值,《解釋》對這方面措意較多。范甯注《穀梁》時已經指出"《穀梁》清而婉,其失也短",所以《解釋》在注解經傳時常引他文來補充史料,如十五年冬秦晉韓之戰,《解釋》稱"秦伯謂任好也。夷吾背秦之施,愎諫違卜,所以戰於韓而身見獲,不言釋之者也,絶之",所謂"夷吾背秦之施,愎諫違卜",顯然是據《左傳》而發。也有一些史料是來自《公羊》,如"晉殺其大夫里克",《解釋》説"里克立惠……'既殺夫二孺子矣,又將寡人之……不亦病乎!'於是殺之",《公羊》有"惠公曰:'爾既殺夫二孺子矣,又將圖寡人。爲爾君者,不亦病乎!'於是殺之",内容幾乎全同,這是晉惠公殺里克的心裡想法,用在此處補充説明可謂恰如其分,據此也可補出《解釋》之闕文,唯"寡人之"一句稍異,當由"圖寡人"倒裝而來,可補爲"寡人之圖"。

除了補充材料,《解釋》還非常注重各國關係,往往於簡短經文之下説明背後原因,如十一年冬"楚人伐黄",書法很簡單,范、楊皆無説,而《解釋》指出"黄背楚屬齊,又弦子奔黄,故見伐也",勾連了上文二年秋"齊侯、宋公、江人、黄人盟于貫"、四年秋"及江人、黄人伐陳"、五年夏"黄背楚屬齊,又弦子奔黄,故見伐也"等事;下文"楚人滅黄"也指出"去冬伐,今夏滅之也",簡明扼要地勾勒了整體局勢。又如僖九年八國于葵丘會盟,注家多關注宰周公的名號、宋子背殯出會、桓盟書日、衣裳之會的數量、天子之禁等事,而《解釋》却獨具慧眼地留意到鄭伯,指出"鄭背楚而服齊,修好且盟"。上文僖五年夏鄭伯逃首戴之盟、八年春洮之盟鄭伯乞盟,於此始全然賓服而參與會盟,《解釋》於諸侯中拈出鄭伯,則其與諸夏的關係變化得到凸顯,雖未明言,亦可見桓盟於此極盛,鄭玄反駁何休時所説的"桓德極而將衰,故備日以美之",或許也有了更加切實的體現。

有一些地方三傳出現分歧,不只是對義例的發揮不同,而且對事件的記録或對經文的補充也各不相同。《穀梁》的記述往往比較簡略,《解釋》就會采納《公羊》或《左傳》。而且在選取時并不偏信一方,只是就理解傳文而言,選擇比較圓融的説法,盡可能結合上下文貫通解釋,只是這些説法往往和《穀梁》舊誼有所不同。如十四年夏六月"季姬及繒子遇于防,使鄫子來朝",《公羊》認爲"使來請娶己以爲夫人",《左傳》則説"鄫季姬來寧,公怒,止之,以鄫子之不朝也。夏,遇于防,而使來朝",范注與《公羊》同,但也承認《左傳》之説"近合人情"。《解釋》則直接采用《左傳》,後文對"來朝者,來請己也""以病繒子也"以及"季姬歸於鄫"等文的解釋皆就此展開,優於范注。

又如寫卷第一條"禘于大廟,用致夫人",《穀梁》未明言夫人身份,劉向以爲僖公母成風,范甯從此説,并將末句"外之弗夫人"與下文"秦人來歸僖公成風之襚"相聯繫;《左傳》以爲哀姜,《公羊》則以爲僖公之妾齊女。此條《解釋》較爲簡略,主要是疏通文意,王天然以爲其意與范、楊大致相同,只是解釋末句時未能以傳解傳,不如范注。但其實殘存注釋的第一句就説,"正夫人當言夫人姜氏",①既爲"夫人姜氏",則必非成風,再結合"立妾之辭"等語,可知係采用《公羊》之説,以爲僖公之妾。再來看末句的解釋,范甯聯繫秦人歸襚一事,很好地對應了"外之弗夫人",但《解釋》既不用其説,自然不必如此"以傳解傳",即使看到范注也不會采用,故而只泛泛地説"外人以媵妾不合爲夫人"。前文"夫人卒葬之,我可以不卒葬之乎",范甯引鄭嗣説以爲對應成風卒葬之事,《解釋》也不取此説,還特地強調"假言之也",認爲是書法條例,泛指所有夫人。此後十一年夏傳文"公及夫人姜氏會齊侯于陽穀",范、楊無説,而《解釋》稱"夫人者,媵女也",亦取《公羊》之説,與此處相呼應,可見觀點十分明確。此條傳文雖未明言,但劉向、鄭嗣、范甯皆言之鑿鑿,又可串聯前後傳文,或即《穀梁》本義,而《解釋》獨異於此,尤可見其旨趣。只是注解時文辭簡略,掩蓋了很多信息,讀時需要注意。

綜合以上三點,《解釋》的注解多就經傳而發,尤其重視疏通傳文,所以缺乏對經文體例的通貫比較和對背後禮制義理的挖掘,顯得深度不够。不過,作者的目的和旨趣大概也不在於此,卷中對史事的關注要多過義例,多引用其他材料來補充背景,對各國關係也有較好的梳理。而且,由於重視傳文,《解釋》對文意的理解有時也頗顯精到,并能拋開經學立場擇取善説而從之,便於理解經傳文意。

三、《解釋》闕文擬補

《解釋》行款疏朗,字體精美,文字的大小相對固定,格式比較工整。其中經傳

---

①　注文首字"正"爲筆者所加,詳見本文所附釋文及注釋。

用單行大字書寫，注文用雙行小字，每行大致可排布經傳 13—15 字，注文 17—18 字，二者字號比例約爲 1：0.77。羅振玉按照原有行款鈔録了全文，《合集》還將其與阮刻十三經注疏本校勘，總的來説已經得到了較好的整理。只是前半段有五十多行內容殘缺，爲文獻的整理和利用帶來不便。其中經傳部分有傳世本可供對照，《合集》與王天然皆補出了相關闕文，部分注文也根據上下文補出闕字，但注文剩餘空白仍舊不少，而且，《解釋》所據經傳底本與傳世本頗有不同，若徑據以補出闕字，則內容恐仍有違礙。

　　《解釋》中有很多觀點與其他文獻相合，殘留的部分可以作爲綫索聯繫相關材料。但這種相合并不是逐字引用，所以在本次整理中，我們首先根據寫卷行款、字體大小以及相鄰行列的文字情況，推測出所闕字數，再結合異文或上下文補出闕文。其中經傳部分多采納《合集》和王天然的意見，不同之處出注説明；注文部分多據文意補充，內容或有武斷，主要是爲研究者提供一個比較便於討論的文本。

　　格式説明：經傳文字字體加粗；注解字號稍小。大行換行用雙斜綫（//）標出，雙行小字内部用單斜綫（/）標出。擬補內容外加邊框，標出句讀和專名。

　【言夫人而不以氏姓，//非夫人也】。正夫人當言夫人姜氏，①今不言其姓，非正夫人也。立妾//【之辭】也。夫人入廟，當言夫人姜氏，今直稱/夫人，而去其氏姓，則是妾奪嫡夫//【人】之/【辭】也。②非正夫人也。夫人之，我可以不//【夫】人之乎？言魯既以妾爲夫人，見於太廟，/我豈以不夫人之義書乎？雖爲//【正夫人】之文，【而去其】氏也。③夫人卒葬之，我可以不卒//【葬】之乎？假言之也。凡經言夫人者，則皆當/録其卒葬，今經書夫人，而我豈可//【不】以夫人之/【禮】而葬之乎？壹則以宗廟臨之而後貶//【焉】，言以夫人致，故臨於太/廟，而後可以成其貶也。壹則外之弗//【夫人而見正焉】。言外人以媵妾不合爲夫/人，而公於太廟致之，見公/將之爲正夫人，/非禮之正也。

　　冬，十有二月，丁未，天王崩。//惠/王。//

---

① 注文首字磨損，《合集》缺釋，王天然認爲可能是"若"，但注文甚少言"若"，且"若夫人"不够通順，尚需補爲"若爲夫人"，故不取。據後文"非正夫人"可知，此處當爲"正夫人"，皆由傳文"非正夫人也"而來。

② 《合集》作"則是妾奪嫡，夫□之□也"，王天然補爲"夫人之媵"。但"夫人之媵"顯得突兀，前後文皆不見此語，且傳注中與"妾"直接相對的是"嫡夫人"或"正夫人"，未見省稱"嫡"者，當補爲"嫡夫人"。此句釋傳文"立妾之辭"，傳文討論經文書法而非實際情況，故解釋亦當以"之辭也"作結，與前文"直稱夫人"呼應。

③ 王天然補爲"雖爲夫人之文，而不氏也"，得其大意，然就缺損面積來看，此處所缺當有六字，《合集》亦前後各空三字，故姑補爲"正夫人"，與前文稱"正夫人"呼應。

九年，春，王三月，丁丑，宋公禦説卒。

夏，//　公會宰周公、齊侯、宋子、衞侯、鄭伯、許//　男、曹伯于葵丘。周公，天子三公，食采於/周。公，爵也。葵丘，齊地也。天//　子之　宰　通于四海。宰，官也，掌四方賓客/之事，此當爲太宰。太//　宰内　監　六卿之職，外統天下之理，故其官号通於/四海。卿有一人，故尊重也。東夷、西戎、南蠻、北狄謂//　之四/海　。①　宋其稱子何？未葬之辭也。未葬，/故稱//　子　。不稱名者，/非　尸柩之前。禮，柩在堂上，孤無外//　事　。喪事不貳，而出外會諸侯，/非禮。堂上，謂兩楹之閒也。今背殯而//　出　會，以宋子爲無哀矣。槾塗龍輴/謂之殯。三//　年　之喪，喪之至極，非有大故不當/離　殯。今而出會，則無哀感之容也。

秋，七月，乙//　酉，伯姬卒。内女也。未適人，不卒。言未/適人，//　不當書/其卒也。此何以卒也？許嫁，笄而字之，//　禮，女子十五許嫁，笄而稱字，明陰繫於陽。/笄者，簪，所以繫持髮，象男子之餚也。廿而//　嫁者，爲男卅而娶，合成五十，法大衍之數，而生萬物；又取參天兩地之義。死則//　以成人之喪理之。謂成人者，②爲服成人/之禮，而不爲殤禮降。//　當時盖許嫁于諸侯。

九月，戊辰，諸侯盟于葵丘。//　鄭背楚而服/齊　，③脩好且盟。桓盟不日，此何以日？美//　之　也。言自此以前齊桓之盟而不日者，信/之。今有所美善於桓，故復日之，不論//　信　不/信　也。④爲見天子之禁，故備之。天子之/禁即是//　□□五事，故備　書日　以美之也。⑤葵丘之盟，陳牲而不//　煞　。言信厚，故陳/牲而不煞也。讀書加于牲上，書/謂　載書，讀　書謂戎右之所掌也。加謂　臨於牲　。⑥讀書而臨於牲，不歃血也。壹明天//

---

① 傳文稱“天子之宰，通於四海”，注解已釋“天子之宰”，此釋“四海”。《爾雅·釋地》“九夷、八狄、七戎、六蠻，謂之四海”當即其來源。王天然補爲“四海”，但“謂四海”不够通順，且從殘損面積來看，每行可容兩個小字，綜合考量當補“之四海”三字，此爲注解結尾，末行可少一字。

② “成人”原作“成之”，不辭，且傳無“成之”之語，“之”當爲“人”字之誤。

③ 葵丘之盟以齊桓公爲首，故知是服齊，王天然亦補爲“齊”。

④ 齊桓霸主，會盟大信，當書時，而此處書日，書日即爲不信，此處不如此説而稱“美之”，盖因此盟不論信不信。王天然亦補兩“信”字。

⑤ 據篇幅知每行各缺兩字，王天然分別補“以下”“書日”，或是。

⑥ 此兩處闕文爲行首，《合集》在前一處闕一字，補“載”，後一處闕兩字，前後矛盾；王天然各闕兩字，前一處補“載書”，並認爲其後的“書謂”爲衍文；後一處補“臨也”。二説均不够通暢，也與篇幅空間不符。闕文之下“書”字與右側“而”相齊，“而”上有一個大字和一個小字，則“書”上當闕三個小字。前一處可補“載書讀”三字，“書謂載書”，官吏之職爲“讀書”而非“書”。後一處可補“臨於牲”，後文“讀書而臨於牲”總説文意，“臨於牲”由此而來。《禮記·曲禮》“約信曰誓，莅牲曰盟”，鄭玄注“坎用牲，臨而讀其盟書”，是以“臨”釋盟誓之事。

子之 禁，言諸侯皆壹心明/受天子之禁令也。曰：無雍泉，//□□□水部/□□利也。無訖糴，訖，止也。止糴貯粟，/不通諸侯也。言有//□□□/□□□。① 無易樹子，樹子，謂所立之嫡/子。不可以寵子而//□□/□□。② 無 以妾爲妻，不得以妾爲妻/而乱陰教也。無//使婦人與國事。政當由君，無使婦人乱/於陽事，故牝雞之晨，唯// 家之/索 。

甲 戌，晋侯詭諸卒。不書葬者，煞/太子，失德也。//

冬，晋里 克煞其君之子奚齊。里克，晋/大夫。奚// 齊，獻公之 子，/ 驪姬長 子 也。③ 其君之子云者，云殺其君/之子者也。// 國人不 子也。言國人不以奚齊爲君之/子，故云其君之子以明之。國// 人不 子何？不正其殺太子申生而 立之。言晋 國之人不與獻公殺賢太/ 子申 生而立不正之奚齊故也。④ //

十年，春 ，王正月，公如齊。

狄滅温。温子// 奔衛 。 温 ，蘇 忿 生之邑，後/ 乃 漸强而爲國也。⑤

晋里克弑其// 君卓，及 其大夫荀息。里克殺奚齊，荀/息立卓子。卓子// 爲奚齊之 母弟，故里克又煞之，/ 而欲立重 耳爲君，受申生之寄。⑥ 以尊及卑// 也 。□□□/□□□。荀息閑也。荀息立卓子而/傅之，以扞衛爲// 閑 □□□/□□□□。⑦

夏 ，齊侯、許男伐北戎。

---

① 此處闕五至六字，王天然補爲"言有無當相通也"，或是。

② 此處闕三至四字，王天然補爲"不可以寵子而易嫡子(也)"，然此處僅言"寵子"而非"寵庶子"，似難與"嫡子"相對，或可補爲"不可以寵子而亂嫡庶(也)"。

③ 王天然已將前半句補爲"奚齊，獻公之子"，姑據文意補後半句。此總説奚齊身份與人物關係，後文注解亦稱重耳爲狐姬之子。

④ 《合集》據傳世本補傳文"立之也"，於注文"國"前闕一字，"賢太"後則補出"子申"，如此則前後空間不相符；王天然傳文從此補，而於注文各闕兩字。案"子申"二字無疑，如此則"國之人"前當亦缺兩字。據文意可知爲晋國，而《解釋》串講文意常以"言"起首，故可補"言晋"二字。再細審圖版行款，右行可補"人不"兩大字，左行可補"十年春"三大字，此處已有兩行小字各二，則大字當不超過兩字。傳世本作"立之也"，《解釋》多省略經傳句末語氣詞"也"(參本文第一節"虛詞有無"相關內容)，故可只補"立之"二字。

⑤ 《合集》作"蘇忿生之邑，後漸强而爲國也"，但從空間來看，上方所缺當不止兩大字；且"蘇"字上方殘留筆畫爲橫筆，當非"衛"字。王天然在"蘇""漸"前各闕一字，並補前一字爲"温"，當是。"漸强"前姑據文意補一"乃"字。

⑥ 據篇幅知前後各闕四字，王天然補爲"卓子爲奚齊之母弟，故里克又煞之也，而以重耳爲君，受申生之寄"。

⑦ "扞衛"釋傳文"閑"字。僖二年春"宋督弑其君與夷，及其大夫孔父"，傳云"孔父閑也"，范甯注"閑謂扞禦"。

晋殺其// 大夫里克。稱國以殺，罪累上也。里克/立惠// 公，惠公曰：爾 既煞夫二孺子矣，又將寡人之/ 圖，爲爾君者，不亦病乎！於是煞之，恐其復煞// 己。 累上，謂不 以殺二君/ 之罪殺之，故 罪累從於上。① 里克弑二君// 與一大夫，其 以累上之辞言之何？其// 殺之不以 其罪。其殺之不以其罪// 奈何？ 里克 所爲殺者，爲重耳。重耳，/ 夷吾 之異母兄，申生 之庶弟，狐姬之子。言里克欲// 立重耳 而見殺，不以弑君而見殺也。② 夷// 吾曰：“是又將 煞我。”故殺之不以其罪// 也。 恐其/殺己。③ 其爲 重耳殺奈何？ 晋獻公伐// 驪戎，得驪 姬。④ 驪姬，驪戎之女。獻公伐於驪/戎，驪戎男以驪姬女獻公也。// 獻公私之，有 二子，私，寵/愛也。長 曰奚齊，釋// 曰卓子。□/□。⑤ 驪姬欲爲亂，謂欲作乱於/晋，使獻公煞 太 子申生。⑥ 故謂 君曰：“吾夜者夢夫人 趙//而來，夫人，申生 之母也。曰：‘吾苦畏。’何不使大// 夫將衞士而 衞冢乎？”公曰：孰 可 使？ //□□□□□□ 衞/□□□□□ 也。 曰：“臣莫尊 於太子，// 則太子可。”莫，無也。太/子謂申生。

---

① 據篇幅知兩處各闕五字，王天然補爲"恐其復煞己如二孺子，故以殺二君與一大夫罪之，罪累從於上"，但"以"上之字尚可見殘存筆畫，中爲豎筆，當非"故"字。且傳文明言"殺之不以其罪"，《解釋》後文也有"不以弑君而見殺也"，顯然是不以此罪殺之。此句釋"累上"。君弑而賊不討、國君專殺臣子這兩點都是《春秋》所不取，惠公出於私心殺大夫里克，罪大於里克，故稱"罪累從於上"。

② 王天然補爲"言里克欲以重耳爲君，故不以弑君而見殺也"。稱"不以弑君而見殺"，乃據"殺之不以其罪"而發，里克實因欲弑夷吾而見殺，故補。

③ 據篇幅知當闕三至四字，據文意補，前文有"恐其復煞己"。

④ 傳文補"驪戎"而非"號"，異於傳世本，參本文第一節相關内容。

⑤ 《合集》此處無空，但右側闕文皆可補四到五個大字，此處當亦有二至四個小字，或爲"釋，幼"一類訓釋。

⑥ 范甯注"亂謂殺申生而立其子"，據補。

春秋學史

黄仲炎《春秋通説》初論

—— 以"教戒"説與其對《左傳》的引述與運用爲核心

劉德明

【摘　要】　南宋末期的儒者黄仲炎自認其對《春秋》的理解與方法承自朱熹，著有《春秋通説》一書，雖然戴君仁將此書列爲歷來説《春秋》最好的書之一，但却少有學者對此書進行專門的研究。本文即是對《春秋通説》進行初步的探查研究，主要集中在兩個論題：一是黄仲炎一反傳統，自言《春秋》不是"褒貶之書"而爲"教戒之書"，這也成爲《春秋》學史中對《春秋通説》的共同認識。但是對於"教戒"之意究竟爲何，其与"褒貶"的關係真是相互排斥的嗎，本文就此進行較深入的討論，試著釐清兩者的關係。二則是黄仲炎反對以"義例"解《春秋》，故多引《左傳》之事爲説。本文透過統計及分析《春秋通説》中對於"左傳"的引用模式，觀察黄仲炎明引《左傳》文句時，其所發揮的功用爲何，由此可進一步説明黄仲炎《春秋》學的特點。

【關鍵词】　《春秋》　《左傳》　黄仲炎　《春秋通説》　宋代

【作者簡介】　劉德明，1968 年生，"中央大學"中文系教授。

一、導　　論

論及宋代的學術特色，自然以理學的興起最引人注目。除此之外，對五經的注解亦多有與前人不同之處。依張尚英與舒大剛的統計，宋儒對五經的注解以《春秋》與《易》類爲最多：

> 宋代共有各種《春秋》學專著達 602 種……這在經部文獻中，可能只有《易》學文獻能與之相埒，其他則不能與之媲美。……自《春秋》産生以

來至清末的 2 000 多年時間裡,共有《春秋》學專著 2 000 餘種,而只有 319 年的宋代就有近 602 種,占近三分之一,超過了之前歷代的總和,之後的元、明、清三代也只有清與之相當。①

這可從兩面來看:一、專就宋代而言,理學家好透過《易》經來討論天人性命之學,所以說《易》者自然眾多。而宋代對《春秋》的注解亦不少於《易》,由此可見《春秋》學在宋代學術中亦占有很重要的地位。二、就歷時性的比較而言,在《春秋》學史中宋代《春秋》學著作數量是前代的總和,幾占全體的三分之一,可見宋儒對《春秋》的經注,就《春秋》學的開展有著重要的意義,亦是不容忽略。

關於宋代《春秋》學所展現出的獨特面貌,歷來已有許多許多學者注意,如四庫館臣在對元代學者程端學《春秋辨疑》的《提要》中即言:

> 蓋不信三《傳》之說創於啖助、趙匡,(案:韓愈《贈盧仝》詩,有"《春秋》三《傳》束高閣,獨抱遺經究終始"之句。仝與啖、趙同時,蓋亦宗二家之說者。以所作《春秋摘微》已佚,故今據現存之書惟稱啖、趙。)其後析為三派:孫復《尊王發微》以下,棄《傳》而不駁《傳》者也;劉敞《春秋權衡》以下,駁三《傳》之義例者也;葉夢得《春秋讞》以下,駁三《傳》之典故者也。②

其將宋代《春秋》學大致分為三派:孫復自舒己見,并不論斷三《傳》之說;劉敞及以後諸人,則主要在反對三《傳》的義例內容;至於葉夢得等人,則是專就三《傳》的內容史事而提出異說。此三派的偏重雖有不同,但其共同的特質則是不再崇信傳之說,而欲在三《傳》外另立新說,這種風氣,可上推至唐代的啖助、趙匡、盧仝等人。現代學者一般也同意四庫館臣這種看法,將宋代的《春秋》學以"新《春秋》學派"目之。但我們對於宋代《春秋》學也可以有另外的視角加以觀察。

自啖助等人起,他們之所以能在三《傳》之外另立新說,其主要仍是憑藉著歸納《春秋》"義例"的解經方法。若觀察他們的實際經解,其實可以發現宋儒在義例上,只是或舍棄舊例而另立新例,或是修訂舊例而使其更加細密,但他們在基本方向上仍是承續著三《傳》原有的"義例"之說而發展。相較之下,朱熹則是首位真正想要擺脫以"義例"詮解《春秋》的宋儒,曾明確對《春秋》中是否存有"一字褒貶"的"義例"提出質疑,朱熹說:"《春秋》只是直載當時之事,要見當時治亂興衰,非是於一字

---

① 張尚英、舒大剛:《宋代〈春秋〉學文獻與宋代〈春秋〉學》,《求索》2007 年第 7 期,第 199 頁。
② (元)程端學:《春秋辨疑·提要》,影印《文淵閣四庫全書》本,臺北:臺灣商務印書館,1983 年,第 1 頁。

上定褒貶。"①朱熹也在原則上否定了以義例解《春秋》的方法。朱熹雖然在理論上有這樣的主張，但因其没有《春秋》的注解，所以很容易引起一種質疑：是否真的可以不用義例亦可通解《春秋》？這個問題也就成爲信奉朱熹之説的《春秋》學家所要面對的困難。對此，戴君仁在《春秋辨例》説他心目中最符合完全不以義例説《春秋》的典範：

> 宋末及元朝人説《春秋》的書，如黄震《讀春秋日鈔》，黄仲炎《春秋通說》，吕大圭《春秋五論》，程端學《春秋本義》，都能够本此意闡發詳盡，成爲説《春秋》最好的書。②

所提及的四位儒者，黄仲炎、黄震與吕大圭爲南宋學者，而程端學則爲元代學者。這四人都是試圖用實際的解經著作，用以回應朱熹所面對的質疑。而在四人中，黄仲炎大約是最少被注意到的學者，故本文即擬由黄仲炎的《春秋通説》入手，除了瞭解黄仲炎《春秋》學特色外，也盼能釐清其中有關的問題。

二、黄仲炎《春秋》學核心：教戒與褒貶之辨

黄仲炎，字若晦，永嘉人，生卒生不詳，約活動於南宋寧宗、理宗時期。《宋史》中無傳，僅《宋史·藝文志》著録有"黄仲炎《春秋通説》一十三卷"。③ 黄仲炎在自己所撰的《進春秋通説表》中言：

> 臣肄舉業而罔功，抱遺經而永慨，潛心十稔，課稿一編，遠稽孟子之書，近酌朱熹之論，務陳理要，痛剗蕪繁，鳴世儒寡和之音，闢衆博多岐之礙。④

由此可見，黄仲炎并非官場中人，其未中舉爲官，亦不見其與名儒相互交往，故而《宋史》中并没有他的記載。依其自言，《春秋通説》是參酌了《孟子》及朱熹所主張來詮解《春秋》的。四庫館臣對於此書有一評述：

---

① （宋）黎靖德編：《朱子語類》卷八三，北京：中華書局，1986 年，第 2144 頁。
② 戴君仁：《春秋辨例》，台北：中華叢書編審委員會，1964 年，第 18 頁。
③ （元）脱脱等撰：《宋史》卷二〇二，北京：中華書局，1977 年，第 5065 頁。
④ （宋）黄仲炎：《春秋通説·進春秋通説表》，影印清康熙十九年《通志堂經解》本，臺北：漢京文化事業公司，1971 年，卷首，第 4a 頁。《文淵閣四庫全書》本之《春秋通説》中未收録此文。此外，本文所引黄仲炎《春秋通説》文字，均依《通志堂經解》本。

　　書成於紹定三年，其奏進則在端平三年。《自序》謂《春秋》爲聖人教戒天下之書，非褒貶之書。所書之法爲教，所書之事爲戒。自三《傳》以褒貶立意，專門師授，仍陋襲訛，由漢以後，類例益岐，大義隱矣。故其大旨謂直書事蹟，義理自明。於古來經師相傳王不稱天、桓不稱王之類，一切闢之。按朱子《語録》云：“聖人據實而書，是非得失，有言外之意，必於一字一辭間求褒貶所在，竊恐未然。”仲炎表中所云酌朱熹之論者，蓋本於是。①

　　紹定三年爲1230年，端平三年則爲1236年，均是宋理宗之年號，其上距朱熹去世30年許。黄仲炎應非朱熹親傳弟子，但四庫館臣認爲黄仲炎在《春秋通説》中强調《春秋》的“教戒”功用，而非爲“褒貶之書”的主張，是依持朱熹的“直書事蹟，義理自明”的主張而來。對此，黄仲炎在《春秋通説序》中明白地交待了自己的立場：

　　《春秋》者，聖人教戒天下之書，非褒貶之書也。何謂教？ 所書之法是也；何謂戒？ 所書之事是也。法，聖人所定也，故謂之教；事，衰亂之迹也，爲戒而已矣。彼三《傳》者，不知其紀事皆以爲戒也，而曰有褒貶焉。凡《春秋》書人、書名，或去氏或去族者，貶惡也。其書爵、書字，或稱族或稱氏者，褒善也。甚者如日月地名之或書或不書，則皆指曰是褒貶所繫也。質諸此而彼礙，證諸前而後違，或事同而名爵異書，或罪大而族氏不削，於是褒貶之例窮矣。例窮而無以通之，則曲爲之解焉。專門師授，襲陋仍訛，由漢以來，見謂明經者不勝衆多，然大抵争辨於褒貶之異，究詰於類例之疑，滓重煙深，莫之澄掃，而《春秋》之大義隱矣。自大義既隱而或者厭焉不知歸咎於傳業之失，而曰聖人固爾也。故劉知幾有虚美隱惡之謗，王安石有斷爛朝報之毁，遂使聖人修經之志，更千數百載而弗獲伸於世，豈不悲哉！ 故曰：“《春秋》者聖人教戒天下之書，非褒貶之書也。”②

　　黄仲炎的主張可歸納爲三點：一、《春秋》是“教戒天下之書”，并非如前人所謂的“褒貶之書”，這是黄仲炎對《春秋》的基本立場。所謂的“教”指的是《春秋》中所欲呈現的道理，爲孔子所定。而“戒”則是《春秋》中所記的諸事，可成爲後人之警戒。二、反對以書人、名、爵、族、日、月等等“義例”來詮説《春秋》的褒貶，其主要的

---

① （宋）黄仲炎：《春秋通説·提要》，第2—3頁。

② （宋）黄仲炎：《春秋通説·春秋通説原序》，收入《摛藻堂四庫全書薈要》，臺北：世界書局，1986年，影印清乾隆四庫全書館鈔本，卷首序文，第1a—2a頁。

原因在於這些義例并不能自圓其説。三、批評前人所説之義例在不能自圓其説下，又要曲折地以變例來補充，於是讓釋經更加混亂。也因爲解經者自相矛盾的謬説，使《春秋》經的價值也受到懷疑，以致引起劉知幾、王安石等人的批評。黄仲炎認爲在這種情形下，唯有徹底抛棄以義例解經的方式，不以褒貶的角度來詮解《春秋》，方才能還《春秋》本爲教戒之聖典的面目。而這也是後人理解黄仲炎《春秋》學的特色基調，如趙伯雄言：

> 黄仲炎的《春秋》學有一個很重要的特點，就是他反對《春秋》之中有所謂褒貶，而主張《春秋》是"教戒"之書，這一點與前人及當世學者有很大的不同。……所謂"教戒"，實一事之兩面，從正面説爲教，從負面説則戒。①

劉曉雯亦説："黄仲炎繼承朱熹并加以闡釋地否定'一字褒貶'説，已成爲黄仲炎自己獨特的標籤。"②謝秉憲又説："他一掃'褒貶'之説，認爲《春秋》是聖人教戒天下的紀事之書，應當從中讀出聖人之教，并以衰亂之迹爲戒。教戒之説，與朱熹所拈出的'鑒戒'義，可謂一脉相承。"③這些都是認爲黄仲炎反對《春秋》爲"褒貶之書"，而認爲《春秋》是"教戒之書"，也就是説"褒貶"與"教戒"這兩個觀點是互斥的。

若從文句表面來看，這樣的理解并沒有什麼問題，因爲黄氏的確在字面上是如此主張。但若深一步思考，則不免令人生疑，因爲：所謂的"教戒"是指透過《春秋》的記事，抽繹出某些道理（教），而這些道理與事件足以爲後人所警戒（戒）。那麼在藉事而論理之時，怎麼可能對其所述及的事或人沒有"褒貶"呢？若不對《春秋》中的人、事有所"褒貶"，判斷誰是誰非以及成敗之由，那又怎麼從中汲取教訓以供後人有所警惕？我們不妨透過一則實例，來觀察"褒貶"與"教戒"間的複雜關係。黄仲炎在解桓公十五年"許叔入于許"之經文時言：

> 人衆能勝天，天定亦能勝人。《春秋》紀列國之變，所以見人欲橫流之中而未嘗無天道也。鄭莊公吞噬許國，挾齊、魯之力入許而逐其君，使其大夫國人奔潰四出，可謂人欲橫流矣。及身没之後，權臣擅命，二子爭國，幾於喪亡，故許叔因鄭之亂得還其舊都，非所謂天道之昭昭者乎！苟知天道之昭昭如是，則凡世之肆其欲者，可以戒矣。此《春秋》書"許叔入許"之

① 趙伯雄：《春秋學史》，濟南：山東教育出版社，2004年，第555—556頁。
② 劉曉雯：《黄仲炎〈春秋通説〉研究》，暨南大學中國古代文學碩士論文，2013年6月，第5頁。
③ 謝秉憲：《黄仲炎〈春秋通説〉對"褒貶"的省思》，《中國文學研究》2015第40期，第12頁。

義也。先儒謂許叔能復其宗社,故《春秋》賢而字之。抑不思許叔罹鄭莊之虐,遲徊于外者十有五年,不能乞靈於王室,假援於諸侯以復君父之仇也。今幸鄭之亂,乘間以入其國,此雖甚愚者爲計,亦不容不出於此,何以謂之賢哉?《春秋》之紀事爲戒而已矣,其於名字無擇也。……朱氏謂《春秋》非字字皆有義者,此類也。①

這段經説很能呈現出黃仲炎《春秋通説》的特色。他在這段文字裡陳述了四點內容:一、提出"人欲"與"天道"之間的關係,認爲縱使在人欲橫流的春秋時期,天道仍然是存在的。不論人的欲望如何不受限制的表現,但天道總能在歷史中展現出最終的主宰性,由此可見天道的可貴。透過史事而論天道,無疑是理學家説《春秋》的一大特色。二、黃仲炎依《春秋》及《左傳》記事,認爲隱公十一年,鄭及魯、齊三國伐許,攻入許都後,許莊公出奔衛國,許穆公則退居許國東偏。桓公十一年,鄭莊公死後,世子忽爭位失敗出奔。至桓公十五年時,鄭厲公(公子突)因欲殺祭仲不成,於是也被迫出奔至蔡國,權臣祭仲迎回世子忽即位爲鄭昭公。許穆公則趁機入於許都。在這十五年間,許穆公并没有上告天子或求援於各諸侯,以力圖恢復許國。此次只不過是藉著鄭國之亂而恢復宗廟,這是普通人都會做的事,故而黃仲炎認爲《春秋》在此并没有褒揚許穆公之意。從另一方面來説,黃仲炎認爲鄭莊公當初因貪欲而借齊、魯之力,强迫驅逐許莊公,取得許國的控制權。但鄭國最終也在鄭莊公死後因二子相争,又失去了對許國的掌控。通過這段論述,明顯可以看出黃仲炎對於鄭莊公及許穆公的評價。三、引朱熹"《春秋》非字字皆有義"的主張,認爲《春秋》在此書"許叔",并非是"賢"之。認爲《春秋》對於許叔的評價,并非是由如何書記其名、字或爵而定,而是透過事迹來評斷,也就是反對"一字褒貶"的解經方法。四、從整體而言,黃仲炎認爲《春秋》記此事主要在呈現的"教"是"天理昭昭",而"戒"則是警示後人勿因人欲而違反天道,而這都不是從《春秋》中的任何"一字"而得。

以上四點可知,黃仲炎的《春秋》學確實以"教戒"爲核心,他認爲孔子著《春秋》的要點在於使後人觀書而知道,由知道而後能在行事上有所警戒。但我們也必須同時察覺,在這其中,《春秋》并非對人物完全没有"褒貶"。在黃仲炎的説明文字中,我們明顯可以看出他對於鄭莊公的評價是負面的,對許穆公則不願評其爲"賢",而將之歸於"甚愚者"一類。若此説得以成立,那麼"教戒"與對人物的"褒貶"

① (宋) 黃仲炎:《春秋通説》卷二,第21a—21b頁。

就不是互斥或二擇一的抉擇,兩者的關係是比較接近於解說時偏重點的差異。也就是說黃仲炎所謂《春秋》是"教戒之書",而非"褒貶之書"的意思應是:解讀《春秋》的重點不只在於評價人物,更重要的在於有哪些道理可供後人警戒。事實上,我們也可以反過來思考:儒者探求《春秋》中對人、事的褒貶之時,也不可能完全捨棄其最終仍是追求對解經者當時世界所產生的指導與規範的作用,而只想純粹了解孔子在《春秋》中對人、事的評價而已。所以"教戒"與"褒貶"并不是決然區分的兩途,其相互關係更近於由不同面向的運用:即是以"褒貶"而有"教戒",或是由"教戒"而顯"褒貶"之意。

以上所論的"褒貶",是指對人事評價的意思,但在《春秋》學中,"褒貶"一詞還有另一層意思,那就是指在解經方法上的"一字褒貶",這應該才是黃仲炎真正要反對的。同樣以對"許叔入于許"經文的解釋史來看,如《穀梁傳》言:"其曰入,何也?其歸之道,非所以歸也。"范甯在注中引其子范泰的説法加以解釋:"進無王命,退非父授,故不書曰歸,同之惡入。"①兩人釋義的根據主要集中在《春秋》用"入"字而不用"歸"字,由此認爲許叔回至許都即位,并非由周天子或其父傳位,所以不是名正言順的接位,因此《春秋》才用惡詞"入"來書記。《左傳》僅記載史事,沒有釋義,但杜預則説:"鄭莊公既卒,乃入居位,許人嘉之,以字告也。"而孔穎達進一步對經義加以闡明:"小白、陽生入皆稱名,此叔稱字,故云許人嘉之,以字告也。"②杜預的説解集中在對"許叔"的解釋,認爲《春秋》不書許穆公之名"新臣"而書爲"許叔",是因爲《春秋》中有"賢而字之"的書法,故書許穆公的字"叔"以表示許人對穆公的感謝。雖然《穀梁傳》與杜預對經文的釋義不同,但不論是針對以"叔"或"入"取義,兩者顯然都是采取"一字褒貶"的釋經方法加以運用的結果。凡此以下,許多《春秋》學家在解釋這段經文時,也常將焦點放在説明《春秋》爲何用"許叔"及"入"上,如對宋代《春秋》學影響十分巨大的陸淳,在《春秋集傳微旨》中即引啖助之説:

> 言"入",志非其正也。字之,善興復也。此言取國者皆有傾奪,唯許叔有克復之功,無傷義之責,故可善也。③

而劉敞也説:

---

① (晋)范甯集解,(唐)楊士勛疏:《春秋穀梁傳注疏》卷四,北京:北京大學出版社,2000 年,第66頁。

② (周)左丘明,(晋)杜預注,(唐)孔穎達正義:《春秋左傳正義》卷七,北京:北京大學出版社,2000年,第235頁。

③ (唐)陸淳:《春秋集傳微旨》卷上,上海:上海古籍出版社,2019年,第20頁。

許叔者何？許公子也。何以字？賢也。何賢爾？宜爲君也。宜爲君則其稱"入"何？難也。何難焉爾？鄭幾滅之，迫（筆者按，應爲"迫"）其亂而後能入也。①

對南宋以後《春秋》學深具影響力的胡安國則説："今乃因亂竊入，則非復國之義，故書'入於許'。'入'云者，難詞也。"②以上諸説，雖然對於許穆公的評價褒貶不一，但他們説經的依據都是集中在《春秋》書"許叔"與"入"字上立論，依照他們對《春秋》書寫的慣例的理解，作爲判斷褒貶的依據。由此可見，以"義例"説經或"一字褒貶"的方法，在《春秋》學史中實有莫大的影響力。黃仲炎則受朱熹的啓發，主張"《春秋》之紀事爲戒而已矣，其於名字無擇也"，所以拋棄了對以字例解《春秋》的方式，而是透過人物前後行事，進而斷定《春秋》欲傳達之意，這也即是黃仲炎認爲《春秋》"非褒貶之書"的最重要的理由。

但在此我們也必須同時注意到，雖然黃仲炎在"主張"上明白揭示反對"一字褒貶"之説，但在其"實際解經"時，未必可以完全排除《春秋》中有"隻字垂法"的情況。如其自言："夫《春秋》固有以隻字垂法者矣，如加'王'於正，削吳、楚僭號而從其本爵之類是也，而非字字有義也。"③若從此段文字來看，我們只能説黃仲炎在解經方法上，真正反對的是將"一字褒貶"毫無限制地擴大使用，而并不反對將之限縮在某一特定限度中用以解經。因爲黃仲炎也發現在《春秋》中存在某些看似"通例"的書記方式，"必有義在其中"。④ 這其間的複雜關係，除了黃仲炎自謂《春秋》書"王正月"及對吳、楚稱謂兩種情況外，我們可另用一個例子來説明"一字褒貶"在解經時并不容易完全拋棄。黃仲炎對桓公六年"蔡人殺陳佗"經文的解釋是：

《左氏》載："五年，陳亂，文公子佗殺太子免而代之。"則是佗既爲君矣，《春秋》諸侯雖以篡弑立者，逾年必稱君。佗既立逾年，不稱君而曰"陳佗"，何也？《穀梁子》曰："匹夫行，故匹夫稱之也。"佗以匹夫行而淫于蔡，蔡人不知佗爲君而殺之，故以殺陳佗赴於魯也。由此觀之，凡爲人君而去鑾旗之飾，失藩衛之嚴，微服盤游，見斃賊手，猶殺一夫而已，可無畏哉！⑤

---

① （宋）劉敞：《春秋劉氏傳》卷二，第 11b 頁。

② （宋）胡安國：《春秋胡氏傳》卷六，杭州：浙江古籍出版社，2010 年，第 76 頁。

③ （宋）黃仲炎：《春秋通説·春秋通説原序》，第 3 頁。

④ 相關論述，詳見謝秉憲：《黃仲炎〈春秋通説〉對"褒貶"的省思》，第 21 頁、第 25 頁。

⑤ （宋）黃仲炎：《春秋通説》卷二，第 15a—15b 頁。

陳佗在桓公五年時，殺了太子免而立。黄仲炎説本依《春秋》的書記慣例，不論其得位正與不正，在桓公六年時均應書記爲"陳侯"。但在桓公六年時，陳佗被蔡人所殺，《春秋》經仍記其爲"陳佗"而非"陳侯"。黄仲炎引用《穀梁傳》的説法，陳佗是因喜獵，與蔡人争禽而被蔡人誤殺。孔子認爲陳佗并没有滿足作爲君主的客觀要求，所以仍然書記其爲"陳佗"而不是"陳侯"，貶其爲"匹夫"。從這個例子中，可見黄仲炎認爲《春秋》確實有某些固定的書記方式，而一旦違反這種固定的書記方式，即是在表達一種文字表現所没有提供的特殊評價意義。由此可見，雖然黄仲炎自覺對於"一字褒貶"的解經方法有諸多批評，但其在實際解經時仍無法完全擺脱這種解經方式。

此外，對《春秋》學稍有了解的人都知道，若不依靠"義例"解經，純粹以"事"來斷定《春秋》之意，在現實上有一絶大的難題：《春秋》的記事十分簡略，純由經文并不易判讀出其所藴涵之"義"。若要堅持不以"義例"解《春秋》，而是要透過"即事見義"的方式來詮解，那麼記事豐富的《左傳》，自然成爲釋《春秋》之"義"的最大助力。這同時也是《左傳》學者們自認其優於《公羊傳》及《穀梁傳》的地方。對於黄仲炎而言，其既然主張《春秋》是"紀事爲戒"，亦勢必要借用《左傳》中的許多内容。所以下節將討論黄仲炎在《春秋通説》中對於《左傳》的引述與其態度。

三、《春秋通説》中對《左傳》的引述與態度

對黄仲炎的《春秋》學而言，《左傳》是很重要的元素，歷來針對黄仲炎對《左傳》相關看法的論述，主要集中在兩點：一是關於《左傳》的作者，一是關於《春秋通説》"疑傳疑經"的現象。如戴維言：

> 黄仲炎提出《左傳》作者問題，較爲大膽，也可備一説……黄仲炎主張《左傳》作者爲楚左史（不知其自説還是引先儒，"是得其實"指向不明），較有參考價值。……《左傳》楚事特詳，似有《楚檮杌》的成分在其中。黄仲炎《通説》還有疑傳疑經的現象……不過這一點却甚爲後儒所詬。如《四庫提要》云："以子同生爲《傳》語誤入經文，以葬蔡桓侯爲公字訛，以同圍齊爲圍字重寫之誤，疑及正經，亦未免臆爲推測。"①

這兩點當然是《春秋通説》重要的主張，但因前人未能深入研究黄仲炎在《春秋

---

① 戴維：《春秋學史》，長沙：湖南教育出版社，2004年，第371—372頁。

通説》中對《左傳》的引述與應用,所以往往淺言即止,故實有進一步申述的必要。

首先,對於《左傳》的作者問題,這原是在黃仲炎對於三《傳》總體看法下的一個分支:

> 先儒謂左氏非左丘明,丘明乃孔子前輩,故孔子云:"左丘明耻之,丘亦耻之。"先丘明而後已,尊之也。楚左史倚相,能讀三墳五典、八索九邱。蓋今《左氏傳》,即楚左史也。古者史世其官,則傳是書者,倚相之後也。《左傳》載楚事比他國爲特詳,是得其實。《公》《穀》亦莫明其所自來,或云子夏門人,要皆非親受經於聖人者,故於説經首失其義,而其間亦或有得者,《穀梁氏》爾。若夫具載事實則《左氏》尚可考,故當據事以觀經,事或牴牾難於盡從,則以經爲斷。①

黃仲炎這段文字,重點有二:一、就來源而言,認爲三《傳》均非來自孔子之説,其中《公羊傳》及《穀梁傳》雖有傳自子夏的説法,但相關的傳承并不明確;《左傳》的作者并非《論語》中的左丘明,而應是楚國史官倚相或其後人,《左傳》的内容應是原楚國左史所記,因材料源於史官,所以就事之内容上言,確實較爲詳細。二、在釋經的準確度上,黃仲炎對《公羊傳》與《穀梁傳》的評價都不高,但相較而言,《穀梁傳》優於《公羊傳》。《左傳》則因爲"具載事實",所以可以"據事以觀經",在史料上提供釋經的幫助。但是《左傳》所載也不全都是實事,所以最後仍必須"以經爲斷"。從《春秋》學史來看,黃仲炎對於三《傳》的這種態度并不算特别,因爲自唐啖助等人開始,即對三《傳》的來源、經説正確性有諸多懷疑,也因此才有各種不同於傳統三《傳》的説法。黃仲炎也是在這個大浪潮下,有著"上以伸仲尼之志,雖以立異取譏於世而不辭也"的自我期許。但與宋代諸多《春秋》學家不同的是,黃仲炎更依賴《左傳》的史事紀録,所以我們也必須更細緻地去觀察《春秋通説》引述《左傳》的各種情況。

筆者初步通過《文淵閣四庫全書》電子版中的搜尋功能,在《春秋通説》一書中查找到明文引述"左氏"之説共 122 次,扣除四庫館臣《提要》與黃仲炎《原序》的 4次,尚有 118 次。若以所釋經文的條目作爲計算根據,將解釋同條經文中所引的"左氏"合并在一起,則黃仲炎明引"左氏"之説用來釋經文的條目共有 102 條。筆者將黃仲炎在《春秋通説》中述《左傳》解經的 102 條内容,依其在説經上發揮的功能主要分爲四大類,分別述明其性質。

---

① （宋）黃仲炎:《春秋通説·春秋通説原序》,第 3b—4a 頁。

第一大類是引述《左傳》的紀事，作爲其論説經義的支持。這類的情況最常見，約有 60 條之多，超過《春秋通説》中引述《左傳》各種作用的一半。在這一大類中，又可大致分爲兩種情況，1—A 類是單純引述《左傳》事迹用以對《春秋》經義的説明，如對昭公三年"北燕伯款出奔齊"的解釋：

> 按《左氏》："燕簡公多嬖寵，欲去諸大夫而立其寵人。燕大夫殺公之外嬖，公懼而奔。"是昵嬖寵而蔑冢卿，失君人之道矣。[1]

黄氏認爲此條經文在表示燕簡公"失君人之道"故而出奔，但因《春秋》中没有燕簡公的相關史事，黄仲炎又不以《春秋》書北燕伯之名"款"立義，所以引用了《左傳》對於燕簡公的相關記事，作爲這個經説的支持理由。對此我們可以説，在這種類型中《左傳》對於黄仲炎的解經占有決定性的功能，因爲若没有《左傳》所記之事，黄仲炎又不願采取義例解經的方式，那麽就不太容易去解釋爲什麽燕簡公出奔齊是"失君人之道"。[2]

此外，另一小類（1—B 類）所引《左傳》在功能上更爲複雜。除了引述《左傳》之事加以申説《春秋》教戒之義外，而後再進一步就《左傳》所記之事發揮論述其大義。如其在釋隱公四年"戊申，衞州吁弑其君完"中説：

> 《春秋》書弑逆之事，不徒正名定罪而已，蓋使後世爲君父者，明其爲禍之慘而謹戒之，務絶其萌焉爾。《易》曰："臣弑其君，子弑其父，非一朝一夕之故，其所由來者漸矣，由辨之不早辨也。"《左氏》載衞州吁有寵於莊公而好兵，公弗禁，石碏諫而弗聽，既而立桓公，故州吁弑桓而代之。立桓之見弑，由莊之不早辨也。驕其子而不教，恣其弄兵而不禁，雖惡物醜類，天禀自出，然習則生常，其流遠矣，爲人君父者可不戒哉！[3]

依《左傳》所記，州吁與衞桓公完均是衞莊公之子，在衞莊公生前，州吁即深受寵愛且好軍事，石碏曾經勸告過衞莊公應抑制州吁，但莊公并没有采納。至魯隱公

---

[1] （宋）黄仲炎：《春秋通説》卷一一，第 2b—3a 頁。

[2] 對於這條經文，《公羊傳》及《穀梁傳》都没有釋義，但《公羊傳》及《穀梁傳》在《春秋》書記其他諸侯出奔時，都有"書名爲惡"的主張。《左傳》對這條經文的主張爲"罪之也"。黄仲炎的釋義與《左傳》相類，但在罪之的内容上更加明顯。見楊伯峻：《春秋左傳注》，北京：中華書局，1990 年，第 1243 頁。劉德明：《論北宋孫復、劉敞與孫覺對〈春秋〉中"諸侯奔"的詮解》，《漢學研究》2007 年第 1 期，第 227—228 頁。

[3] （宋）黄仲炎：《春秋通説》卷一，第 12a 頁。

四年時，州吁便殺桓公而取得衛國政權。黃仲炎對此則《春秋》義理的説明有兩個重點：一、對州吁弒君的貶斥，這可由《春秋》經文中"書弒"便可瞭然知曉，《左傳》的相關叙事，則可知其前後事。二、認爲後代的君父們要引州吁之事爲戒，從中知道"務絕其萌焉"的道理，黃仲炎并引《易經》與《左傳》的内容，作爲其申説此義的支持。在這兩個《春秋》之義中，第一個是"正名定罪"，這是一般説《春秋》者均會提及的重點。① 比較特殊的是第二點，黃氏認爲《春秋》之所以書記本事，"不徒正名定罪而已"，更重要的在於透過此事，要使日後惡事没有萌芽的機會。但黃仲炎的這個説法，并無法直接單由《春秋》的經文中推得，而是必須透過《左傳》對相關史事的記載，方才能够得到這樣的"教戒"。若從這點來説，《左傳》對於《春秋》之義的知曉，其所占的重要性并不亞於（甚至超過）《春秋》經文本身。因爲莊公對州吁寵信相關之事，已逸出了《春秋》經文的内容，若没有《左傳》，則根本得不出這樣的"教戒"。類似的例子，在《春秋通説》中并不少見，又如黃仲炎對僖公十五年"十有一月，壬戌，晋侯及秦伯戰于韓，獲晋侯"經文的解説：

> 案《左氏》："秦之伐晋也，晋侯逆秦師，使韓簡視師，復曰：'師少于我，鬬士倍我。'公曰：'何如？'對曰：'出因其資，入用其寵，饑食其粟，三施而不報，是以來也。今又擊之，我怠秦奮，倍猶未也。'公曰：'一夫不可狃，况國乎？'戰于韓原，敗之，秦獲晋侯以歸。"夫兵以氣勝，氣之餒壯，由兵之曲直。我直彼曲，則我氣壯而彼氣餒矣；我曲彼直，則彼氣壯而我氣餒矣。晋侯背惠食言，以致秦師不反己而鬬，是己居其曲，敵居其直，此秦人之氣所以倍於晋，而晋所以敗於秦也。《春秋》書韓之戰以爲氣餒而貪戰者之戒，明矣哉。②

若單純從《春秋》經文來看，可如《公羊傳》言："此偏戰也，何以不言師敗績？君獲不言師敗績也。"③或如《穀梁傳》説："韓之戰，晋侯失民矣，以其民未敗，而君獲也。"④《公羊傳》是在解釋《春秋》的書記方式，而《穀梁傳》則是在説明晋惠公被秦捕獲是因其失民心。兩者説法雖然有異，但都由《春秋》經文不書"敗"而書"獲"來立論，其説貼合經文文字内容。相較之下，黃仲炎則在詳引《左傳》相關記載後，説《春

---

① 附帶一提：由這個例子也可見，在黃仲炎心中"正名定罪"當然是《春秋》的目標，只是《春秋》之義不僅止於此，還强調對州吁的貶斥，這亦可以作爲上節論"褒貶"與"教戒"之間的關係的佐證。

② （宋）黃仲炎：《春秋通説》卷六，第 2b—3a 頁。

③ （漢）何休解詁，（唐）徐彦疏：《春秋公羊傳注疏》卷一一，北京：北京大學出版社，2000 年，第 271 頁。

④ （晋）范甯集解，（唐）楊士勛疏：《春秋穀梁傳注疏》卷八，第 155 頁。

秋》這段經文的意旨在於"以爲氣餒而貪戰者之戒",認爲晋惠公即是因食言背恩而又貪戰,以致最後爲秦所獲,這是一個足以警誡後世君主的最好例子。黄仲炎對這則《春秋》之義的説法,確實在前人之説外另翻出新意,其道理也頗有價值。但問題是"氣餒而貪戰"是由知曉了晋惠公在韓之戰的相關行事進而產生出的道理,而這在《春秋》文本中是根本看不到的,與《春秋》經文幾乎毫無關係,只能由《左傳》中得見。也就是説,這個教戒并不是由《春秋》經而來,而是由《左傳》而來。

第二大類則是黄仲炎引述《左傳》之説,其意在於批評《左傳》對經義的説解有誤,此類約有 29 條。《左傳》除了有豐富的人、事紀録外,亦有直接對於《春秋》經文的説解。黄仲炎在《春秋通説》中有時會引述《左傳》之説,并批評《左傳》説經并不真確。如成公九年"楚公子嬰齊帥師伐莒。庚申,莒潰,楚人入鄆",黄仲炎的解釋爲:

> 《春秋》書被伐而潰者,明不能固結其民心。程子曰:"人君之道,以民心悦服爲本,故雖率之以犯難,則效死而不去。"夫能使民效死而不去,豈有逃其上而潰者哉!《左氏》謂莒城惡而潰,楚遂入鄆,非知本之論也。①

依《左傳》的説法,成公八年時,晋國的申公巫臣即與莒子朱論及莒城太過於破舊,建議應修築補强。但莒子朱認爲莒地處偏遠,應没有他國會來攻打。怎料在成公九年時,楚子重即率軍攻莒,莒國則因城牆老舊失修,所以很快被楚攻陷。對此,《左傳》記君子曰:

> 恃陋而不備,罪之大者也;備預不虞,善之大者也。莒恃其陋,而不修城郭,浹辰之間,而楚克其三都,無備也夫! ……言備之不可以已也。②

簡而言之,《左傳》認爲《春秋》此條經文在於表示,無論如何都不可鬆懈對於國防的相關準備工作,而莒子没有預作準備,實是大誤。但黄仲炎則認爲《春秋》之所以記莒被楚攻打而潰敗,主要是在表示莒子朱"不能固結其民心",而非"不修城郭"。也就是説認爲本條經文主要在於責備莒子朱施政不得民心,無法"使民效死而不去",這才是莒君真正的問題。至於《左傳》所謂城牆老舊,雖可能亦是事實,但絕非《春秋》此則經文的主要大義所在,所以批評《左傳》之説是"非知本之論"。黄仲炎在此對於《春秋》經文所欲呈現的"教戒"之理,與《左傳》的觀點并不一致。

又如其對隱公元年"鄭伯克段于鄢"的解釋:

---

① (宋)黄仲炎:《春秋通説》卷九,第 9b 頁。
② 楊伯峻:《春秋左傳注》,第 845—846 頁。

舜在側微,象日以殺己爲事,及爲天子,則封象於庳而富貴之。故曰:
"仁人之於弟也,不藏怒焉,不宿怨焉,親愛之而已矣。"鄭莊公、叔段,同姜
氏所出,姜氏愛段而欲立之,段驕其母之私愛而不恭其兄,此固莊公之所
不能堪也。既而段不得立而莊公立,爲莊公者亦可以善處此矣,奈何藏怒
宿怨,處段於京,初不加裁制,養成其惡而遂討除之,使無所容於其國。仁
者處天倫之際,果如是乎?《春秋》書"鄭伯克段于鄢",克者,勝之之辭也,
所以爲世之爲人兄者之戒也。苟知以鄭莊爲戒,則知以舜爲法矣。《左
氏》謂:"段不弟,故不言弟。"非也,段之不弟固無足言,而《春秋》亦未嘗以
去親爲貶也。若以不言弟見其不弟,則有書弑父而言子,如楚世子商臣之
類者,豈見其子也哉!①

在黃仲炎的這段解釋中,其史事完全接受《左傳》之説,但在經義的説明上則有
所不同。其間主要的差異在於對鄭莊公、段的評價問題,依《左傳》之説,以"譏失
教"來説明《春秋》對鄭莊公的批評,同時以"段不弟,故不言弟"説明對段的評價。
《左傳》對鄭莊公及段似各打五十大板,各自有不同的錯誤爲結。但黃仲炎則舉《孟
子》中舜如何對待其弟象的例子,説明理想上儒家爲兄者會如何善待其弟。相反,
鄭莊公則每日思考如何構陷其弟,終究使段在鄭國無容身之地。在這樣的論述脉
絡下,其對鄭莊公的負面評價絕不止於"譏失教"而已。其次,黃仲炎雖然也同意
《左傳》"段不弟"的評價,但其主張這個評價可以直接從段的行事而得,而不是從
"不言弟"而來,因爲《春秋》中没有"去親爲貶"的義例。總體而言,黃仲炎在評價與
解經方法兩方面都對《左傳》此則經解有所批評。

第三大類則是黃仲炎引述《左傳》之説,其意在於批評《左傳》記事有誤,也因其
所記之事不確,所以連帶著《左傳》對於經義的説解也自然有偏差,此類約有 8 條,
其間又可分爲兩小類。3—A 類是純就記事有誤發論,如其解僖公十八年"王正月,
宋公、曹伯、衞人、邾人伐齊"言:

《左氏》載:"齊桓公與管仲屬孝公于宋襄公,以爲太子。及管仲、桓公
卒,易牙、寺人貂立公子無虧,孝公奔宋。"宋襄公以諸侯伐齊,齊人與宋人
戰,宋敗齊師于甗,立孝公而還。蓋義兵也,何以書? 曰:《左氏》載事有牴
牾難盡從者,如云齊桓與管仲屬孝公于宋襄公以爲太子是也。此非《左
氏》載事之誣,乃不能辨誣爾。夫當國家未有事變之際而早立嗣子,以君

① (宋) 黃仲炎:《春秋通説》卷一,第 4b—5a 頁。

父命足矣，何待屬於鄰國之君，以召外來之變哉？管仲雖不以王道佐其君，然非甚愚者，何至若是？蓋仲之罪，特在於不能爲其君身後之慮早建嗣子，致有後日之亂，使宋襄得以乘之，而決非屬孝公于宋襄以爲太子也。凡世之姦人苟欲濟其所欲者，必附之於義，如欺人孤幼而利其財者，必假曰吾受其先世所屬而經理其家焉爾。宋襄之謀何以異此？蓋宋襄自僖十五年伐曹，已有圖諸侯之志。幸而齊桓死，諸子爭亂，無虧立而孝公奔宋。宋襄之得孝公，不啻如獲奇貨至寶矣，於是挾之以伐齊，而懼不足以勝也，則托之曰："是齊侯、仲父嘗屬此於我也。"以孝公爲先君所命，則其名正；以己爲齊侯所屬，則其辭順。名正辭順，雖齊國之人亦有不可致詰者。幸而戰勝，卒立孝公，故國史書之以爲信，然而不知宋襄實欲立威攘霸，特借孝公以挫齊。所謂受屬於齊桓、管仲者，蓋誣死而誑生者之辭爾。此其爲術，不待智者而後能知之也，《左氏》乃受其誣，可謂惑矣。[①]

此事較爲複雜，依《左傳》所記，齊桓公與管仲在生前即想由孝公接位，但因桓公多內寵，所以將立孝公一事托給宋襄公。在管仲、齊桓公死後，易牙等人却立了公子無虧爲君，於是宋襄公糾集了曹、衛等國共同伐齊，齊人也趁勢殺了公子無虧。在同年五月宋軍打敗了齊軍，於是孝公即位。若依《左傳》這樣的叙事，宋襄公此戰則爲義舉，是在實踐其對齊桓公與管仲的諾言。但黃仲炎對於《左傳》所述的史事有所懷疑，他認爲在齊桓公與管仲當政時，以管仲的能力，何需將立孝公之事托囑給宋襄公？管仲處理此事的問題在於未能早日幫助齊桓公確立太子，以致後來齊國有五公子爭國之事。而囑托宋襄公之事，實則爲孝公與宋襄公爲求能名正言順地伐齊公子無虧而捏造出來的謊言。在孝公當政後，這個謊言也就被記入史册之中。之後《左傳》作者不查，誤以爲真并用作解經，以致對於《春秋》經義有所誤讀。依黃仲炎之意，此戰根本是因爲宋襄公在齊桓公死後，爲求爭霸而起的不義之戰。黃仲炎對於《春秋》此則的解讀實遠於《左傳》，而近於《穀梁》的"非伐喪"之説。[②] 從這個例子來看，黃仲炎顯然認爲《左傳》中所載的史事有誤，因此也產生了釋經上的錯誤。

3—B類與上例類似但又稍有不同的是，黃仲炎不是對於《左傳》所載史事有疑，而是認爲《左傳》中所載的"孔子曰"之語，并非真正出自孔子。其在宣公九年"陳殺

---

① （宋）黃仲炎：《春秋通説》卷六，第 5a—6a 頁。

② （晋）范甯集解，（唐）楊士勛疏：《春秋穀梁傳注疏》卷八，第 158 頁。范甯申述《穀梁傳》之意説："伐喪無道，故謹而月之。"楊士勛亦言："宋襄欲繼齊桓之業，故亦謹而月之。"

其大夫洩冶"的注解中言：

> 《左氏》載："陳靈公與孔寧、儀行父通於夏姬，皆衷其祖服以戲于朝。洩冶諫曰：'公卿宣淫，民無則焉。'公告二子，二子請殺之。公弗禁，遂殺洩冶。孔子曰：'《詩》云：民之多辟，無自立辟。其洩冶之謂乎！'此非孔子之言也。昔者紂爲不道，微子去之，箕子爲之奴，比干諫而死，孔子曰："殷有三仁焉。"以比干爲仁，則必不以洩冶爲非矣。"邦無道，危行言孫。"此世之明哲，見幾不仕而高尚者之爲也。若夫有位于朝，食君之祿，則既以身許國矣，豈可緘默苟容，與俗俱靡，以自立辟爲戒，以善保身爲得哉？此非所以爲人臣之訓也。雖然《春秋》書"陳殺其大夫洩冶"，非以罪洩冶也，所以見君殺諫臣未有不喪亡者也。是故桀殺龍逢而夏亡，紂殺比干而殷亡。觀洩冶見殺，其明年靈公弑，又明年楚遂縣陳，可爲後世明戒矣。①

依《左傳》所記，陳靈公、孔寧、儀行父與夏姬通姦，而且在朝堂之上公然戲耍，大夫洩冶於是向陳靈公勸諫。陳靈公表面接受洩冶的諫言，但却私下將洩冶的話告訴孔寧與儀行父，於是孔寧與儀行父兩人就把洩冶殺了。而孔子聽聞此事後，引了《詩·大雅·板》"民之多辟，無自立辟"爲評，認爲洩冶既處在亂世，就不應堅守法度以致身危。依《左傳》所述，明引孔子之語，在於說明此則經文在告訴後人要明哲保身，而洩冶更不是值得效法的對象。黃仲炎對於《左傳》中所載陳靈公、洩冶相關之事沒有意見，但認爲孔子不可能對洩冶有如此的評價。黃氏引《論語》中將微之、箕子、比干同列爲"殷有三仁"，尤其是對比干諫而死給予高度評價的同時，②怎麼可能主張洩冶面對陳靈公之惡行時，要"緘默苟容，與俗俱靡，以自立辟爲戒"以求避禍？故黃仲炎認爲此則《左傳》所記的"孔子曰"之言，絕不會是孔子的主張。黃仲炎認爲應結合隔年陳靈公被夏徵舒所殺，又一年後陳則被楚所滅之事，認爲此則經文應是在呈現"君殺諫臣未有不喪亡者"的大義，③而非如《左傳》引孔子之語。其實3—A此小類的情況，與第二大類中認爲《左傳》所記"君子曰"之語并非《春秋》之義相類似。黃氏否定兩者都是因認爲其與《春秋》經義不合，只是黃氏并不否認"君子曰"爲前人所言，但却無法接受有不合經義的"孔子曰"之語。

除了以上三個大類之外，尚有其他少數狀況而不易歸類的例子，其中最爲人所

---

① (宋)黃仲炎：《春秋通說》卷八，第8a—8b頁。

② (宋)朱熹：《四書章句集注·論語集注·微子》卷九，北京：中華書局，1983年，第182—183頁。

③ 相較之下，黃仲炎對此則的說解，接近《穀梁傳》所說："稱國以殺其大夫，殺無罪也。"見(晉)范甯集解，(唐)楊士勛疏：《春秋穀梁傳注疏》卷一二，第229頁。

常提起的當是對桓公六年"九月,丁卯,子同生"的説解:

> "九月,丁卯,子同生"者,蓋《左氏》因記太子生之禮并問名等語,故起
> 此事,恐非經文也,録經者誤以傳文加之爾。……不然,《春秋》書"子同
> 生",甚無義也。①

關於本則,《左傳》的傳文爲"九月,丁卯,子同生,以大子生之禮舉之,接以大
牢,卜士負之,士妻食之"等等有關於太子出生、命名的禮儀,又説其之所以名爲
"同",是因爲與魯桓公之生同日。② 黃仲炎則認爲《春秋》經文的"子同生"是《左傳》
之文誤植爲經文,因爲《春秋》記"子同生"根本没有任何足以爲"教戒"的大義。③

四、結　語

透過以上簡要的整理與論述,大約可以有以下三點結論:

一、雖然黃仲炎在《春秋通説》一書中説《春秋》是"教戒"之書,而非"褒貶"之
書,此説也成爲黃仲炎説《春秋》的一個重要標志。但這個説法僅可視爲是黃仲炎
用以標宗旨、立門戶之説,意在凸顯自己的獨特性。若印諸《春秋通説》一書的内
容,則未必如其表面文字所表示的意思。其中最大的問題在於,後人對"褒貶"一詞
的理解有所歧異:一是指對人、事的贊同或貶斥;另則是指在經解方法上的"一字褒
貶"。就前者而言,《春秋》不可能對人、事没有褒貶,因爲若没有了褒貶,又如何能
成爲後人的"教戒"? 在前文所舉的例子中,亦可以看出"教戒"與"褒貶"并非不可
兼容,兩者的差異只是强調的重點與面向不同,自不應視爲絶然對立的兩面。至於
反對前人"一字褒貶"的解經方法,則是黃仲炎十分自覺承自朱熹之説,其在解經時
確實避免以"一字褒貶"的"義例"來解經。又如在前文所舉的例子,由黃氏對《左
傳》的批評中,亦可見其反對《左傳》用字例的方式來解釋《春秋》。但是若從黃仲炎
實際解經的内容來看,也并不能説黃仲炎完全没有使用"一字褒貶"的解經方法來
詮釋經義,只是他强調《春秋》不是字字有義。對此,我們可以説黃仲炎相較於朱
熹,對於如何不以"一字褒貶"解《春秋》已有所進展,黃仲炎已用實際的成果展現出
"即事見義"的可能性。但我們也必須注意到,黃仲炎并没能完全摒棄"一字褒貶"

---

① (宋)黃仲炎:《春秋通説》卷二,第 15b—16a 頁。
② 楊伯峻:《春秋左傳注》,第 114—117 頁。
③ 查《公羊傳》及《穀梁傳》均有此條經文,對三《傳》爲何會均誤入"子同生"之文,黃仲炎並没有做出任何
　説明與解釋。

的方法,雖然他已將之限制在一個較小的範圍之中。此外,黃仲炎也沒有明確提出判斷"一字"是"有義"與"無義"的標準爲何。

二、雖然黃仲炎自言"《左氏》不緣經而載事者多矣"、"《左氏》工於載事而謬於釋經",看似對《左傳》的記事與釋經有諸多批評。但單純從數目的統計上來看,黃仲炎在引用《左傳》之事時,用於支持其經說在數量上仍是最多,超過其總數的一半以上。而且從《春秋通說》中所展現的"教戒"上來看,很多的"教戒"內容是由《左傳》內容所發,而不是單純來自《春秋》。也就是說,因爲黃仲炎解《春秋》時多引《左傳》之事,且并沒有嚴格區辨由《春秋》而來的"教戒"與由《左傳》而發的"教戒"的不同,以至於常將兩者混同。其好處是使其《春秋》學內容更爲豐富,但缺點則是將《春秋》學與《左傳》學相混。這主要是因爲《春秋》所記史事十分簡略,單純由《春秋》原文并不容易產生出太多"教戒"的道理。相對之下,《左傳》則十分豐富,更容易產生出各種"教戒"之理。所以我們細讀《春秋通說》後會發現,其間所謂的"教戒",很多都是來自《左傳》的內容,而不太可能來自《春秋》經文。若是如此,我們當然要問:這是《春秋》學還是《左傳》學? 此外,也可以帶進一個方法學上必須探詢的問題:若完全去掉以"一字褒貶"的方法來解釋《春秋》經時,又必須大量借用《左傳》的內容,要如何才能避免讓《春秋》的主體地位下降而又不被《左傳》之意所干擾?

三、在黃仲炎對《左傳》的批評中,其批評《左傳》經義爲非的數量超過反對《左傳》的記事數量。當然,其反對《左傳》之記事的同時,亦通常連帶反對《左傳》對經義的詮釋。在這些批評裡,可以看出黃仲炎對《左傳》的批評,主要是基於黃氏對於儒家思想內容的理解。如其反對《左傳》對莒子朱的批評,主要是因爲黃氏認爲對君主而言,"固結其民心"較"修城郭"更爲重要。又以舜對待象作爲標準,認爲《春秋》批評鄭莊公之失,絕不是僅如《左傳》所謂"譏失教"而已。亦不會認爲孔子會如《左傳》所主張,洩冶在面臨君主失德時,要以"與俗俱靡"來避禍。至於黃仲炎批評《左傳》記齊桓公、管仲托孝公於宋襄公一事爲"誣",其實黃氏本身也沒有提出任何史料上的證據,僅是由他對管仲形象的了解與想象,即認爲管仲不可能如《左傳》所言行事。總合而言,黃仲炎是先對儒家義理有了理解(其間多是來自《孟子》),進而對於《左傳》之事、義加以批評。若從其對《春秋》的理解來說,《春秋》是其以"見之行事"的方式,來驗證儒家抽象之理的典籍。

胡安國《春秋傳》"尊王""攘夷"觀念的構建及其現實意義 *

羅軍鳳

【摘　要】　胡安國《春秋傳》依據孟子"《詩》亡然後《春秋》作"的論斷,闡述《春秋》"貶天子"之義及其書法。齊桓公、晋文公等春秋霸主,不尊王,又乏攘夷之功,故責其道德,貶其事功。春秋時期楚、吴、徐、越等國,因失君臣之義,故由華夏貶黜爲夷狄。胡安國《春秋傳》對周天子、霸主、夷狄的譏貶,無不彰顯其"尊王"的觀念。胡安國《春秋傳》抑戎捷,倡結盟,這與南渡之初宋高宗貶抑武將、牽制宗室的統治思想深度契合。

【關鍵字】　胡安國　《春秋傳》　尊王　攘夷

【作者簡介】　羅軍鳳,1971 年生,西安交通大學人文學院教授,博士研究生導師。

宋胡安國《春秋傳》借助《春秋》貶天子的春秋筆法,於王迹全無的春秋之世,構建起宋代《春秋》經學"尊王攘夷"的觀念,對南宋政治産生深遠影響。

一、《春秋》"尊王"觀念與貶天子的書法

胡安國《春秋傳》闡明《詩》與《春秋》代表前後兩個時代,兩個時代的區別標準在於是否有"王者之迹";春秋無王,故《春秋》通過特定"書法"貶天子。宋代春秋學"貶天子"的書法及觀念,折射的是宋代春秋學"尊王"的基本宗旨。

---

* 　此文係國家社科基金"清代揚州春秋學新疏研究"(20BZW102)的階段性成果。

(一) 春秋無王者之迹

孟子曰"王者之迹熄而《詩》亡,《詩》亡然後《春秋》作",胡氏《春秋傳》强調《詩》與《春秋》是兩個時代。《詩》有王者之迹,而《春秋》無王者之迹。什麽是王者之迹? 胡安國《春秋傳》從反面界定"王者之迹":

> 鄭有無君之心,而謂天王不復能巡狩矣。(隱公八年,"三月庚寅,我入祊")
>
> 《春秋》所載天王遣使者屢矣,十二公之述職蓋闕如也。(成公十三年,"邾人、滕人伐秦")
>
> 見天王之不復能用刑也。……見諸侯之不復能修其職也。(桓公七年,"夏,穀伯綏來朝,鄧侯吾離來朝")
>
> 天下無道,强衆相陵,天子不能正,方伯不能伐。(莊公二年,"秋,紀季以酅入于齊")
>
> 王之不王如此,征伐安得不自諸侯出乎? 諸侯之不臣如此,政事安得不自大夫出乎? 君臣上下之分易矣,陪臣執國命,夷狄制諸夏矣。其原皆自天王失威福之柄也。(隱公九年,"春,天王使南季來聘")
>
> 使時王能黜諸侯,《春秋》豈復作? (桓公二年,"滕子來朝")①

胡安國《春秋傳》所三致其意的"王者之迹",即天下有"道",王保有對國家領土的治權(巡狩)、對國家政治制度(如禮樂、征伐、刑罰)的掌控,尤爲重要的是,君臣關係之中,不失"君"的威福和權柄。正因爲威福喪失,故諸侯僭越,禮樂征伐自諸侯出,愈往下則禮樂征伐自陪臣出;諸侯、夷狄行無道之事,而天子不能治。而《春秋》之作,即以孔子爲素王,行天下之正道,黜諸侯、陪臣,貶方伯、夷狄。

胡安國《春秋傳》所謂"天王不復巡狩""諸侯不復述職",皆因《春秋》經文無"巡狩""述職"之辭。但據《左傳》等歷史文獻,春秋初期,天王仍巡狩,諸侯亦朝王,自當有"述職"。② 胡安國棄傳講經,僅據《春秋》經文,而不用三傳的記載,故有此論。

胡安國《春秋傳》所認同的天子的權力,如禮樂征伐制度、巡狩制度、諸侯朝貢及述職制度,皆來自儒家經典《禮記·王制》。《禮記·王制》被認爲是漢代儒生對

---

① 本文所引胡安國《春秋傳》,皆出自《中華再造善本》影印宋乾道四年刻慶元五年黄汝嘉修補本。
② 如《左傳》記載,隱公八年,"八月丙戌,鄭伯以齊人朝王";莊公十八年,"虢公、晋侯朝王";莊公二十一年,"王巡虢守";成公十三年,"公及諸侯朝王,遂從劉康公、成肅公會晋侯伐秦",此類記載,可證春秋時期仍有天子巡狩、諸侯朝王。

周代政治制度理想化的描述,天子通過制度保障"王權至上"。《王制》明確規定諸侯守土、天子巡狩、諸侯朝見君主并述職等各項制度,但現實狀況是,周王久不巡狩,諸侯不朝,天下不能治,此即王之不王。從根本上説,胡安國《春秋傳》對"王之不王"的論述,歸結爲對周天子的貶,而對周天子的貶,實即依據儒家思想,在春秋學中樹立起天子的威權。

(二)《春秋》書法:貶天子

《春秋》無王者之迹,則春秋時期的周天子徒有"天子"之名而無"天子"之實。故《春秋》通過貶"天王",而樹立"尊王"的意識。被貶的是現實中的天子,樹立起來的是理想的天子形象。《春秋》貶天子,通過如下幾種《春秋》筆法得以實現,試一一論述。

1. 天子之權力來自天,《春秋》不書"天王",而書"王",此即貶。

> 《春秋》以天自處,創制立名。繫"王"於"天",爲萬世法,其義備矣。(隱公元年,"秋七月,天王使宰咺來歸惠公仲子之賵")

> 《春秋》書"王",必稱"天",所履者天位也,所行者天道也,所賞者天命也,所刑者天討也。今桓公弑君篡國,而王不能誅,反追命之,無天甚矣。桓無王,王無天,其失非小惡也。(莊公元年,"王使榮叔來錫桓公命")

> 王不稱"天",以示譏。其義備矣。(桓公四年,"夏,天王使宰渠伯糾來聘")

天王失去了天賦予的絕對威權,故貶之。

2.《春秋》書"春正月",而不書"王",即貶天子。

自桓公三年至桓公十八年,《春秋》經皆書"春正月",而不書"春王正月",闕略了"王"。此即胡安國《春秋傳》"桓無王"的經學命題。"桓無王"的確切含義有二:首先,魯桓即位,不請命於天子,可見其"無王"之心。其次,自魯桓公弑君而立,一直未有討伐之人,春秋無王,方致亂臣賊子逞其道:

> 桓公弑君而立,至于今三年,而諸侯之喪事畢矣,是入見受命於天子之時也,而王朝之司馬不施殘執之刑,鄰國之大夫不聞有沐浴之請,魯之臣子義不戴天,反面事讎,曾莫之恥,使亂臣賊子肆其凶逆,無所忌憚,人之大倫滅矣。故自是而後不書王者,見桓公無王,與天王之失政而不王也。(桓公三年,"春正月")

魯桓公固然不尊王，但"桓無王"，亦因"天王失政而不王"。天子没有禮樂刑伐，才有亂臣賊子當道。"君不君，則臣不臣"（宣公十五年"王札子殺召伯毛伯"），所以，"桓無王"的局面，實由周天子自己招致的。

3.《春秋》以孔子爲素王，貶周天子。

胡安國《春秋傳》認爲天王不復爲天，而"《春秋》以天自處"（隱公元年，"秋七月，天王使宰咺來歸惠公仲子之賵"），故孔子作《春秋》，以貶天子。《春秋》在春秋亂世之外，尋找真正的王權；在現實王權之外，賦予孔子以天命、天討、天伐的特權。

> 仲尼有聖德無其位，不得如黄帝、舜、禹、周公之伐蚩尤、誅四凶、戮防風、殺管蔡，行天子之法於當年也，故假魯史，用五刑，奉天討，誅亂賊，垂天子之法於後世……以黜諸侯之滅天理廢人倫者。（桓公二年，"滕子來朝"）

> 君取於臣不言求，而曰求賵、求車、求金，皆著天王之失道也。上失其道，則下不臣矣。（隱公三年，"秋，武氏子來求賵"）

> 王奪鄭政，而怒其不朝，以諸侯伐焉，非天討也，故不稱"天"。……鄭伯不朝，貶其爵可也，何爲憤怒自將以攻之也？（桓公五年，"秋，蔡人、衛人、陳人從王伐鄭"）

> 貴戚擅殺大臣，而天子不討，王室不復能中興矣。（宣公十六年，"夏，成周宣榭火"）

孔子"奉天討，舉王法，黜諸侯"、"垂天子之法於後世"，實際上代替天子行天子之威權。周天子不能用刑，鄭國不朝而不能討，王族内部之貴戚擅殺大臣而王不討，求貨賂於諸侯而失王道，如此種種，足見周天子失道。《春秋》貶周天子，貶的是周天子的失道，其立足點是天子當"奉天討，誅亂賊"，天子的威權不容褻瀆。經學家以"天王"之特權加於孔子，但因孔子有聖德無其位，故稱"素王"。素王譏貶周天子，其正義性來源於天，是不可置疑的。

《春秋》不書"天"或"王"，均有微言大義。《春秋》對周天子施以褒貶，樹立起理想的"王"的模樣，即回歸上古黄帝、舜、禹、周公的時代，行天子之賞罰於天下。

二、"夷狄"與"攘夷"觀念

春秋以前，夷狄與華夏雜居，其"飲食衣服不與華同，贄幣不通，言語不達"①，因

---

① （清）阮元校刻：《十三經注疏》，北京：中華書局，1980年，第1956頁上。

習俗、文化不同,夷狄不與中原相往來。春秋時期,戎與中原諸侯的接觸日見密切,既有禮儀往來,又有戰爭、婚約。自僖公起,"南夷與北狄交,中國不絶若綫"①。夷狄從南從北侵犯中原,中原文化受到極大威脅,故齊桓、晋文等霸主崛起。春秋時期,因有"夷狄"的存在,故有"攘夷"的必要。而自漢以來的春秋學,因看待夷狄的視角不同,故對待夷狄的態度亦有不同。

漢代春秋學强調華夏與夷狄的文化區分,夷狄若用中原之禮,便可以進之於華夏,華夏一旦不用中原之禮,便黜之爲夷狄。胡安國《春秋傳》所設定的夷狄,既有種族不同的戎、狄,也有僭號稱王的夷狄,胡安國《春秋傳》對種族不同的戎狄絶少議論,對抵禦夷狄的春秋霸主多否少可。胡安國《春秋傳》所著意貶黜的,是"僭號稱王"的夷狄,這是胡安國之君臣觀念在春秋學的運用,是胡安國《春秋傳》的創造。

(一) 吴、楚僭號稱王,比之於夷狄

胡安國私淑北宋學者程頤。程頤曾説"禮一失則爲夷狄,再失則爲禽獸"(《二程遺書》),點明諸夏與夷狄的主要區别在於有無禮樂文化,華夷之辨以文化爲本。胡安國《春秋傳》亦沿襲了這個觀點:"中國之所以爲中國,以禮義也,一失則爲夷狄,再失則爲禽獸,人類滅矣"(《春秋》僖公二十三年"冬十有一月,杞子卒")。但在胡安國《春秋傳》中,較程頤更進一步的是,用以區分中國與夷狄的"禮義",有簡化爲"君臣之義"的趨勢。

在胡安國《春秋傳》裏,夷狄,特指由華夏黜落爲夷狄的國家。楚、吴、徐、越,這些諸侯國本與周民族同源,因無君臣之義,如今已成爲夷狄②。

> 中國之爲中國,以有父子君臣之倫也,一失而爲夷狄。(僖公五年"秋八月,諸侯盟于首止")
>
> 荆、吴、徐、越,諸夏之變於夷者。(莊公二十三年"荆人來聘")
>
> 楚僭稱王,春秋之始,獨以號舉,夷狄之也。……曰吴、楚聖賢之後,見周之弱,王靈不及,僭擬名號,此乃夏而變於夷者也。聖人重絶之。(文公九年,"冬,楚子使椒來聘")

---

① (清) 阮元校刻:《十三經注疏》,第 2249 頁中。

② 胡安國《春秋傳》有意回避秦的夷狄身份,而且對晋視秦爲"狄"提出批評。僖公十五年韓之戰,恕秦而罪晋,指責晋侯"背道、幸灾、貪愛、怒鄰"。僖公三十三年殽之戰,罪晋視秦爲狄。《春秋》僖公十九年"梁亡",因秦入侵,僖公三十三年"秦人入滑",即秦入侵小國滑,胡安國《春秋傳》對此均無貶辭。秦滅小國而無貶辭,這與胡氏不稱許戰爭,且對武力强大的霸主必有微辭的態度迥然有别。

吴、楚、徐、越,雖比於夷狄,而劉敞以爲其實不同。吴,大伯之後也;楚,祝融之後也;徐,伯益之後也;越,大禹之後也,其上世皆爲元德顯功,通於周室,與中國冠帶之君無以異。徐始稱王,楚後稱王,吴、越因遂稱王。(昭公五年,"冬,楚子、蔡侯、陳侯、許男、頓子、沈子、徐人、越人伐吴")

王,非諸侯所當稱也,故《春秋》比諸夷狄。(昭公五年,"冬,楚子、蔡侯、陳侯、許男、頓子、沈子、徐人、越人伐吴")

比之夷狄,以正君臣之義。(文公九年,"冬,楚子使椒來聘")

荆……惡其猾夏不恭,故狄之也。(莊公二十三年,"荆人來聘")

楚人疆舒蓼及滑、汭,盟吴越,勢益强大,將爲中國憂,而民有被髮左衽之患。經斯世者,當以爲懼。(宣公八年,"楚人滅舒蓼")

夷狄與中國的區別,在於是否有君臣之義。判定荆吴徐越"夷狄"身份的,是他們僭號稱王,不"尊王"。不尊王,便比之於"夷狄"。之所以比之於"夷狄",是爲了挽救"君臣之義"。吴、楚等夷狄强大,而中國憂,故《春秋》"重絶之",即對不"尊王"却勢力强大的、已變爲"夷狄"的諸侯深加貶黜。

因不尊王而成爲夷狄,"乃夏而變於夷者",但若吴、楚、徐、越等國與中國朝聘往來,則是夷而變於夏,故《春秋》嘉之。莊公二十三年《春秋》"荆人來聘",胡安國《春秋傳》褒楚之來聘:"來則嘉其慕義而接之以禮";文公九年《春秋》"楚子使椒來聘",胡安國《春秋傳》將楚與諸侯相同看待:"其君書爵,其臣書名而稱使,遂與諸侯比,是以中國之禮待之也"。吴楚等諸侯變於夷狄,亦可變於諸夏,對待吴楚等國,"上不使與中國等,下不使與夷狄均,推之可遠,引之可來"(昭公五年,"冬,楚子、蔡侯、陳侯、許男、頓子、沈子、徐人、越人伐吴"),"内雖不使與中國同,外亦不使與夷狄等"(文公九年,"冬,楚子使椒來聘"),其用意或許是想通過《春秋》褒貶,使之進於華夏。

吴、楚之君,僭號稱王,自漢以來,未嘗不受學者排斥。北宋學者劉敞認爲《春秋》明文書寫"戎""狄"的才是真夷狄,"吴、楚、徐、越,有狄之名,無狄之情"(《春秋意林》),"楚非真夷狄"(《春秋權衡》)。胡安國承繼了劉敞的部分思想,承認吴、楚等國的文化根源在諸夏,但是吴、楚等國僭號稱王,故比之爲"夷狄",春秋學的華夷之辨由種族、文化之爭蜕變爲君臣關係。《春秋》攘夷,其實際是對不尊王的臣子不遺餘力地排斥、懲戒。"尊王"與"攘夷"是一體之兩面,譏貶霸主和夷狄,便顯示其"尊王"的觀念。

　　至於戎、狄等不同於中原諸侯的族群,胡氏《春秋傳》指出其族類不同,内外有别,華夷之辨不可忽視。文公八年《春秋》"公子遂會雒戎,盟于暴",胡安國《春秋傳》指出,"中國夷狄,終不可雜",雜居則遺患無窮,於此提出"明族類,别内外","謹華夷之辨"。這個"華夷之辨",基於種族不同、文化不同,華夷不能群居。胡安國《春秋傳》攻伐最力的是"僭號稱王"的夷狄。夷狄僭號稱王,失君臣之義,"乃夏而變於夷者",對此,胡氏《春秋傳》反復誅心戮意,其"尊王"之義,已顯露無遺。

(二) 齊桓晉文的"攘夷"與"尊王"

　　有夷狄,便有攘夷,故有霸主。霸主因武力强大而負攘夷之責。且春秋時王迹不存,於是"攘夷"的責任自然落在霸主身上。

　　胡安國《春秋傳》中,霸主只有齊桓公、晉文公。齊桓公當初與公子糾争奪君位,回國爲君,未受命於天子,稱霸之後,却肆逞其武力,或不修霸主之職。齊桓公雖稱霸,但他"非受命之伯,諸侯自相推戴以爲盟主",這是"無君"的表現。(莊公十三年,"春,齊侯、宋人、陳人、蔡人、邾人會于北杏")。桓公聯合諸侯之師擊狄救邢,胡安國《春秋傳》一方面樂觀其成,另一方面批評齊國出兵不速,"好攻戰,樂殺人者,於罪爲大"(僖公元年,"齊師、宋師、曹師次于聶北,救邢")。楚伐中原小國江、黄時,齊國不能救。楚伐黄,齊不出兵:"(齊)援師不出,則失救患分災、攘夷狄、安與國之義"(僖公十一年,"冬,楚人伐黄");楚滅黄,是因爲齊不修霸主之職:"《春秋》其書'滅'者,見夷狄之强,罪諸夏之弱,責方伯連帥之不修其職"(僖公十二年,"夏,楚人滅黄")。綜上可見,齊桓公目無天子,又不攘楚,致中原小國不保,罕可稱頌。

　　晉文公也没有好到哪里去。晉文公稱霸,僖公二十八年,晉打敗强楚,贏得城濮之戰,而執諸夏盟主。胡氏謂"非有城濮之戰,則民其被髮左衽矣",尚肯定霸主攘夷之功,但轉而批評霸主好功利,是三王之罪人:"文公一戰勝楚,遂主夏盟,以功利言則高矣,語道義則三王之罪人也。"晉文公已爲霸主,并不修霸主之職,没有把諸夏之安危置於首位。僖公三十年夏,《春秋》連續記載兩件事,"狄侵齊""圍鄭",胡氏《春秋傳》將此二事連綴在一起,構成因果關係:狄侵犯齊國,晉文公急於攻鄭,故顧不上救齊,"晉文公若移圍鄭之師以伐之,則方伯連帥之職修矣"。僖公三十一年,狄圍衛,衛遷於帝丘,晉文公未盡救衛之責任:"衛侯不能自强於政治,晉文無却四夷、安諸夏之功。"

　　齊晉等大國不攘夷,反而攻伐中原諸侯,無"尊中國"之意。僖公二十三年,齊侯伐宋圍緡,胡氏《春秋傳》:"齊侯既無尊中國、攘夷狄、恤患灾、畏簡書之意,又乘其約而伐之,此尤義之所不得爲者也。"僖公二十八年,晋侯侵曹、伐衛,胡氏《春秋傳》指出諸侯用兵,皆爲"利"謀:"春秋之時用兵者,非懷私復怨,則利人土地爾。"宣公八年,晋師、白狄伐秦,胡安國《春秋傳》批評晋爲霸主,本應"糾合諸侯,攘夷狄,安諸夏,乃其職矣",却與諸夏結怨。出於"安諸夏"的宗旨,晋應與秦和諧相處,晋伐秦,自傷其類:"秦人之怨,起自侵崇,其曲在晋,責己可也。既不知自反,釋怨修睦以補前過,已可咎矣。乃復興師動衆,會戎狄以伐之,獨不惡傷其類乎?"

作爲春秋霸主,"攘夷"爲第一要務。但中原諸姬姓小國逐漸被蠶滅的事實,無疑昭示了霸主之無功。齊禦山戎,晋禦楚,但中原小國仍不斷被攻伐。故霸主的事功只是一時之勝利,而對春秋夷狄愈趨强大的局勢無補。既然霸主無功,其所恃之武力,便不足重。況且霸主憑藉武力攻伐中原小國,此即"不尊中國"。

(三)周公:尊王攘夷的典型

夷狄日益强大,春秋霸主懲治不力,完美的霸主應該是什麽樣?胡安國《春秋傳》樹立起來的完美典型是周公,既"尊王",又"攘夷"。《春秋傳·綱領》引《孟子》曰"周公膺戎狄,驅猛獸,而百姓寧",周公被當作懲治戎狄的正面形象。《綱領》所稱引,并非《孟子》原文,當係綜合《孟子》兩處文義而得之。第一處在《孟子·滕文公上》:"《魯頌》曰:'戎狄是膺,荆舒是懲。'周公方且膺之……",指"周公"膺戎狄,未有"驅猛獸"之語;第二處在《孟子·滕文公下》:"周公兼夷狄,驅猛獸,而百姓寧","驅猛獸"與"兼夷狄"并列。趙岐注:"周公兼懷夷狄之人。"[①]胡安國不取周公"兼懷"之義,獨取周公"膺戎狄""驅猛獸"之語,只剩"攘夷",而無"兼懷"之義,顯示出胡安國《春秋傳》嚴明的"華夷之辨"的立場。

周公之所以能够成爲尊王攘夷的典型,除了"膺夷狄,驅猛獸"之外,更重要的原因在於"尊君"。《豳風·狼跋》小序稱"周公攝政",而非僭越稱王,這不同於春秋時期擅自稱王的霸主。故春秋時代,無一人"尊王攘夷",只有歷史上的周公堪稱"尊王攘夷"的典型。

(四)抑戎捷而倡結盟

胡安國《春秋傳》中的霸主僅齊桓、晋文兩位。齊桓晋文的事功,胡氏《春秋傳》不予稱贊,但霸主結盟而不用武力,却被褒獎。莊公三十年,《春秋》記載"齊人伐山戎"。胡安國《春秋傳》認爲稱"齊人",乃譏齊桓公伐戎之意:

---

① (清)焦循:《孟子正義》,北京:中華書局,1954年,第233、271頁。

桓不務德，勤兵遠伐，不正王法，以譏其罪，則將開後世之君勞中國而事外夷，捨近政而貴遠略，困吾民之力，争不毛之地，其患有不勝言者，故特貶而稱"人"，以爲好武功而不修文德者之戒也。

莊公三十一年六月，齊侯來獻戎捷，胡安國認爲此處《春秋》筆法有貶抑邊功之義：

齊伐山戎，以其所得躬來誇示。書"來獻"者，抑之也。後世宰臣有不賞邊功，以沮外徼生事之人，得《春秋》抑戎捷之意。

齊桓公成功攘夷，《春秋》不給予賞譽，後世宰臣不賞邊功，胡安國認爲其"得《春秋》抑戎捷之意"。不得不説，所謂"《春秋》抑戎捷"與《左傳》等文獻記載的春秋"獻戎捷"的禮制背道而馳。[①] 胡安國《春秋傳》一方面希望制約吳楚等夷狄的霸主出現，一方面當霸主對夷狄作戰勝利，便指責霸主"好攻伐，樂殺人"（僖公元年，"齊師、宋師、曹師次于聶北，救邢"），用道德制約霸主的武力。這樣的心態，便來自胡安國春秋學"抑戎捷"之意。

僖公四年，齊桓公以諸侯之師伐楚，最終與楚盟，胡安國《春秋傳》則稱美齊桓公。因爲"退師召陵，責以大義，不務交兵，强楚自服"（莊公三十年，"齊侯伐山戎"）。山戎地處偏遠，勝之不能盡地力之用，而徒困中原之民，故不主張用兵。齊桓伐楚，不戰而結盟，這是最好的方式。胡安國《春秋傳》不予霸主戰功，但是對霸主結盟却一再稱許：僖公二年，"秋九月，齊侯、宋公、江人、黃人盟于貫。"胡安國《春秋傳》："桓公此盟，其服荊楚之慮周矣。其攘夷狄，免民於左衽之義著矣。盟，雖《春秋》所惡，然諸侯皆在，獨言遠國者，許是盟也。"僖公四年，"楚屈完來盟于師，盟于召陵。"胡安國《春秋傳》："齊師雖强，桓公能以律用之而不暴，楚人已服，桓公能以禮下之而不驕，庶幾乎王者之事矣。故春秋之盟，於斯爲盛，而揚子稱之曰'齊桓之時緼，而《春秋》美召陵'是也。"

霸主會盟諸侯，希圖攘楚，則稱許之，霸主與楚結盟，亦稱許之。霸主的武力，不是爲了武力征服，而是與夷狄維持均勢，胡氏《春秋傳》甚至認爲"王事"不過如此。齊桓公與楚禮尚往來而不用暴，這就是"王者之事"，所以稱贊齊桓公"有王德"，管仲爲"王佐"（《春秋》僖公四年，"冬十有二月，公孫茲帥師會齊人、宋人、衛人、鄭人、許人、曹人侵陳"）。

---

① 《左傳》莊公三十一年有一凡例："凡諸侯有四夷之功，則獻于王，王以警于夷。"（清）阮元校刻：《十三經注疏》，第 1783 頁上。凡諸侯攘夷有功，則獻于周王，這是春秋時期的禮。《左傳》僖公二十八年記載晉城濮之戰勝楚，獻捷于周王，周王給予賞賜。

　　晉文公城濮之戰，晉有攘夷之功，但胡氏《春秋傳》不主張晉文公計功，以"仁人謀其道，不計其功；正其義，不謀其利"，從"道義"上消解"攘夷"的意義："文公一戰勝楚，遂主夏盟，以功利言則高矣，語道義則三王之罪人也。"僖公三十三年，晉人聯合姜戎，敗秦于殽，胡安國《春秋傳》指出，晉破壞了與秦國的盟約，趁秦新喪而伐秦，失中國之禮義，此爲"夷狄"之行："客人之館而謀其主，因人之信己而逞其詐，利人之危而襲其國，越人之境而不哀其喪，叛盟失信，以貪勤民而棄其師，狄道也。"霸主主張武力攘夷，就是放縱自己的貪欲，與百姓爲敵。"攘夷"不僅不道德，而且"攘夷"本身就是"夷狄之道"，這使承擔攘夷重任的霸主失去了其閃亮的光環。

　　中原霸主齊晉與楚、秦戰，便失中原之禮義；齊晉與夷狄結盟，則有王者之象。胡安國《春秋傳》對霸主的道義求全責備，對霸主與夷狄結盟却表示贊許。這和前代學者孫覺、程頤，後代學者呂祖謙等人不與夷狄結盟的態度迥然有別①，這恐怕是胡安國處心積慮爲高宗朝統治設立的施政綱領。

三、胡安國《春秋傳》"尊王"
"攘夷"觀念的現實意義

　　胡安國潛心三十年，作《春秋傳》，數易其稿，"初稿不留一字"②。紹興元年，胡安國在高宗朝經筵講《春秋》。紹興五年，胡安國受趙高宗之命，修訂其經筵舊稿《春秋傳》。紹興六年，書成，高宗即給予獎勵。③ 紹興七年，胡安國去世前一年，金人方有宋人不可戰勝的意識，紹興十一年至三十二年，宋金和議局勢方逐漸形成。故胡安國修訂《春秋傳》之時，始終面對的是宋金對抗的事實。

　　胡安國《春秋傳》的撰作，歷來學者多矚目於南渡背景之下的"攘夷""復讎"之意。④ 但如前所述，胡安國《春秋傳》對春秋霸主多否少可的態度，表明其"攘夷"的

① （宋）呂祖謙：《呂東萊先生春秋集解》卷一，清《通志堂經解》本。

② 《四庫全書總目》卷二七《胡氏春秋傳》，北京：中華書局，1965 年，第 219 頁。

③ （元）脫脫等撰：《宋史》卷四三五《儒林傳》，北京：中華書局，1990 年，第 12914 頁。《四庫全書總目·胡氏春秋傳》引《玉海》，謂《春秋傳》成書於紹興十年，此説不可信。胡安國紹興八年即去世，《春秋傳》應成書早於紹興八年。

④ 如四庫館臣稱其"作於南渡之後，故感激時事，往往借《春秋》以寓意"。《四庫全書總目》卷二七《胡氏春秋傳》，第 219 頁。牟潤孫《兩宋春秋學之主流》認爲"胡安國明《春秋》復讎攘夷之義，亦自爲傳"。牟潤孫：《注史齋叢稿》，北京：中華書局，1987 年，第 141 頁。

觀念是有所保留的。① 紹興十一年以後,宋高宗對主戰派岳飛等人痛下殺手,罷李綱,任用秦檜爲相,宋金和議局勢逐漸形成。胡安國生前與秦檜關係密切②,二人當有共同的政治認識,後代學者謂胡安國《春秋傳》的學説貶抑霸主,客觀上助長了秦檜等主和派的氣焰,不爲無據。③

學者又將"尊王"歸之於北宋《春秋》學,以與南宋《春秋》學所謂"攘夷"觀念對應。如錢穆指出,"北宋治《春秋》者較重'尊王',是爲了反唐末五代的地方割據,發展統一的觀念。南宋的春秋學以'復讎'爲重,是爲了抵抗金人侵略。"④饒宗頤説:"宋代春秋之學,北宋重尊王(孫复著《春秋尊王發微》十二篇可見之),南宋重攘夷(胡安國著《春秋傳》可見之)。"⑤錢穆與饒宗頤均認爲南宋春秋學重種族"復讎",這種"復讎",其核心思想是以民族觀念爲核心的"攘夷"觀念。但如本文所示,胡安國的"夷狄"觀念及其"攘夷"的內涵,貫穿其首尾的,是君尊臣卑的"尊王"觀念,并没有種族復讎意識參雜其中。

實際上,胡安國《春秋傳》的"復讎"之説,與其説是"種族"復讎,勿寧説是爲"君父"復讎。胡安國《春秋傳》的復讎之説,主要體現在魯莊公身上。在春秋時期,魯桓公被齊襄公所殺,胡安國《春秋傳》釋《春秋》"築王姬之館于外""王姬歸于齊""公及齊人狩于禚""夫人姜氏孫于邾""公子慶父出奔莒"等條文時,均指責魯莊公忘親釋怨,無心復讎。魯莊公無心爲君父復讎,一則爲齊國主婚,一則與齊侯一起狩獵,胡安國將魯莊公作爲反面例子,提出其"復讎"之説:"《春秋》以復讎爲重,示天下後世臣子不可忘君親之義"(《春秋》莊公元年,"築王姬之館于外"條)。不忘"君親"之法,不外乎不與仇讎往來,即不與齊侯結爲婚姻,亦不與齊侯一起狩獵。胡安國《春秋傳》又在趙盾弑其君一事上,拓展"復讎"的內涵:晋靈公被弑,若趙盾"反而討賊,

① 牟潤孫《兩宋春秋學之主流》:"尊王攘夷爲《春秋》要旨,得孫(复)胡(安國)二氏爲之申明。"牟潤孫:《注史齋叢稿》,第 141 頁。

② 聶立申、趙京國:《南宋胡安國與秦檜關係探析》,《山東社會科學》2015 年第 4 期,第 110—114 頁。

③ 王夫之《宋論》:"唯胡氏之言如此,故與秦檜賢姦迥異,而以志合相獎。非知人之明不至也,其所執以爲道者非也。""胡氏……得一秦檜而喜其有同情焉。"胡安國與秦檜二人,不是道德人格上的相投,胡安國因爲錯誤的思想與奸臣秦檜"志合相獎"。胡安國《春秋傳》貶抑霸主,言霸主無征伐之權,這是站在君王的角度,解將之兵權,王夫之謂這種思想與秦檜一拍即合。見(明)王夫之:《船山遺書》第六卷,北京:北京出版社,1999 年,第 3447 頁。

④ 余英時:《再論意識形態與學術思想》,見余英時:《中國知識人之史的考察》,桂林:廣西師範大學出版社,2014 年,第 199 頁。

⑤ 饒宗頤:《中國史學上之正統論》,上海:上海遠東出版社,1996 年,第 74—75 頁。

謂復讎"。陳靈公爲夏徵舒所殺,公孫寧、儀行父欲討夏徵舒,則無"討賊復讎"之正義。故胡安國《春秋傳》提出的爲君父復讎的方式,不過是不與仇讎之國往來,以及以正義之身,討弑逆之賊子。胡氏念念不忘魯莊公的君父之讎,與宋高宗的父兄淪落於金國不無關係,但《春秋傳》所傳達的復讎之志,并無兩個種族之間的尖銳對立及衝突,很難説胡安國《春秋傳》的"復讎"之説是爲了"抵抗金人侵略"。而强調爲"君父"復讎,實際是"尊王"的又一表現。

饒宗頤、錢穆將"尊王"作爲北宋《春秋》學的主基調,客觀上淡化了兩宋之交胡安國《春秋傳》的"尊王"觀念。本文認爲,胡安國《春秋傳》的尊王思想非但没有削弱,反而較北宋有增强之勢。如果是説北宋《春秋學》有鑒於唐五代的地方割據而推出"尊王"一説,那麽,南宋政權與金對抗之時的"尊王"之説,又有什麽現實意義呢?

宋高宗喜讀《春秋》,并獎掖臣子著作《春秋》之書。紹興初年,杜諤、鄧名世等人,皆因春秋學而見重(見《建炎以來繫年要録》卷五十九、六十七)。紹興五年,秘書丞環中著《春秋年表》,"甚非《春秋》尊王之意",宋高宗斥其不尊王之"陋"。① 紹興二十年,宋高宗謂"《春秋》之法,無非尊王"②。"尊王"之義在胡安國《春秋傳》裏得以最大限度地體現,此亦宋高宗贊賞胡安國《春秋傳》最重要的原因。

胡安國認爲南渡初期,金國尊用張邦昌,苗、劉内亂,政權不穩,欲"削平僭叛,克復寶國,使亂臣賊子懼而不作",必治《春秋》一經,因爲"人君南面之術"盡在《春秋》。而金國强勢,"强敵憑陵",又使僭叛之臣的危害放大,用人不當,則一國之安危繫之。③ 故爲天下計,必須抑止逆臣武將,强調《春秋》"尊王"的觀念。

胡氏《春秋傳》因尊王而必貶霸主,這與趙宋用文將而貶武將的做法相契合。趙宋自開國之初,便防範武將。《中興小紀》記載了宋高宗如下言論:"賢將與才將不同。賢將識君臣之義,知尊朝廷,不專於戰勝攻取,唯以安社稷爲事;至於才將,一意功名爵賞,專以戰勝攻取爲能,而未必識朝廷大體及社稷久遠利害,要須駕馭用之。"④在宋高宗看來,武將(才將)唯以"戰勝攻取爲能",必不能安社稷。但是,爲將却不能戰勝攻取,又如何安社稷? 爲將不需要戰勝攻取便可安社稷了麽? 宋高宗防嫌武將的邏輯頗爲强横。誠如王夫之所説:"宋之猜防其臣也甚矣! 鑒陳橋之

---

① (宋)李心傳:《建炎以來繫年要録》卷九〇,北京:中華書局,2013年。
② (宋)李心傳:《建炎以來繫年要録》卷一七三,北京:中華書局,2013年。
③ (清)黄宗羲原著,(清)全祖望補修:《宋元學案》,北京:中華書局,1986年,第1176頁。
④ (宋)熊克:《中興小紀》卷二九,福州:福建人民出版社,1985年,第343頁。

事,懲五代之前車,有功者必抑,有權者必奪。即至高宗,微弱已極,猶畏其臣之强。"①國力猶爲微弱之時,反而更加忌怕武將奪權。胡氏《春秋傳》對"戰勝攻取"的霸主多所責難,迎合了宋高宗的猜忌之心。

南渡之初,宋高宗猜忌武將專征伐,宋之宗室在民間亦多支持,故需加强王權。宋金對峙,宋高宗客觀上需要攘夷,但他更需要在南北對峙的時局中樹立"尊王"的意識,以維繫偏安江南的局勢。胡安國《春秋傳》懲夷狄、貶霸主,皆有助於樹立"尊王"的觀念,深契宋高宗的統治思想。

胡安國《春秋傳》總結了宋代《春秋》學貶天子的《春秋》書法,從反面樹立《春秋》"尊王"的思想,又在"尊王"的前提下提出其"攘夷"觀念。胡安國《春秋傳》因"尊王"而貶周天子、貶霸主、貶夷狄。貶天子、霸主、夷狄,實際是對春秋局勢的否定。春秋時期,周天子失天子之尊,武力強大的霸主專伐,僭號稱王的"夷狄"不守君臣之義。胡安國《春秋傳》的尊王攘夷觀念,其實質是以君臣尊卑之倫爲核心的"禮"加之於天子、諸侯、夷狄,重建君臣尊卑之秩序,這與南渡初期的政治需要深度契合。胡安國《春秋傳》在元延祐以後成爲科舉功令,"尊王"宗旨無疑影響了元明清三代經學思想,而在不同時代,其"尊王"又有不同表現,這是仍需深入研究的課題。

---

① (明) 王夫之:《宋論》卷十,見《船山全書》(第 11 册),長沙:嶽麓書社,1992 年。

朝鮮朝《春秋》學的發展樣相
及其學術特徵

［韓］金東敏

【摘要】 與其他經傳相比，朝鮮朝《春秋》學相關的專門性研究與學術著書較少，但却能够充分體現朝鮮朝經學特徵以及推動《春秋》學發展。朝鮮朝《春秋》學的發展大致可分爲三個階段。第一階段爲 14 至 17 世紀的朝鮮初期與中期。此時期以分析和理解傳統《春秋》注解與闡釋爲主的初級研究階段，展現了《春秋》學獨立發展的可能性。第二階段爲 18 世紀至 19 世紀初期的朝鮮中後期。此時期實學逐步興盛，學者們對於《春秋》的研究方法也發生了巨大的改變，不僅僅停留在對傳統經文的分析與理解，亦通過對其的批判與辯論提出獨到見解，力求“學以致用”，以此來爲解決社會問題提供具有可能性的方案。第三階段爲 19 世紀中期以後的朝鮮後期。此時期通過反省性理學所倡導與構建的世界觀，從而探索學術發展的新方向，《春秋》學也受此思潮影響，其通過“脱性理學”的研究方法，跳脱出性理學的框架，展開追求獨立的《春秋》學研究。與此相反，此時期還通過製作以性理學理論爲主的具有更爲完善形態的《春秋》注解書，展開了能够進一步鞏固《春秋》性理學理論體系的研究。從學術史的角度觀之，朝鮮朝《春秋》學能够敏鋭地反映出當時的學術思潮與時代狀況的變化，由此也反映出了朝鮮當時學術獨立發展的特殊性形態。

【關鍵詞】 權近 朴世采 正祖 丁若鏞 沈大允 李震相

【作者簡介】 金東敏，1969 年生，韓國成均館大學儒學東洋學系副教授。

朝鮮朝的學術隨著時代風潮的變遷與社會的發展，其治學傾向與研究內容等也會發生諸多的變化，然而其學術的研究與探討始終是圍繞“性理學”這一主流學問爲中心而展開的。簡而言之,對性理學進行認識、應對與反思的治學過程,甚至可以被視爲是朝鮮朝學術史的發展脈絡。其中,最能够代表朝鮮朝的學術領域即爲經學。經學是以對四書五經等儒家經典進行注釋與解讀、闡明其中義理,以及對主要論争焦點進行論説等爲中心而展開與進行的。在朝鮮的初期和中期,士人們致力於對朱子理論進行整理、完善與再詮釋,并將其運用於對經典文獻的解讀之中,因此,從性理學角度出發對經典進行理解成爲當時經學研究的主流。然而,到了朝鮮中後期,隨著社會和學術環境的變化,性理學的地位和影響逐漸受到挑戰,經學研究也呈現出新的發展趨勢和特點。學者們試圖擺脱性理學範疇,探索新的經學理解方式,從而形成了"脱性理學"乃至"反性理學"的學術風尚。朝鮮朝經學發展的此種變化可以通過《春秋》學的展開被明確地確認,而通過對《春秋》的研究和解讀,也可展示當時經學研究的發展樣相和學術特點。

朝鮮朝經學的相關研究材料大多被收録在成均館大學大東文化研究院所編纂的《韓國經學資料集成》一書中。書中集成收録了衆多朝鮮時期學者們的論著,其中包括四書五經等重要經典的注解、解釋與相關研究内容等,這些文獻是全面地了解朝鮮經學發展狀況與學術成果的重要資料。此書共由 153 卷組成,其中包括《大學》8 卷(遺補 5 卷),《中庸》9 卷,《論語》17 卷(遺補 3 卷),《孟子》14 卷,《書經》22 卷,《詩經》16 卷,《易經》37 卷,《禮記》10 卷,《春秋》12 卷。與《春秋》相關的著述與其他經典相比相對較少,從權近的《春秋淺見録》至洪奭周的《春秋華東集解》,總共收録了 73 人的122 部作品,單行本著書共有 11 種,論説形式的文章共有 111 種。在論説文中,從文章的分量與内容深度等方面而言,值得被當作研究對象的作品共有 57 種,而其餘的54 種則更像是學者們簡要記述自己想法與主張的作品,而非具有學術性評論的作品。在上述文獻材料中,大約有 11 種著書和 2 種論説文章在學術方面可以作爲值得研究的對象。在此基礎上,包括《韓國經學資料集成》出版後學術界又新出現的柳僖(1773—1837)的著書在内,總共整理出 14 種作品,其内容如下:

朝鮮朝經學相關研究材料列表

著 作 者	書 名	主 要 内 容
權 近 (1352—1409)	《春秋淺見録》	對《春秋》"隱公"條目中所記載的幾項重要事件進行具有批判性的分析,并提出自己的見解
權 撥 (1478—1548)	《春秋胡傳箚義》	在整理《春秋胡氏傳》的同時,對其中部分内容做注解或簡要記述自己的想法

著 作 者	書　　名	主　要　内　容
李恒福(1556—1618)	《魯史零言》	將《春秋》的歷史結合《左氏傳》與《國語》之記録進行補充完善并編纂
李惟樟(1625—1701)	《春秋輯注》	對程頤《春秋傳》中未完成的部分進行注解的補充與再編輯
朴世采(1631—1695)	《春秋補編》	提出了以胡安國、二程、朱子的解釋爲中心的性理學《春秋》詮釋標準
崔錫鼎(1646—1715)	《左氏輯選》	於《左氏傳》中選集主要内容
正　祖（1752—1800)	《經史講義:春秋》	正祖針對《春秋》中的核心主題與衆學者所進行的問答
丁若鏞(1762—1836)	《春秋考徵》	考證《春秋》之禮制,試圖復原周禮
柳　僖（1773—1837)	《春秋括例分類》	將《春秋》之凡例進行匯總與分類
沈大允(1806—1872)	《春秋四傳續傳釋説》	通過對胡安國的解釋進行批判與辯説,以期實現《春秋》解釋的"脱性理學化"
李震相(1818—1886)	《春秋集傳》	利用朱子與程子的理論對胡安國的解釋進行補充完善,并補之以自己的主張,以此製作更具完整性的性理學的《春秋》注解書
郭鍾錫(1846—1919)	《茶田經義答問:春秋》	摘録《春秋》之核心内容,整理與文人之問答
徐壽錫(1841—1925)	《春秋傳注抄纂》	摘編諸家關於《春秋》之解釋,并附上自己的見解
洪㦻杓(1872—1942)	《春秋華東集解》	將中國與朝鮮學者對《春秋》解釋中的主要詮釋觀點或理論進行匯集與整理,并附上自己的解説

　　從上述作品中可篩選出各時代的主要作品,用以概括朝鮮朝《春秋》學的發展狀況,并考察其學術特徵。本文的研究對象共有 6 部作品,分别是:14 至 17 世紀朝鮮初期與中期的作品——權近的《春秋淺見録》、朴世采的《春秋補編》;18 世紀朝鮮中後期作品——正祖的《經史講義:春秋》以及丁若鏞的《春秋考徵》;19 世紀朝鮮

後期的作品——沈大允的《春秋四傳續傳釋説》以及李震相的《春秋集傳》。①

一、對於傳統《春秋》解釋的理解與補完

　　14 至 17 世紀朝鮮初期與中期的《春秋》學發展尚處於較爲初級的階段,然而學者們也在對《春秋》四傳有了綜合性理解與把握的基礎上,試圖從自己的視角和理解出發,對《春秋》進行獨立的解讀和闡發,爲朝鮮朝的經學研究開闢新的思路和發展路徑。例如結合當時的社會環境和學術風尚提出自己的觀點,或根據自己的學術觀點對現有的各種解釋進行分析與再整理。在前文提及的作品中,權近的《春秋淺見録》被視爲是開啟朝鮮朝《春秋》學發展的第一部著作,爲朝鮮學者們打開了探索《春秋》學的大門,在朝鮮經學史上占據十分重要的地位。此外,朴世采在《春秋補編》中,將反映二程和朱子等性理學觀點的春秋解釋進行收集、整合與編輯,展示了朝鮮時代學者們對於經典著作的深入研究和理解,是一部代表了朝鮮初期和中期性理學思潮的重要作品。

　　首先,來看一下權近的《春秋淺見録》。② 權近代表性的經學著述爲針對五經的主要論争點而闡述自己獨到見解的《五經淺見録》,《春秋淺見録》則爲其中的一卷。《五經淺見録》曾被如此評價:“其不僅僅停留在單純的注釋上,也不僅僅是對中國學者包括程朱等的學説進行理解和接受,而是在綜合、批判地接受現有學説的基礎上,加入了許多自己的見解,多有發微闡伸之功用。”③《春秋淺見録》爲《五經淺見録》中篇幅内容最少的一卷,但其所涉及的内容却是朝鮮朝時期《春秋》學研究的開端。此書是 14 世紀朝鮮朝最早也是唯一的《春秋》著作,在《春秋》隱公條目中共有四個主題,皆屬《春秋》學的核心争論點,因此具有非常珍貴的歷史價值和學術意義。此四主題如下:第一,《春秋》由隱公開始之理由;第二,對於“春王正月”的解釋;第三,對於隱公元年“天王使宰咺來歸惠公仲子之賵”的解釋;第四,對隱公的綜合評價。此四種論説可以清晰明瞭地考察出權近《春秋》學的特徵。

---

① 本論文以《韓國經學資料集成·春秋編》(1—12 册)(成均館大學大東文化研究院,1998)的原文作爲底本,并以韓國精神文化研究院影印本、韓國國立中央圖書館 DB 資料、成均館大學韓國儒經編纂中心 DB 資料爲對校本。

② 權近之《春秋》學參考金東敏《〈春秋淺見録〉에보이는權近의〈春秋〉이해》,《儒教思想文化研究》2013年第 54 輯。

③ [韓]崔英成:《韓國儒學通史》(上),首爾:心山出版社,2006 年,第 448 頁。

以下將簡要考察四主題中對隱公的綜合評價。隱公被其弟桓公殺害,關於其死亡《春秋》隱公十一年的經文中只有"冬,十有二月,壬辰,公薨"的記載,而并沒有舉行葬禮的記錄。依據《春秋》三傳的解釋來看,《左傳》中只記載了其被弒害前後的經過與事實①,《公羊傳》中只是對其死亡感到哀痛,也并無有關葬禮的記錄②,《穀梁傳》中也表達了對其死亡的痛心,然而并未記錄其去世之地。③

此外,胡安國因隱公無視國家王位繼承的制度程式以及天子的正式認可而成爲君主,從而對其進行了"是與爭亂造端,而纂弒所由起也,《春秋》首絀隱公"④的批判。權近引用了四傳與呂祖謙的解釋,分析認爲隱公被殺害是其自己在政治上的不當行爲所招致的必然結果。《左傳》隱公十一年中隱公有云:"爲其少故也,吾將授之矣。使營菟裘,吾將老焉。"⑤呂祖謙則對"將"字格外矚目,由此對隱公進行了批評,認爲隱公因個人私欲過於貪圖當時所擁有的地位與權力,没有立即將君主的位置讓給桓公,最終招致内部政治的不滿,所以才被殺害,即"貪戀數年,去位不亟,遂蹈弒奪之禍"。⑥ 由此可知,呂祖謙認爲隱公的貪欲是其被殺害的主要原因。此後,權近將各種解釋進行整合,并提出了更具合理性的解釋。

> 惠公以桓爲嫡,幼不能自立,隱公攝焉。故其即位不告於廟。及其既長,久攝不歸,及羽父有言,亦不驚動,罪罿而遽故其政。乃徐曰:"使營菟裘,予將老焉。""將"之一字,可見其有遲留,顧惜不欲與之之意,是不以父命爲尊,而以有國爲心也。内不承國於先君,上不禀命於天子,其初不行告廟之禮,其終未有歸政之心。假托攝政之名,實有專國之利,使桓疑其遂有,而致鍾巫之禍。⑦

在權近的研究中,其綜合了《左傳》、《穀梁傳》、胡安國以及呂祖謙等的多種解釋從而得出新的結論,即隱公雖有攝政名分,但因其貪圖權力、想要獨占國家的欲

---

① 參考《左傳》隱公十一年。

② 《公羊傳》隱公十一年:何以不書葬? 隱之也。何隱爾? 弒也。

③ 《穀梁傳》隱公十一年:公薨不地,故也。隱之,不忍地也。

④ 參考《春秋胡氏傳》卷一隱公上。

⑤ 參考《左傳》隱公十一年。

⑥ 《東萊博議·羽父弒隱公》:"將"之一字,是隱公貪慕顧惜之心,形於言者也。當授即授,何謂"將授"? 當營即營,何謂"將營"? 投機之會,間不容髮,豈容有所謂"將"耶? 此所以招羽父之侮,起桓公之疑,而卒至於殺其身也。

⑦ 參考《春秋淺見録》第4條目。

心過強而最終招致被殺的結果。權近也在此基礎上進一步探究與關注導致這種結果的根本原因，以期確保自己主張的依據。事實上，通過考察隱公被殺害事件前後發展的具體狀況與史實，得出這種解釋是具有一定合理性的。其并非是具有正當性的國君，雖因攝政行使國君之權但并未擁有國君之名。換言之，隱公被弒殺的結局在其即位之時就早被預料到，這可通過《春秋》筆法來得到確認。"其不書'正'何？隱不正其始也。"①"二年以後，但書春而不書正，罪不能正始也。"②隱公元年後，自二年至十一年的記載中刪除了"正月"之字，是意圖通過委婉之法表達隱公自一開始即位即爲錯誤之舉，其中飽含微言大義。因此，隱公的即位自最開始即爲不正確之舉，其後也僅有讓桓之言而無實際的讓國之行，那麼也完全可以預見到其不利的結果。權近有云："先儒謂定無正，愚敢以爲隱亦無正。詩曰：'靡不有初，鮮克有終。'況不能善始乎？其終及宜矣。"③以權近的觀點來看，隱公的即位即是錯誤的開始，這也是導致其被殺害的根本原因，由此可推，其被殺害也是預料之中的結果。

　　通過以上分析可看出權近對於經典的解釋方法。其通過對《春秋》的代表性理論進行分析和歸納整理，以此爲基礎提出新的詮釋路徑，并試圖探尋整合各種解釋的一致性。換言之，權近充分接受了包括《春秋》四傳在内的中國《春秋》學成果，但并未止步於此，而是堅持并發展了自己的觀點與主張，其對《春秋》的解釋體現了朝鮮經學的獨立發展特質，因此也被評價爲韓國經學史上重要的學術成果。

　　接下來將對朴世采的《春秋補編》進行考察。④《春秋補編》可被視爲是代表以性理學爲基礎的朝鮮經學特徵的典範作品。此書的撰寫目的大致有二：其一，它旨在爲學者提供學習《春秋》所必須瞭解的基礎知識，充當一種學習指南或參考書的角色。其二，它可作爲標準解釋書，對《春秋》的性理學理解發揮指導作用。當時的《春秋》研究主要以胡安國的著作爲基礎文本，并兼采三傳來進行解讀。然而，朴世采認識到胡安國未能準確闡明春秋之本義，因此試圖通過添加程子和朱子的理論進行補充，以製作更具完整形態的春秋解釋書。

　　　漢唐以來，爲《春秋》説者厥數甚多，至宋胡文定傳出，而諸説俱廢。
　　然朱子嘗病《胡傳》不已，是宜自發其義，使聖人作經之意，焕然復明於世

---

① 參考《春秋淺見録》第 4 條目。

② 參考《春秋淺見録》第 4 條目。

③ 參考《春秋淺見録》第 4 條目。

④ 朴世采的《春秋》學參考金東敏《朴世采〈春秋補編〉의性理學的〈春秋〉이해》,《韓國哲學論集》2016 年第 48 輯。

矣,顧猶不暇,繼以謙辭,其爲後學之憂懼益甚。乃取程、朱二子遺意,分年次録,庶幾讀《胡傳》者,有所準則推廣,而不至大悖,爲《春秋補編》。①

《春秋補編》中主要收録了《春秋》經文與胡安國的解釋,以及程子和朱子的觀點。程子與朱子在理解《春秋》的方式上存在較大的差異,程子主張從《春秋》的文辭或語句中找尋微言大義,以闡明孔子的經世之法;而朱子則批評這種在文辭中探尋孔子褒貶之辭的解釋方式,主張采用綜合歷史和經學的方法來解讀《春秋》。② 對此,朴世采認爲,程子與朱子的解釋類似於《易傳》和《易本義》之間的差異,如果對其内容進行適當地取捨并相互補充,則能詮釋出較爲完善的解釋書。③

> 惟我朱夫子纂述《詩》《易》,發揮《書》《禮》而後,聖門諸經之義,靡不煥然復明於世。學官之所立,儒士之所習,率皆由是而無他途焉。其於《春秋》則不然。既不得夫子之所修明,并與其傳義定本而疑之,讀者因此往往眩辭迷指,無可準的。譬如醫家衆方畢具,而莫識其所用。此補説之書所以不得已而作也。④

朴世采認爲,正如《春秋》被作爲所有經典的標準一樣,朱子的理論也被視爲是解釋《春秋》的重要參考文獻與標準。然而,由於朱子并未有關於《春秋》的專門著述,《春秋》標準文本的缺失也導致學者們對《春秋》的理解產生了諸多困惑。基於此,朴世采試圖以朱子的理論學説爲中心,綜合歸納了程子、胡安國等人的觀點,向學者們提出了學習與理解《春秋》的標準,而《春秋補編》最終也具有了性理學《春秋》解釋的標準典範書之性質。

在此,我們可以通過考察隱公元年中對"元年"之解釋,以略窺朴世采之意。朴世采首先引用《春秋傳》之句"程子曰'元年,隱公之始年'"⑤,其次又補以《二程外

---

① 詳見《南溪先生朴文純公文正集》卷五八《雜著·記事·記論著大旨》。

② 《春秋補編》卷之一《隱公》:又按,程子曰:"《春秋》微辭奧義,時措從宜者,爲難知耳。或抑或縱,或予或奪,或進或退,或微或顯。"朱子曰:"《春秋》所書如某人爲某事,本據魯史舊文筆削而成。今人必要謂某字譏某人,如此則是孔子專任私意,妄加褒貶。"關於程子與朱子的春秋學參考金東敏《程伊川의理學的〈春秋〉이해에관한연구》,《儒教思想文化研究》2015 年第 60 輯;金東敏《朱子의〈春秋〉解釋方法論에관한연구》,《東洋哲學研究》2015 年第 83 輯。

③ 《春秋補編》卷之一《隱公》:兩説不同,正如《易傳》《義》,程朱所主有義理卦畫之別。此在學者所當互考潛心而契悟者也。

④ 參考《春秋補編》序。

⑤ 參考《春秋補編》卷之一《隱公》。

書》之句“元年標始年耳，猶家人長子呼大郎。先儒穿鑿不可用”。① 此處所言之“先儒”即爲胡安國。胡安國云：“元即仁也，仁，人心也。《春秋》深明其用當自貴者始，故治國先正其心，以正朝廷與百官，而遠近莫不壹於正矣。”②將“元”解釋爲人間之倫理。然而胡安國并未提出將“元”解釋爲“仁”或“人心”之依據，於是朴世采以程子的理論爲基準來對胡安國解釋中的穿鑿進行了揭示，并在此基礎上於《春秋大全》中引用朱子與程子之説來闡明其意義。

> 朱子曰：“《春秋傳》言‘元者，仁也，仁，人心也。’固有此理。然不知仁如何却喚做元。如程子曰：‘天下之理，原其所自，未有不善。’《易傳》曰：‘成而後有敗，敗非先成者也。得而後有失，非得何以有失也。’便説得有根源。”③

朴世采以朱子與程子之説爲理論標準，對胡安國進行了批判，指出其解釋是毫無依憑、妄自臆解的。并認爲“元”的解釋是具有根本性意義的，但胡安國却肆意地牽強穿鑿使《春秋》之本義變得含混與不明。基於此胡之弊病，朴世采引用《朱子語類》并提出了可以彌補胡安國錯誤解讀的闡釋。

> 問：“胡文定説元字，某不能無疑。元者，始也，正所謂‘辭之所謂太也’。今胡乃訓元爲仁，訓仁爲心，得無太支離乎？”曰：“楊龜山亦嘗以此議之。胡氏説經，大抵有此病。”④

朱子并未在著述中直接論及“元”之意，但其引用了董仲舒將“元”理解爲“始”或“太”的説法來對胡安國的解釋進行了批判。⑤ 對於“元”之意義，《春秋》三傳的注疏中也分別進行了不同的解釋⑥，朴世采在指出胡安國解釋之誤的同時，還試圖通

---

① 參考《春秋補編》卷之一《隱公》。

② 參考《胡氏春秋傳》隱公元年。

③ 參考《春秋補編》卷之一《隱公》，此内容可於《春秋大全》卷一《隱公上》“元年”下的小注中見得，引用自《朱子語類》卷八三《春秋》。

④ 參考《春秋補編》卷之一《隱公》元年，此内容可見於《朱子語類》卷八三《春秋》中。

⑤ 《漢書·董仲舒傳》：臣謹案《春秋》謂一元之意，一者萬物之所從始也，元者辭之所謂大也。謂一爲元者，視大始而欲正本也。

⑥ 對於“元年”之意的解釋，《左傳》杜預注中有云：“凡人君即位，欲其體元以居正。故不言一年一月也。”《公羊傳》何休注云：“元者，氣也。無形以起，有形以分，造起天地，天地之始也。”《穀梁傳》楊士勛的疏文曰：“元者，氣之本，善之長。”三傳與《春秋胡氏傳》對“元”解釋之差異可參考論文：金東敏：《胡安國의〈春秋〉解釋을통해본宋代春秋學의특징》，《東洋哲學》2015年第43輯，第62—63頁。

過以程子和朱子的理論對其加以完善，以期確立《春秋》解釋的性理學標準。自中國的宋代開始，在理學的語境下，《春秋》學的發展也逐漸變化性質而走向了理學化的學術道路①，但儘管衆學者皆受到了理學思想的影響，但是諸家對《春秋》的解釋仍存在較大的差異。其中最具代表性的爲程子、朱子以及胡安國的《春秋》學解釋。朴世采在《春秋補編》中所持觀點也是《春秋》學理學化影響下的産物，但在此基礎上，他吸取了程子、朱子以及胡安國的解釋，并對這些解釋進行綜合性的歸納整合，試圖確立性理學解釋的標準。《春秋補編》是《春秋》學史上前所未有的、敢於嘗試新解釋方式的獨創性成果，因其具有高度的學術價值而受到了極高的評價。②

二、對於傳統《春秋》解釋的批判與辯論

14 至 17 世紀朝鮮朝的《春秋》學研究主要是以分析傳統的《春秋》解釋并附加以自己的思考與見解，或將前人解釋的不足之處進行補充與完善的形式進行的。与此不同的是，18 世紀的《春秋》學發展體現了當時偏好實證的考證學學術風尚，并進行了不同以往的新嘗試。此時的學者們通過對傳統解釋進行縝密的分析，發掘其中的不足與錯誤之處，并通過合理的辯論大膽地提出自己的主張，而這一過程也可被視爲是《春秋》學更爲成熟發展的階段。此時的代表性作品有正祖的《經史講義：春秋》和丁若鏞的《春秋考徵》。

首先對正祖的《春秋》學進行考察。③ 正祖(在位：1776—1800)被認爲是朝鮮王朝歷史上學術能力最强之君主，由其親自主持編纂的巨著《弘齋全書》是朝鮮歷史上最爲龐大和重要的學術著作之一。這部集正祖大成之作内容豐富，體量龐大，共計 184 卷 100 册。其中《經史講義》共計 56 卷，是正祖與文臣或儒生們針對經學、

---

① 李建軍：《宋代〈春秋〉學與宋型文化》，北京：中國社會科學出版社，2008 年，第 206 頁。

② 中華書局於 1993 年出版的《續修四庫全書總目提要》中收録了三萬餘種典籍，而《經部·春秋類》總共具有 417 種，其中收録了兩卷朝鮮王朝學者的作品，分别是朴世采的《春秋補編》與著者未詳《春秋人物不分卷》。

③ 正祖的《春秋》學研究可參考金東敏《正祖의〈經史講義〉를통해본春秋學의핵심쟁점》(《儒教思想文化研究》2014 年第 56 輯)，以及《正祖의〈經史講〉를통해본〈春秋〉經傳의이해》(《東洋哲學研究》2014 年第 79 輯)。

歷史等領域進行討論的論說彙編。① 因其涉及内容廣泛,涵蓋四書、六經以及《近思録》、《心經》等主要文獻,被認爲是可以一目瞭然地掌握 18 世紀朝鮮經學學術傾向和特徵的重要資料,這一評價也凸顯了《經史講義》在朝鮮經學史上的重要地位。《經史講義》中與《春秋》相關的資料主要有 18 個條目,包括收録於 106 卷與 108 卷中的“總經一”的 10 個條目以及“總經三”的 8 個條目等。此 18 個主題幾乎囊括了“‘春王正月’的意義”、“孔子的《春秋》著作與大義”等相關的《春秋》重要概念或《春秋》性質等《春秋》學的核心議論焦點。值得注意的是,這些主題條目中的内容并非正祖親自對《春秋》研究與發掘後所著述的,而是參照多種有關《春秋》的書籍并對其進行選萃與摘録所著。② 儘管正祖可能没有親自對《春秋》進行原創性的研究,但他選擇這一主題并在《經史講義》中展開討論的決策,表明了其在《春秋》學領域的深厚學養和極高的眼界。

在此 18 個主題條目中,我們可首先對“總經一”的第一個主題“春王正月”的意義進行考察。該主題是《春秋》代表性的爭論焦點之一,正祖也表明了其重要性。

> 朱子嘗曰:“某平生不敢向《春秋》問津。”門人問:“何處不能瞭然?”朱子曰:“開頭一句‘春王正月’,便不瞭然。”此説盡得《春秋》微旨。夫“春王正月”一句誠能真切覷破,則以下全部無不迎刃而解者,與《大學》之三綱領,《中庸》之性、道、教,《論語》之學,《孟子》之義、利一例。③

在正祖看來,《春秋》首句“春王正月”這一千百年未決之論連朱子都難以準確地理解,足以見其重要性,且正祖認爲對於此句的正確理解即爲解釋《春秋》的關鍵,因此開篇即對“春王正月”之意義進行探討。④

---

① 《經史講義》被收録在《弘齋全書》卷六四至一一九中,由正祖的“御製經義條問”與學者們的“經義條對”所組成。《弘齋全書》中除了《經史講義》之外,還收録了其他經學相關的材料。有與《孟子》相關的《鄒書春記》(卷一二〇—一二一),與《論語》相關的《魯論夏箋》(卷一二二—一二五),對《大學類義》進行評論的《類義評例》(卷一二七—一二八)等。這些材料綜合在一起占據了《弘齋全書》全體的三分之一,關於《經史講義》的更爲全面的研究,請參考〔韓〕安秉杰《正祖御製條問의經學觀》,《大東文化研究》2001 年第 38 輯,第 397—400 頁。

② 正祖所提出的 18 個主題是參照以下三本書進行摘録的: 清代學者李光地(1642—1718)的《榕村語録》與《榕村集》,以及清代康熙帝時期所編纂的《御定淵鑑類函》。

③ 詳見正祖《弘齋全書》卷一〇六《經史講義》四十三《總經一》。

④ 正祖關於“春王正月”問題的探討,可能參考了李光地《榕村集》卷三《春秋大義》、卷一七《春王正月辨》,以及《榕村語録》卷一五《春秋一》。

　　大抵此四字，或謂"月可改，時不可改。周人未嘗以子爲春，而孔子假此以見行夏之志"，或謂"月改則時改，周人實以子爲春，而非夫子加之"。由前則建子非春而以爲春者，名實舛矣。由後則正王之正也，春亦王之春也，而升春於王，文義乖矣。又或謂"四時與十二月特用之，各有其事，而實則周、夏并行。《豳風》一日、二日，是周正也，而七月、九月則又夏正也。《小雅》四月維夏、六月徂暑是夏正也，而《孟子》十一月成杠、十二月成梁則又周正也，此月數并行之驗也。《周官》冬日至圜邱、夏日至方邱是夏時也，而《泰誓》十三年春大會孟津則又周時也，此時序并行之驗也"，此說何如？即此數說，而參之於群書質之於義理，則不待聖人冢中之家奴，而豈無可以劈千古之疑，垂不刊之訓者歟？

　　錫任對：程子謂改月不改時，胡氏謂并時月不易，而朱子晚年以孟子七、八月爲易月之證，以魯史之春秋爲改時之論，今當以朱子之訓爲正也。至於二正并行，蓋周雖改正，夏正之行乎世，耳目之熟久矣。故紀年紀事之書，皆用時王之正，如禋祀之筮日，農功之授時，多仍夏正，使人易曉也。①

　　此主題主要針對《春秋》中記載的"春王正月"是否是周王朝的曆法這一問題爲中心而展開討論，從《春秋》之記錄中來看，"正月"之前有"王"字，因此"正月"確爲記錄的周王之月，然而其問題却是此"春"與周王朝的曆法并不相符。按照傳統的説法，夏代以建寅之月（陰曆 1 月）爲正月，殷商以建丑之月（陰曆 12 月）爲正月，周代以建子之月（陰曆 11 月）爲正月，夏、商、周三代制度不同，因此曆法的正朔也不同。據此我們可知，在周王朝的曆法中正月的時間爲子月，此時也正值冬季，而非春季。那麼《春秋》中所記載的"春"究竟是周朝的曆法還是夏朝的曆法呢？對此，有人主張"春"與"正月"皆爲周朝的曆法，有人主張"春"爲夏朝之曆法而"正月"則是據周朝之曆法，還有人主張"春"與"正月"皆爲夏朝的曆法。②

　　從上述引文中二者的對話來看，正祖首先綜合引用了各種現有理論，并分析了各理論觀點的不足之處，而後通過整合提出了其中被認爲是最恰當的討論觀點，并對該主張的合理性與妥當性提出了一些疑問。雖然采取了問答的形式，但實際上却是正祖探求學者們的各種觀點，并在交流的過程中以此來使諸位學者同意自己主張的程式和途徑。換言之，正祖批判了程子與胡安國理論中所出現的問題，并對

① 詳見正祖《弘齋全書》卷一百〇六《經史講義》四十三《總經一》。

② 招祥麒：《王夫之〈春秋稗疏〉研究》，上海：上海古籍出版社，2010 年，第 9 頁。

朱子理論的妥當性進行了質疑，安錫任并没有提出其他新的見解，只是在贊同正祖主張的同時，闡述并説明朱子理論具有合理性的理由。[①] 正祖的此種自信來源於對《春秋》較爲全面的分析和研究，從“即此數説，而參之於群書質之於義理，則不待聖人家中之家奴，而豈無可以劈千古之疑，垂不刊之訓者歟”中可以看出。正祖所進行的問答雖然是爲了定例行事地去講論經史而特設的御前講席——經筵的一種形式，但是通過他積極地進行提問與質疑，可以看出其對待學術的熱情與研究水準。因此有人評價《經史講義》説：“該資料中綜合了正祖對經傳的學術關注及其研究成果的深度，以及當時主要學者對經典的深刻理解。”[②]

接下來，我們將對茶山丁若鏞的《春秋考徵》進行考察。[③] 丁若鏞爲朝鮮時期實學的集大成人物，其學術成果被編纂成多達 500 卷的收録了《欽定新書》《牧民心書》等經世文章以及有關經學古典理論等的《與猶堂全書》。該書所收録的大部分爲有關經學的著作，而丁若鏞本人也稱經學是其學術研究的思想基礎與根基，其經學研究注重對經典文獻的詳細研究與考證，并力圖從中發掘出與當時社會相符的觀點與價值觀。[④] 丁若鏞的學術研究方式被評爲是 19 世紀朝鮮朝實學考證學的學術研究方法的典型代表，其將“通過對經典的再詮釋，建立以《周禮》爲中心的經學體系”[⑤]視爲目標，其中最能够代表丁若鏞經學性質的書籍即爲《春秋考徵》。

《春秋考徵》是丁若鏞關於《春秋》的唯一著作，但其并不是關於《春秋》的專門解説書或注解書。從“《春秋》者，周禮之所徵也，欲知周禮者，其不考之於《春秋》乎？”[⑥]這句話中可以看出，《春秋考徵》的主要内容是通過對《春秋》禮制進行分析和考證，以恢復周禮的原型。[⑦] 此書雖然聚焦於中國古代的禮制研究，但在《春秋》學領域也有著重要的學術價值。

余觀《春秋》義例，惟據實直書，而其善惡自見，褒貶予奪，初非執筆者

---

① 正祖分析的幾種理論的内容具體可參考金東敏《正祖의〈經史講義〉를통해본春秋學의핵심쟁점》。

② ［韓］安秉杰：《正祖御製條問의經學觀》，第 396 頁。

③ 關於丁若鏞《春秋》學的研究可參考金東敏《茶山丁若鏞의〈春秋〉에대한이해와해석방법》，《溫知論叢》2012 年第 31 輯。

④ 《與猶堂全書》（第 1 集）卷一六《自撰墓誌銘》：六經四書，以之修己，一表二書，以之爲天下國家，所以備本末也。

⑤ ［韓］崔英成：《韓國儒學通史》（中），第 797 頁。

⑥ 詳見《與猶堂全書》（第 2 集）卷三三《春秋考徵》一。

⑦ 關於《春秋考徵》整體内容與特征的研究，可參考［韓］李裕鎮《丁若鏞〈春秋考徵〉의研究》，《孔子學》1999 年第 5 號。

之所能操縱伸縮。乃先儒談《春秋》者,每執隻字片言,指爲夫子之微意,曰誅曰貶曰賞曰褒,闕文落字,穿鑿到底,常例故事,傅會唯意。《左氏》《公》《穀》已犯此病,況於胡文定之盛氣哉![①]

丁若鏞認爲現有的對於《春秋》的解釋是脫離了《春秋》原義的牽强附會,其理由是由於"世之習《春秋》之學者,恒於襃貶袞鉞之義鑽研致力,而其先王典禮之可徵於後世者,率皆略之而弗顧"。[②] 他不拘泥於傳統的解釋,而是想要通過客觀論據的探索、較爲全面的分析以及深入的論證來尋求合理的理解與闡釋,這種實學的研究方法可通過對隱公的"不書即位"的解釋得到確認。

在《春秋》中,各君主即位的第一年需要按照一定範式進行正式的記録以確保歷史事件的完整性,通常情況下,以"元年,春,王正月,公即位"爲記録。但在 12 位君主中,隱公、莊公、閔公、僖公等四位君主只記載了"元年,春,王正月"而未見"公即位"三字的記載。對於這種"不書即位"的書法,包括三傳和胡安國在内的很多學者提出了不同的解釋,這種具有差異性的解釋涉及對《春秋》文本的解讀、歷史背景的考究以及作者意圖的理解等方面,因此該書法也成爲《春秋》學中最具爭議的主題。[③] 丁若鏞也以該主題作爲核心論點,在學術中展示了實證研究的具體方法。

首先,丁若鏞對隱公、莊公、閔公、僖公"不書即位"適用不同書法的現有解釋提出了質疑,認爲此四位君主的"不書即位"皆應依據"繼弒君不言即位"的記録法進行解釋,不能僅將隱公視爲例外。[④]《左傳》中將隱公"不書即位"的理由解釋爲"攝政",丁若鏞對此觀點進行了反駁。

> 自古攝政之禮,但攝其政,不攝其名。故舜攝政不稱帝,伊尹攝政不稱王,周公攝政不稱王,共和攝政不稱王。禮法自天子出,惟是法而冒之,諸侯亦當然。奚獨魯隱公之攝政,儼然稱公? 盟之曰公,會之曰公,薨之曰公,并其名而據之也。[⑤]

---

① 詳見《與猶堂全書》(第 2 集)卷三三《春秋考徵》一。

② 詳見《與猶堂全書》(第 1 集)卷一二《春秋考徵》序。

③ 對於《春秋》三傳中與胡安國所言的"不書即位"的解釋,可參考金東敏:《〈春秋〉三傳과의비교로본胡安國〈春秋〉해석의특징》,《陽明學》2014 年第 37 輯,第 343—352 頁。

④ 《與猶堂全書》(第 2 集)卷三三《春秋考徵》一:鏞案,魯十二公惟隱、莊、閔、僖不書即位,先儒謂莊、閔、僖之不即位,以承弒逆,惟隱公之不即位,謂攝行君事,原不即位。三家作傳,皆主是義,愚以爲未必然也。

⑤ 詳見《與猶堂全書》(第 2 集)卷三三《春秋考徵》一。

　　根據丁若鏞對古代史料的分析，因攝政者并非正統君主，不具備直接統治地位，"攝政"之時不使用帝、王、公等正式名稱是符合正式禮法規範的。但在記録隱公所進行的正式活動時却使用了"公"這一稱謂而非攝政者的代稱，這就可能意味著隱公實際上并不是攝政。隱公在世之時是以"公"爵位來記録，去世時則記之以"薨"，何休通過對隱公爵位和去世記録的考察，也批判了《左傳》中"攝政"的解釋。① 丁若鏞借用古代的禮法爲依據來反駁《左傳》中"攝政"的觀點，即"其先王典禮之可徵於後世者"。丁若鏞擅通過對客觀史料以及歷史事件進行論證與分析，并爲自己的觀點提供依據，這可以説是其主要的研究方法，也是其整個經學研究的最大特徵。

　　通過對《左傳》的批判，丁若鏞明確表示，隱公的"不書即位"同樣也適用於與莊公、閔公、僖公所相同的"繼弑君不言即位"的書法實例，這一主張只有在隱公之前代君主惠公被殺害的前提下才能够成立，然而《春秋》所記録之事是從隱公時代開始的，因此無法明確隱公以前時代所發生的事，而其前代君主惠公是否被殺害這一事實也同樣無從考證。由於在缺乏客觀史料及證據的情況下，無法確定歷史事件的真實性，因此對隱公"不書即位"所出現的多種解釋，也可視爲是學者們在缺乏確鑿史料的情況下，嘗試從多種角度理解歷史事件的努力。雖然丁若鏞所掌握的史料與現今學者們相類似，但是其能充分地利用《春秋》之記録，試圖對惠公的被弑害、隱公的即位時間點等進行合理的推論。

　　　余謂隱公即位，已在前年，而惠公之死，亦臣下之所弑耳。何以知其然也？冬十月，改葬惠公，凡改葬者皆弑也。宣十年，改葬鄭幽公，襄廿八年，改葬齊莊公，昭十三年，改葬楚靈王，又是年改葬蔡襄公。凡死得其正者，葬必以禮，不改葬也。魯惠公之改葬，豈非被弑之確證乎？《左氏》謂時有宋師，葬故有闕。審如是也，緩葬可也，豈得草草無文，如被弑者之爲乎？君弑則國亂，國亂則民疑，於是乎即位也。故正月庚申，晋弑其君州蒲，而二月乙酉朔，悼公即位於朝，斯其驗也。然則隱、莊、閔、僖，無一而

---

① 何休《左氏膏肓》：古制，諸侯幼弱，天子命賢大夫輔相爲政，無攝代之義。昔周公居攝，死不記崩，今隱公生稱侯，死稱薨，何因得爲攝者？（王雲五主編：《叢書集成》，上海：商務印書館，1936 年）另一方面，鄭玄在《發墨守》和《箴膏肓》中主張周公與隱公皆爲攝政，但二者的攝政却是存在差異的。與此相關的詳細內容請參考金東敏《何休와鄭玄今古文論爭의經學史的意義》，《東洋哲學研究》2007 年第 49 輯，第 230—232 頁。

非即位者也。①

丁若鏞主張隱公即位的一年之前惠公被殺害,而那一年隱公已經即位。如果這一觀點屬實,那麼隱公元年的"不書即位"也同其他三位君主一樣,都是根據"繼弑君不言即位"的記錄法所進行的,因此這一點是無須爭議的,然而此觀點是只有在客觀地證明惠公被殺害的前提下才能夠成立。基於此,丁若鏞對《春秋》中記載的殺害君主的事件進行了綜合分析,細究這些記錄之間的關聯性和時序關係,以確定各個事件之間的因果關係,以史料爲依據提出證明惠公被殺害的合理推論。在此過程中,丁若鏞著重關注君主的"弑害"和"改葬"之間的聯繫,其將《春秋》中有關君主"弑害"和"改葬"的記錄進行匯總和比較之後發現,"改葬"的君主皆爲被殺害的君主,即"改葬"行爲可能是作爲君主被殺害的一種重要指標,因君主遇害後急忙舉行葬禮,所以日後定要按照正式的程式進行"改葬",這也是當時通常的禮法。② 丁若鏞以當時的禮法爲依據明確表示"弑害"和"改葬"具有不可分的關係,通過《左傳》中所顯示的惠公"改葬"記錄③,推論其被殺害的歷史事實,以此證明自己主張的合理性與妥當性。

其次,丁若鏞通過其他事例推論出了隱公的即位時間點與惠公被殺害是同一年,即比隱公元年要早一年,并通過晋厲公被弑與悼公即位等同年發生的事實提供了進一步的理論依據。另外,他還進一步考察了"繼弑君不言即位"成爲《春秋》正式記錄法的原因:"即位則何以不書? 未逾年而即位,非正也,一年二君,非正也。非正而書,所以諱國惡也。"④當君主被殺害時會導致國家局勢動蕩不安,而按照慣例,爲了維護國家的穩定與政權的連續性,會讓下一位合適的人選盡快即位,以確保國家正常運轉,如晋悼公即位後立刻任命百官,并施行重新整頓官職等政策以謀求國政的穩定即爲證據。⑤ 但是,前君去世不超過一年或過早地接替王位,不符合君臣、父子的道義,可能會引發社會不滿或動蕩,因此記錄者可能會選擇以不記錄"即位"爲原則來處理。

---

① 詳見《與猶堂全書》(第 2 集)卷三三《春秋考徵》一。

② 《左傳》昭公十三年有"冬,十月,葬蔡靈公,禮也"的記載。依據杜預的注解,蔡靈公死於昭公十一年,但却未能舉行正式的葬禮,而在十三年蔡國局勢穩定之後才按照禮法進行了改葬,從這些記錄中可以看出,當時改葬是通常的禮法。

③ 《左傳》隱公元年:冬十月庚申,改葬惠公。公弗臨,故不書。惠公之薨也,有宋師,大子少,葬故有闕,是以改葬。

④ 《與猶堂全書》(第 2 集)卷三三《春秋考徵》一。

⑤ 《左傳》成公十八年:二月乙酉朔,晋悼公即位于朝。始命百官,施舍,已責,逮鰥寡,振廢滯,匡乏困,救災患,禁淫慝,薄賦斂,宥罪戾,節器用,時用民,欲無犯時……所以復霸也。

如上所述，丁若鏞的《春秋》解釋基於客觀依據進行論證，通過合理的推論得出具有新視角的結論，其主張不僅具有較強的說服力，且具有與現有的解釋所不同的獨創性，爲我們理解《春秋》提供了新的視角和思考方式。“竭心殫知，歷考古經，參互印證，知其無毫釐之差，塵刹之疑，而後敢定其論。”[①]從此句中可見其治學之嚴謹，《春秋考徵》曾被評爲“最能體現茶山實學精神中實證的經學姿態的書籍”[②]，足以見其在朝鮮朝學術史上所具有的重要地位和學術價值。

三、《春秋》解釋的獨立發展

19 世紀中期以後，朝鮮因國內政治混亂以及外國勢力的侵略等處於極度混亂的時期，這種混亂不僅影響了政治和社會秩序，也對學術領域產生了深遠影響。中國的考證學學術風尚，以及不斷傳入朝鮮的西方文化產物與學術等，給朝鮮的知識分子帶來巨大的衝擊。這也促使了當時的知識分子積極關注學術研究在應對此種變化中的作用，并藉由此對當時朝鮮主流學說——性理學進行了反思。其反思的結果大致分爲兩個方向：第一種方向，試圖擺脫現有的性理學世界觀，致力於研究能夠應對變化著的世界的現實學問，當時受到清代考證學影響的朝鮮“實學”學風就屬於這一範疇。該學風高舉“脫性理學”甚至是“反性理學”的旗幟，主張通過考證學或積極接受西方的學說來對現實進行實質性的改革。這種方向的主張強調了實證主義思想和對客觀事實的重視，力求從實踐中得出解決問題的方法和策略。第二種方向，則認爲時代的混亂是源於性理學世界觀的崩塌，應當更加牢固地構建性理學學問體系，以穩固社會秩序與思想基礎。

這種學風的變化也反映在《春秋》學的研究上，出現了兩種截然不同的學術傾向。第一種傾向，通過“脫性理學”的《春秋》理解確立學問的獨立性，以獨立的研究方法和視角重新審視《春秋》文獻，其中沈大允的《春秋四傳續傳》即爲代表。第二種傾向，則爲了忠實地反映朱子、程子、胡安國等宋代《春秋》學研究，繼承和發展性理學的《春秋》解釋，力圖維護傳統學術觀念和體系，此傾向的代表作品爲李震相的《春秋集傳》。

首先，對沈大允的《春秋》學進行考察。[③] 沈大允在朝鮮朝經學界被評價爲能夠

---

① 　詳見《與猶堂全書》（第 1 集）卷一九《書•答李汝弘》。

② 　［韓］琴章泰：《丁若鏞實學의世界》，首爾：成均館大學校出版部，1999 年，第 130 頁。

③ 　關於沈大允的《春秋》學論文可參考金東敏《沈大允〈春秋四傳續傳〉의脫性理學的〈春秋〉理解》，《韓國哲學論集》2017 年第 52 輯。

與丁若鏞相媲美的人物①,他在經學方面取得了許多成就,與《春秋》有關的著作有《春秋四傳注疏抄選》和《春秋四傳續傳》,皆流傳至今。其中《春秋四傳續傳》的内容强烈地反映了當時"脱性理學"的學風,可以説是展現了朝鮮王朝《春秋》學獨立發展可能性的作品。② 在當時,朝鮮朝的《春秋》研究中,通常將程子、朱子、胡安國等宋代學者的理論作爲解釋的出發點,而沈大允則對這種傳統學術方法提出了正面反對,試圖打破這種思想局限,提出新的研究視角和方法。他對《春秋》的解釋首先脱離了以往的性理學觀點,重新定義了《春秋》的性質,其次通過對性理學解釋的批評提出獨立的見解,試圖探尋并接近《春秋》的本質。

首先沈大允對《春秋》的性質作了如下定義。

> 《春秋》者,天下之公是非也,匹夫而爲天下之公是非,以經則不可,故曰罪我也。中國無主,華夷交訌,上下相勝,倫理滅絶。吾而不明,則恐斯民之不復知有人道也。以時則可矣,故曰知我也。③

孟子斷定《春秋》爲天子之事,④也意味著其是一種規範天子行爲的標準,也是爲了維護天下秩序、糾正混亂局面的一種政治法則。沈大允稱其爲"天下之公是非",指出其爲判斷天下發生之事件對或錯的公正標準,也是普天下通用的人道法則。關於《春秋》的性質,《公羊傳》稱其爲"撥亂反正"⑤,司馬遷稱其爲"王道之大者"⑥,之後到了宋代,程伊川言其爲"百王不易之大法"⑦,胡安國則以性理學"天理"與"人欲"二分法的思維,自"遏人欲,存天理"説之後⑧,將《春秋》視爲是在政治和人倫中

① 沈大允的生平、著述以及學術研究等可參考[韓] 張炳漢《沈大允經學에대한연구》,成均館大學博士學位論文,1994 年。

② 關於沈大允《春秋四傳續傳》更爲全面的研究,可參考張炳漢:《19 世紀白雲沈大允의〈春秋四傳續傳〉에관한一考察》,《韓國實學研究》2008 年第 16 輯。

③ 詳見《春秋四傳續傳·釋説》

④ 《孟子·滕文公下》:世衰道微,邪説暴行有作,臣弑其君者有之,子弑其父者有之。孔子懼,作《春秋》,《春秋》天子之事也。是故孔子曰:"知我者其惟《春秋》乎,罪我者其惟《春秋》乎!"……孔子成《春秋》,而亂臣賊子懼。

⑤ 《公羊傳》哀公十四年:君子曷爲爲《春秋》? 撥亂世,反諸正,莫近諸《春秋》。

⑥ 《史記·太史公自序》:夫《春秋》,上明三王之道,下辨人事之紀,別嫌疑,明是非,定猶豫,善善惡惡,賢賢賤不肖,存亡國,繼絶世,補敝起廢,王道之大者也。

⑦ 《春秋傳》序:"夫子作《春秋》,爲百王不易之大法。"朱子也在其《朱子語類》卷八三《春秋》中説:"唯伊川以爲經世之大法,得其旨矣。""大率本爲王道正其紀綱。"

⑧ 《春秋傳》序:知孔子者謂此書遏人欲於横流,存天理於既滅,爲後世慮至深遠也。

永恒不變的絕對法則。

　　沈大允在現有的理論基礎上，更進一步關注了《春秋》成爲絕對法則的原因。他首先强調《春秋》并不是依據理性思考而來的抽象理論，而是能够反映特殊現實的時代産物。即從政治原則（經）的角度來看，在天下之統治者——天子存在的情况下，身爲“匹夫”的孔子制定“天下之公是非”的政治原則事實上是侵犯了天子權限的越權行爲。但從時代境况（時）的角度來看，當時天下亂局已達到頂點，終止這種混亂的局面是時代的絕對要求，因此，孔子在此混亂達到頂點的春秋時代誕生可謂是天命所致，而作《春秋》也是不可抗拒的天道，在此情况下《春秋》的出現也被視爲是不可逆的必然結果。① 那麽，《春秋》作爲這一特殊時代的産物，爲什麽會成爲超越時空的“天下之公是非”呢？《春秋》所記之事皆以人類普遍所具有的是非之心爲依據，以此來判斷人間諸事，因此《春秋》之“天下之公是非”可以成爲超越時空的、能够通用的絕對法則。這一法則不受特定文化、政治、社會的限制，是基於人類具有普遍性的、共同性的道德原則與倫理規範。②

　　沈大允的《春秋》學旨在闡明《春秋》中所蘊含的“天下之公是非”，但由於“《春秋》者，出乎心而未及乎言者也”③。所以掌握能够判定“天下之公是非”的《春秋》之義絕非易事。正因如此，後代也出現了諸多不同的解釋，并引發了争論與對立。在這些對《春秋》的解釋中，沈大允認爲胡安國的解釋問題頗多，并且對其觀點多不認同。雖然沈氏也有認同胡安國觀點的情况，④但始終以“何言之無理？”“何胡氏之顛倒無一定也？”“尤爲無據矣”“甚矣，胡氏之悖也！”對其進行較爲强烈的批判。⑤ 沈

---

① 詳見《春秋四傳續傳·釋説》：春秋之世，可謂極亂而多事矣。春秋以上，猶可説也，春秋以後，雖爲戰國，然而君尊臣卑，弑君叛臣絶少，而變怪希生。由是言之，春秋之亂可謂尤甚者矣。春秋之作於是時也，其有天道乎？ 春秋之時，世大夫私土地專國命，雖有聖賢在下，亦無所容足之地矣。夫子適興於其時，故所如而不入焉。戰國之君厚招游士，與圖國政。當是時，雞鳴狗盗之伎，皆得自効。向使夫子生于其時，其有所立必矣。不先不後而生乎春秋，其有天命乎？

② 詳見《春秋四傳續傳·釋説》：夫人皆有是非之心，雖匹夫亦可以爲天下之公是非也。《春秋》者，天下之公是非而已也。

③ 詳見《春秋四傳續傳·釋説》。

④ 諸如《春秋四傳續傳》莊公二十五年：“胡氏曰……，此言得之矣。”宣公八年：“胡氏之論季孫意如之卒，得之矣。”

⑤ 詳見《春秋四傳續傳》中僖公二十二年：“胡氏以爲……何言之無理也？”文公四年：“胡氏曰……，何胡氏之顛倒無一定也？”僖公二十八年：“胡氏明道正義之説，尤爲無據矣。”文公十年：“胡氏以爲……甚矣，胡氏之悖也！”此外，還可見僖公二十五年：“胡氏用夷正夏之説俱矣。”僖公二十八年：“胡氏以爲……此夢話也。”宣公元年：“胡氏安矣。”等等。

大允雖説"吾以明夫聖人之旨耳,非苟反先輩也"①,但其基本上具有"反性理學"的學術傾向,因此作爲性理學《春秋》解釋代表的胡安國成爲沈氏最强烈的批判對象也情有可原。

沈大允批判胡安國説:"是其眩於影而驚於響矣。不知按其迹而得其情也,惡足以知聖人之意乎?"②他認爲胡安國并没有準確地把握《春秋》所記録的當時的實情。從具體事例來看,胡安國對《春秋》襄公三十一年"莒人弑其君密州"事件的解釋與沈大允的批判如下:

> 左氏稱:"莒子生去疾及展輿,既立展輿,又廢之。莒子虐,國人患焉。展輿因國人以攻莒子,弑之,乃立。"信斯言,則子弑其父也,而《春秋》有不書乎? 故趙匡謂"其文當曰'展輿因國人之攻莒子,弑之,乃立',而後來傳寫誤爲'以'字爾"。③

> 著其黨逆之爲大惡,且罪莒子之虐也。不書展輿,豈免其首惡哉? 胡氏改《左氏》之文,曰"展輿因國人之攻莒子,弑之,乃立",竟成文理耶? 是以聖人爲一士師,而以經爲一爰書也。④

沈大允在《春秋》的記録中關注到了孔子想要傳達的旨意,其在書中經常提及"聖人作經"⑤一語,以凸顯孔子在作《春秋》時捕捉文章意圖和想法的重要性。那麽,孔子記録上述事件的意圖爲何? 即將殺害君主的逆黨之大惡與君主之暴惡公之於世,通過記録事件能够揭示君主的德政與否,以及展示君臣是否遵守人倫與道德等,從而達到警示後人、懲惡揚善的作用,這也符合《春秋》之旨。

然而,在沈大允看來,胡安國以《春秋》中没有記載弑君的主犯爲由,提出了與原文旨意完全不通的主張,并未正確領會孔子的意圖,所以將《春秋》淪爲記録罪囚所犯之罪的一般書籍。⑥ 而比起文章本身所想要傳達之意義,胡安國更致力於尋找

---

① 詳見《春秋四傳續傳·釋説》。

② 詳見《春秋四傳續傳》僖公四年。

③ 詳見《春秋胡氏傳》襄公三十一年,胡安國將《左傳》"展輿因國人以攻莒子"改爲"展輿因國人之攻莒子"。

④ 詳見《春秋四傳續傳》襄公三十一年。

⑤ 《春秋四傳續傳》中,莊公十年、文公十八年、成公十八年、昭公二十六和二十七年皆可見"聖人作經"之語。

⑥ 《左傳》"展輿因國人以攻莒子,弑之,乃立",胡安國主張將"以"字改爲"之"字。根據該主張,殺害莒子的不是展輿而是莒人,展輿只是趁機登上了君主的位置。

隱藏在文中的義理與褒貶,在此過程中過分地將自己的主觀想法加入其中,導致出現了諸多較爲嚴重的"穿鑿"和"曲解"的情況。

在沈大允看來"《春秋》,以明得失也,非爲懲討也"①,孔子作《春秋》之目的是依據人類所本具有的是非之心來判斷與評價事物,用以訓誡或教導後人,引導人們追求正義、忠孝和仁愛等,絕不是單純地爲了追求事件的是非對錯、以褒貶或刑罰來判決或定罪。"聖人之作經,豈如獄吏斷案,務讞其罪之輕重而已哉?"②,"聖人之作經,豈若老獄吏斷案而已哉? 要以示訓焉已矣"③。但沈氏認爲胡安國只注重於對"褒貶"和"斷罪"的分析,并沒有真實地把握孔子之本意,因此對其進行了批判。

綜上所述,沈大允的《春秋》學研究中最爲注重的是對孔子想要傳達之意的正確把握,也即《春秋》文中所蘊含的真實的史料素材。"讀經者,當據經而究義也,不當妄爲穿鑿而出乎經之表也。"④因此"《春秋》,即事而明訓爾"⑤,"《春秋》,以明得失也,即事而著其善否耳"⑥。沈大允認爲與此種《春秋》解讀法相去甚遠的是胡安國等宋代學者的義理穿鑿,尤其強烈批判了胡安國過分地附會自己的學術觀點與政治立場,有將《春秋》文本強行套入自己理論框架中之嫌,嚴重歪曲了《春秋》之本意。沈大允的《春秋》學研究表現出了《春秋》"脱性理學化"的必要性和可能性,從這一點來看,其在朝鮮朝的《春秋》學研究中占據重要地位,在思想史上也具有重大意義。

接下來,我們將對李震相的《春秋集傳》進行考察。⑦ 李震相與李滉、李珥并稱爲朝鮮性理學的權威巨匠。⑧ 他指名朱子爲繼承孔子之學的集大成者,⑨每寫作文

---

① 詳見《春秋四傳續傳》成公十八年。

② 詳見《春秋四傳續傳》文公十八年。

③ 詳見《春秋四傳續傳》莊公十年。與此類似的説法也經常出現,例如成公十八年"聖人作經,豈城旦春書耶?",昭公二十七年"聖人作經,貴在垂訓,豈惟辨析是非而已也哉?"等。

④ 詳見《春秋四傳續傳》襄公二十九年。除此之外,還經常出現僖公十四年中"今以經文言之"、宣公元年"以經文考之"、襄公七年"據經"等表述。

⑤ 詳見《春秋四傳續傳》文公十五年。

⑥ 詳見《春秋四傳續傳》宣公十二年。

⑦ 關於李震相的《春秋》學研究可參考金東敏以下三篇論文:《李震相〈春秋集傳〉의 性理學的〈春秋〉이해》,《大東文化研究》2018 年第 103 輯。《李震相의 春秋學에 보이는 華夷觀의 특징(1)》,《儒教思想文化研究》2020 年第 81 輯。《李震相의 春秋學에 보이는 華夷觀의 특징(2)》,《韓國哲學論集》2020 年第 67 輯。

⑧ 玄相允著,李炯性校注,《朝鮮儒學史》,首爾:玄音社,2003 年,第 100 頁。

⑨ 《寒洲集•序》卷二九《朱子語類箚疑序》:惟我子朱子繼往開來之業,後孔子而集成。

章之時,皆將朱子的理論作爲立論依據,是一位將性理學作爲自己學術研究的核心思想和主導理論的學者,①《春秋集傳》充分地展現了李震相的此種學術傾向。

　　李震相認爲《春秋》研究是知識分子應對混亂時代時所面臨的重要課題,從"今天下將亂矣,不熟讀於是,不能爲士也"②中可看出,其《春秋》學是應對時代性要求的必然產物。他認爲當時社會的混亂源於性理學世界觀的崩塌,人們對性理學的理解和應用出現了偏差,從而導致社會價值觀念的混亂和失序,因此建立更加牢固的性理學學術體系是克服混亂的最佳方式。《春秋集傳》則是反映了他此種強烈學術使命感和責任感的代表作品。

　　《春秋集傳》的學術特徵可以通過李震相所把握的《春秋》性質來得到確認:"是經也,誅亂臣而討賊子,尊中國而攘夷狄,明王道而黜霸功,存天理而遏人欲,大義炳如也。"③由此可知,李震相對《春秋》的理解主要是以朱子和胡安國的《春秋》學爲理論基礎的。關於《春秋》,朱子言"《春秋》大旨,其可見者,誅亂臣,討賊子,内中國,外夷狄,貴王賤伯而已"④,胡安國則主要以"天理"和"人欲"的矛盾關係來解釋《春秋》義禮。⑤ 在以朱子和胡安國爲代表的宋代《春秋》學中引入性理學的概念或理論對《春秋》進行解讀在當時是普遍的潮流與趨勢,而朝鮮朝在《春秋》學研究中,最能够體現這種學術傾向的著作即爲李震相的《春秋集傳》。

　　此前,朝鮮中期學者朴世采作《春秋補編》,提出了以程子、朱子、胡安國等理論爲中心的性理學《春秋》學解釋標準。但此書僅摘録和引用先賢理論中的核心内容,并未對經典進行更爲全面和深入的闡釋,李震相則更進一步,以朱子和胡安國的理論爲基礎,并結合自己的理解與研究,試圖製作出一部更爲完整的性理學《春秋》注解書。該書首先從"三傳"的解釋中篩選摘録出優質且值得考究的内容,并將其與胡安國的解釋一起作爲主要内容。其次利用程子與朱子的理論彌補了先前解

_____

① 《寒洲集·附録》卷二《行録》:府君寢寐朱退,尋常片字隻語,皆根據依做。關於李震相的經學與其朱子學的特徵,請參考李昤昊:《寒洲의經學》,慶北大退溪研究所編:《寒洲李震相研究》,首爾:亦樂出版社,2006 年,第 107—137 頁。

② 詳見李震相:《春秋集傳·跋》。《春秋集傳·跋》爲李震相的弟子郭鍾錫所作,其中闡述了李震相著此書的背景:"先生見世機日下,人紀日紊,有不得已者,遂慨然從事于纂輯之勞,積以歲月,而是編者成。"

③ 詳見《春秋集傳·序》。

④ 詳見《朱子語類》卷八三《春秋》。

⑤ 趙伯雄:《春秋學史》,濟南:山東教育出版社,2004 年,第 506 頁。

釋的不足之處，爲彌補程子與朱子未盡之意，又添加自己的見解和主張。①

　　然而，具體考察《春秋集傳》，其中幾乎没有摘引朱子理論的事例，而是大致摘録《春秋胡氏傳》的主要内容，并在此基礎上加以自己的見解。事實上，朱子并未有過關於《春秋》的專門著書，《朱子語類》等内容也只是與《春秋》經典的研究方法或讀法等《春秋》整體的經學相關，對個別事件的具體解讀也并不多。李震相推崇朱子，或許實質上是爲了標榜自己的學術以朱子爲基礎，借用朱子之名彰顯自己學説的正統性與承継性，以期獲得其他學者的認可。

　　《春秋集傳》的學術特質可通過其中對華夷的解釋來窺見。關於中華與夷狄的關係，在古代文化中常被描述爲極端對立的甚至相互矛盾的關係，此種觀點可通過二分法思維來確認與判定，即中華爲天下安定、文明繁榮的時代，夷狄是亂臣賊子蜂起混亂動蕩的時代。

　　　　昔周之盛……化行俗美，王道成矣。東遷以後，乾綱解紐，列國之詩
　　不陳於王府，而勸懲之政不行於天下。亂臣賊子接踵而起，華夏將變於夷
　　狄，人類將化爲禽獸。②

　　李震相將周朝東遷之後劃定爲混亂時代，判定此時代的代表性現象即爲亂臣賊子的出現。孟子言"孔子成《春秋》而亂臣賊子懼"，認爲《春秋》的著書背景就是因爲當時出現了亂臣賊子。對此，朱子認爲亂臣賊子的存在是社會動蕩和混亂的根源，對亂臣賊子進行討伐就會終結混亂，這也是形成完備治世的方式。③李震相以朱子的主張作爲立論的理論依據，將治世與亂臣賊子之間的關係類比於中華與夷狄的關係，進一步擴展了華夷理論的形態，豐富了華夷思想的内涵。李震相設定了一種二分法構想，將天下的安定狀態視爲中華或人類的時代，而天下的混亂狀態則爲亂臣賊子、夷狄或禽獸的時代。按照此構想，夷狄被視爲是中華秩序走向最惡劣狀態的頂點，是中華秩序被破壞甚至會消失的狀態，因此中華與夷狄就形成了絶對不能共存的矛盾關係。

　　雖然李震相并没有直接引用朱熹的具體理論，但是其却以朱熹所强調的通過結束混亂以完成治世的理論作爲討論的出發點，試圖通過對華夷關係的探討强調結束混亂、恢復治世的重要性，并將這一理論應用於中華與夷狄之間的關係中。此

---

① 《春秋集傳·序》：今之讀《左傳》者，每患議論之不純，讀《胡傳》者，每患事迹之摩稽，若得合爲一通，互相參證，則聖人之妙道精義，尚可窺測；而兩傳之所難通者，亦可折衷於朱先生雅言。此震相不揆僭妄，而輙爲之《集傳》者也。惟於其間，附見一二瞽説，亦所以推衍朱先生餘意。

② 詳見《春秋集傳·序》。

③ 《孟子集注·滕文公下》：愚謂，孔子作《春秋》以討亂賊，則致治之法垂於萬世，是亦一治也。

外,中華與夷狄的關係、中華對於夷狄的應對方式等更爲詳細的論説則以胡安國的理論爲基礎并擴大了討論的範圍。胡安國説“人欲日長,天理日消,其效使夷狄亂華,莫之遏也。噫,至此極矣!”①設定了夷狄＝人欲,中華＝天理的對立性構想,指出夷狄是導致天下混亂的根本原因,進而又説“莫謹於華夷之辨矣。中國而夷狄則狄之,夷狄猾夏則膺之,此《春秋》之旨也”②,强調了對夷狄的討伐與懲戒的重要性,并將此視爲是《春秋》之義理。李震相綜合了朱子與胡安國的這些理論,認爲中國與夷狄存在著無法調和的敵對關係,主張中華不應與夷狄建立任何形式的關係,而應將其視爲需要進行征伐的對象。③

但在春秋時期,除了中國之内的諸侯國,被分類爲夷狄的國家之間也交流頻繁,這種交流涉及聘問、朝會、會盟等形式。《春秋》中有很多關於中國諸侯國與夷狄交流的記録,對此李震相十分堅決地堅持“交流不可”的立場。對於宣公十一年“晋侯會狄於欑函”,李震相做了以下解釋:

> 欑函,狄地。狄爲會主,而晋侯往會,何其陋也!⋯⋯《胡傳》曰:“《春秋》正法,不與夷狄會同,分類也。”④

此外,對於隱公二年中記録的與夷狄超越集會,甚至簽訂盟約的事件“公會戎於潛,公及戎盟於唐”,他認爲否定與夷狄交流本身即爲《春秋》之義理,并做出了如下解釋:

> 《胡傳》曰:“以羌胡而居塞内,無出入之防,非我族類,其心必異,萌猾夏之階,其禍不可長也。”⑤
>
> 戎乃周公所膺、伯禽所伐,而公乃汲汲修好,會之不足而親與之歃血定盟,非義也。⑥

另一方面,亂臣賊子也被視爲是與夷狄相同的存在,成爲被敵對與討伐的對

① 詳見《春秋胡氏傳》序。
② 詳見《春秋胡氏傳》隱公二年。
③ 《春秋集傳·成公》:家氏曰:“⋯⋯蓋《春秋》所以待夷狄者,乃帝王御外之道,猾夏則禦之,無王則伐之,未有舉中國之大而求與裔夷爲盟好者也。”
④ 詳見《春秋集傳·宣公》。中華與夷狄本身就是不同類别的這種認識,在其他地方也能够見到,例如《春秋集傳·僖公》中有云“狄是異類,其勢難校”。
⑤ 詳見《春秋集傳·隱公》。其中“無出入之防”之“入”字在原文中寫作“八”,但依據《春秋胡氏傳》修正爲“入”。
⑥ 詳見《春秋集傳·隱公》。

象。以朱子"《春秋》之法,亂臣賊子,人人得而誅之"①之言爲依據,即使亂臣賊子是中國之内的諸侯,但因其不當行爲也被視爲是與夷狄同屬一類的討伐對象。例如魯桓公殺害了前代君主隱公,可謂是代表性的亂臣賊子,其行爲被視爲是對國家政權和社會秩序的嚴重破壞。李震相對桓公元年"夏,四月,丁未,公及鄭伯盟於越"引《胡傳》進行了如下批判:

> 《胡傳》曰:"……夫弑逆之人,凡民罔弗憝,即孟子所謂'不待教命,人得而誅之者也。'鄭與之盟,以定其位,是肆人欲,滅天理,變中國爲夷狄,化人類爲禽獸,聖人所爲懼,《春秋》所以作。"②

基於《春秋》中所記錄的魯桓公的行爲,他被認爲是弑君的亂臣賊子,因此根據《春秋》的義理,應視爲必須要討伐的對象。然而,事實上鄭伯并没有對魯桓公采取討伐的行動,反而與他締結盟約,使魯桓公的君主地位正式且正當化。對此,胡安國進行强烈的批判,認爲不僅是被視爲亂臣賊子的桓公,連將他錯誤行爲合理化的鄭伯都應該被視爲是夷狄或禽獸。③

如上所述,李震相劃定的四個《春秋》大義,④"誅亂臣而討賊子""存天理而遏人欲""尊中國而攘夷狄"三個義理是綜合朱子以及胡安國的理論而形成的新的華夷論。此華夷論引入了天理與人欲的性理學概念,將"天理＝中華""人欲＝夷狄(亂臣賊子)"的兩分對立結構化,建立新的理論框架,顯現了性理學《春秋》解釋的典型。⑤ 像

---

① 詳見《孟子集注·滕文公下》。

② 詳見《春秋集傳·桓公》。

③ 魯宣公也與桓公一樣被認爲是殺害君主的亂臣賊子,他也與齊侯進行了集會。對於宣公元年"公會齊侯於平州",李震相强烈批判説這是將中國變爲夷狄或禽獸的行爲。《春秋集傳·桓公》中説:"胡傳曰……已列於會而不復討,是率中國爲戎夷,棄人類爲禽獸。此仲尼所爲懼也。"

④ 《春秋集傳·序》:是經也,誅亂臣而討賊子,尊中國而攘夷狄,明王道而黜霸功,存天理而遏人欲,大義炳如也。

⑤ 在李震相的華夷論中,雖然把中國與夷狄的二分法對立作爲基本的原則,但也并不墨守堅持這一絕對原則。這一原則只適用於依據地區來區分中華和夷狄的《春秋》初期,《春秋》中期以後,在國家間交流普遍存在的情況下,由於不能完全否定中華與夷狄進行的交流,因此提出了"禮義"倫理作爲分辨華夷的新標準。然而,進入《春秋》後期,隨著中國諸侯國的夷狄化加速進行,中華＝禮義(倫理)即爲天下安定的格局開始崩潰,甚至由於中華内部的分裂,中國已經逐漸喪失了討伐夷狄與撥亂反正的能力。基於此,《春秋》的華夷關係隨著時代的變遷呈現出非常複雜的樣相,李震相的華夷論也并不只堅持某一種主張,而是根據時代情況試圖進行靈活的解釋。對此的詳細内容請參考金東敏《李震相의春秋學에보이는華夷觀의특징(1)》,《儒教思想文化研究》2020年第81輯;《李震相의春秋學에보이는華夷觀의특징(2)》,《韓國哲學論集》2020年第67輯。

這樣以朱子與胡安國的理論爲基礎的《春秋》解釋,爲朝鮮朝《春秋》學提供了一種更爲系統和深入的研究路徑,被評爲思想史上意義重大的學術成果。

結　論

　　朝鮮朝《春秋學》的展開大致分爲三個階段。首先,14 至 17 世紀朝鮮初期和中期,此時期的朝鮮學者們主要致力於對《春秋》進行全面理解,尚處於初級階段的研究,還未形成《春秋》學的系統性研究。其研究方式主要是通過摘錄并闡述《春秋》的代表性注解書——四傳,即《左傳》《公羊傳》《穀梁傳》《春秋胡氏傳》的注解,或者簡單地陳述自己對《春秋》的見解。權近的《春秋淺見錄》爲朝鮮朝有關《春秋》著書中的首個作品,該作品以《春秋》學的幾個爭論焦點爲主題,綜合分析了傳統的解釋,并提出自己的見解。權近的研究超越了單純沿襲傳統解釋的水準,獨立思考、究明是非,爲朝鮮朝《春秋》學研究的發展奠定了堅實的基礎。此外,朴世采的《春秋補編》試圖確立性理學《春秋》解釋的標準,這部著作根據性理學的某些觀點來理解和解釋《春秋》,展現了朝鮮朝《春秋》學獨立發展的可能性。

　　其次,18 至 19 世紀初期的朝鮮朝中後期,在實學的學術思潮的影響下,《春秋》的研究方法發生了巨大的變化。學者們不再僅僅單純地停留在對傳統解釋的分析和理解上,而是通過對其進行批評和辯論,達到了能夠提出獨創性解釋的階段。正祖的《經史講義:春秋》中通過對核心爭論焦點的正確甄選、實證的分析和邏輯辯論等,展現出更爲合理的主張,這種全面而深入的研究使得《經史講義:春秋》被認證爲當時朝鮮朝《春秋》學最高水準的著作。丁若鏞的《春秋考徵》受到實學學術思潮的强烈影響,是充分運用實證、考證學學術研究方法的典型作品。

　　再次,19 世紀中期以後的朝鮮朝後期,學者們通過對性理學世界觀的反思,開始了學術新方向的探索。《春秋》學領域也受其影響,開始出現了兩種截然相反的研究形式。一方面,沈大允的《春秋四傳續傳》試圖通過"脫性理學"的研究方法來理解與探究《春秋》的實質,以追求獨立的思考與具有自我思想特徵的《春秋》學。另一方面,李震相的《春秋集傳》綜合了性理學的《春秋》解釋,通過對《春秋》注解書進行完成版的整合,試圖進一步鞏固《春秋》的性理學理論體系。

　　綜上所述,朝鮮朝《春秋》學的發展與社會、文化、政治等的發展密切相關,受到

了朝鮮時代特有的學術思潮和時代狀況的影響。① 在不斷發展的過程中,朝鮮朝
《春秋》學呈現出了反映朝鮮朝特殊性的獨立發展形態。然而,要深入理解朝鮮朝
《春秋》學的獨立性,還需要一系列詳盡的後續研究,這包括對朝鮮朝的特殊性反映
在《春秋》學中的形態進行考察,以及分析著作者們的學術研究在《春秋》學領域所
做的貢獻和影響,還需要將朝鮮朝《春秋》學與中國《春秋》學進行對比,找出二者之
間的差異和聯繫,從而才能更爲全面地理解朝鮮朝《春秋》學的獨立性及其實質。

---

① 在 19 世紀末到 20 世紀初的《春秋》學中,特別是十分敏鋭地反映出時代狀況之變化的作品較多。其
中代表作品有郭鍾錫的《茶田經義答問: 春秋》,徐壽錫的《春秋傳注抄纂》,洪奭杓的《春秋華東集解》
等。雖然三部作品的學術性質并不同,但在共同時代背景下,著述的目的皆具有時代使命感,作品中
反映了十分强烈的時代意識。關於這些作品的詳盡內容請參閱金東敏《郭鍾錫의〈春秋〉問答을통해
본 19 세기조선조지식인의〈춘추〉이해(1)》,《韓國哲學論集》2020 年第 65 輯;《郭鍾錫의〈春秋〉問
答을통해본 19 세기조선조지식인의〈춘추〉이해(2)》,《韓國哲學論集》2020 年第 66 輯;《徐壽錫의
〈春秋〉經學을통해본 19 세기조선조春秋學의研究方法論》,《韓國哲學論集》2022 年第 73;《洪奭杓의
〈春秋華東集解〉를통해본 19 세기朝鮮朝春秋學의시대적성격》,《儒教思想文化研究》2023 年第
93 輯。

復旦大學圖書館藏抄本
《春秋集善》考述

張敬奎

【摘　要】　復旦大學圖書館藏《春秋集善》並非南宋學者胡銓《春秋集善》原書的抄本，而是清代抄者以康熙年間朱文藻輯刻《胡忠簡公經解·春秋解》的正文部分爲底本，增補程端學《春秋本義》徵引胡銓解經文字後的新輯本。經過抄者自校、沈善登及王欣夫校補之後，這部抄本成爲現存收録胡銓解《春秋》文字最豐富、最準確的一部文獻。釐清這部抄本的文本來源與文本層次，揭示其文獻價值，能够爲學界研究胡銓的《春秋》學思想提供必要的文本前提。

【關鍵詞】　胡銓　《春秋集善》　《春秋解》　《胡忠簡公經解》

【作者簡介】　張敬奎，1993 年生，復旦大學歷史學系博士研究生。

胡銓(1102—1180)字邦衡，號澹庵，吉州廬陵(今江西吉安)人。胡銓少從蕭楚學《春秋》，建炎二年(1128)登進士甲科。紹興八年(1138)胡銓因反對和議被流放至嶺南，期間潛心研究經學，著有《周易拾遺》《書解》《春秋集善》《周官解》《禮記解》等解經之作。[1] 乾道九年(1173)胡銓奉宋孝宗之詔，將《春秋集善》等四種經解的寫本進呈至秘書省。[2] 此後《春秋集善》等書未見有刊刻之記載，或許僅以寫本流傳於

---

[1] (宋) 楊萬里撰，辛更儒箋校：《楊萬里集箋校》卷一一八《宋故資政殿學士朝議大夫致仕廬陵郡開國侯食邑一千五百户食實封一百户賜紫金魚袋贈通議大夫胡公行狀》(簡稱《胡銓行狀》)，北京：中華書局，2007 年，第 4511 頁。

[2] 劉琳等校點：《宋會要輯稿·崇儒五》，上海：上海古籍出版社，2014 年，第 2856 頁。

世。如趙希弁《郡齋讀書附志》稱此書爲胡銓"被旨投進之書"①，所見或即進呈秘書省之寫本。

胡銓雖以善治《春秋》聞名於世，然因《春秋集善》流傳不廣，故而一直以來探究胡銓的春秋學思想難有文本支撐。筆者近年來在復旦大學圖書館發現一部十五卷抄本《春秋集善》②（簡稱抄本《集善》），一函兩册，題爲（宋）胡銓撰，（清）沈善登校，王欣夫跋。其版式爲：開本 27.6×16.6 釐米，每半葉 10 行，行 20 字，偶見墨筆雙行小字，無版框與頁碼。書中常見朱墨筆校注批語及圈改，卷十五末粘有 4 頁校勘記。從書中所鈐"欣夫讀過""學禮齋"朱文方印以及"秀水王大隆印""補盦讀書之記"白文方印，可知此書係王欣夫先生舊藏。1966 年王欣夫去世後其藏書大多入藏復旦圖書館，此書當即其中一種。③ 筆者擬重點考察這部抄本《集善》的文本來源與遞藏過程中的文本層次，進而分析其文獻價值。文中不當之處，敬祈方家指正。

一、抄本《春秋集善》的文本來源

從卷首乾隆五十二年（1787）朱文藻撰《〈春秋解〉序》，以及王欣夫通讀此書之後所附跋語來看，應當首先釐清抄本《集善》的文本來源問題。爲便於展開討論，現擇要迻録朱文藻《〈春秋解〉序》與王欣夫跋語如下：

> 《宋史·藝文志》有先生撰《春秋集善》十三卷，《本傳》但稱《春秋解》，藏秘書省。周必大撰《神道碑》作《春秋集善》三十卷，恐史志訛也。……先生之書久而無聞，今賢裔炎亭先生作尉餘杭，其封翁築夫先生就養浙中，留心購訪，偶得一舊抄本，題曰《集解》，不著編輯姓氏，所引諸説，《左》《穀》而外，旁及杜氏、啖氏、胡氏、趙氏諸儒，但注某氏於下。獨引先生之説，則注曰"邦衡"，所以別於康侯之《傳》也。得之狂喜，亟以示藻，因析出録之，釐爲十五卷，既不可復名《集善》，但從《本傳》題曰《春秋解》。……恭讀《欽定春秋傳説彙纂》，中引是書凡二十餘條，間有詳略，則先生是書，秘府尚有善本，人間絶少流傳……當時節録此書，必非全本，然已所得過

① （宋）晁公武撰，孫猛校證：《郡齋讀書志校證》，上海：上海古籍出版社，2011 年，第 1225 頁。

② 索書號爲 3396。該書已經影印出版，見（宋）胡銓撰，王欣夫編，吳格整理：《春秋集善》，《學禮齋經解》（第 13 册），上海：上海人民出版社，2022 年。

③ 吳格：《吳縣王大隆先生傳略》，《書目季刊》2001 年第 1 期，第 46 頁。

望，遂郵書旭齋、吾廬兩先生，釀資授梓。①

　　是書《宋史·藝文志》著録十三卷，《直齋書録解題》作三十卷，曰"銓
既事蕭楚爲《春秋》學，復學於胡文定公安國，南遷後作此書，張魏公爲之
序"。至元程端學作《春秋本義》，猶多引據，其後遂佚。此本十五卷，據朱
文藻《〈春秋解〉序》，銓裔有字築夫者得舊抄《集解》，不著編輯姓氏，中所
采引者輯出，因從《本傳》著録，題曰《春秋解》。然今本仍題《集善》者，必
後人又據《本義》補輯，所更非築夫之舊，特冠朱《序》者，著其淵源所自
也。……至《彙纂》所引，疑出《本義》，非秘府尚有善本。朱《序》雖有"釀
資授梓"之語，恐亦未果。……余於三十年前得於桐鄉沈善登家，卷中墨
筆校補，審出沈氏手。一九六二年四月一日王欣夫。②

兩段引文爲我們了解抄本《集善》的文本來源提供了如下共識：

清代學者朱文藻將舊抄本《〈春秋〉集解》中解經條目標注爲"邦衡"者全部輯
出，整理爲十五卷，並據《宋史·胡銓傳》將此輯本命名爲《春秋解》。③ 這部抄本《集
善》是在《春秋解》的基礎上，增補程端學《春秋本義》徵引胡銓條目而成。抄者在卷
首移録朱文藻《〈春秋解〉序》，意在説明此書的源流所在。

進一步對讀兩段材料後可以發現二者存在兩點明顯的分歧：

第一點，朱文藻比較《欽定春秋傳説彙纂》（簡稱《彙纂》）與《集解》後發現兩者
引文互有詳略，以爲《春秋集善》可能另有傳本存世。王欣夫認爲《彙纂》所引來自
程端學《春秋本義》，而非別有所本。

第二點，朱文藻提到自己所輯雖非全本，但仍有刊刻之必要，由"釀資授梓"之
語可知此書當時已經雕版待刻。王欣夫認爲《春秋解》一書恐怕並未刊刻。

解開上述疑竇之關鍵就在於查訪朱文藻所輯《春秋解》是否刊刻。若能將《春
秋解》與抄本《集善》進行比對，抄本《集善》文本來源的問題將迎刃而解。筆者有幸

---

① （宋）胡銓撰，王欣夫編，吳格整理：《春秋集善》，第 6217—6219 頁。

② （宋）胡銓撰，王欣夫編，吳格整理：《春秋集善》，第 6215 頁。

③ （元）脱脱：《宋史》卷三七四《胡銓傳》，北京：中華書局，1985 年，第 11589 頁。案，朱文藻認爲《宋
史·胡銓傳》稱胡銓的春秋學著作爲"《春秋解》"，是他誤讀了《宋史》原文。《宋史·胡銓傳》稱胡銓
"上所著《易》《春秋》《周禮》《禮記解》，詔藏秘書省"，語出《胡銓行狀》，原作"遂表進《易》《春秋》《周禮》
《禮記解》，命藏之秘書省"（第 4509 頁）。結合《胡銓行狀》前後文則不難看出，楊萬里寫作"易、春秋、
周禮、禮記解"的本意，便是代指《胡銓行狀》後面提到的《周易拾遺》《春秋集善》《周官解》《禮記解》等
四種解經著作，這與前引《宋會要輯稿》稱"《周易》《周禮》《禮記》《春秋》四經解"均爲行文方便，無須一
一指明四種經解之全稱，更非朱文藻所理解的胡銓撰有"《易解》""《春秋解》""《周禮解》""《禮記解》"。

獲睹南京圖書館藏乾隆五十二年餘杭官署所刻《胡忠簡公經解》①（簡稱《經解》），其中十六卷本《春秋解》與此關係甚密，因此先簡介《經解》的版本信息，進而探討其與抄本《集善》的關係。

南京圖書館藏餘杭官署刻本《經解》，一函六册。第一、二册所刻内容爲《春秋解》，第三册爲《周禮解》，第四、五兩册爲《禮記解》，第六册爲《文集》補遺與《文集》附録。《經解》版式爲：開本 18.2×11.9 釐米，板框 13×9.7 釐米，黑口，左右雙邊，無魚尾，半葉 9 行，行 20 字。書牌左欄題"宋廬陵胡忠簡公著"，中間爲"經解"兩個大字，右欄上題"附《文集》補遺，《文集》附録"，下題"餘杭官署開雕院背公堂藏板"。從書中所鈐"光緒壬午年嘉惠堂丁氏所得"與"江蘇省立第一圖書館藏書"朱文方印，可知此書爲清代藏書家丁丙舊藏②，續於民國八年至十六年間（1919—1927）入藏江蘇省立第一圖書館，即今南京圖書館。③

筆者經過比對後發現抄本《集善》卷首所録朱文藻《〈春秋解〉序》，即全文抄録《經解·春秋解》卷十五末附朱文藻《跋》。④ 這表明抄本《集善》的底本即爲《經解·春秋解》。同時，抄者對《經解·春秋解》還有如下處理：

（一）抄者僅保留了朱文藻所輯《春秋解》的正文部分，將其他不相干的内容一并删去。例如，朱文藻輯佚時特地將"御制詩及提要、簡明目録冠之簡端，合爲《春秋解》之'卷首'，以志榮幸"⑤。抄者則將此"卷首"一卷全部省去。這也解釋了爲何抄本《集善》較《春秋解》少一卷，實際上是抄者僅保留了十五卷正文。再如，《春秋解》每卷首行上題"春秋解卷某"，下題"仁和後學朱文藻輯録"，次行題"宋廬陵胡銓澹庵著"，版心標注"春秋解卷某、某公、頁碼"；每卷首頁所列"集資付梓"之人，每卷尾題"《春秋解》卷某終"。這些内容也被抄者悉數略去，而在每卷首行改題"春秋集善"卷某、次行改題"宋胡銓撰"。

這種"掐頭去尾"僅留正文的方式是清代不少抄者的慣用手法。例如日本京都大學人文科學研究所藏有一部抄本《春秋解》⑥，也是將《春秋解》卷首一卷、"仁和後

---

① 索書號爲 GJ/130718。

② 白淑春：《中國藏書家綴補録》，銀川：寧夏人民出版社，2016 年，第 124 頁。

③ 劉建忠：《南京圖書館館刊沿革與解讀》，南京：東南大學出版社，2018 年，第 6 頁。

④ （宋）胡銓撰，（清）朱文藻輯：《春秋解·跋》，《胡忠簡公經解》（第 2 册），南京圖書館藏清乾隆五十二年餘杭官署刻本，第 1 葉 A—第 3 葉 B。

⑤ （宋）胡銓撰，（清）朱文藻輯：《春秋解·卷首》，《胡忠簡公經解》（第 1 册），第 7 葉 B。

⑥ （宋）胡銓撰：《春秋解》，抄本，四册，京都大學人文科學研究所東方學數字圖書館，索書號：經—Ⅵ—4—2。

學朱文藻輯録"、每卷所列"集資付梓"之人悉數删去,僅留十五卷正文部分。更有甚者,此本竟連朱文藻所作《跋》亦省去,令人難以知其淵源所自。

(二)抄者按照《春秋解》先書《春秋》經文,再書胡銓解釋的體例,將元代春秋學家程端學《春秋本義》中徵引"邦衡胡氏曰"的條目輯入抄本,同時用雙行小字標注了出處。抄者此番輯補共計新增 49 則《春秋解》失收的引文,使得胡銓解經條目由《春秋解》的 415 則增至 464 則(詳見表一《春秋解》與抄本《集善》輯佚條目)。

(三)抄者遇到同一條《春秋》經文下《春秋本義》與《春秋解》所引胡銓解經文字互有異同時,進行了如下處理:

1.《春秋本義》與《春秋解》引文完全相同時,抄者一律在此條末以墨筆雙行小字注"《本義》引同"。此類共計 17 則。

2.《春秋本義》引文與《春秋解》部分相同,但字數少於《春秋解》時,抄者仍以謄抄《春秋解》原文爲主,並出注説明二者異同。如抄本卷七文公三年"春王正月,叔孫得臣會晋人、宋人、陳人、衛人、鄭人伐沈,沈潰"條,胡銓詮釋爲"春秋侵伐之柄下移於諸侯,自是遂移於大夫矣。汝南小國,迫近荆楚,服楚者不得已也"。抄者在"自是遂移於大夫矣"後出墨筆雙行小字注"'春秋'以下十九字,《本義》引同"。此類共計 3 則。

3.《春秋本義》引文與《春秋解》部分相同,但字數超過《春秋解》時,抄者基本會以《春秋本義》所引代替《春秋解》,並注明兩者之差別。此類共計 5 則。

偶見抄者僅出注釋而不增補《春秋解》原文的例外。如卷八文公十七年"齊侯伐我西鄙。六月癸未,公及齊侯盟于穀"條,胡銓解爲"齊侯與遂盟于鄆丘,是年伐我,又與公盟于穀,齊之叛盟,固不容誅,然公之昏庸,不能爲國以禮而汲汲請盟,深可恥也"。抄者注稱"《本義》引此條,'伐我'下多'則盟之無信,已可知矣,至是'十一字,餘同"。案,胡銓所謂"齊侯與遂盟于鄆丘",事見文公十六年六月①,"是年伐我",即經文所書文公十七年"齊侯伐我西鄙"之事。可見文公十六年齊懿公雖與魯國結盟,但次年再次侵魯,此即胡銓所謂"盟之無信,已可知矣",指的是文公十六年齊、魯結盟之事,文意頗通。抄者或許出於謹慎而没有擅改《春秋解》原文。

4.《春秋本義》引文與《春秋解》全然不同時,抄者多在《春秋解》所引之後另起一行,謄録《春秋本義》的引文,並以墨筆雙行小字注"《本義》引"。偶爾也有抄寫順序相反或將兩處文字合抄爲一段者。如卷一隱公二年"秋八月庚辰,公及戎盟于唐"條,先抄《春秋解》所引"桓二年亦盟于唐,則不日。隱六年,公會齊侯,

---

① 楊伯峻:《春秋左傳注》文公十六年,北京:中華書局,2016 年,第 672—673 頁。

盟于艾,亦日。此等恐不可考,不必深求矣"。又抄入《春秋本義》所引"聖人不
皇戎而皇致戎者,先自治之道也",並注以"程端學《春秋本義》引"。此類共計
19 則。

5. 當胡銓解經文字的内涵超出某一條經文或不足以涵蓋多條經文時,抄者往
往會據文意增補、删減《春秋》經文。此類共計 3 則。

略作統計可知,《春秋本義》與《春秋解》同一條經文下胡銓解經文字全然不同
者達 19 則,不可謂不多;兩書引文部分相同者,也有 8 處。個中緣由,筆者認爲必須
稍作解釋。

首先,這或許與程端學《春秋本義》出於該書解經體例的需要而節録胡銓解經
文字有關。儘管我們難以獲知《春秋集善》原書中胡銓解經文字是如何編排,但仍
能從《春秋解》所輯引文中窺測其大概。如成公元年"夏,臧孫許及晋侯盟于赤棘"
條,《春秋解》胡銓解經文字有"據《左氏》,聞齊將出,楚師欲自托于晋,故汲汲爲此
盟也"①,《春秋本義》缺此數語。究其原因,則是程端學在注解此條經文時首先就已
徵引了《左傳》的解釋,爲免重復,故而删去胡銓解經時所引《左傳》部分,僅保留胡
銓本人對此事的解釋。②

這一點也能解釋抄者困惑兩處文字全然不同的一個顯例。如抄本卷十二昭公
八年"陳人殺其大夫公子過"條,《春秋解》原文作"招殺太子而委罪於過,故殺之"③。
抄者另起一行增補"公子留已出奔,則陳無君矣。其言陳人殺其大夫,衆殺之也。
生殺,一人之柄,而衆得專之,此陳之所以滅亡也",墨筆雙行小字注稱"《本義》引
此,與前條本《左氏》説不通,俟考"。案,《春秋解》所引確實本之《左傳》④,而《春秋
本義》注解此條經文時,亦首先徵引《左傳》之解釋⑤,所以程端學徵引胡銓解釋時便
無須再次徵引《左傳》之語了。由此可知,這兩條解經文字均爲胡銓之語,且爲前後
關係,應當抄作一條。

其次,也不應忽視程端學編纂《春秋本義》時存在刻意删改前賢文字的舉動。

① (宋)胡銓撰,(清)朱文藻輯:《春秋解》卷一〇,《胡忠簡公經解》(第 2 册),第 2 葉 A。
② (元)程端學:《春秋本義》卷一八,北京大學《儒藏》編纂與研究中心編:《儒藏(精華編九二)》,
　　北京:北京大學出版社,2014 年,第 246 頁。程端學此條先引杜氏、左氏之説,續引胡安國與胡
　　銓的解釋。
③ (宋)胡銓撰,(清)朱文藻輯:《春秋解》卷一二,《胡忠簡公經解》(第 2 册),第 5 葉 B。
④ 楊伯峻:《春秋左傳注》昭公八年,第 1445 頁。《左傳》原文作"陳公子招歸罪於公子過而殺之"。此事
　　源於經文所記昭公八年春"陳侯之弟招殺陳世子偃師"。
⑤ (元)程端學:《春秋本義》卷二四,第 719 頁。

程端學在《春秋本義》卷首《通論》就指出自己徵引諸家之説,若遇其説"或大段甚當,而一二句害理者,可删則删之;一二字害理者,可改則改之"①。這也是四庫館臣批評"《本義》之失,失於芟除"②的重要原因。如抄本卷九宣公三年"宋師圍曹"條,《春秋本義》作"宋文弑立,已爲亂,而欲治人之亂,《春秋》所甚誤也"③,然據黄震《黄氏日抄》徵引胡銓《春秋集善》文字,最後一句作"故《春秋》不書曹師而特書宋師"④,文意更爲準確。又如抄本卷十四定公十四年"宋公之弟辰自蕭來奔"條,《春秋本義》作"書'公弟',見宋公失兄之道也。書'自蕭',罪辰據邑以叛也。書'來奔',罪魯納叛臣也"⑤。實際上據《春秋解》可知,"書'公弟',見宋公失兄之道也"亦是程端學擅改之語⑥。

再者,由前引朱文藻跋語可知,《春秋解》所據底本《(春秋)集解》"必非全本",且《春秋解》之經、解對應關係,也是朱文藻將胡銓佚文"析出録之,釐爲十五卷"時所定,因此《春秋解》引文難免存在闕漏不全,甚至經、解對應失當的情況。如《春秋解》卷十二引昭公五年"冬,楚子、蔡侯、陳侯、許男、頓子、沈子、徐人、越人伐吳"條,胡銓解經文字輯録至"楚稱子而帥諸侯,徐、越不可,人之有"後戛然而止,可見底本《(春秋)集解》已有脱文。⑦ 再如《春秋解》卷六僖公十六年"春王正月戊申朔,隕石于宋五。是月,六鶂退飛,過宋都"條,所輯文字只有"《傳》謂隕石爲星者,非經星也,彗孛之氣也"⑧。顯然與經文"是月,六鶂退飛,過宋都"無任何關係,當屬朱文藻輯佚時經文與解經文字對應失當之顯證。

綜上可知,復旦大學所藏抄本《集善》是以朱文藻輯刻《經解·春秋解》的正文部分爲底本,增補程端學《春秋本義》徵引胡銓解經文字後的新輯本。抄者審慎處理《春秋本義》與《經解·春秋解》引文互有異同之處,表明抄本《集善》並非簡單綴

---

① (元)程端學:《春秋本義》卷首《通論》,第 205 頁。

② (清)永瑢:《四庫全書總目》卷二八《春秋或問》,北京:中華書局,1965 年,第 226 頁。

③ (元)程端學:《春秋本義》卷一六,第 526 頁。

④ (宋)黄震:《黄氏日抄》卷一〇,《黄震全集》(第 2 册),杭州:浙江大學出版社,2013 年,第 327 頁。

⑤ (元)程端學:《春秋本義》卷二八,第 802 頁。

⑥ (宋)胡銓撰,(清)朱文藻輯:《春秋解》卷一四,《胡忠簡公經解》(第 2 册),第 7 葉 A。原文作"始終稱宋公之弟叛矣,而不以賊書,罪宋公而原辰之情,見宋公失兄之道也",無論文意還是内容,均較程端學所改更爲完整。

⑦ (宋)胡銓撰,(清)朱文藻輯:《春秋解》卷一四,《胡忠簡公經解》(第 2 册),第 5 葉 B。案,此條原本誤入昭公四年,抄本《集善》已正之。

⑧ (宋)胡銓撰,(清)朱文藻輯:《春秋解》卷六,《胡忠簡公經解》(第 1 册),第 1 葉 A。

合兩書引文，而是抄者認真從事《春秋》學研究的産物。

表一 《春秋解》與抄本《集善》輯佚條目

卷　數	内　　容	《春秋解》	抄本《集善》
卷一	總論 隱公　元年至三年	18	18
卷二	隱公　四年至十一年	12	13
	桓公　元年至七年	17	18
卷三	桓公　八年至十八年	16	16
	莊公　元年至十二年	14	15
卷四	莊公　十三年至三十二年	24	24
	閔公　元年至二年	4	5
卷五	僖公　元年至十五年	24	27
卷六	僖公　十六年至三十三年	33	40
卷七	文公　元年至九年	23	25
卷八	文公　十年至十八年	30	30
卷九	宣公　元年至十八年	29	37
卷十	成公　元年至十八年	32	33
卷十一	襄公　元年至三十一年	45	59
卷十二	昭公　元年至十二年	18	19
卷十三	昭公　十三年之三十二年	33	36
卷十四	定公　元年至十五年	23	27
卷十五	哀公　元年至十四年	20	22
		共 415 則	共 464 則

二、文獻遞藏與抄本《春秋集善》的文本層次

綜合考察正文文本、朱墨筆校改圈塗以及文末粘貼校勘記後,筆者認爲抄本《集善》在遞藏過程中大致生成了四層文本。(一)抄者謄録底本《春秋解》及增補《春秋本義》引文後排纂形成的正文,可視爲抄本初稿;(二)抄者對抄本初稿的自行校改,書中墨筆校改較細者即屬此類;(三)沈善登據《春秋本義》增補、校改之處,此即王欣夫所謂"卷中校補,墨筆較肥者"①;(四)王欣夫朱筆校注及圈改。下面依此討論各層文本形成時所涉重要問題。

(一)抄本初稿中的校訂

抄本初稿形成過程中,抄者除謹慎排纂《春秋解》《春秋本義》引文外,還仔細考證、校改了底本《春秋解》的明顯錯誤。首先,《春秋解》中部分經文出現年代錯訛,抄者則補出經文的準確年代,並加注釋説明。如抄本卷三莊公九年"公及齊大夫盟于蔇"條原本接續莊公八年"冬十有一月癸未"條下,抄者增補"九年",並注曰"案,元本此條誤入八年,今正"。其次,抄寫時直接改正《春秋解》中較爲明顯的錯字。如《春秋解》將"穀梁"誤作"國梁",以及將經文"使甎子來朝"誤作"使甎子來聘"等。② 這兩處改動抄者未出注釋。第三,抄寫時如遇文義不通處,以墨筆雙行小字注某字疑衍、某字當作某字等。

(二)抄者在《校勘記》基礎上對抄本初稿的自行校改

首先要指出,卷末前 3 頁校勘記是在抄者逐條核對《春秋解》《春秋本義》引文異同之後留下的,且完成於正式抄寫之前。最直接證據是校勘記的第 8、9 兩條。第 8 條原文爲"'襄十五年齊侯伐我北鄙,公救成,至遇'條内,'救陳而書至遇','陳'疑'成'字之誤"。抄者進而增添"案,原本作'救陳',誤。今正"。核對《春秋解》原文,朱文藻確實誤將"救成"刻爲"救陳"。③ 因而抄者在抄本正文直接寫作"救

---

① 王欣夫:《蛾術軒篋存善本書録》,上海:上海古籍出版社,2002 年,第 392 頁。

② (宋)胡銓撰,(清)朱文藻輯:《春秋解》卷五僖公四年、十四年,《胡忠簡公經解》(第 1 册),第 3 葉 B、第 8 葉 B。

③ (宋)胡銓撰,(清)朱文藻輯:《春秋解》卷一一襄公十五年,《胡忠簡公經解》(第 2 册),第 8 葉 A。

成",並以墨筆小字注云"案,原本作'救陳',誤。今正"。第 9 條是抄者指出從《春秋本義》輯佚時漏輯襄公二十九年"仲孫羯會晋荀盈"一條,抄本卷十一此條在正式抄寫時已經不缺。

抄本《集善》初稿完成後,抄者又結合《校勘記》《春秋解》《春秋本義》等對抄本重新進行校勘,可視爲抄者自校。抄者自校的幾種情況,大致在《校勘記》中都有迹可循,且多有增補。遺憾的是抄者所留《校勘記》僅存卷七至卷十五部分,計 21 條,其中 7 條在抄本初稿中已被采用,7 條在抄者自校時予以采納,另有 7 條不見於抄本初稿及抄者自校。儘管如此,我們依然能從《校勘記》中大致歸納出抄者自校時的改動情況。

首先,復查並改補抄本初稿中錯抄、漏抄《春秋解》《春秋本義》的引文。如抄本卷十成公八年"晋殺其大夫趙同、趙括"條,及卷七文公七年"秋八月,公會諸侯、晋大夫盟于扈"條,抄者自校時據《春秋解》指出前一條中"冬"字爲錯抄,原文作"必",後一條漏抄"者"字,後者亦見於《校勘記》。

其次,校改《春秋解》《春秋本義》引文錯訛或文意顯然不通之處,難以徑改處,抄者會出注釋説明。如抄本卷七文公四年"冬十有一月壬寅,夫人風氏薨"條,抄者據《春秋解》引文作"子以母貴"①。文末所附《校勘記》一開始記作"疑當作'母以子貴'",説明抄者在抄寫前即認爲此處有問題,但未徑改。抄者自校時將其改爲"母以子貴",並出注稱"案,元本作'子以母貴',今據文意改正",進而將此條校勘記改寫爲"案此當作'母以子貴'",並用墨筆題一"改"字及"√"符號,以表明自校時本條已經采納。

最後,抄者再次核對經文年月,並據文意增補經文。如抄本卷十成公二年"薛人、鄫人盟于蜀"條,抄者《校勘記》已指出《春秋解》此條所引經文不全,"似以全寫爲是"。續在自校時進行了增補,並出注説明"案原本經文'薛人、甗人盟于蜀',蓋脱去一行,今補正"。此番注釋亦重寫於此條校勘記後。此外,抄者以墨筆連綫,將《春秋解》原本年份與正月分作兩行者全部連接在一起,改爲同一行。

(三) 沈善登對抄本《集善》的校勘

結合前引王欣夫跋語及《蛾術軒篋存善本書録》中的相關考證,可知沈善登收藏並校補過抄本《集善》。沈善登所作校補具有兩個明顯的外觀特徵:一是從字迹

---

① (宋) 胡銓撰,(清) 朱文藻輯:《春秋解》卷七文公四年,《胡忠簡公經解》(第 2 册),第 4 葉 B。

來看,沈校相較於抄者自校字體略顯粗肥、扁平,王欣夫所謂"墨筆較肥者",均係沈善登字迹;二是沈善登所作校補、勘誤,絕大部分都以"添幾行""△"或"△添幾行""○"作標識,較易辨別。沈校大致有四種情況:

首先,增補了抄者漏抄的 5 則《春秋本義》引文,並校改抄本徵引《春秋本義》時出現的問題。如抄者據《春秋本義》增補卷十一襄公"十有二月,齊人滅萊"條時,誤將經文"齊侯"抄作"齊人",沈善登改作"齊侯",並出注稱"元本'侯'誤作'人',今改正"。沈善登這個注釋容易令人誤以爲抄者所據《春秋本義》版本寫作"齊人",實際上《通志堂經解》本及文淵閣《四庫全書》本《春秋本義》兩處均作"齊侯",顯然此處是抄者筆誤,而非二人所據《春秋本義》版本有差異。①

其次,沿襲抄者自校體例,增補了抄本中 10 則經、解對應失當之處的經文。如卷二隱公四年"會宋公、陳侯、蔡人、衛人伐鄭"條,《春秋解》及抄者均漏抄"秋,翬帥師"四字,沈善登據文意補全經文。

第三,抄本卷末粘貼的第 4 頁校勘記亦爲沈善登所留,實際是其核對《彙纂》、《春秋本義》及抄本《集善》引文異同的校勘記。可惜僅存 7 條,且未對三者引文關係有所闡釋,筆者將在下文略作討論。

最後,因爲沈善登没有見過《春秋解》刻本,所以其對胡銓解經文字所作校注,均無版本依據,多據文意有所改動。如沈善登認爲抄本中有 6 處兩段文字只空一格或幾條經文連書者,都應提行。實際上核對《春秋解》原文便是如此,不需提行。又如抄本卷三莊公元年"春王正月"條,沈善登認爲"誓"字疑有誤,實際上檢核《春秋解》原文即作"誓"。②

沈善登雖以易學聞名,有《沈毅成易學》存世,但他對《春秋》亦有相當之研究。③ 且由其主持刊刻的《豫恕堂叢書》中竟然留存一部紅印本《周禮解》,現藏於上海圖書館。④ 筆者經過核對後認爲,此部紅印本《周禮解》之底本即朱文藻所刻《胡忠簡公經解·周禮解》。沈善登雖藏有《周禮解》及抄本《集善》,却未能得見《春秋解》刻本,不得不説也是一件憾事。

---

① 據學者研究,《通志堂經解》本《春秋本義》是文淵閣《四庫全書》本之底本。見吳志堅:《程端學及其〈春秋本義〉》,《文獻》2011 年第 1 期,第 50 頁。

② (宋) 胡銓撰,(清) 朱文藻輯:《春秋解》卷三莊公元年,《胡忠簡公經解》(第 1 册),第 6 葉 A。

③ 沈善登爲清代著名學者鍾文烝的弟子,他曾多次與鍾文烝討論《春秋穀梁經傳補注》的寫作方式和内容。見鍾文烝:《春秋穀梁經傳補注》卷末《書後》,《續修四庫全書》(第 132 册),上海:上海古籍出版社,2002 年,第 613—616 頁。

④ 上海圖書館編目時題作"《周禮解》六卷,(宋) 胡銓撰",該書已經電子化,索書號爲 783231—55♯15。

（四）王欣夫朱筆校注及圈改

從書中鈐印（"欣夫讀過""補盦讀書之記"）、朱筆字迹及圈改位置（朱圈在沈善登墨圈之上）等各因素可知，抄本中的 4 處朱筆校注及多處朱圈應爲王欣夫收藏時所作。[①] 前引跋語表明，王先生並未親見朱文藻《春秋解》刻本，故其朱筆校注均係理校，亦無版本依據。但卷三桓公二年"冬，公至自唐"條，抄者沿襲《春秋解》之誤，將《左傳》原文"反行"訛爲"及行"，幸賴朱筆校改，得以糾正《春秋解》、抄本《集善》遞相沿襲之錯訛。而朱圈常見於沈善登墨圈之上，多爲《春秋》三《傳》可商榷處。如卷三莊公九年"夏，公伐齊，納子糾，齊小白入于齊"條，王欣夫圈出"子"字，此字《公羊傳》《穀梁傳》均無，獨《左傳》有之。[②]

關於《彙纂》所引胡銓解經文字是否另有所本，朱文藻《跋》稱《彙纂》所引 20 餘條與《集解》"間有詳略，則先生是書，秘府尚有善本，人間絕少流傳"。王欣夫跋語則以爲《彙纂》所引"疑出《本義》，非秘府尚有善本"，筆者對此頗爲認同。文淵閣《四庫全書》本《彙纂》引"胡氏銓曰"共計 27 條，其中桓公十七年、莊公九年、文公十七年"齊侯伐我西鄙"、襄公二十四年這 4 條與《春秋解》文字相同，剩餘 23 條"間有詳略"者與《春秋本義》引文完全相同。尤其《彙纂》定公十四年"宋公之弟辰自蕭來奔"條取程端學擅改之文而不取《春秋解》保留的原文，證明《彙纂》引文必定抄自程端學《春秋本義》。[③]

儘管《彙纂》引文不能證明《春秋集善》另有傳本，但仍有清代學者在朱文藻《春秋解》的基礎上繼續補輯《春秋集善》的佚文，尤以錢儀吉（1783—1850）所輯十二卷本《春秋集善》爲代表。道光二十五年（1845）錢儀吉曾主持刊刻《經苑》25 種。次年他致信門人蘇源生，提及朱文藻輯佚《春秋解》時"見書不多，殊嫌漏略"，自己所見"宋人稱引，尚可補輯一二，俟竣事必付梓也"[④]。據錢儀吉次子錢尊煌所記，輯補本

---

① 字迹認定主要依據復旦大學古籍部所藏王欣夫先生諸種稿本。如清稿本《蛾術軒篋存善本書録》（索書號 3771）、抄稿本《方林秋思圖題詠》（索書號 3385）、抄稿本《三百堂文集補遺》（索書號 3765）、抄稿本《勞氏碎金拾遺》（索書號 3825）等。以上諸部善本古籍均已電子化。

② 楊伯峻：《春秋左傳注》莊公九年，第 193—194 頁。

③ （清）王掞、張廷玉：《欽定春秋傳説彙纂》卷三五，影印文淵閣《四庫全書》（第 173 冊），臺北：臺灣商務印書館，1986 年，第 961 頁。

④ （清）蘇源生：《師友劄記》卷四《道光丙午　錢星湖先生四首》，復旦大學圖書館藏清咸豐三年刻本，索書號 965061，第 3 葉。

《春秋集善》亦納入《經苑》目録,題爲"《春秋集善》十二卷,宋胡銓".① 至遲到道光三十年《春秋集善》"已寫清本",可惜"未及授梓而先生卒矣".② 此後這部十二卷寫本也不知去向。

綜上,本節著重討論了抄本《集善》四層文本生成過程中的校改問題。抄者在抄本初稿形成前後,依托《校勘記》對《春秋解》《春秋本義》引文進行了大量地改補,抄者自校大大提高了抄本《集善》的品質。在抄本《集善》遞藏過程中先後經過沈善登與王欣夫校補。沈善登重新核對並校補了抄本所引《春秋本義》相關條目,糾正了抄本《集善》存在的若干錯誤。王欣夫仔細核對抄本所引《春秋》經文,亦改正了《春秋解》、抄本《集善》遞相沿襲之訛誤。此外,通過核對《彙纂》與《春秋解》、《春秋本義》引文可知,《彙纂》引文源自程端學《春秋本義》,而非別有所本。

三、抄本《春秋集善》的文獻價值

元代以降,胡銓經學著作散佚已久,幸賴朱文藻等清代學者多方裒輯,得《春秋》《周禮》《禮記》諸種經解。復旦大學所藏抄本《集善》,是在《春秋解》基礎上精益求精的校補之作,理應重視其文獻價值。

首先,抄本《集善》是筆者目前所見收録胡銓解《春秋》文字最豐富、最準確的一部善本。抄者從程端學《春秋本義》中輯出 49 條《春秋解》所未見者,使得抄本《集善》的内容較其底本更爲完整。從前面考述可知,抄者注重佚文出處及排纂順序,審慎處理《春秋解》《春秋本義》互有異同的引文,不以己意妄加取捨。在抄本初稿完成後,抄者又做了大量的校訂、考證工作,使抄本品質勝過其底本。在抄本流傳過程中,續經沈善登、王欣夫等知名學者訂正抄本之訛誤,豐富抄本之内容,使其質量更上一層樓。

其次,儘管我們已經無法獲知南宋乾道九年秘書省所收藏《春秋集善》的原貌,但仍可藉這部抄本《集善》一窺胡銓解《春秋》之體例與特點,進而據以研究胡銓的春秋學思想。

胡銓解《春秋》時取法《左傳》,強調以事解經、以史解經。如同陳振孫點評蘇轍

---

① (清)錢儀吉:《經苑》卷首《經苑原目》,復旦大學圖書館藏清咸豐元年刻本,第 2 葉 A。

② (清)蘇源生:《記過齋文稿》卷二《書先師錢星湖先生事》,復旦大學圖書館藏清咸豐三年刻本,索書號913058,第 54 葉 B—第 55 葉 A。

《春秋集傳》"專本《左氏》"①那樣,胡銓解經亦是從考辨史實、羅列史事的角度入手,用以詮釋《春秋》經文。如抄本卷十二昭公八年"陳人殺其大夫公子過"條,胡銓解釋爲"公子留已出奔,則陳無君矣。其言陳人殺其大夫,衆殺之也。生殺,一人之柄,而衆得專之,此陳之所以滅亡也"。細繹此解,可知胡銓所論當與昭公八年前後三條《春秋》經文相關,即"陳公子留出奔鄭""陳人殺其大夫公子過""冬十月壬午,楚師滅陳"。② 這説明胡銓是結合上("陳公子留出奔鄭")、下("楚師滅陳")兩條經文及相關之史事來解釋"陳人殺其大夫公子過",類似事例則不勝枚舉。至如其以武則天晚年荒淫無恥類比莊公二十年"夫人姜氏如莒",以唐高祖稱臣於突厥、石敬瑭父事契丹等事類比襄公二十八年"公如楚",以"吕端舉簾審視真宗而後拜"類比昭公二十二年"劉子、單子以王猛居于皇",尤可見胡銓以史解經之一斑。

胡銓解《春秋》並不盲從三《傳》之説,而是集諸家解經之善者而從。胡銓對《春秋》三《傳》互有辯駁,時常質疑三《傳》有誤,甚至提出"三《傳》之言未足爲據"③的觀點。據抄本《集善》初步統計,胡銓解經旁采杜預、范甯、王通、啖助、陸淳、劉敞、程頤等春秋家之言,佐之《尚書》《周禮》《周易》《論語》《孟子》等儒學經典,旁徵博引以解《春秋》,與其書名"春秋集善"可謂同符合契。

正如俞廷槐爲《胡忠簡公經解》作序時所言,《春秋集善》是胡銓研治《春秋》的代表作,在胡安國《春秋傳》之外"可備一解"。④ 當今《春秋》學研究者,或以爲胡銓《春秋集善》已經散佚,或以復旦大學藏抄本《集善》不易得見而未能善加利用,致使胡銓《春秋》學思想研究至今仍付之闕如。從前文分析可知,復旦藏抄本《集善》是在朱文藻輯刻《春秋解》基礎上繼續補輯的成果,在抄本形成前後,抄者做了大量的校勘、考訂工作,並將自己的春秋學見解融入其中,使得這部抄本《集善》不再是簡單的"死抄",而是"提高到整理原書和改編原書"的"活抄"。⑤ 筆者相信,研究者若能重視並加以利用這部收録胡銓解《春秋》文字最豐富、最準確的抄本《春秋集善》,定能彌補南宋《春秋》學史研究中無胡銓一席之地的缺憾。

① (宋)陳振孫:《直齋書録解題》卷三,上海:上海古籍出版社,2015年,第61頁。

② 楊伯峻:《春秋左傳注》昭公八年,第1440頁。

③ (元)程端學:《春秋本義》卷一四,第483頁。

④ 《胡忠簡公經解序》,《胡忠簡公經解》(第1冊),第2葉A。

⑤ 張舜徽撰,姚偉鈞導讀:《中國文獻學》,上海:上海古籍出版社,2005年,第139頁。

道南《春秋》學考論

郎嘉晨

【摘　要】　自中唐至北宋,新《春秋》學的主流是左祖《公》《穀》,不取《左氏》。自其創立者程頤開始,伊洛《春秋》學就存在著《公》《穀》與《左氏》之間的張力。面對這一張力,程頤門人楊時所開創的道南學派走出了兩條道路:或跟隨湖湘《春秋》學的步伐,强化視《春秋》爲經的《公》《穀》立場;或接受蘇、王《春秋》學的影響,强化視《春秋》爲史的《左氏》立場。站在道南《春秋》學的終點,朱熹的立場介於尊信《公》《穀》的湖湘學派與主張《左氏》的浙東學派之間,但更傾向于《左氏》一邊。

【關鍵詞】　道南學派　《春秋》　程頤　楊時　朱熹

【作者簡介】　郎嘉晨,1997 年生,復旦大學哲學學院博士研究生。

《春秋》三傳勢均力敵,各領風騷數百年。皮錫瑞(1850—1908)所云“漢以前盛行《公羊》,漢以後盛行《左氏》”,[①]還衹是就三傳專門之學而言。若論不同歷史時期三傳的勝負輕重,則如四庫館臣所言:

> 中唐以前則《左氏》勝,啖助、趙匡以逮北宋則《公羊》《穀梁》勝。孫復、劉敞之流,名爲棄傳從經,所棄者特《左氏》事迹、《公羊》《穀梁》月日例耳。其推闡譏貶,少可多否,實陰本《公羊》《穀梁》法。[②]

館臣所未及明言的是,宋室南渡以後,《左氏》的地位開始上升,漸有壓過《公》《穀》之勢。作爲“南渡洛學大宗”[③]的楊時(1053—1135)所開創的道南學派,在此

---

①　(清)皮錫瑞:《經學通論》,北京:中華書局,2018 年,第 390 頁。

②　(清)永瑢等:《四庫全書總目》卷二六,北京:中華書局,1965 年,第 210 頁。

③　(清)黄宗羲原著,(清)全祖望補修:《宋元學案》卷二五,北京:中華書局,1982 年,第 944 頁。

《公》《穀》、《左氏》消長之際，實占據樞紐位置。本文任務即在於稽考道南學派諸成員的《春秋》遺説，探討該學派在南渡初期《春秋》學史上的轉折性意義。

一、伊洛《春秋》學的張力

程顥（1032—1085）關於《春秋》的論述極少，伊洛一派的《春秋》學，幾乎純由程頤（1033—1107）所開創。伊川之經學多淵源於其師胡瑗（993—1059）。胡氏的《春秋要義》《春秋口義》皆已亡佚，今存佚説多與孫復（992—1057）《春秋尊王發微》雷同，唯在褒貶問題上較爲平允，不似孫氏之嚴苛。[①] 孫、胡皆上承中唐以來啖、趙、陸所開創的新《春秋》學傳統。啖、趙、陸雖曰舍傳求經，但究其實，“常偏袒《公》《穀》二傳，而不慊《左氏》爲多”[②]，故皮錫瑞有“使《公》《穀》二傳復明於世”[③]之評語。孫復主張《春秋》有貶無褒，王得臣（1036—1116）以爲“蓋與穀梁子常事不書之義同”。[④] 稍晚於孫、胡，以《春秋》名家者有劉敞（1019—1068），其《春秋傳》“褒貶義例，多取諸《公羊》《穀梁》”。[⑤] 胡瑗門人治《春秋》者，除伊川外，尚有孫覺（1028—1090），其《春秋經解》自稱“以《穀梁》爲本”。[⑥] 至於周、邵、張、程數子，皮錫瑞亦頗取其説，以爲“未必深求《公》《穀》二傳，乃獨能知微言大義”。[⑦] 要之，自中唐啖、趙、陸，以至宋初三先生，再到北宋五子，這一新《春秋》學的主流傾向確是左祖《公》《穀》。

產生於這一潮流下的伊川《春秋》學，大體也呈現出偏重《公》《穀》的面貌。其《春秋傳序》云：

> 夫子……作《春秋》爲百王不易之大法。……後世以史視《春秋》，謂褒善貶惡而已，至於經世之大法，則不知也。《春秋》大義數十，其義雖大，炳如日星，乃易見也。惟其微辭隱義，時措從宜，爲難知也。[⑧]

---

① 黄覺弘：《唐宋〈春秋〉佚著研究》，北京：中華書局，2014年，第92—98頁。

② 曾亦、郭曉東：《春秋公羊學史》，上海：華東師範大學出版社，2017年，第629頁。

③ （清）皮錫瑞：《經學通論》，第447頁。

④ （清）朱彝尊：《經義考》卷一七九，中華書局，1998年，第926頁。案：“常事不書”乃《公羊》語，《穀梁》則曰“恒事不志”。要之，此例爲《公》《穀》所共由，王説未確。

⑤ （清）永瑢等：《四庫全書總目》卷二六，第215頁。

⑥ （清）永瑢等：《四庫全書總目》卷二六，第216頁。

⑦ （清）皮錫瑞：《經學通論》，第461頁。

⑧ （宋）程顥、程頤：《河南程氏文集》卷八，《二程集》，北京：中華書局，2004年，第581頁。案：伊川並非反對《春秋》有褒貶，而是主張在此一層次之上，還有所謂“經世大法”。

伊川認爲《春秋》乃孔子所自作,《春秋》的性質是經而不是史,《春秋》有大義更有微言。可見伊川《春秋》學的總體立場實與《公》《穀》相合,而有別於《左氏》。

但在具體解經時,伊川也時而流露出《左氏》家的態度。如其解説卿卒之日月例云:"或日,或不日,因舊史也。古之史,記事簡略,日月或不備。"①在破除時月日例的立場上,伊川比尚且承認卿卒日月例的《左氏》還要徹底。又如《春秋》之所以書諸侯卒、外諸侯盟等,伊川的解釋是"來告則書"。② 伊川"因舊史""來告則書"的説法,顯然本於《左氏》家杜預(222—285)"經承舊史,史承赴告"③之論。

在語録中,伊川更表現出對《左氏》的偏愛。如認爲《左氏》"不可全信,信其可信者耳",而《公》《穀》之可靠程度"又次於《左氏》"。④ 伊川治《春秋》的方法是"以傳考經之事蹟,以經別傳之真僞"⑤,用來考經之事蹟的傳,自然主要指《左傳》。伊川的另一條語録"《春秋》,傳爲案,經爲斷"⑥,即被門人尹焞(1071—1142)理解爲"《左傳》是按,《春秋》是斷",儘管尹氏否認此説出自伊川。⑦ 伊川對《左氏》記事的重視程度,顯然與孫復以來"舉《左傳》事蹟而廢之"⑧的《春秋》學主流不合。

在程門後學中,治《春秋》而最顯者爲胡安國(1074—1138)。胡氏私淑伊川,而其本師則爲孫復門人朱長文(1039—1098)。一方面,胡氏繼承孫復、伊川偏袒《公》《穀》的立場,甚或有所强化,故何喬新(1427—1502)有"信《公》《穀》太過,求褒貶太詳"⑨之定評。另一方面,胡氏對《左傳》的重視程度遠不及伊川,此則近於孫復一脉。宋高宗曾"以《左氏傳》付安國點句正音",胡氏乃拒絶之⑩,即爲顯證。要之,胡安國通過上溯孫復,尊信《公》《穀》,從而將伊川《春秋》學中《公》《穀》與《左氏》的張力化解。

湖湘、道南兩派學術淵源的差異,被胡安國概括爲:"據龜山所見在《中庸》,自

① (宋) 程顥、程頤:《河南程氏經説》卷四,《二程集》,第 1089 頁。

② (宋) 程顥、程頤:《河南程氏經説》卷四,《二程集》,第 1092 頁。

③ 此爲皮錫瑞對杜預之説的概括,參見(清) 皮錫瑞:《經學通論》,第 369 頁。

④ (宋) 程顥、程頤:《河南程氏遺書》卷二〇,《二程集》,第 266 頁。

⑤ (宋) 程顥、程頤:《河南程氏遺書》卷二〇,《二程集》,第 266 頁。

⑥ (宋) 程顥、程頤:《河南程氏遺書》卷一五,《二程集》,第 164 頁。

⑦ (宋) 尹焞:《和靖尹先生文集》卷七,《儒藏(精華編二二一)》,北京:北京大學出版社,2018 年,第
843—844 頁。

⑧ (清) 永瑢等:《四庫全書總目》卷二七,第 222 頁。

⑨ (清) 朱彝尊:《經義考》卷一八五,第 952 頁。

⑩ (元) 脱脱等:《宋史》卷四三五,北京:中華書局,1985 年,第 12913 頁。

明道先生所授;吾所聞在《春秋》,自伊川先生所發。"①其實,相比於胡氏之化解伊川
《春秋》學的張力,龜山則忠實繼承了這一張力。一方面,他仍相信《公》《穀》所主張
的"孔子以一字爲褒貶"②,并且稱贊孫覺"以《穀梁》爲本"的《春秋經解》"盡發聖人
之蘊"。③ 另一方面,對於《春秋》中日食之言朔言日與否,龜山認爲不過是"史失之,
詳略異也"④,這又近於"經承舊史"的《左氏》立場。龜山《春秋》學的特色在於,不以
天理、人欲等理學範疇解説《春秋》,從而有別於伊川及其門人劉絢(1045—1087)、
胡安國等。⑤ 如《胡傳》解"元年"曰"元即仁也,仁人心也。《春秋》深明其用當自貴
者始,故治國先正其心"⑥,龜山答書則譏其"支離"。⑦ 這顯示出龜山《春秋》學趨於
平實的取向,亦即經學色彩的淡却與史學立場的強化。總之,伊川《春秋》學在經學
與史學之間的張力,被龜山忠實繼承下來了。

二、道南《春秋》學的分塗

正因龜山繼承了伊川《春秋》學中《公》《穀》與《左氏》的張力,南渡初期《公》
《穀》與《左氏》的消長主要發生在龜山所開創的道南學派內部,便不足爲奇了。

龜山門下稱高弟者,根據全祖望(1705—1755)的概括,除羅從彥(1072—1135)
最爲"醇正"外,"篤實自當推橫浦(張九成,1092—1159),通才自當推湍石(喻
樗,? —1180),多識前言往行則當推紫微(吕本中,1084—1145),知禮則當推息齋
(高閌,1097—1153)"。⑧ 五子之《春秋》學亦各有特色。

羅從彥有《春秋解》《春秋指歸》《春秋釋例》,皆已佚。從胡安國《答羅仲素書》
所説"夫聖筆誅亂臣討賊子,其法至詳,先儒皆秘而未之發也,宜熟思之"⑨,可見羅
氏之求褒貶不如胡氏之詳,但承認《春秋》有褒貶的立場却無二致。羅氏門人李侗

① (宋) 朱熹:《伊洛淵源録》卷一○,《朱子全書(修訂本)》(第 12 册),上海:上海古籍出版社,合肥:安
徽教育出版社,2010 年,第 1056—1057 頁。

② (宋) 楊時:《楊時集》卷八,北京:中華書局,2018 年,第 189 頁。

③ (宋) 楊時:《楊時集》卷二五,第 677 頁。

④ (宋) 楊時:《楊時集》卷八,第 165—166 頁。

⑤ 黄覺弘:《唐宋〈春秋〉佚著研究》,第 188—189 頁。

⑥ (宋) 胡安國:《春秋胡氏傳》卷一,杭州:浙江古籍出版社,2010 年,第 2 頁。

⑦ (宋) 楊時:《楊時集》卷二○,第 544 頁。

⑧ (清) 黄宗羲原著,(清) 全祖望補修:《宋元學案》卷三九,第 1278 頁。

⑨ (宋) 羅從彥:《豫章羅先生文集》卷一六,《儒藏(精華編二二一)》,第 160 頁。

(1093—1163)謂"羅仲素《春秋説》不及文定,蓋文定才大,設張羅落者大"①,也是基於二者性質相似之前提下的比較。

張九成認爲:"近世《春秋》之學,伊川開其端,劉質夫廣其意,至胡文定而其説大明。"②高閌《春秋集注》"以程子《春秋傳》爲本,故仍冠以程子原序"③,全祖望以爲"發明聖人褒貶義例,遠過於胡文定公"。④ 要之,張九成、高閌二子之《春秋》學,與羅從彦相近,皆可歸入伊川、劉絢、胡安國這一脉,其特點是尊信《公》《穀》,强調褒貶,并不凸顯伊洛《春秋》學中重視《左氏》的一面。

喻樗斷言:"《春秋》無褒貶,聖人只如一面鏡相似,是非善惡各因其實耳。"⑤吕本中《春秋集解》亦云:

> 爲《春秋》者,以爲書州、書國、書人及書帥師者姓名,爲褒貶輕重。……以理考之,則恐未然。夫事有大小,則記有輕重,史家常法。⑥

正如皮錫瑞所言,"以《春秋》爲一字褒貶,《公》《穀》之古義也","以爲褒貶俱無,後世習《左氏》者之瞽言也"。⑦ 前文所述的伊洛學者,如伊川、龜山、胡安國、羅從彦、張九成、高閌,莫不承認《春秋》有一字褒貶,此即其總體立場之傾向於《公》《穀》處。喻樗、吕本中則首唱"《春秋》無褒貶"之説,在洛學内部可謂異數,伊洛《春秋》學至此完全倒向《左傳》。

關於吕本中的《春秋集解》,或認爲"從全書彙集各家之説的編排順序和援引次數上,可以清晰看到編者治《春秋》重《左氏》、重程頤、重胡安國的指導思想"。⑧ 但根據朱熹(1130—1200)的觀察,"吕舍人《春秋》不甚主張胡氏"。⑨ 吕本中曾舉伊川語録"傳爲案,經爲斷"以示尹焞,儘管尹焞否認伊川有過這種"《左傳》爲按,《春秋》爲斷"的説法,吕本中最終似未信從。故其《集解》同時顯示出重《左氏》、重伊川的傾向,而不以爲矛盾。

---

① (宋)黎靖德編:《朱子語類》卷一〇二,北京:中華書局,1986年,第2596頁。

② (宋)張九成:《日新》,《張九成集》,杭州:浙江古籍出版社,2013年,第1282頁。

③ (清)永瑢等:《四庫全書總目》卷二七,第220頁。

④ (清)黄宗羲原著,(清)全祖望補修:《宋元學案》卷二五,第968頁。

⑤ (宋)林之奇:《道山記聞》卷上,《全宋筆記》(第41册),鄭州:大象出版社,2019年,第157頁。

⑥ (宋)吕本中:《春秋集解》卷二四,《吕本中全集》,北京:中華書局,2019年,第752頁。

⑦ (清)皮錫瑞:《經學通論》,第469頁。

⑧ 李解民:《春秋集解校點説明》,《吕祖謙全集》(第5册),杭州:浙江古籍出版社,2008年,第2頁。

⑨ (宋)黎靖德編:《朱子語類》卷八三,第2153頁。

三、道南《春秋》學的蜀學淵源

伊川《春秋》學中本有重視《左傳》記事的傾向，伊洛後學因此愛看《左傳》，本亦不足爲奇。如朱子謂李侗"更愛看《春秋左氏》。初學於仲素，只看經。後侯師聖來沙縣，羅邀之至，問伊川如何看，云：亦看《左氏》，要見曲折。故始看《左氏》"。① 由此可知，羅從彦門下本不重《左氏》，李侗對《左氏》的愛好直接承自伊川。但是，李侗畢竟主張治《春秋》"當以胡文定解爲准"，衹是"更須詳考其事"②而已。李侗以《公》《穀》爲主，《左氏》爲輔，仍然屬於伊川的立場。

到了羅氏門下的朱松（1097—1143）一脈，《公》《穀》與《左氏》的主從地位則發生了翻轉。根據朱子的回憶："熹之先君子好讀《左氏》書，每夕讀之，必盡一卷乃就寢，故熹自幼未受學時已耳熟焉。"③朱松表弟程鼎（1106—1165），少從朱松學，"好讀《左氏》書，爲文輒效其體"。④ 董琦（1117—1192）從程鼎受《春秋》學，程鼎"命設几案，日與對誦《春秋左氏》及近世《胡氏傳》，時時爲説大義"。⑤ 紹興壬午（1162），朱子致書程鼎云："近時又多附會時事，不顧經之本指，治《春秋》尤甚，顛倒六經，侮瀆聖言，良可驚懼！不知薄俗何爲而頓至於此。"⑥據《朱子語類》有"尋常亦不滿於胡説，且如解經不使道理明白，却就其中多使故事，大與做時文答策相似"⑦可知，朱子在書中所猛烈批評的正是胡安國。青年朱子竟敢面對表叔如此指斥前輩大儒，可以想見，程鼎對《胡傳》也頗不滿意。

朱松一脈如此重視《左氏》，是否有別的淵源呢？程鼎之"好讀《左氏》書，爲文輒效其體"，似乎透露出他誦習《左氏》的目的在於學文，而這未必不是出於朱松的指點。朱松本以詩文名世，曾被友人譏爲"學道於河洛，學文於元祐，而學書於荆舒"。⑧ 文辭意義上的"元祐"，自然指向二蘇及其門人這一群體。學書先不論，根據

---

① （宋）黎靖德編：《朱子語類》卷一〇三，第 2601 頁。

② （宋）李侗，朱熹：《延平答問》，《朱子全書（修訂本）》（第 13 册），第 309 頁。

③ （宋）朱熹：《晦庵先生朱文公文集》卷八二，《朱子全書（修訂本）》（第 24 册），第 3890 頁。

④ （宋）朱熹：《晦庵先生朱文公文集》卷九〇，《朱子全書（修訂本）》（第 24 册），第 4173 頁。

⑤ （宋）朱熹：《晦庵先生朱文公文集》卷九三，《朱子全書（修訂本）》（第 25 册），第 4309 頁。

⑥ 顧宏義：《朱熹師友門人往還書札彙編》，上海：上海古籍出版社，2017 年，第 436 頁。

⑦ （宋）黎靖德編：《朱子語類》卷八三，第 2157 頁。

⑧ （宋）朱熹：《晦庵先生朱文公文集》卷八二，《朱子全書（修訂本）》（第 24 册），第 3864 頁。

宋儒"文所以載道"①的共識,學文、學道實難以分割,何況蘇氏蜀學并非衹有詞章而無經術者。

蒙文通指出:"自啖、趙以來,言《春秋》者皆左祖《公》《穀》,不取《左氏》,亦自子由而反之,其旨固本之明允。"②誠然,北宋《春秋》學以偏祖《公》《穀》爲主流,前述宋初三先生、北宋五子及劉敞等,莫不如此,惟有蘇氏蜀學重新打出《左氏》的大旗。此派的《春秋》學著述,有蘇轍(1039—1112)的《春秋集解》、蘇軾(1037—1101)後學張大亨(生卒不詳)的《春秋五禮例宗》《春秋通訓》等。蘇轍言:

> 予少而治《春秋》,時人多師孫明復,謂孔子作《春秋》,略盡一時之事,不復信史,故盡棄三傳,無所復取。③
>
> 凡《春秋》之事當從史。《左氏》史也,《公羊》《穀梁》皆意之也。……以意傳《春秋》而不信史,失孔子意矣。④

在《公》《穀》與《左氏》,經學與史學之間,蘇轍表示明確站在《左氏》、史學一邊,以反對當時偏祖《公》《穀》的《春秋》經學。

蜀學既然是北宋諸主流學派中唯一積極主張《左氏》且有專門著述者,那麽南渡後洛學内部興起的强烈的《左氏》傾向,便極有可能來自蜀學。南渡前後的學術格局是,新學衰微,洛、蜀兩家二水分流。其後,洛學在江南逐漸取得强勢,蜀學則局限於金朝境内,從而形成"洛學在南,川學在北"⑤的對峙格局。紹興年間,自稱"東坡後身"的大慧宗杲(1107—1163)風靡朝野,道南後學如張九成、吕本中、汪應辰(1118—1176),莫不傾倒於他。朱子幼承庭訓,出入蜀學,少年時代又從游於宗杲弟子道謙(? —1155),爾後師事李侗,由佛轉儒,終於在隆興甲申(1164)寫成《雜學辨》,批判蘇軾《易解》、蘇轍《老子解》、張九成《中庸解》、吕本中《大學解》,同時與吕本中門人汪應辰、從孫吕祖謙(1137—1181)、程鼎之子程洵(1135—1196)等人書信往返,力辨蜀學之非。⑥

認清這一學術脈絡,對我們考察道南《春秋》學之《左氏》轉向大有助益。朱松、

---

① (宋)周敦頤:《周敦頤集》卷二,北京:中華書局,2017年,第35頁。
② 蒙文通:《宋史十論》,成都:巴蜀書社,2021年,第19頁。
③ (宋)蘇轍:《春秋集解》引,《三蘇全書》(第3册),北京:語文出版社,2001年,第13頁。
④ (宋)蘇轍:《春秋集解》卷一,《三蘇全書》(第3册),第17—18頁。
⑤ (明)宋濂:《宋濂全集》卷四二,北京:人民文學出版社,2014年,第926頁。
⑥ 束景南:《朱子大傳》,福建教育出版社,1992年,第222—233頁。

程鼎"學文於元祐",同時接受蜀學好讀《左氏》的立場。吕本中爲江西詩派之幹將，其詩師法蘇黄，又頗受宗杲之影響，由此傾向蜀學，偏袒《左氏》，自爲情理中事。喻樗與蜀學之關係，仍待考索，但前引喻樗語爲吕本中門人林之奇（1112—1176）所記，喻樗之婿汪應辰亦師從吕本中而愛好蜀學，是則喻樗"《春秋》無褒貶"的斷語未必不受到吕本中及蜀學的影響。

朱子更是明白宣示其《春秋》學與蜀學的淵源。如謂："《春秋》只據赴告而書之，孔子只因舊史而作《春秋》。"①另一門人將此語録爲："蘇子由解《春秋》，謂其從赴告，此説亦是。"②可見朱子之接受《左氏》家杜預"經承舊史，史承赴告"的立場，完全是出於蘇轍的影響。朱子又云："近世如蘇子由、吕居仁，却看得平。"③"吕舍人《春秋》却好，白直説去。"④"吕舍人《春秋》亦甚明白，正如某《詩傳》相似。"⑤這無異於勾勒出一條從蘇轍到吕本中再到朱子自身、以明白平直爲特徵的《春秋》學傳統，從而與以胡安國爲代表、以"説得太深"⑥"以義理穿鑿"⑦爲特徵的《春秋》學傳統形成對照，二者正是視《春秋》爲史還是視《春秋》爲經的立場差異。朱子還稱贊《東坡書解》爲《書解》之最好者⑧、蘇轍《古史》爲近世史書唯一近理者⑨，可見其深契於蘇氏之史學及史學化了的經學。

當然，誠如朱子《雜學辨》所辨，蘇轍《老子解》具有會通儒道的"雜學"色彩，其《春秋集解》亦不例外。《集解》自序稱引老子"輔萬物之自然而不敢爲"，且明言"予竊師此語"。⑩ 前引喻樗"《春秋》無褒貶，聖人只如一面鏡相似，是非善惡各因其實耳"，幾可視作老子此語的注脚。此因道南學派本有重視道家的傾向，如朱子謂龜山"先去看《莊》《列》等文字，後來雖見伊川，然而此念熟了，不覺時發出來"，而羅從彦亦"時復有此意"。⑪ 此外，在北宋諸儒中，除蘇轍外，邵雍亦頗受老莊之影響，故

---

① （宋）黎靖德編：《朱子語類》卷八三，第 2146 頁。
② （宋）黎靖德編：《朱子語類》卷八三，第 2147 頁。
③ （宋）黎靖德編：《朱子語類》卷八三，第 2144 頁。
④ （宋）黎靖德編：《朱子語類》卷八三，第 2174 頁。
⑤ （宋）黎靖德編：《朱子語類》卷八三，第 2157 頁。
⑥ （宋）黎靖德編：《朱子語類》卷五五，第 1319 頁。
⑦ （宋）黎靖德編：《朱子語類》卷八三，第 2146 頁。
⑧ （宋）黎靖德編：《朱子語類》卷七八，第 1986 頁。
⑨ （宋）朱熹：《晦庵先生朱文公文集》卷七二，《朱子全書（修訂本）》（第 24 册），第 3496 頁。
⑩ （宋）蘇轍：《春秋集解》引，《三蘇全書》（第 3 册），第 13 頁。
⑪ （宋）黎靖德編：《朱子語類》卷一〇一，第 2556 頁。

亦時有"《春秋》循自然之理,而不立私意"①之論。但邵雍又主張《春秋》是刑書、有褒貶②,可見其主要傾向仍近於《公》《穀》而遠於《左氏》。

關於褒貶問題,治《春秋》者大抵有三派觀點:《公》《穀》的一字褒貶説,某氏《六經奧論》斥爲"聖人之意不如是之勞頓也";孫復的有貶無褒説,《奧論》斥爲"聖人之意不如是之慘刻也";《左氏》的褒貶俱無説,《奧論》斥爲"聖人又未嘗無故而作經也"。③ 其實,以聖人爲勞頓,乃墨家之説;以聖人爲慘刻,乃法家之説;以聖人爲無故,乃道家之説。正是在這一意義上,《左氏》與道家相通,而爲蜀學、道南學派所繼承。

四、道南《春秋》學的新學淵源

在北宋各學派中,除蜀學明確主張《左氏》、排擊《公》《穀》外,新學亦不慊於《公》《穀》。王安石(1021—1086)"黜《春秋》之書,不使列於學官,至戲目爲'斷爛朝報'"④,在皮錫瑞看來,實本於《左氏》家"經承舊史,史承赴告"之論。⑤ 但安石并没有更多積極的《春秋》學主張⑥,故而當我們考察其對道南《春秋》學的實際影響時,仍須持謹慎態度。

在道南學派内部,吕本中、林之奇、吕祖謙一脉頗淵源於荆公新學。蒙文通指出:"溯其學脉之承,由荆公而龔原,而鄒浩,而吕本中,而林之奇,而東萊,彰彰若是。"⑦據《宋元學案》,王安石一傳爲龔原(1044—1110),再傳爲鄒浩(1060—1111),唐廣仁(?—1119)則鄒浩之同調,吕本中又師事唐廣仁者。⑧ 其實,吕氏一族的新學淵源,還不止於本中,本中之祖父希哲(1036—1114)即是王安石門人。⑨ 而據《宋

---

① (宋)邵雍:《觀物外篇》卷下之下,《邵雍集》,北京:中華書局,2010年,第166頁。

② (宋)邵雍:《觀物外篇》卷下之下,《邵雍集》,第171頁。

③ 舊題(宋)鄭樵撰:《六經奧論》卷四,《文淵閣四庫全書》本,第24—25頁。

④ (元)脱脱等:《宋史》卷三二七,第10550頁。

⑤ (清)皮錫瑞:《經學通論》,第462頁。

⑥ "王安石有《春秋解》一卷,證左氏非丘明者十一事。陳振孫《書録解題》謂出依托。今未見其書,不知十一事者何據。"見(清)永瑢:《四庫全書總目》卷二六,第210頁。

⑦ 蒙文通:《宋史十論》,第300頁。

⑧ (清)黃宗羲原著,(清)全祖望補修:《宋元學案》卷三五,第1204頁。

⑨ (清)黃宗羲原著,(清)全祖望補修:《宋元學案》卷九八,第3235頁。

元學案補遺》,吕祖謙之師林之奇又私淑王安石①,蒙氏亦指出,林之奇有《周禮全解》,尊安石之説。② 據此,蒙氏認爲,浙東學者不以褒貶説《春秋》,實與王安石貶《春秋》之論一脉相承。③ 在蒙氏拈出的這一脉絡中,龔原尤其值得注意。根據李紱(1675—1750)的轉述,《臨汝閑書》記載王安石弟子陸佃(1042—1102)、龔原并治《春秋》,分别著有《春秋後傳》與《春秋解》,"遇疑難者輒目爲闕文。荆公笑謂:'闕文如此之多,則《春秋》乃斷爛朝報矣。'"④如李紱所述可信,則陸、龔二人對於王安石"斷爛朝報"説之産生,實有啓發之功。那麽,在龔原的後學中,出現不以褒貶説《春秋》的吕本中一支,也就不足爲奇了。

此外,道南的朱松一脉也與荆公新學關係密切。何俊指出:"朱熹對《春秋》及三傳的看法,基本持與王安石近乎一致的判定。"⑤上文已提及,朱松"學書於荆舒",未必不受其"斷爛朝報"等説的潛移默化。朱子甚至直接表達過對王安石廢《春秋》之同情:

> 包顯道言科舉之弊。先生曰:"如他經尚是就文義上説,最是《春秋》不成説話,多是去求言外之意,説得不成模樣。某説道,此皆是侮聖人之言! 却不如王介甫樣,索性廢了,較强。"⑥

"求言外之意",正是從《公》《穀》到胡安國以來的《春秋》學立場。出於對此種立場之反對,朱子得出了與王安石一致的結論——廢《春秋》。可見朱子之不慊於《公》《穀》二傳,實深受王安石之影響。

五、關於"滕子來朝"的歧解

朱子早年即對《春秋》桓公二年"滕子來朝"這條經文深感疑惑,直到晚年纔從道南學派的前輩那裏得到確解。該條經文足以構成我們考察道南《春秋》學歧解的絶佳個案。

紹興戊寅(1158),朱子曾以該條經文致書李侗求教:

> 按滕本侯爵,伊川謂服屬於楚,故貶稱子。熹按:楚是時未與中國通,

---

① (清)王梓材、馮云濠:《宋元學案補遺》卷九八,北京:人民出版社,2012年,第3827頁。

② 蒙文通:《宋史十論》,第288頁。

③ 蒙文通:《宋史十論》,第288頁。

④ (清)蔡上翔:《王荆公年譜考略》卷一一,北京:中華書局,1959年,第174—175頁。

⑤ 何俊:《從經學到理學》,上海:上海人民出版社,2021年,第80頁。

⑥ (宋)黎靖德編:《朱子語類》卷一〇九,第2697頁。

滕又遠楚,終春秋之世未嘗事楚,但爲宋役耳,不知伊川別有何據? 又陳、蔡諸國,後來屬楚者,亦未嘗貶爵也。胡文定以爲爲朝威而貶之,以討亂賊之黨,此義似勝。然滕自此不復稱侯,至定公之喪,來會葬,猶稱子。夫豈以祖世有罪,而并貶其子孫乎? 然則胡氏之説亦有可疑者,不知當以何説爲正。①

李侗答書亦謂伊川之説無從稽考,而以胡安國之説爲長,至於朱子之所疑,則爲之彌縫云:

> 既已貶矣,後世子孫碌碌無聞,無以自見於時,又壤地褊小,本一子男之國。……自一貶之後,夫子再書,各沿一義而發,遽又以侯稱之,無乃紛紛然殽亂《春秋》之旨不明而失其指乎?②

李侗此説猶未足以服朱子之心,故朱子晚年仍有"今朝廷立法,降官者猶經赦叙復,豈有因滕子之朝威,遂并其子孫而降爵乎"③之論。

道南學派内部,除李侗外,高閌《春秋集注》論"滕子來朝",也與《胡傳》大致相同④,可見高閌、李侗《春秋》學與湖湘之同調。

朱子獲得對"滕子來朝"的定解,則來自道南學派異於高閌、李侗的另一脉。胡泳(生卒不詳)慶元戊午(1198)以後聞朱子語引程迥(? —1192)説云:

> 滕國至小,其朝覲貢賦不足以附諸侯之大國,故甘心自降爲子。子孫一向微弱,故終春秋之世常稱子。聖人因其實而書之耳。故鄭子産嘗爭貢賦之次,曰:"昔天子班貢,輕重以列。鄭伯,男也,而使從公、侯之貢,懼弗給也,敢以爲請。"即其事也。⑤

朱子《答程可久》亦云:"頃年每疑胡氏滕子朝桓之説非《春秋》惡惡短之義,今已釋然。"⑥程迥受學於喻樗,喻樗既主張"《春秋》無褒貶",程迥亦不以滕稱子爵爲《春秋》所貶,純以歷史事實解説之,故爲朱子所激賞。⑦ 又,葉賀孫(? —1234)紹熙

---

① (宋) 李侗、朱熹:《延平答問》,《朱子全書(修訂本)》(第 13 册),第 313 頁。

② (宋) 李侗、朱熹:《延平答問》,《朱子全書(修訂本)》(第 13 册),第 314 頁。

③ (宋) 黎靖德編:《朱子語類》卷八三,第 2146 頁。

④ (宋) 高閌:《春秋集注》卷四,《叢書集成初編》本,北京:中華書局,1985 年,第 38 頁。

⑤ (宋) 黎靖德編:《朱子語類》卷二五,第 614 頁。

⑥ (宋) 朱熹:《晦庵先生朱文公文集》卷三七,《朱子全書(修訂本)》(第 21 册),第 1647 頁。

⑦ 程迥《春秋》學頗爲朱子後學所重,其佚説多存於吳澄《春秋纂言》等書,見黄覺弘:《唐宋〈春秋〉佚著研究》,第 230—231 頁。

辛亥(1191)以後聞朱子語云:

> 今日得程《春秋解》,中間有説好處。如難理會處,他亦不爲決然之論。向見沙隨《春秋解》,只有説滕子來朝一處最好。……今程公《春秋》亦如此説滕子。程是紹興以前文字。不知沙隨見此而爲之説,還是自見得此意。①

《語類》序此條於論伊川諸條之末,《文獻通考》②《日知録》③《經義考》④《春秋公羊學史》⑤等亦以程公爲伊川,實誤。伊川解"滕子來朝"與此大不相同,見前引朱子致李侗書。何況朱子晚年始得此書,其非伊川《春秋解》甚明。朱子所謂程公,疑指程鼎。其人於朱子爲表叔,故而朱子平居不敢呼之以字號,唯稱程公而已。程鼎卒於乾道元年(1165),與朱子所云"紹興以前文字"亦相合。其書似乎流傳不廣,歷代書目皆無著録,雖以朱子之親,也要到其卒後三十年始得其書,程迴恐亦未必得見。上文已經提到程鼎好讀《左傳》,且推測其不滿於《胡傳》。以當時歷史情境解説"滕子來朝",亦與程鼎《春秋》學之傾向相吻合。要之,程鼎爲朱松表弟,程迴爲喻樗門人,同爲道南學派中受蜀學之影響而轉向《左氏》者。二人解"滕子來朝",各自"見得此意",而先得朱子心之同然,實爲大有可能之事。

此外,吕本中《春秋集解》解"滕子來朝",亦不以書子爲一字褒貶,轉而猜測是"後世録《春秋》者文誤"⑥,同樣顯示出較爲平實的史學立場。

總之,在"滕子來朝"緣何書子的問題上,道南學派内部發生了分歧。高閌、李侗與《胡傳》同調,主張一字褒貶;吕本中、程迴、程鼎、朱子等人則采取相對平實的史學立場,不以書子爲貶爵。這與上文所述道南《春秋》學的分塗是基本一致的。

六、道南《春秋》學的結論

道南《春秋》學的《左氏》轉向,主要發生在羅從彦、喻樗、吕本中三脉。上文對羅從彦、喻樗兩支著墨較多,這裏再補論吕本中一支在乾淳之際的發展。吕本中門

---

① （宋）黎靖德編:《朱子語類》卷八三,第2154—2155頁。
② （元）馬端臨:《文獻通考》卷一八三,北京:中華書局,2011年,第5399頁。
③ （清）顧炎武撰,（清）黄汝成集釋:《日知録集釋》卷四,北京:中華書局,2020年,第191頁。
④ （清）朱彝尊:《經義考》卷一八二,第941頁。
⑤ 曾亦、郭曉東:《春秋公羊學史》,第675頁。
⑥ （宋）吕本中:《春秋集解》卷三,《吕本中全集》,第93頁。

人有林之奇,也是喻樗"《春秋》無褒貶"之語的記録者。喻樗之婿爲汪應辰,兼師喻樗、本中。本中從孫有吕祖謙,受學於本中門人林之奇、汪應辰。因此,吕祖謙之學在道南内部,主要屬於吕本中一脉,而亦與喻樗頗有淵源。吕祖謙的《春秋》學著述有《春秋左氏傳説》《春秋左氏傳續説》《東萊左氏博議》。較之吕本中之《春秋集解》偏重《左氏》,吕祖謙所治已全然爲《左氏》學了。

朱子稱許"東萊有《左氏説》,亦好"①,却對"吕伯恭愛教人看《左傳》"深表不滿,理由是"人若讀得《左傳》熟,直是會趨利避害",故而"不如教看《論》《孟》"。② 相比之下,對於"蘇子由教人看《左傳》",朱子却辯解爲"不過是看事之本末,而以義理折衷之耳"。③ 難道作爲東南三賢之一的吕祖謙,在義理上還不如作爲洛學對立面的蘇轍嗎? 正是如此。除《左傳》外,吕祖謙還以《史記》教學者,朱子則表彰蘇轍《古史》,每誦《古史序》"古之帝王,其必爲善,如火之必熱,水之必寒;其不爲不善,如騶虞之不殺,竊脂之不穀",以爲"此等議論極好,程張以後文人無有及之者"④,并舉此語問吕祖謙:"此豈馬遷所能及?"⑤

"朱子對古今儒者從《春秋》中所解讀出來的義理持存疑態度,所以除掉義理,便祇剩下史實"⑥,然而却要求學者"看事之本末,而以義理折衷之",這談何容易? 況且學者一旦將治《春秋》的重心放在《左氏》之叙事,便不可避免地滑入"史學者記得事却詳,於道理上便差"⑦的陷阱。因此,朱子仍要主張視《春秋》爲經的《公》《穀》之學。在蘇轍、吕本中、程迥之外,朱子仍不免要表章"孫明復、趙、啖、陸淳、胡文定,皆説得好,道理皆是如此"⑧,"劉原父《春秋》亦好"⑨,并在《學校貢舉私議》中提出治《春秋》以三傳注疏爲主而兼取"啖助、趙正、陸淳、孫復、劉敞、程頤、胡安國"⑩的主張。他又聲稱:"某平生不敢説《春秋》。若説時,只是將胡文定説扶持説去。"⑪

---

① (宋)黎靖德編:《朱子語類》卷八三,第 2158 頁。
② (宋)黎靖德編:《朱子語類》卷八三,第 2150 頁。
③ (宋)黎靖德編:《朱子語類》卷五五,第 1319 頁。
④ (宋)黎靖德編:《朱子語類》卷一三〇,第 3117 頁。
⑤ (宋)黎靖德編:《朱子語類》卷一二二,第 2951 頁。
⑥ 郭曉東:《在史學與經學之間——朱子〈春秋〉觀的再檢討》,《中國哲學史》2020 年第 2 期,第 12 頁。
⑦ (宋)黎靖德編:《朱子語類》卷八三,第 2152 頁。
⑧ (宋)黎靖德編:《朱子語類》卷八三,第 2151 頁。
⑨ (宋)黎靖德編:《朱子語類》卷八三,第 2153 頁。
⑩ (宋)朱熹:《晦庵先生朱文公文集》卷六九,《朱子全書(修訂本)》(第 23 册),第 3360 頁。
⑪ (宋)黎靖德編:《朱子語類》卷八三,第 2150 頁。

衹是這麼一來，道南《春秋》學三四代人辛苦得到的結論——《左氏》的史學立場，又重新回到了北宋新《春秋》學的主流——《公》《穀》的經學立場。

要之，伊洛《春秋》學原有的《公》《穀》與《左氏》、經學與史學的張力，在胡安國所開創的湖湘學、以呂祖謙爲集大成者的浙東學那裏，以各自的方式化解——或尊信《公》《穀》，或倒向《左氏》。至於龜山所開創的道南學派，也分化出這兩條路徑：羅從彦、高閌、張九成等人，跟隨湖湘《春秋》學的步伐，尊信《公》《穀》；喻樗、呂本中兩支以及羅從彦的後學，接受蘇、王《春秋》學的影響，倒向《左氏》。站在道南學派終點的朱子，則在這兩條道路之間游移不定。不過，在朱子所留下的文獻中，畢竟是主張《左氏》的言論更爲豐富、有力，以至於朱子《春秋》學在後世的影響也主要在於這一方面。朱子雖然保留了伊洛《春秋》學的固有張力，但已經偏向于《左氏》一邊，斷言"以三傳較之，在《左氏》得七八分"。這就是道南《春秋》學的最後結論。

秩序的歷史性：論王船山對
"夏時冠周月"的詮釋

徐瀟鵬

【摘　要】　王船山認爲"夏時冠周月"議題中重要的不是改時易月的合理性，而是以"夏時"作爲超歷史秩序基礎的合法性。他認爲孔子筆削《春秋》的形式是保持原有歷史記録的誤差以體現天時和人文之間的張力。穩定的秩序結構是人對於天的歷史性服膺過程，天人在歷史的視野中才能維持動態平衡。魯史或三代之史仍有聖王之迹，能以足够的歷史尺度呈現秩序有本於天而不易者、有出乎人而損益者，成爲聖人寄寓經義的載體。唯有以三代的歷史，將天道和人道之間的歷史性狀態呈現爲典範，而不僅僅是三代的政治格局成爲典範，才能以歷史性的視角彰顯不易之秩序。

【關鍵詞】　夏時冠周月　春王正月　王船山　歷史性秩序

【作者簡介】　徐瀟鵬，1997 年生，華東師範大學哲學系博士研究生。

胡安國在注解"春王正月"時指出，如按《左傳》云"王周正月"，那麽只是朝代更迭時改換歲首的正常情況。周代以建子月爲歲首；前乎周之商代以建丑爲歲首，如《尚書·伊訓》言"惟元祀十有二月乙丑，伊尹祠于先王"；後乎周之秦至漢初則以建亥爲歲首[①]，

---

① 胡安國提到的"後乎周者"應當指秦改用亥正至漢武帝太初元年改用夏正之間。《史記》不見"元年冬十月"，唯《漢書·高帝紀》始有"元年冬十月，五星聚于東井"，顏師古注曰："如淳曰：《張倉傳》云，以高祖十月至霸上，故因秦以十月爲歲首。"（班固撰，顏師古注，王先謙補注：《漢書補注·高帝紀第一上》，北京：商務印書館，1959 年，第 27 頁）胡安國所取應當爲《漢書》此處。但如果僅僅爲了説明秦至漢初爲亥正，如其後蔡沈《書集傳》以《史記》始皇三十一年、三十七年兩處爲例亦可。胡安國特以《漢書·高帝紀》爲例，可能更多是爲了貼合"王周正月"的形式，以始年爲例。

如《漢書·高帝紀》“元年冬十月”。前者可知元年始月是遵照夏月而言故爲十二月；後者可知四時同樣遵照夏時而言故爲冬。因此，胡安國認爲王朝易代雖然正朔不同，但紀月、紀時都以夏時爲准。但此處“春王正月”却是“以夏時冠周月”，乃孔子之深意，是孔子“以夏時冠月，垂法後世，以周正紀事，示無其位不敢自專也，其旨微矣”①。此説實爲胡安國發揮程子“周正月，非春也，假天時以立義爾”的觀點②，以“夏”之四時順應天時，故自漢改夏時以降，“經歷千載，以至於今，卒不能易，謂爲百王不易之大法”③的創説。如果從思想史的梳理來看，“夏時冠周月”顯示出調和三傳的立場，試圖維持孔子對《春秋》的制作，同時削弱公羊學所提倡的“王魯”④義。但更爲重要的是，“夏時冠周月”呈現出胡安國對於秩序或經義來源的理解。趙伯雄已注意到胡安國所説的“夏時”，“已不單純是指夏曆的春夏秋冬”，而是“夏曆的内部秩序”；同時，“行夏時”則是孔子借“推行一種萬世通行的曆法”，“象徵著《春秋》裡所體現的”⑤大義。要而言之，“夏時冠周月”有兩個重要的立論基礎：孔子可以在修訂的意義上筆削《春秋》以及夏時作爲天時的象徵可以垂法萬世。

　　然而，王船山之前，絶大多數注家只討論了以夏正之四時結合周正之月數這一筆法本身的合理性，却忽視胡安國對於秩序或經義之基的理解。楊時引三統説認爲，“三代各據一統”，“周據天統，以時言也；商據地統，以辰言也；夏據人統，以人事言也。故三代之時，惟夏爲正，謂《春秋》以周正紀事是也。正朔必自天子出。改正朔，恐聖人不爲也”⑥。雖然“惟夏爲正”，但不可據以認爲孔子有改正朔之實。⑦ 孫

---

① （宋）胡安國：《春秋胡氏傳》，杭州：浙江古籍出版社，2010 年，第 2—3 頁。

② （宋）程顥、程頤：《二程集》，北京：中華書局，2004 年，第 1086 頁。

③ （宋）胡安國：《春秋胡氏傳》，第 38 頁。

④ 楊瀟沂認爲：“胡安國的做法十分典型地體現出宋儒的春秋學立場，即既要强調《春秋》具有王法的性質，又不能説出《春秋》爲新王之法，故只好結合兩家之説。”楊瀟沂：《宋代〈公羊〉思想研究》，湖南大學博士學位論文，2019 年，第 139 頁。

⑤ 趙伯雄：《“夏時冠周月”解》，《古籍整理研究學刊》2002 年第 4 期，第 50 頁。

⑥ （宋）楊時：《楊時集》卷二十《答胡康侯》，北京：中華書局，2017 年，第 544 頁。

⑦ 需要説明的是，“惟夏爲正”的觀點並非出自“三統説”，而是楊時在胡安國之説基礎上的衍説。《春秋繁露》只認爲：“正日月朔于營室，斗建寅……天統氣始通化物，物見萌達……曆正日月朔於虚，斗建丑……天統氣始蜕化物，物始芽……曆正日月朔於牽牛，斗建子，天統氣始施化物，物始動……古之王者受命而王，改制稱號正月……三統之變，近夷遐方無有，生煞者獨中國……然而三代改正，必以三統天下。”（漢）董仲舒撰，（清）蘇輿義證：《春秋繁露義證》，北京：中華書局，1992 年，第 195 頁。其重點在於夏商周三代正朔各合其天時，且唯有寅丑子可爲正朔，而新王受命必先改正朔，故只能以三統循環爲其正。其義在駁斥亥正之誤，但三統各自并無特殊優劣之分，亦無夏時最爲得天的傾向。

奕認爲:"周公作《七月》,備陳一歲之事,而正則迭用夏、周,何也? 意其夏正建寅,順四時之序,便於農事,乃以月言。周正建子,明一陽之生,以改正朔,乃以日言。"①蔡沈亦指出"三代雖正朔不同,然皆以寅月起數。蓋朝覲會同、班曆授時,則以正朔行事。至於紀月之數,則皆以寅爲首也"。② 改正朔只是在"朝覲會同、班曆授時"時起作用,平時紀月仍然以夏時建寅爲首。蔡沈進一步舉例指出:"周建子矣,而詩言'四月維夏,六月徂暑',則寅月起數,周未嘗改也。秦建亥矣,而《史記》'始皇三十一年十二月,更名臘曰嘉平',夫臘必建丑月也,秦以亥正,則臘爲三月。云'十二月'者,則寅月起數,秦未嘗改也。至三十七年,書'十月癸丑,始皇出游。十一月,行至雲夢',繼書'七月丙寅,始皇崩。九月葬驪山',先書十月、十一月,而繼書七月、九月者,知其以十月爲正朔,而寅月起數,未嘗改也。"③在他看來,周、秦雖然修改正朔却没有修改各月次序,仍以建寅爲首,不過是同時保留了兩種紀月手段,再根據實際需要的情況記録而已。

一方面,胡安國以後諸家都指出"夏時冠周月"這一筆法本身的合法性是存疑的;另一方面,他們大多接受了"夏時"順四時之序,故可爲"百王不易之法"的觀點。④ 他們論述的重點在於孔子究竟有無改時改月,甚至蔡沈以降,一時之間將胡、蔡二人的觀點歸爲一類。⑤ 如黄澤言:"胡文定公始有夏時冠周月之説,蔡氏雖自謂晦庵門人,而其《書傳》乃直主不改月之説,亦引商、秦爲證,是不改月之説開端于文定,而遂成于蔡氏。"⑥李廉亦認爲:"據胡氏説則周時與月皆未嘗改。"⑦但是,正如趙伯雄所述,"夏時冠周月"更重要的問題是秩序或經義的根源是什麼? 對於胡安國

① (宋) 孫奕:《履齋示兒編》,北京:中華書局,2014 年,第 44 頁。

② (宋) 蔡沈:《書集傳》,北京:中華書局,2018 年,第 104 頁。

③ (宋) 蔡沈:《書集傳》,第 105 頁。

④ 此意亦非胡安國獨創,蓋出自《左傳·昭公十七年》:"火出,于夏爲三月,于商爲四月,于周爲五月。夏數得天。"

⑤ 認爲胡安國和蔡沈觀點相類的情況似乎只在一段時間内流行。顧棟高認爲:"蔡氏《尚書傳》既主不改時改月之説,而文定傳《春秋》又謂夫子虚加春字於月之上……是皆考古未核,惑於冬不可爲春之疑,遂至輾轉相誤也。"(清) 顧棟高:《春秋大事表》,北京:中華書局,1993 年,第 1 頁。顧氏已經注意到了蔡沈的觀點是周代本來"改時不改月",而胡安國與之最大的差别是孔子可以虚加春字。

⑥ (清) 朱彝尊:《經義考》,轉引自(宋) 胡安國:《春秋胡氏傳》附録二《序跋著録·朱彝尊經義考卷一百八十五》,第 566—567 頁。

⑦ (元) 李廉:《春秋會通》卷一,《景印文淵閣四庫全書》(第 162 册),臺北:臺灣商務印書館,2008 年,第 181 頁下。

而言，"夏時"作爲天時的象徵，以及借由孔子之手將這一象徵確定爲經義是不可或缺的兩個環節，"夏時"（天）與聖人共同構成了秩序的基礎。其後的觀點雖然削弱了聖人筆削的意義，但是仍然將"夏時"視作天的象徵，秩序可以由天時直接過渡到人文社會。換言之，在"夏時冠周月"中，形式上討論的是"春王正月"四字是否改時改月，實質上卻以一個超歷史的秩序結構作爲正朔改易和王法實行的基礎。這一秩序來源可以是直接作爲四時象徵的"夏時"，也可以如胡安國一樣，注意到天時與人文之間，需要以聖人之制作加以連通，但"夏時"這一象徵仍然是超越歷史的"百王不易之法"。故於船山立論之前，"夏時冠周月"在形式上是否合理已陳論詳盡，但在何以爲秩序之基的意義上卻仍有可陳説之處。本文即旨在廓清船山試圖通過對"夏時冠周月"的詮釋，説明在他看來唯有以歷史自身的秩序而非超歷史的秩序，才能真正理解孔子制作之經義。

一、存魯史之誤：夏時與魯史的天人張力

對於王船山而言，"夏時冠周月"本身改時改月的合理性問題，自楊時、朱熹以至蔡沈已備述。更重要的問題是理解"夏時冠周月"的立論基礎及其弊病。胡安國認爲"春王正月"是夏時之春冠以周時之正月，但其所據不過"行夏之時"四字。而在船山看來，"以夏時冠周月之説，朱子辨胡氏之非詳矣"。[①] 朱子之説大略如下[②]：

> 某親見文定公家説，文定《春秋》説夫子以夏時冠月，以周正紀事。謂如"公即位"，依舊是十一月，只是孔子改正作"春正月"。某便不敢信。恁地時，二百四十二年，夫子只證得個"行夏之時"四個字。據今《周禮》有正月，有正歲，則周實是元改作"春正月"。夫子所謂"行夏之時"，只是爲他不順，欲改從建寅。如《孟子》説"七八月之間旱"，這斷然是五六月；"十一月徒杠成，十二月輿梁成"，這分明是九月十月。若真是十一月十二月時，寒自過了，何用更造橋梁？古人只是寒時造橋度人，若暖時又只時教他自

---

① （明）王夫之：《春秋稗疏》，《船山全書》（第5册），長沙：嶽麓書社，2011年，第19頁。

② 通常認爲朱子對於"夏時冠周月"的態度有前後變化，除下文所引内容外，在乾道六年《答吳晦叔》中，朱子認爲"今《春秋》月數乃魯史之舊文，而四時之序則孔子之微義"。（參見顧宏義：《朱熹師友門人往還書札彙編》，上海：上海古籍出版社，2017年，第2811頁）此時似乎仍贊同胡氏觀點。但結合船山"周禮有正月，有正歲"，他所針對的應當是《朱子語類》所載朱子晚年的觀點，非乾道六年之説。

　　從水裏過。看來古時橋也只是小橋子,不似如今石橋浮橋恁地好。①

在朱子看來,若按胡氏的觀點,周代本没有改月,只是孔子改爲“春正月”,但考其所依唯有“行夏之時”四字,其説無據。進而,朱子據《周禮》認爲周代應當有正月與正歲并行,在周初已經改作“春正月”,非出自孔子之手。理由如《孟子·梁惠王上》所云“七八月之間旱”,應當是周曆七八月即夏曆五六月;如《孟子·離婁下》云:“十一月徒杠成,十二月輿梁成”,應當是周曆十一、十二月即夏曆九、十月。依沿此説,則自周初以來已經以夏曆十一月爲正月開始紀月,所以《孟子》中的月份都比正常農時(夏曆)的月份晚兩個月。蔡沈所繼承的正是這一觀點,但是朱子并没有明確區分改月和改正朔的關係,蔡沈則由“周禮有正月,有正歲”發揮爲兩套并行的紀月制度。朱子所引例子,皆是建子起數,用以强調周代已經改月;而蔡沈所引例子皆是建寅起數,用以强調正朔雖改,但通常事件的紀月并無改變,這是蔡沈有别於朱子之處。故黄澤言“蔡氏雖自謂晦庵門人,而其《書傳》乃直主不改月之説”,以明朱、蔡之别。然而,蔡沈只是在改時改月的問題上對朱子稍有繼承,却忽視了朱子之説并非僅此一義,更爲重要的内容是“夫子所謂‘行夏之時’,只是爲他不順,欲改從建寅”。欲改而未改是朱子之説中最爲複雜之處。

　　因而,在船山看來,朱子駁胡安國之深刻不在於改時改月的形式問題,而是孔子以什麽方式在“春王正月”上建構了經義的秩序。船山認爲:

　　　　以經文求之,言正月而繫之王,則明此正月乃周天子所頒之正月。公羊氏言:“王者孰謂?謂文王也。”説雖迂謬,亦以明改正授時,惟革命之王定其名實,而正月之文自周頒矣。若夫子以己意欲行夏時,則但當言春正月,不可稱王;王不以爲正月,即不得天,亦不能矯誣以泯亂一代之制,又豈夫子所欲垂法之正月可自稱王乎?不敢自專,又豈敢假冒王章以欺天下邪?《春秋》之義微而顯。②

如果從經文内容來看,加“王”於正月之上,正説明此正月唯周天子才有資格頒布。《公羊傳》認爲唯有革命之王才可能頒定正朔是合理的,這表明正朔的改變從屬於革命的完成,而非反過來以正朔確定新王。故孔子即使想要按照“己意”行夏時,至多也只能説“春正月”而不可言王。如果僅僅是停留在文本、言辭意義上的改時易月稱王,既不得天,又無法實際地撥亂反正。同時,爲了達成形式上的垂法而自稱

---

① (宋)黎靖德編:《朱子語類》,北京:中華書局,1986年,第2159頁。

② (明)王夫之:《春秋稗疏》,《船山全書》(第5册),第19頁。

爲王，又是僭越其位而欺天下。以破壞秩序的行爲去建立一套形式的秩序，此聖人不爲也，這是孔子沒有改時易月的根本動機。

然而，孔子沒有直接改時改月，并不意味著聖人的缺位。蔡沈據此認爲，周代本有兩套并行的紀月制度，而以建寅起數的夏時，"順四時之序，便於農事"，可以直接作爲秩序的象徵。但在船山看來，孔子的"改"是以潛藏的方式進行的，有意識地保留了魯史的結構、闕漏或問題正是孔子之義。如果説朱子批評胡安國之誤是"孔子改正作'春正月'"，船山亦指出孔子不可自稱爲王，但"王"字的保留却是孔子之深意。船山認爲：

> 此言王者，其義不一：周既東遷，諸侯僭擅，蓋有不遵其正朔者，故稱王以見魯所秉者周禮，《公羊》所謂大一統，此一義也；王爲今王，以王冠月，明三統遞建，正月之號不一，而此之正月，乃今王之正月，非夏商之正月，此又一義也；然以建子之月爲正月，惟周之王天下，以革命不相沿之故，立杳茫之天統，而異乎天之顯道，則此正月乃王之正月，非天之正月，以寓周正之差，夏時得天之意，此又一義也。經文化工之筆，游夏不能贊，於此見矣。[1]

加"王"於正月之上有三重意涵。第一，説明魯史仍然尊周正朔；第二，説明夏、商、周三統依次建立，此"王"既是承夏、商的新王，又是現在的今王。這兩層含義可以是文本從一開始就保有的，或認爲《春秋》作爲魯史在其原始記録中就有這樣的態度，并不涉及孔子對於文本的處理。第三，船山進而指出，周以建子月爲正月，是周人有意識有別於前朝而制定的"天統"，而以人意爲主導的紀月系統和天之顯道是背離的。真正能體現孔子制作之義的，正是他保留了周曆在紀月上的不合天時之處。換言之，孔子制作的形態不是修訂文本或是簡單地維持歷史記録，相反，是以錯誤的文本結構體現天之顯道和人文曆法之間的差異。類似的理解也出現在船山對於日月食的解讀之中。船山認爲所有的日食一定要出現在朔、所有的月食一定要出現在望，這是天時最基本的規定性。但《春秋》中日月食往往"不言日又不言朔者，則所置朔失之愈遠，蓋有差至三四日者矣"，這是"《春秋》因其謬而分別書之，以顯周曆之謬"。[2] 要而言之，船山認爲天時有内在的秩序，而王正則於此或離或不離，孔子制作《春秋》的方式即是在他有權力的範圍内根據實際情况記録，以王正和

---

① （明）王夫之：《春秋稗疏》，《船山全書》（第5册），第19—20頁。

② （明）王夫之：《春秋稗疏》，《船山全書》（第5册），第24頁。

天時的差別來説明人文秩序和天之顯道的矛盾。[1]

要而言之,在船山看來,朱子敏鋭地捕捉到了孔子以存魯史之誤的方式寄寓"夏時得天"之義。在"春王正月"四字中,没有改時易月的制作,却有借周正之差以顯天人之分的工筆。借由孔子,"夏時"方才可以作爲秩序的象徵——天時,魯史才能成爲經義的載體——《春秋》。如果説胡安國希冀的是聖人與"夏時"共同組成超歷史的秩序基礎;船山則試圖在謹守聖人爲天人分際的立場上,從歷史之中獲得秩序感。故而,船山更關注的問題是什麽可以作爲秩序的象徵,聖人又在什麽歷史文本中寄寓秩序的象徵。

二、行夏之時：天時與人文的歷史性平衡

在"夏時冠周月"這一議題内部,從胡安國以降都默認了"夏時"可以作爲"天時"的象徵,具有秩序的垂范意義。其基礎雖然是"夏時"順"四時",但是當"夏時"被視作唯一的"天時"之時,它已不再是人文建立的一種曆法,而是超歷史的唯一秩序結構。在船山看來,天時的秩序自有其規律,不能被人定之曆法所限制。他援引三統説指出：

> 三統之説曰：夏正建寅,商正建丑,周正建子……《周禮》有正月,有正歲。正歲,建寅之月也;正月,建子之月也。或以"正月之吉始和"爲疑,言建子之月,冬氣膚發,不得言和。不知古人之候氣於微,故三統謂之三微。冬至,日回北陸,一陽生於地下,故從其微而謂之曰和。如於其著而言之,則建寅之月,日方在亥,月吉朔旦,正冬春之交,嚴寒方冽,亦不得謂之曰和,何疑始和非建子之月乎?《豳風》言"一之日""二之日"者,乃追賦太王以前事,不足爲據……建寅者以立春爲歲首,建子者以冬至爲歲首,不以大雪。自冬至至春分,陽氣始發,可謂之春。春者蠢也,蠢動微動也。春分以後,百昌怒生,其動不蠢矣。建子非春之説,不可執也,何得以臆見立夏時冠周月之説,使聖人矯立王制,而亂一代之成憲哉![2]

---

[1] 在船山之前,吳澄或有類似的看法,他認爲周正"于天時雖不合,于王正則不戾,是以莫之禁也。夫子修經,因其名據其實而書之,以著其非,抑使後世知建子之正不如建寅之正于天時之序爲順也"。參見吳澄：《春秋纂言》卷一,《景印文淵閣四庫全書》(第159冊),臺北：臺灣商務印書館,2008年,第428頁下。

[2] (明)王夫之：《春秋稗疏》,《船山全書》(第5冊),第20頁。

三統説認爲夏、商、周分別以建寅、建丑、建子月爲正月。船山補朱子的觀點指出，周代雖以建子月爲正月，但仍以建寅月爲正歲。蔡沈一系將這種平行紀月理解爲用途不同，但船山認爲這是對天時的兩種理解方式。一方面，從明顯的氣候角度來看，建子、建丑還是冬季。按《周禮·天官》言"正月之吉始和"，建子、建寅似乎還不是春。但這裏的"和"不是氣候，而是陽氣和陰氣的平衡狀態。冬至陽氣始生，隱而不發但已經有其趨勢，故從其微而言爲"和"。同時，如果按照這個原則來看，建寅月爲冬春之交，恰是陰陽交替最盛，反而不能稱爲"和"。故另一方面，從候氣於微的角度來看，春是指動之始微之時，故其動蠢，而子、丑、寅三月皆可爲春。① 周代正月、正歲并立，正是爲了協調這兩種立場。

由於船山在這裏提及了"三微"之説，學界通常將船山的觀點理解爲張以寧觀點的餘韻②，但是，船山討論的目的却與張以寧或楊時有很大不同。楊時與張以寧的重點在於突出夏時得天，與楊時認爲"惟夏爲正"相似，張以寧也强調"夏時，百王所同，著之於《十翼》，言其理也……若周之時，則一王之所用魯史"③，認爲夏時方是百王所同之時，周時只是一代之正而已，"夏時"始終是一個超歷史秩序的象徵。但船山的重點則是自冬至至春分都可視作春，因此建子爲春的觀點有其合理性。這樣一來，"惟夏爲正"的立場就難以爲繼，相反，天時以其不受人文曆法制約的運轉，向我們彰顯著最基礎的秩序感。與船山類似的是其兄王介之的觀點。他認爲從候氣角度而言，"以氣應言之天正，子最微者也，丑亦微也"，"故曰積三微而成著。然則建子之月春氣之微也，建寅之月春氣之著也，夏正紀其著，周正溯其微，則周人自以建子爲春，歲之首時之先者也。建子奚必其非春者哉！"從四時各自的特徵來看，春蠢、夏大、秋收、冬終，"周正達其微，以察天化；夏正紀其著，以利民用，各有道焉。無容據夏正而斷建子之非春矣"。所以，"胡氏《傳》云建子非春亦明矣"，著實是"以理談經而於曆未

---

① 這個立場同時是船山和吳澄不同之處，吳澄認爲："商周雖改月數，天之四時則不可改。故商之正月猶爲冬，二月、三月、四月乃爲春也。周之正月、二月猶爲冬，三月、四月、五月乃爲春也。"（元）吳澄：《春秋纂言》卷一，《景印文淵閣四庫全書》（第 159 册），第 429 頁上。仍是從氣候的角度，以建寅開始爲春，并視作不可改易的天時。

② 如錢曉昕：《"夏時冠周月"之説的提出與終結》，《現代儒學》2022 年第 1 期，第 183—195 頁；王子初：《張以寧對周正問題的總結及地位》，《蘭台世界》2019 年第 4 期，第 140—144 頁。二人都認爲張以寧發展"三微、三正"説以理解"夏時冠周月"問題，而王船山的理解與張以寧相似。

③ 張以寧：《春秋春王正月考》，《景印文淵閣四庫全書》（第 165 册），臺北：臺灣商務印書館，2008 年，第 768 頁上。

講”。① 同爲引三微、三著之説來論證“建子可以爲春”，而商、夏各因其重點不同而取正不同，一者“察天化”，一者“利民用”而已。

結合《春秋四傳質》的觀點，“子、丑、寅三月皆可爲春”的立場不僅針對胡安國“建子非春”之説，而且意識到了胡安國之弊病是“以理談經而於曆未講”。一方面，四時之序被抽象爲春夏秋冬之理，忽略其中具體物候的變化而限定爲具體的月份，進而輔以“夏時得天”之意。另一方面，看似服膺天時的秩序實則出乎人意，沒有回到建立“曆法”的基本情景中。後者所體現的是人文與天時之間的動態秩序結構。定曆的目的一定是授時於民，而正朔的政治意味是逐漸派生出的。船山認爲：

> 三正者，子、丑、寅三統之正，而非但以歲首之建也。古者作曆，必立曆元，以爲五星聯珠、日月合璧之辰，而因推其數以定將來……以甲子歲仲冬甲子朔夜半冬至爲元者，日月五星皆會於室，是謂天正。以甲寅歲孟春甲寅朔平旦冬至爲元者，日月五星皆會於虛，是謂人正。②

從古代治曆的傳統而言，必先取五星聯珠、日月合璧之時，通常以冬至合朔日時爲曆元，以此爲基準確定曆法的具體細節。其中天正以甲子歲仲冬月甲子日夜半時朔月與冬至同時爲曆元，此時日月五星會於室宿；地正以甲寅歲孟春月甲寅日平旦時朔月與冬至同時爲曆元，此時日月五星會於虛宿。從曆法而言，三正之間只是取元不同，其本一也。故船山以爲：

> 夫三統者：天統以上古甲子歲，春前仲冬月，甲子朔夜半冬至爲曆元；地統以次古甲辰歲，(地化自丑，畢於辰。)春前季冬乙丑月，甲辰朔鷄鳴冬至爲曆元；人統以又次古甲申歲，(人生於寅，成于申。)孟春丙寅月，甲申朔平旦立春(筆者按：可能爲訛誤，“立春”當爲“冬至”)爲曆元。曆元者，日月合璧，五星連珠，七曜復合，一元之始也……古之治曆，有此三法，其間雖有小異，歸於大同。③

船山借《漢書·律曆志》之説認爲，天統曆元時日“施於子半，日萌色赤”④，以夜半時爲朔；地統曆元時日自丑初至丑半，色由黄而白，以鷄鳴時爲朔；人統曆元時自寅初

---

① （明）王介之：《春秋四傳質》，《景印文淵閣四庫全書》（第 171 册），臺北：臺灣商務印書館，2008 年，第 229 頁下—230 頁下。

② （明）王夫之：《尚書稗疏》，《船山全書》（第 2 册），第 94 頁。

③ （明）王夫之：《讀四書大全説》，《船山全書》（第 6 册），第 613—614 頁。

④ （漢）班固撰，（唐）顏師古注，（清）王先謙補注：《漢書補注》，第 1093—1094 頁。

至寅中，色由黑而青，以平旦時爲朔。三統雖曆元不同，但都遵照以冬至合朔、七曜復合爲元，其中人統最接近推步法測定的結果，故稱"特人統寅正，以曆元近步法差易而密耳"①。三統之間，"其算：積二人統爲一地統，三人統爲一天統，愈遠則疏，愈近則密。（謂斗分歲差等）"②，人統因與推步法最近而密，故而往往與天時契合，"故夫子以夏曆之簡密爲合天，於《春秋》譏日食之失朔，而此曰'行夏之時'，不專謂歲首也"，所謂"行夏之時"，不僅是改易歲首、正朔，而是以夏時簡密來體現出《春秋》曆法的謬誤頗多。反之，三代各改歲首之説，只是"因曆元而取其義，以歲配一元耳"③，反而"於曆無大關係"③，無其實而反以人損天。從推步測定而言，三代之間"未嘗有所損益也"，但是"以其受命之數相符合者，循環迭用"，進而衍説爲各有損益，實則是"推之者人，而曆元實因天體之自然。天其可以損益之也哉？"④

依沿此説，天體運行是一個自然的連續過程，而曆元只不過是人從中選取一種

---

① （明）王夫之：《讀四書大全説》，《船山全書》（第 6 册），第 614 頁。

② （明）王夫之：《讀四書大全説》，《船山全書》（第 6 册），第 831 頁。人統二爲地統、三爲天統不見於相關論述中，可能是混用了鄧平的《三統曆》與劉歆的《三統曆譜》。鄧平的《三統曆》以 81 分日法起數，朔策（朔望月）$29\frac{43}{81}$日，由 19 年閏 7，故歲實 $365\frac{385}{1539}$日。由於 1 章（19 年）的日數不爲整數，冬至合朔不能復現，所以取朔策和歲實的最小公倍數 1539 年（562 120 日）爲 1 統。此時，由於 562 120 除以60 餘 40，每統復現的冬至合朔干支數差 40（歲數每統餘 39，大體一致），三次之後才能在同一干支日復現冬至合朔，故以三統爲一元。換言之，鄧平的《三統曆》每統之間總是錯開相同的干支數，三統爲一整體循環，不存在以天統攝人統的情況。與之不同的是，劉歆的《三統曆》"各統首章、首日干支與第八十一章"相同，"劉歆之三統實爲四分法"。參見饒尚寬：《劉歆三統曆評議——"古曆論稿"之五》，《新疆師範大學學報（哲學社會科學版）》1990 年第 1 期，第 66—73 頁。又薄樹人結合《續漢書·律曆志》中"劉歆研幾極深……百七十一歲進退六十三分"，認爲劉歆雖然沿用了鄧平的常數，但每 171 年需減去 63 日，即每 19 年減去 7 日來調整歲差，實際數值較太初曆更爲精確。參見薄樹人：《試探三統曆和太初曆的不同點》，《自然科學史研究》1983 年第 2 期，第 133—138 頁。由於劉歆的《三統曆》每統都可實現干支循環，按饒尚寬所考，其三統實際上只是錯開一章（19 年）而平行排布的并行曆法。但無論哪種三統説，都不支持船山以人統二爲地統、三爲天統的倍數關係。按《春秋四傳質》云："天統者據四千六百一十七之始年朔旦冬至立爲曆元，而以下推者也，其時日月之會在子，故以子爲首。"（明）王介之：《春秋四傳質》，第 229 頁。推測船山所言天統其實是鄧平所言的"一元"，即三統的長度，此時方能出現日月重會於子。這樣一來，人統三爲天統之説方可成立，但二爲地統之説不知其所據，可能是比照此説的衍説。故船山此處立論實則是雜糅了鄧平三統説的曆元、劉歆三統説每統干支復現和"夏時冠周月"説"夏時得天"之後的説法。不過，船山的重點并非實際的曆法原則，而是這種曆法原則體現的人對於天的師法過程。

③ （明）王夫之：《讀四書大全説》，《船山全書》（第 6 册），第 831 頁。

④ （明）王夫之：《讀四書大全説》，《船山全書》（第 6 册），第 614 頁。

特殊情況。然而,無論曆法多麼精巧,它總是人基於現有的條件對天作出的測度。事實上,三統曆儘管以實際觀測的冬至合朔爲曆元,但在演繹的過程中,始終是一個純粹的數學過程,會逐步與實際的天象情況發生偏移,故"曆雖精,而行之數百年則必差"①。因此,一個真實的曆法建立過程其實是人對於天的歷史性服膺過程。一方面,天有其自身的秩序,這種規律性是人文秩序的基礎;但另一方面,天的秩序性又無法直接向人呈現,人只能在歷史之中去不斷貼合天的秩序,類比建立人文的曆法。這既是天時在人文中顯現的過程,也是人確立自身秩序感的過程。與之相對,"夏時冠周月"將"夏時"視作天時,并抽象爲百世不易之法;三統説則將三代忠、質、文的循環抽象爲天道,成爲改朔易服的標準。雖然名義上都是以天道正王法,實則是借天道改易之名,行正統改制之實,以使政權有別於前代。在船山看來,真正發生變化的是曆法而非天道,前者只是天道落于人事的一時之符合。

一方面,曆法的變化不出於人意,只是曆行久而必有差,不得不易。"改正朔,易服色,漢儒以三代王者承天之精意在此,而豈其然哉!正朔之必改,非示不相沿之説也。"漢儒意在改制,以示漢別于秦。但從曆法改易的最初目的來看,"夏、商之季,上敖下荒,不能釐正,差舛已甚,故商、周之興,懲其差舛而改法",只是針對曆與天不合而不得不做出調整。以此觀之,"漢以來至於今,曆凡十餘改而始適於時,不容不改者也"。至於服色之異,"則世益降,物益備,期於協民瞻視,天下安之而止矣",只是根據不同的歷史條件而各有所宜。② 另一方面,如果重於改制而忽視曆與天本身的符合關係,改制就成爲一個純然的政治形式。如秦改亥正,"使徒欲新視聽而已,則秦爲無道,實用天正曆,而特易建亥爲歲首以愚民,視聽亦新,而逆天背數。三代之王,豈亦等暴秦之爲哉?"至於三代相互改制,如"謂夏承唐、虞用人統,則尤杜撰。不審《胤征》已有三正之文,堯固以甲辰爲曆元,用地正,舜紹堯未改,而禹改之也。故曰'行夏之時',不曰'行唐之時'"。"行夏之時"非如胡安國所論以夏時爲天時,只是夏時已有曆法本於天而非人力可易改之意,"以曆不可聽人之損益,而損益者,人治之先後詳略也"③。

要而言之,在曆法的形成過程中,天時與人文持續著動態的平衡關係。秩序的來源不單出於人或出於天,"行夏之時"之所以可以作爲"不易之法",并非夏時總是合乎天時,而是借由"夏時"引出三代作爲一個整體的歷史階段,呈現出了不斷改易

① (明)王夫之:《讀通鑒論》,《船山全書》(第 10 册),第 697 頁。
② (明)王夫之:《讀通鑒論》,《船山全書》(第 10 册),第 697 頁。
③ (明)王夫之:《讀四書大全説》,《船山全書》(第 6 册),第 614 頁。

曆法以期始終合乎天道的努力。真正可以千年不易的是人對於天的歷史性服膺過程，"可以行之千年而不易，人也，即天也，天視自我民視者也"①，天於人之視域的顯現作爲一個歷史性的進程常易而不易。正是由於穩定的秩序結構是天人之間的動態平衡，聖人的意義不是以天馭人，而是維持天人之間的平衡，故不使"聖人矯立王制，而亂一代之成憲哉"②。

三、《春秋》與秩序的歷史性視角

如果説船山認爲在"春王正月"中，孔子以存魯史之誤的方式寄寓了天人之間的歷史性動態平衡才可作爲秩序的經義。那麼，爲什麼需要以《春秋》作爲載體，以及爲什麼可以以魯史作爲寄寓之所就成了亟待説明的問題。船山認爲，孔子寄義於《春秋》的行爲，與通常言治者必稱先王的托古言志有根本的差別：

> 夫言治者，皆曰先王矣。而先王者，何世之先王也？孔子曰："吾從周。"非文、武之道隆于禹、湯也。文、武之法，民所世守而安焉者也。孟子曰："遵先王之法。"周未亡，王者未作，井田學校所宜遵者，周之舊也。官習于廷，士習於學，民習於野；善者其所夙尚，失者其所可安，利者其所允宜，害者其所能勝；慎求治人而政無不舉。孔、孟之言治者，此而已矣。嘖嘖之言，以先王爲口實，如莊周之稱泰氏，許行之道神農，曾是之從，亦異於孔子矣。③

凡欲言改制之人，往往言必稱先王，但通常所説的"先王"雖有虛名卻無實指。一方面，如孔子稱"吾從周"，并非虛立禹、湯之盛世，將周代文、武之道遠溯于先王之時，而是周代之法，當時之民世代襲守而安，由來已久，不可驟變。孟子繼之，所謂"尊先王之法"，亦只是周代未亡、新王未見，使民仍襲其舊俗，讓官、士、民皆有所習；善者、失者、利者皆有所夙、所安、所允。孔孟稱"先王"，只是順勢而爲，待時以動，在未見新王之時守先王之成俗而已，是在歷史秩序之中順"先王"之餘韻。另一方面，如"莊周之稱泰氏，許行之道神農"，只是借"先王"之名爲口實，將先王之政抽象爲一種超歷史的秩序，進而改易當世之不足，忽視了每一個歷史時期都有自身獨特的

① （明）王夫之：《讀通鑒論》，《船山全書》（第 10 册），第 697 頁。

② （明）王夫之：《春秋稗疏》，《船山全書》（第 5 册），第 20 頁。

③ （明）王夫之：《宋論》，《船山全書》（第 11 册），第 110 頁。

狀態,不能超歷史地師法另一種秩序。

　　然而,順應歷史自身的秩序并不意味著只能通過寄義于魯史的方式,相反,"子曰:'吾志在春秋。'志之固即此以行之,非上用其時之天子,下用其時之諸侯,將誰行哉?"①既言志,首先就需要通過時之天子或諸侯踐行其志。但是,當孔子之時,"往古之聖人不可作,將來之王者不可期,無可與爲",在先王不復、後王不期的特殊時刻,孔子只能"曰:'吾其爲東周',志用周也。曰:'魯一變,至於道',志用魯也。足知云'志'者,因魯因周以行《春秋》之法也"②。

　　這意味著,一方面,聖人需待時王以行其志。認爲"聖人,無待者也。得聖人而爲之,周不必有王,魯不必有君,化自行也"③,只是架空於歷史事實而立論。"令聖人當劉項之世,周已無餘,秦無可討,而曰'吾欲爲周'。處七雄之季,魯且旦暮見并于楚,而曰'魯可一變以至於道'。是猶仙者之説也,肉糜骨白而猶生之也。"④另一方面,聖人在特殊時期亦非隨意地選擇可寄寓經義的歷史。既寄其言,必有所望。當昭定之際,敬王、定公猶有可望,"敬王以討賊而踐阼,定公以先君遺命而嗣國","是故昭公之季年,王室亂,公孫于齊,周禮圯,魯道淪,《春秋》可以終而弗之終也"⑤。望敬王、定公撥亂反正,如人之將死,"真藏之脉不見胃氣行焉",尚可救之,故《春秋》不絕於昭公。而定哀之際,"伯統散,大夫弱,周之紀綱固存而可張。敬王日衰,哀公不道,天下無可爲,而春秋絕筆於'獲麟',雖聖人無可寄其志矣"⑥。其衰而無望,寄無可寄,故《春秋》絕筆於哀公。

　　要而言之,在歷史之中去建立秩序,必須迎合不同歷史階段的基本特徵。當其可爲之時,就應該借助時之天子、諸侯行聖人之志;當其不可爲之時,就寄寓其志於尚有可望之史。而聖人所寄之經義,不是超歷史的先王政教或天時,而是尚存的"先王"餘韻與人對於天的歷史性服膺過程。唯有在持續的歷史進程之中,才能理解秩序的形成有基本的規律,它是天人共同的作品,而聖人只是將之還原回歷史歷程之中,并以歷史性的視野將漫長的歷史叙述化爲經文,以明經義。

　　在歷史性的視野中,可托之史一方面需要有聖王之迹,另一方面又須有足够長

①　(明)王夫之:《春秋世論》,《船山全書》(第5冊),第511頁。

②　(明)王夫之:《春秋世論》,《船山全書》(第5冊),第511頁。

③　(明)王夫之:《春秋世論》,《船山全書》(第5冊),第511頁。

④　(明)王夫之:《春秋世論》,《船山全書》(第5冊),第511頁。

⑤　(明)王夫之:《春秋世論》,《船山全書》(第5冊),第513頁。

⑥　(明)王夫之:《春秋世論》,《船山全書》(第5冊),第513頁。

的歷史尺度，以呈現秩序有本自天而不易者、有出乎人而損益者。這意味著任何將歷史抽象爲超歷史秩序的叙述都不能完整地承載經義，在船山看來，"三綱五常，禮之大體，三代相繼，皆因之而不能變。其所損益，不過文章制度小過不及之間，而其已然之迹，今皆可見。則自今以往，或有繼周而王者，雖百世之遠，所因所革，亦不過此，豈但十世而已乎！"①"三綱五常"作爲禮之大體，自是本於天而不變，但落實於具體的社會政治中，則表現爲不同的文章制度，需要隨著歷史的進程而適應性地調整，所有可以損益之處盡在於後者。但馬融曰："'所因'謂三綱五常，'所損益'謂文質三統。"②則是將禮之大體及其用別作二物，正是"馬季長不識禮字，將打作兩橛，三綱五常之外，別有忠質文"。實則"夏之忠、商之質、周之文，又不在者三綱五常上行其品節而別有施爲。只此便是漢儒不知道、大胡亂處"③。如按漢儒所説，忠、質、文三統將天的秩序視作三部分，以其相互迭用作爲整體，是割裂禮之體用，孰不知"所損益者固在用，而用即體之用，要不可分"④。這種方式其實是將"三綱五常"視作超歷史的秩序結構，以抽象的"忠質文"相繼作爲秩序結構的顯現。然而，如果從這一立場的内部考察，"如先賞後罰，則損義之有餘，益仁之不足；先罰後賞，則損仁之有餘，益義之不足：是五常亦有損益也。商道親親，舍孫而立子，則損君臣之義，益父子之恩；周道尊尊，舍子而立孫，則損父子之恩，益君臣之義：是三綱亦有損益也，豈但品物文章之小者哉？至如以正朔三統爲損益，則尤其不學無識之大者"⑤。當三綱五常（禮之體）與三統（禮之用）別作二物時，可以説三代損益在用而不在體。而以體用"要不可分"視之，則忠質文相繼如同賞罰之先後，亦損五常之義；親親尊尊之別，又使君臣父子相抗，亦損三綱之義。所以，作爲超歷史秩序結構的"三綱五常"，反而因忠質文三統迭用而產生損益。將三代之史抽象爲超歷史的秩序結構，要麼以秩序馭史，將歷史叙述變爲秩序結構的展開；要麼以史破秩序，秩序結構無法涵攝歷史的豐富性而難以爲繼。

　　因而，船山并不承認結構性的三統説。相反，"前乎周而二代之禮尚存也。周有同於二代者矣，抑有異於二代者矣。乃其同者，非相襲也，監於其得而不得不因也；其異者，非好創也，監於其失而不得不革也。既監于夏、商先王之精意，又監於

---

① （明）王夫之：《四書訓義上》，《船山全書》（第 7 册），第 313 頁。

② （明）王夫之：《四書訓義上》，《船山全書》（第 7 册），第 313 頁。

③ （明）王夫之：《讀四書大全説》，《船山全書》（第 6 册），第 613 頁。

④ （明）王夫之：《讀四書大全説》，《船山全書》（第 6 册），第 613 頁。

⑤ （明）王夫之：《讀四書大全説》，《船山全書》（第 6 册），第 613 頁。

其後世子孫之流弊,於是忠之必且質,而質之必且文,抑以知質所以昭其忠,而文所以達其質"①。以周觀之,則周有同於二代者,亦有異於二代者。三代之間不是忠質文的絶對替代,而是皆有忠質文,但時移世易,不可舊襲而已。故周監於三代,明夏商之精、抑後世之流弊而已。唯忠質文三者維持平衡,又基於周代實情而尚文,故可稱"然則其文也,道之所必著,治之所必遵也"。夏商非不欲文,只是"天氣未開,人情未啓,故以尚忠尚質者舉其大端,而待文、武、周公闡揚之於後也,以之俟百世可矣"。② 忠質文不是各自獨立的原則,而是以其整體的平衡方可謂不易之道。不同的歷史階段和條件各有其不足,故在一定的時期內表現爲對其中某些部分的側重,但究其義,仍是損益禮之用以切乎禮之體而已。

從歷史性的視角來看,三代各有其因、有其革,因其不容不因,革其不容不革而已。"自其因者而知之,則同此一天下,必無不因之理;其不能因者,亂世也,閏位也,不可以世紀者也,以理信之而不可惑。自其損益者而知之,則撥亂反治之天下,必無不損不益之理;其損非所損、益非所益者,亂世也,閏位也,不可以世言者也。"③既同此一天下,則必有相因之理,但若亂世、閏位之事,一時之亂也,不能以世紀長存,爲不可因之事。從其革而言,撥亂反正必對前世有所損益,而損益不出乎天,則成亂世、閏位之事,不可爲常。故相因者如忠質文之用皆合乎禮之大體,相損益者不過使忠質文各得其分、各適其世而已;凡逾越此,則爲亂世、閏位,出乎損益之不當而不可相因。以三代之史爲例,"若其易姓革命,開興王之治,而垂之數百年者,則無有不可知者矣。夫不見夏衰而殷興,殷之大倫大法猶夫夏乎?殷之改制度以立政教者,非因夏后末代之遷流以成乎敝,則夏道不可復行而必損益者乎?亦既即夏之所以治與所以亂者,而有可知者矣。抑不見殷衰而周興,周之大倫大法猶之殷乎?周之改制度以立政教者,非因殷人末代之遷流以成乎敝,則殷道不可復行而必損益者乎?亦既即殷之所以治所以亂者,而有可知者矣"④。殷周雖繼夏殷而立,但其大本大法皆有出乎前代者,其所改易亦監於前代之失,明其失而不可復行,不得不對此作出損益調整。在三代相繼的歷史過程中,相互繼承的是三綱五常的禮之大體,相互損益的是具體文制中的忠質文配比。借由整個歷史進程,我們才能知道萬世不易之法只是不斷鑒於前代而損益,萬世不易之道是人借由忠質文的文制

---

① (明)王夫之:《四書訓義上》,《船山全書》(第 7 册),第 337 頁。

② (明)王夫之:《四書訓義上》,《船山全書》(第 7 册),第 337 頁。

③ (明)王夫之:《四書訓義上》,《船山全書》(第 7 册),第 314 頁。

④ (明)王夫之:《四書訓義上》,《船山全書》(第 7 册),第 314—315 頁。

建設不斷復歸於天的過程。故"在今日而考之，其知者皆實有可知者也。則在夏之世，可以知殷，在殷之世，可以知周。其不容紊者，必知其不紊；其敝不可復者，必知其不復。豈待成湯革命、武王殄殷之日，而後知之乎？"① 此世之不足必使後世革之，此世之長必使後世繼之，湯武革命不過是積習已舊而不得不徹底革除的特殊時刻而已。從連續的歷史進程看，在一時已知其不足、其可復，應當時時謹之，方爲三代之事的切身之教。

四、結　語

綜上而言，在"夏時冠周月"這一議題中，船山注意到了胡安國觀點的關鍵不是改時易月是否合理，而是作爲改時易月基礎的秩序來源應當如何理解。以"夏時得天"之義理解秩序之源，實則是以超歷史的秩序結構涵攝古今，忽視了唯有在歷史進程之中，才能理解穩定的秩序結構是天人之間的動態平衡。然而，無論是"夏時冠周月"還是其後援引"三統"説的思路，三代或夏時作爲一種完備的結構性系統，象徵了天道所安排的合適秩序。其結果是，天道對人文秩序的整飭似乎只發生在易代改制的時刻，夏時可以明其後各時之差、忠質文可互損益以明三統并建，只需要在這種象徵中安放現實的秩序即可。

但船山認爲一方面，孔子的制作是寓秩序于史，以《春秋》文本本身的不合理性來凸顯周代與天道的疏離。另一方面，可托之史不僅需要聖王之迹，而且須有足夠長的歷史尺度，以呈現秩序有本自天而不易者、有出乎人而損益者。魯史或三代之史因而能够作爲秩序的載體。改制的時刻中不能完整體現天人之間的複雜關係，唯有三代的相互繼承、相互損益，才能作爲一個歷史歷程，呈現出人文歷史性地向天道服膺。其有所繼、有所革，其不得不繼、不得不革正體現出什麼是真正合適的社會政治秩序。而所有的秩序正如曆元的變化一樣，沒有完成之時，故唯有天道和人道之間的歷史性狀態，借由三代的歷史呈現爲典範，而不僅僅是三代的政治格局成爲典範，才能以歷史性的視角彰顯不易之秩序。

---

① （明）王夫之：《四書訓義上》，《船山全書》（第 7 册），第 315 頁。

書評書訊

《穀梁》學史開新篇

——《穀梁善於經：穀梁釋經學及其建構史研究》序

李紀祥

【摘　要】　許超傑《穀梁善於經：穀梁釋經學及其建構史研究》一書是新近撰寫、出版的《穀梁》學與《穀梁》學史專著。全書分爲上、下編,共七章。上編四章,論述兩漢以降的《穀梁》學史,尤其是對漢宣帝好《穀梁》説、鄭玄"《穀梁》善於經"説、《穀梁注疏》、清代《穀梁》學之興起以及柯劭忞之《穀梁》學作了專題研究,卓有新見。下編三章,以"三臨之言"爲中心,對《春秋》"元年春王正月""齊桓晋文之事""西狩獲麟"予以《穀梁》學新詮,進而探討《穀梁》學的内在脉絡與詮釋方法。《穀梁》學歷來號稱"絶學",研治者少,《穀梁善於經》的出版,可以説是爲《穀梁》學史開新篇。

【關鍵詞】　許超傑;《穀梁善於經：穀梁釋經學及其建構史研究》;《穀梁》學

【作者簡介】　李紀祥,1957 年生,台灣中國文化大學史學研究所教授。

　　許博士超傑君大作《穀梁善於經：穀梁釋經學及其建構史研究》即將問世,問序於余,余與許博士相交逾十餘載,於學問性情皆相契,且序者緣情起意,述義道學,雖學不逮,有不容辭者。許博士之大作蓋專門之學也,其書分上、下編,上編《穀梁詮釋學史與詮釋體系》,凡四章;下編《穀梁釋經新銓》,凡三章;全書共七章,若計總義之緒論、結論,則凡九篇。近世以來,治《左氏》與《公羊》者多,治《穀梁》者絶少,許君此書之問世,正可爲海内《春秋》學界增添一彩。若然,則是書所以述作者,不可不定其學史位階。一部《春秋》長河千年,《穀梁》獨稱絶學,因學絶而絶學,固已道盡《穀梁》學難治辛苦矣。前賢雖有東晋名家范甯集解全本之注,後又有楊士勛疏,今皆并傳;然較於《公》《左》二家,其實頗爲中落;至清代漢學興,《穀梁春秋》亦在其中,遂有許桂林、柳興恩、鍾文烝、柯邵忞等,對范甯《集解》頗有微詞,故清儒《穀梁》解《春秋》皆欲另闢路徑,與六朝背景殊致。范甯於南方著《集解》,以爲漢世先師多采二傳,不能專宗《穀梁》,自成體系,亦不能使"穀梁善於經";然范甯又自名其書《集解》,雖曰集講共讀之長,實則深采《左氏》與杜預,甚或《公羊》説,又有自違者。

昔司馬遷《史記·儒林列傳》載孔子論次詩書,修起禮樂,適齊聞韶;自衛反魯後,則"雅頌各得其所";又載"西狩獲麟,曰吾道窮矣,故因史記作春秋,以當王法,其辭微而指博,故後世學者多録焉"。未言夫子身後傳學系譜。《史記》述"秦之季世,焚詩書坑術士,六藝從此闕焉。"故司馬遷所載皆自漢傳而録,言《春秋》於齊魯自胡毋生、趙自董仲舒;《儒林》則記稱董仲舒"以治春秋",又云"故漢興至于五世之間,唯董仲舒明於春秋,其傳公羊氏也";胡毋生傳則記"齊之言《春秋》者,多受胡毋生,公孫弘亦頗受焉"。《儒林》雖有瑕丘江生小傳,稱其"爲《穀梁春秋》",爲漢初傳《穀梁》之始,然其學不顯,須逮宣帝時,《穀梁》始興立。故本書言《穀梁》學史首章,即自宣帝朝始,蓋欲探其學顯之要。據司馬遷所載,知公孫弘以儒興,顯達後復議請太常擇民年十八以上儀貌端正者,補博士弟子員,得"受業如弟子"。堪注意者,司馬遷所述漢傳《春秋》叙事,此時并無《左氏》傳《春秋》之言説。則迄於漢武,《史記》中所載漢傳《春秋》之述,實僅二家而已。傳《公羊》者顯,立於學官,史公皆稱其爲"授《春秋》""治《春秋》";而江生傳僅稱"爲《穀梁春秋》",則漢代前期兩傳之顯晦消息,已在司馬遷筆下歷史成形。若《穀梁春秋》之成顯學,立於漢廷學官,其事已在司馬遷後,而進入《漢書》世界。

宣帝爲武帝時衛太子後,親臨石渠之會,從而促成《穀梁》學興,蓋此實關涉《穀梁》何以興立。許君自石渠閣會議切入,提出《穀梁》釋《春秋》經文末字"麟"與漢家政權關係,確是一個特殊角度,彼并未追隨爲漢制法的開國性立言,或是具有變化性的"漢制"指向。依許君所云,石渠會後,《穀梁》作爲《公羊》挑戰者,係被宣帝推上歷史政治舞台;故石渠會議所反映者,正係以漢宣爲核心而展開的《春秋》學政治。石渠會後黃龍元年宣帝設立十二博士,《穀梁》正式成爲博士官學。毫無疑問,因宣帝之推動,《穀梁》獲得前所未有之重視與地位;一如《公羊》,因武帝崇儒策問,方有《公羊春秋》之大顯;廟堂與學術間,誠有深切可言者。

班固《漢書·藝文志》載"昔仲尼没而微言絶,七十子喪而大義乖。故《春秋》分爲五",又曰"《春秋》所貶損大人當世君臣,有威權勢力,其事實皆形於傳,是以隱其書而不宣,所以免時難也。及末世口説流行,故有公羊、穀梁、鄒、夾之傳。四家之中,公羊、穀梁立於學官,鄒氏無師,夾氏未有書"。其所記載較諸《史記》已有增詳,云《春秋》之傳增爲五家，唯存三家，此《春秋》左氏、公羊、穀梁并稱三傳之起。《藝文志》又載"《春秋》古經十二篇。經十一卷。《左氏傳》三十卷。《公羊傳》十一卷。《穀梁傳》十一卷。《鄒氏傳》十一卷。《夾氏傳》十一卷"，可知除《左氏傳》三十卷外，其餘四家之傳本皆爲十一卷，此即經文閔公、僖公合爲一卷，爲《漢》史言經十一、十二卷張本。依《藝文志》所述，則可見司馬遷未曾言之三傳并立，已在《藝文志》中并稱。蓋《藝文志》所述孔子後《春秋》傳衍，讀之則貌似三傳自古即并存，同解孔子之經，故稱"三傳五家"；然實非如此。班書載"《左氏傳》三十卷"，知班固當時的《左氏傳》文本，已然面向解經而"章句化"，方有三十卷之言，蓋解《春秋》爲經而章句也。班固所處時代已在東漢，其所見記《左氏傳》傳經背景，實源自劉歆。《漢書·楚元王傳》載宣帝時詔劉向"受《穀梁春秋》十餘年"，又載成帝時劉歆受詔與父劉向領校秘書，云：

> 及歆校秘書，見古文《春秋左氏傳》，歆大好之。時丞相史尹咸以能治《左氏》，與歆共校經傳；歆略從咸及丞相翟方進受，質問大義。初，《左氏傳》多古字古言，學者傳訓詁而已；及歆治《左氏傳》文以解經，轉相發明，由是章句義理備焉。

此即《左氏傳》面向解《春秋經》章句化背景。此前《左氏傳》實爲單傳，未以解經而稱傳，故傳習者但訓詁其古文古字而已。劉歆因大好《左氏》，有倡議《左氏》傳《春秋》之論，此事則在哀帝時，故"哀帝令歆與五經博士講論其義，諸博士或不肯置對"，歆遂作書《讓太常博士》，移書太常博士責讓之，謂太常學博士以爲《左氏》不傳《春秋》經，"豈不哀哉！"故此時學術主流仍不以《左氏》爲傳《春秋》之傳，劉歆所以得罪名儒復遭大司空師丹問罪，奏歆"改亂舊章，非毀先帝所立"，故歆既"忤執政大臣，爲衆儒所訕"，遂遭貶外；直至歆、莽再起，方於王莽主政下，《左氏》得立學官。故歆所以爭立《左氏》，亦與其解經并進行章句化有關。班固《藝文志》所載，本有古文經立場，以其學本屬古文家，故其所錄"《左氏傳》三十卷"，正可反映班氏對劉歆《左氏傳》章句化行爲之支持態度。

如是，由劉歆至班固是一層經學史背景，此時《漢書》已錄傳《春秋》者爲"三傳并立"；而自班固迄漢季鄭玄，又是另一層經學史背景，東漢《春秋》今學與古學并競，鄭玄此時言說三傳特色之比較："《左氏》善於禮，《公羊》善於讖，《穀梁》善於經。"許君於書中命名鄭玄此三傳較論爲"三善說"。三善說中"《穀梁》善於經"者，即許君所以命名其書之意，其緒論言課題開篇發端，與所以旨趣之軸，皆在於是。吾人若取劉歆《讓太常博士》與鄭玄"三善說"相較，則可發現一種攸關《左氏傳》的歷史變化，正在此二事件坐標時間中顯示。劉歆移書太常諸博士,太常博士亦讓劉歆,而太常觀點是朝廷主流認知,并不認可《左氏》之傳《春秋》,亦適反映官方主流實未有《左氏》傳經之論;此移書不僅反映劉歆所倡爲新觀新説,亦可證哀帝時漢傳《春秋》僅有"二"傳。則由"二傳"至於"三傳",鄭玄之三善説,其實正與何休之"三闕"相同,皆已充分説明漢季經學史變化與態勢:《左氏》進入"春秋學史"範疇,"三傳"并列,并被鄭玄提出比較。知此,方可考察東晉時的范甯《春秋穀梁傳集解》之經學背景,范甯面對的《春秋》學史,已不再止於漢哀帝前的《公》《穀》之爭,而毋寧更是三傳間的競合;蓋范甯作注兼采二傳,尤親鄭玄、杜預,必《左氏》已同屬《春秋》學範疇方可。

本書上編第二章便係許君專門討論范甯《集解》并楊士勛《疏》之研究,透過作者深入考察,認爲范甯的立場并非僅是親《左氏》、敵《公羊》而已,對於公羊家向來采取不同立場的穀梁家,范甯雖然批判了《穀梁》先師不能"善於經"的立場,用作者的論點來説,即范甯雖意圖重建一個有體系的"穀梁學",却仍須援引鄭玄説與杜預注,援引他傳立己説;透過作者詳細論證,范甯在許多經傳釋義上,仍與彼所批判的先師一樣,采擇《公羊》與何注,俾以自圓通説之理。此點論述,不啻是使我們對范甯序中所言"據理以通經"、"經以必當惟理",有了不同的體會;同時也對范甯序所自言"集解"之義,有了更多的認知,非僅於書會共講輩而已。范甯序中多用"三傳"辭,如云:"《春秋》之傳有三,而爲經之旨一;臧否不同,褒貶殊致。"又曰:"凡傳以通經爲主,經以必當爲理。夫至當無二,而三傳殊説,庸得不棄其所滯,擇善而從乎!"蓋其序稱"《春秋》三傳",此正緣於劉歆、班固、鄭玄以來之歷史脉絡背景。不僅此也,鄭玄的"三善説"也在范甯筆下繼承,范序云:"《左氏》艷而富,其失也巫;《穀梁》清而婉,其失也短;《公羊》辯而裁,其失也俗。"東晉時的范甯,顯然繼承了鄭玄的"三善説",并帶出新的修辭論述,成爲三家長短得失論。故本書中面對范甯之態度,實可自經學史立場入,非僅《穀梁》學醇度的體系化立場,則《春秋》學史上的鄭玄《春秋》學,亦適可見兼采今古,若作者自此發論,言鄭玄縮合《左氏》《穀梁》傳義,并影響了范甯面對二傳的態度,或不失爲一有意義的探討。蓋唐劉知幾《史通》外篇云:

> 古之人言《春秋》三傳者,多矣!戰國之世,其事罕聞。當前漢之初,專用《公羊》;宣皇以降,《穀梁》又立於學;至成帝世,劉歆始重《左氏》,而竟不列學官。大抵自古重兩傳而輕《左氏》者固非一家,美《左氏》而譏兩傳者亦非一族,互相攻擊,各用朋黨,嘵聒紛競,是非莫分。

蓋子玄雖宗《左氏》,然其云"三傳"紛競,自必同疇《春秋》方可。

　　作爲歷史，范甯兼采《左氏》與《公羊》及親《左》敵《公》的例子，與本書上編作爲末章的晚清柯劭忞《春秋穀梁傳補注》類似。晚清民初之時，面對異文化東來之西潮，而有康有爲與廖平對《公羊春秋》進行歷史激蕩下之經學新建與古今再融；同樣的，柯劭忞的《穀梁補注》也可以置於此歷史視域背景，進行《穀梁》柯氏學的探討。《穀梁補注》中，柯劭忞著實提出不少新説，尤其是他將"内諸夏而外夷狄"進行"穀梁化"以用於内、外辭，正透顯柯劭忞對《穀梁》的解經重詮，有面對傳統之當代化意圖。柯劭忞的《穀梁》學，誠如作者所言，甚值治《春秋》學者關注，雖然近世學者頗未留意。許君之書則矚目柯劭忞，不僅對柯劭忞"古九旨説"進行分析，且留心彼書中所提出之"三臨之言"與"君子"論義，以爲二説實與柯序中"古九旨説"共同構成《穀梁補注》一書大體，并爲柯氏《穀梁》學核心。許君書中專論柯氏學不可謂不深入，其至堪稱近代對柯氏《穀梁》學的一次重要"再發現"；揆諸梁啓超、錢穆兩先生在《中國近三百年學術史》中的對《穀梁》的闕頁，晚近以來猶是，則許君對柯氏穀梁學的探討，可在近代學術史留一位置，其并將柯氏學作爲清代《穀梁》學史之殿軍篇章，亦深刻矣。

　　由鄭玄所提出的"《穀梁》善於經"，此五字不僅爲許君大作書名，同時是貫穿全書的主軸與要旨。不論是上編的《穀梁》學史，還是下編的《穀梁》釋經體系建構的發論抉微，許君所關切者，皆始終環繞此五字。蓋有此主意主軸，方有清代諸儒對六朝范甯《穀梁》學之檢論，以及許君對清代諸儒著作再分析與再深究。蓋《穀梁》所以釋經與如何釋經，歷經清代諸家之努力建構後，究竟阮元、許桂林、鍾文烝、柳興恩，乃至於柯劭忞，他們的努力與貢獻對《穀梁》學與《春秋》學而言，是否已然達到了這一作爲書名的層次與名實呢？顯然這樣的思考也存於本書作者心念。於是，由宣帝之《穀梁》中興與劉向學《穀梁》，迄於范甯之集解、楊士勛之疏，乃至有清一代諸儒，《穀梁》是否通達經義，自成《穀梁》一家言，這一層的思考，乃是《穀梁》傳史中必須面對《春秋》者，亦是《穀梁傳》所以存在之本；此議題自鄭玄提出"《穀梁》善於經"後，迄於今日，依據許君大作所析論，確然仍是一個可續之核心議題。

　　本書下編之三章，皆爲《穀梁》大義發論之作，造詣深湛，甚達宏旨。蓋此三章乃分別就《春秋》之文本開端、中間與結尾而《穀》義新銓。開端與結尾各言《春秋》始乎隱元、終于哀十四年，中間叙事則論齊桓、晋文事，言何以爲"伯"義；孟子雖言《春秋》"其事則齊桓、晋文"，然究竟齊晋何以有此權而行此事？此問則有"霸"與"伯"二義，兩解不同，褒貶亦異；《穀梁》主後者，故稱齊、晋爲伯，爲伯則周尊，周尊則道尊；齊桓有九合諸侯會盟之功，然在尊周視野下，《穀梁》發傳文仍持貶義，蓋齊桓、晋文行事合法性，來源仍在天子之所賦。作者嘗試在本章詮釋《穀梁》成家的立言道途上,引進柯劭忞的"三臨"之言以爲詮釋《穀梁》體系的嘗試,不啻是抛出了一個近世《穀梁》學的議題,值得當代學界關注。

古今三傳家皆必面對《春秋》何以"始"與何以"終",亦即"隱公"與"獲麟"問題。本書并未缺席。《春秋》首條自隱元年始,則何以始乎隱,正爲《春秋》學研究之大課題。對本書作者而言,《穀梁》所釋的隱元年義,便在於隱桓之際的正與不正,蓋此乃"《春秋》開端賦義,亦是其建構的《春秋》世界之源起"。《穀梁》之隱元解讀,特別是"即位"之不言,當自追索經文"正隱"爲的。如其所述:《春秋》"隱公"與"元年春王正月",此八字雖簡,却是作爲首條而構成《春秋》開篇。歷來治《春秋穀梁傳》者既少,故專論《穀梁》"何以始乎隱"、何以書"元年春王正月"者更少。清初明儒顧炎武《日知録》中撰有《隱十年無正》條,專門針對《穀梁》"治隱而正隱"而發,其謂"隱十年無正者,以無其月之事而不書,非有意削之也。《穀梁》以爲隱不自正者,鑿矣"。吾人皆知顧氏主《左傳》而評杜注,尤其批判《公》《穀》之時間例,以爲此乃國史書法,非是夫子削文,隱十年不書月乃是國史闕文。許君遵傳文"謹始"與"無事"義入手,則不啻與顧氏進行了一場傳釋對話,抉"正隱以治隱"義。蓋《穀梁》於隱公,實持貶義,其立場尤與《公羊》家以隱公爲賢持褒相異;《公》《穀》傳文皆云"成公意也"、"成公志也",然一旦進入何以成隱公之志、意層剖析時,兩家在褒、貶持論上完全顯出殊異。《穀梁》之貶,建立在成隱之志上,惟"成公志"方能作爲經文貶隱之"不言即位"之底藴;是故必彰"隱讓桓"意,方能解釋何以"讓桓"爲非是,并進至褒貶層次,言其"貶"義。正隱與治隱,此義自元年春正月至隱公十一年冬十一月壬辰,實貫穿隱公全篇終始,故曰"謹始",故曰"終隱之篇",皆貶隱公也;蓋《穀梁》貶義甚深故辭亦切,云"已廢天倫而忘君父,以行小惠,曰:小道也",云"若隱者,可謂輕千乘之國,蹈道則未也"。又傳文非僅於首條發義而已,於卷二末條經文"隱公十一年薨",猶發傳云"隱十年無正,隱不自正也;元年有正,所以正隱也"。許君抉發《穀梁》正隱治隱之義,實甚深微,我們透過其闡釋,清晰理解《春秋》首條隱公元年不言即位大義,也大與《公羊》傳認可其賢義異。

其下編終章所討論者,爲《春秋》之終,言問《春秋》末條何以終乎哀公十四年"西狩獲麟"。一部《春秋》,終乎獲麟,終于麟;"麟"之一字,其位置所居,實爲整部《春秋》之末,則其義實大矣。一如《春秋》之末,仍爲治《春秋》者所必面對議題,則《穀梁》傳如何發傳,如何闡釋此絶筆之義,則必本書當面對。許君以爲,傳文對於"西狩獲麟"的解讀,其所面向者乃"中國"而非"魯"。《穀梁》發傳"大獲麟"、"大其適"、"不外麟於中國"、"不使麟不恒於中國"義,作者於此自設問云:《穀梁》提出"大獲麟"三字,究竟乃"大""獲麟"事,抑或"大""麟"此物? 蓋"大問"也。許君深道其底蘊，以"大其適"爲據，解所大者爲"麟"，故"麟之來"而不言"來"，"不言有"則麟恒常居中國，故曰"不外麟於中國"，又曰"不使麟不恒於中國"。傳文兩言中國，則中國孰解？作者此處引入范甯之注："中國者，蓋禮義之鄉、聖賢之宅，軌儀表於遐荒，道風扇於不朽。"深刻挖掘了文化性上的"麟與中國"在《春秋》文本上關聯的重大意含。

本書既論"麟"之主體常在恒有而爲著作終篇，亦符於《春秋》之末以"麟"字絕筆。全書九篇章，上編詮釋之史，下編始隱、終麟。但凡寫作，如道途行遠，必歷艱辛，乃見登高之豁。學術世界立言之事，則俟後世，唯恐名山見棄，君子所哂；此所以憑案而書，擱筆至要。予讀許君行文，往往重重思又重重斟酌，所以故爲何？蓋所書世界將停墨也，筆墨凝時，即篇終之日。書寫之責在己而文本在世，故君子所懼，末辭末字，忖之再三，故有終篇之義，以殿全書。

許君此書積累經年，以博士論文爲基礎，曩昔曾至華師參與其博士論文畢業答辯，故甚稔其成書歲月。許君此書專宗《穀梁》，傳學《春秋》，故以"穀梁善於經"爲題，貫穿全書者盡在此五字，旨趣皎然；謂此書將必爲治《穀梁》者所重，符名實也。予則尤愛此書緒論與鄭玄、楊士勛、學海堂諸儒、柯劭忞等《穀梁》學諸篇；下編始末正隱、論麟、言伯三章深義再銓，尤其專門《穀梁》者之言。

予之與超傑博士相識，始於予至滬上華東師範大學思勉學院客座，授課史學，許君則爲博士生，亦來聽課，課後問學，情懷頗契。逾年，許君已申請獎學金并來函云欲赴台我處共學，蓋予於研究所開設《春秋》與《史記》課程也；敝學校在山海之間，許君則於礁溪租房而居，整一學期間惟學而已，惟《春秋穀梁注疏》與清儒穀梁學而已；閑時或海邊、洋畔、山徑，或書或茶，或自蘭陽往返台北"國圖"、"中研院"傅圖、文哲所。許君與予或聚於其所居處，或於予之研究室，每每砌茶啜品間，多有談笑問學白雲僻巷居築歲月可共，迄今猶能憶之。後予至曲阜孔子研究院任職，寒暑間帶領曲阜諸君子共讀《春秋》與三傳，許君亦來相伴，商量課程與會議；曲阜入冬頗雪，予猶憶某次大雪，予偕許君共往孔林游，道途徑中古木參天，白靄吹雪紛飛，倆人步往子貢築廬夫子墓旁故處舊址，徜徉良久；許君之論"麟"篇章，即在此時完成也。許君獲博士後，受聘湖湘岳麓授學上庠，睿思沉潛，多年後學術造詣，又非昔日書卷等第，而更望江樓之遠矣。今許君大作即將問世，付梓在即，予因述其學與此書閱記，并許君之性情懷抱與讀書樂學之情，宋明儒所謂孔顏樂處者，許君蓋其世界中人歟！於是乃述其學，道其人，并志予憶。是爲序。

典籍整理

經 學 導 言

鄔慶時　著　張德付　整理

【摘　要】　鄔慶時(1882—1968)，字伯健，號楷才、白堅、鼎樓、東齋，廣東番禺人，幼承家學，長而受教於時敏學堂，師從康南海門人程大璋(字子良)。鄔慶時所述《經學導言》一卷，乃在程子良講學基礎上，"記述其要，引伸其旨，整理其序，案飾其辭"而成。全書三十章，八千餘言，屬於經學通論類著作，今文經學特色明顯，其成書尚在皮鹿门《經學歷史》《經學通論》之前，故尤爲珍貴。是書曾於 1922 年分載於孔教會《昌明孔教經世報》，後又於 1928 年刊入《南村草堂叢書》。本次整理，以《南村草堂叢書》爲底本，參校以《昌明孔教經世報》本，遇有疑難之處，略作注解。

【關鍵詞】　鄔慶時;《經學導言》;程子良

【點校者簡介】　張德付，1983 年生，自由學者。

經學導言自序[①]

　　孔子卒後二千三百八十一年，桂平程子良先生來廣州講學於時敏學堂。其時西學東漸，甫露萌芽，舉國若狂，醉心歐化，廢經之説多有倡者，即或倡言國粹，亦子史之學已耳，罔以經爲念也。夫經爲孔子大道所存，而中國二千年來宗教、政治、學術、風俗之所由出，其烏可廢？且西人之所謂良法美意、至理名言[②]，求之於經，所在多有。誠因時、因地、因人而損益之，則救國之道皆在於是，又何廢之之忍云？雖然，亦無怪乎其欲廢之也。子貢曰："夫子之牆數仞，不得其門而入，不見宗廟之

―――――――――

① 《昌明孔教經世報》第一卷第三號，題下署"番禺鄔慶時伯健"。

② "至"，《昌明孔教經世報》第一卷第三號作"全"，當誤。

美、百官之富。得其門者或寡矣。"當時猶然,矧於今乎?古文既出,經學日棼,歧途無歸,窮年莫究,童而習之,白紛如也。國家需才,如是其亟,當學之學,又如是其多,有限之歲月,有限之精神,何能盡以事此?況盡用於此,亦未必可以通經而致用也。先生有憂之,是用大聲疾呼,提倡西漢今文之學,以今文之學爲孔氏之正傳,而學者之正路也。王道平平,直達堂室,既夷且捷,何樂如之?且千途萬徑,以入室爲歸,既直達矣,則奚必徧歷歧途,枉勞車馬乎?慶時得此南針於大霧之中,遵道而行,霧迷若失,乃知通經實不難,所以難者,未得其門徑故耳。竊恐口説之久而遺忘也,又不忍自秘,因記述其要,引伸其旨,整理其序,案飾其辭,演爲《經學導言》三十章,都八千餘言。修辭尚簡,陳義務約,祇求辭達,無取文繁。指點一言,分明歧路,庶省腦力,免費韶光。雖不敢曰治經者必須如是,然必如是而治經,中國之前途乃有濟也。愛國之君子其亦樂道之歟?光緒三十一年大成節,鄔慶時識於時敏學堂。[①]

學導言卷一

番禺鄔慶時白堅述[②]

尊孔第一

孔子之道,配神明,醇天地,育萬物,和天下,澤及百姓,明於本數,系於末度,六通四闢,小大精粗,其運無乎不在。大哉至哉,我孔子哉!師表萬世,固所宜哉!乃世之人,猶有昧者,美富不見,妄生疑議,謂我孔子,無所建設,三月治魯,餘未有聞,知行合一,尚不能及,稱爲至聖,其惡惡可?[③]嗚呼,成敗論人,豈有當哉?夫知行合一,自道德言,政治不矣。政見之行,罔能自由?時地與人,適乃不敗。有一不適,才識雖優,終亦必亡。夾輔人群,孔子所志,斧柯莫假,乃筆諸書,故孔子之聖,不於行見而於知見。議者又曰:"孔子言行,載於《論語》。今觀《論語》,義多小康。聖人之言,固若是乎?"如是云云,亦無有是。夫孔子之道,在於六經。《論語》一書,及門所記,其於大道特鱗爪耳。據以窺測,豈得其全?《易》曰:"書不盡言,言不盡意。"據孔子書,窺孔子意,猶不能盡,況其非乎?故欲窺孔子之道,當於六經。經之爲

---

① 《昌明孔教經世報》第一卷第三號,無"光緒"以下十八字。

② 《昌明孔教經世報》第一卷第三號,無"經學導言卷一"及署名。

③ "惡惡可",當本自《莊子·人間世》。顏回曰:"端而虛,勉而一,則可乎?"曰:"惡,惡可?"

書，義理精微，制度美備，方諸《論語》，判若雲泥。精而研之，則孔子之聖，無可疑矣。議者又曰："經之完美，無間言已。雖然，《易》掌太卜，《書》掌外史，《禮》在宗伯，《樂》隸司樂，《詩》領於太師，《春秋》存於魯史，是六經者，皆非孔子所作，則雖完美，於孔子何與？何爲而以之窺孔子之道也？"微乎痛哉！古文之毒，入人深哉！經非孔子所作，古文家言，非真論也，今文諸儒，無有是説。《申鑒》曰："仲尼作經，本一而已。"《白虎通》曰："孔子追定六經，以行其道。"《演孔圖》曰："孔子作六經，運之天地，稽之圖像，質之三王，通之四海。"《史記·孔子世家》言作經之故，尤爲詳盡。然則，六經原文雖本諸史，而既經刪定，則其文雖舊，其義已新。《孟子》曰："其事則齊桓、晋文，其文則史，其義則某竊取之矣。"夫豈獨《春秋》爲然哉？是不作猶作也。經既爲孔子所作，則經之義理即孔子之義理，經之制度即孔子之制度矣。夫是以欲窺孔子之道，當治六經，欲治六經，當知六經爲孔子所作。太史公曰："自天子王侯，中國言六藝者，皆折中於夫子，可謂至聖矣。"豈欺我哉？

距劉第二

孔子作經，傳於七十子，七十子又以傳其徒，口説相傳，以至於漢，雖經坑焚，而淵源不絕。漢武帝表章六藝，罷黜百家，遂以統一。自是以來，後王尊之，奉爲國教，間有盛衰，亦罔敢廢。尊之數千年，研者數萬衆，則經學似宜大昌明矣，然而愈理愈亂，愈解愈結，微特不昌，竟罔能通。嗚呼，是非經之不可通也，經不可通，則劉歆爲之也。南海先生曰："歆既湛靖，乘父向既没，獨任校書，無人知秘府之籍，因得借秘書而行其偽。漢世《春秋》之學最盛，歆思自樹一學，校書得《左氏》《國語》，以爲可借之釋經，以售其奸。不作古字古言，則天下士難欺，故托之古文。此歆以古文偽經之始也。既已偽《左傳》矣，必思徵驗，乃能見信，於是徧偽群經矣。然移太常之文僅欲立《左氏春秋》暨《逸禮》、《古文尚書》三學，猶未及《毛詩》，本傳并未及《周官》，蓋歆以《毛詩》《周官》作偽太甚，未敢公然露於衆也。"[1]又曰："歆作偽經，移孔子爲周公，又移秦漢爲周制。微文瑣義，無一條不與孔子真經爲難。"[2]故今文諸儒，群起爭之。起西漢之季，越東漢之末，而爭不息。夫古文誠是，衆胡有爭？衆之力爭，偽可知矣。惜今文諸儒，勢位不敵，竟令古文之學，傳於校書，盛於通學，經學大統，卒爲所篡。自是今學衰落，古學盛行，治經之徒，認賊爲子，經不可通，自此始矣。嗚呼，誣聖人，惑後世，歆之肉其足食乎？或竟聖之，

① 康有爲《新學偽經考·漢書劉歆王莽傳辨偽第六》。
② 康有爲《新學偽經考·漢儒憤攻偽經考第七》。

何其謬也!

訂鄭第三

經之難通,自古文出始。雖然,歆之出古文也,思簒今學統,故今文自今文,古文自古文,互相攻擊,絶不通和,縱使簒今,而原文具在,明者有作,尚得而研,則今文之學,雖晦一時,光復昌明,無有難處。乃鄭康成,竟變本加厲,助紂爲虐,徧注群經,混合今古,而實得偽古之傳以行之。箋詩以《毛詩》爲主而兼采《韓詩》,注《書》以古文爲主而又用今學,注《儀禮》則今古并存,注《論語》則齊魯錯綜,遂使六經之制亂如絲棼,垂二千年,無有通者,追原作俑,可勝誅哉?夫古文之經,孔子未修者也;今文之經,孔子已修者也。古文之制,孔子欲改者也;今文之制,孔子改定者也。舊制不善,乃思改制;改制既定,乃有今文。故舊制新制,大相反也;古文今文,不相容也。欲考舊制,宜取古文;若考新制,須取今文。以今文說舊制,不可也;以古文說新制,亦不可也。取古棄今,取今棄古,二者居一,罔可兼收?夫治經者,欲讀孔子之經,非古文也;欲考孔子之制,非舊制也;則古文宜闕也。然自康成以後,古學盛行,今學滅絶,孰爲古文,孰爲今文,猶不易辨,其奚從闕哉,復奚從尊哉?故蔽經之罪,鄭實浮於劉也。雖其今古并存,今文學説,藉存一二,然而不足蔽也。

界史第四

六經皆史也,而不可以史讀。以史讀,必大惑不解矣。章實齋曰:"六藝非孔氏之書,乃周官之舊典也。《易》掌太卜,《書》掌外史,《禮》在宗伯,《樂》隸司樂,《詩》領於太師,《春秋》存於國史。"①謂經爲史,誠哉似也。雖然,經史相成也,經史實相反也。經之原文雖爲史籍,既經孔子刪定而成六經,則刪定之經與未刪之史各有不同,罔可混一?故經之禮制、經之事實,按之於史,出入良多。蓋史所言舊制也,經所言新制。新制者,孔子因舊制之弊而議改之者也,則安有合也?井田之制、親迎之禮,非必真有是也,孔子欲改此制,因借以見耳。堯舜之讓、桀紂之暴,亦非必真若是也,孔子有此義,因借以見耳。蓋無徵不信,不信民弗從,孔子傷大道不行,而思留存政見,垂詔後王,以爲見諸空言,不如托諸行事之深切著明,故假借史事,刪訂史文,詭實詭辭,以爲記號,而大義微言,則傳諸口説。維此之故,孔子之經,雖出於史,終乃大異。故治經者,須明其界,毋以史讀,思過半矣。否則經亂,而史亦亂。

---

① 章學誠《校讎通議·原道第一》。

知序第五

六經相表裏者也，故可作一經讀。雖然，有次序焉，不可紊也。知所先後，其急務哉！莊子之言曰："《詩》以道志，《書》以道事，《禮》以道行，《樂》以道和，《易》以道陰陽，《春秋》以道名分。"荀子之言曰："《詩》言是其志也，《書》言是其事也，《禮》言是其行也，《樂》言是其和也，《春秋》言是其微也。"董子之言曰："《詩》《書》序其志，《禮》《樂》純其養，《易》《春秋》明其知。"《戴記·經解》亦曰："其爲人也溫柔敦厚，《詩》教也；疏通知遠，《書》教也；恭儉莊敬，《禮》教也；廣博易良，《樂》教也；潔靜精微，《易》教也；屬辭比事，《春秋》教也。"六經之序，《詩》《書》居首，《禮》《樂》次之，《易》《春秋》殿焉。秦漢諸儒，皆無異議，《太史公書》叙之尤明，讀經之士，其遵此乎！蓋孔子少時，從周是志，《詩》《書》《禮》《樂》，作以授徒；晚而喜《易》，又作《春秋》，加吾王心，以俟後聖。故六經雖相表裏，而程度有深淺，意義有偏全，欲治之者，當知其序。隨意所之，未可以無不如意也。其以《易》《書》《詩》《禮》《樂》《春秋》爲序者，此劉歆僞爲，非孔子之舊也，不可以訓。

專今第六①

兼收并蓄，治學咸須，而治經則不。經有二派，曰今曰古，相水火也，莫可調和。治經之儒，惟能擇一，是今非古，是古非今。不專心致志，則不得也。今文之學出自孔門，口説相傳，至漢不絕，故時有非常異義可怪之論，而其制度三代兼存。蓋孔子作經，體在救民，用爲改制，行夏之時，乘殷之輅，服周之冕，樂則韶舞，擇善而從，匪當王則貴也。畏時遠害，故口授其人也。若夫古文，云出自壁，師徒授受，又無其人，周舊相沿，雜以歆僞，特史而已，豈得謂之經也？承訛襲謬，并認作經，混濁於清，累良爲瑕，經之難通，基於此矣。吾人治經，欲明孔子之道，非考史也。而孔子之道，實寓於今文，然則今文之學，其治經之不二法門哉！闢古專今，安可緩也？今爲表別如後，俾勿歧趨焉。

家法＼經名	《詩》	《書》	《禮》	《易》	《春秋》
今文	齊、魯、韓	歐陽、大小夏侯	大小戴	施、孟、梁邱、京	公羊、穀梁
古文	毛	孔	《周官》	費	左氏

① 開篇至《專今第六》，原載《昌明孔教經世報》第一卷第三號。

先公第七

孔子大道,存於六經。六經大義,統於《春秋》。《春秋》大義,備於《公羊》。《公羊》,《春秋經》之門也。知所先務,其在斯乎！經之次序,托始《詩》《書》。《春秋》一書,次原最後,然微言大義,皆在於茲,比諸各經,最爲詳備,辭微旨博,口説相傳,《公》《穀》二家并皆正派。孟子曰：“《春秋》,天子之事。”《春秋》王義,《穀梁》不明,雖傳大道,然而不光。素王改制、新周王魯,如是大義,《公羊》獨明,故《公羊》爲最也。《公羊》既通,則孔子本旨、六經大義,了於胸中。由是言《詩》,《詩》可治矣;言《書》言《禮》,亦無阻矣。至於大《易》,精深奧遠,天人之學,皆在於是,假年學《易》,可無大過,研究經學,以是終焉。由《公羊》以通《春秋》,由《春秋》以通六經,由六經以明孔子之道。終南捷徑,無逾此矣。而《公羊》所先,則又以董子《繁露》、何休《解詁》。

崇孝第八

孔子曰：“吾志在《春秋》,行在《孝經》。”蓋人治必依於仁,仁本於孝,孝於父則同姓親,孝於母則異姓親,推類盡義,所謂天下一家、中國一人之理,皆由此立。因嚴教敬,因親教愛,孝治天下,實爲嘉謨。或乃倡言非孝,《孝經》一書,思以覆瓿,一何謬哉！有子曰：“其爲人也孝弟,而好犯上者,鮮矣。不好犯上,而好作亂者,未之有也。君子務本,本立而道生。孝弟也者,其爲仁之本歟？”誠哉,孝爲孔教之本也。

讀論第九

孔子卒後,及門諸子,各述所聞,輯爲《論語》。其所間見,非在一時,其所記述,非出一人,仁者見仁,智者見智,故其所載,時有異同,東雲一鱗,西雲一爪,孔子之道,未得其全。謂此一書,大道已備,自以爲足,而棄六經,大不可也。然其所載,多爲聖言,微言雅言,兼收并蓄,常義大義,博采旁搜,其與六經,實相表裏。窺豹一斑,嘗鼎一臠,雖不得全,亦足珍也。

宗孟第十

孔門後學,厥分二派,一傳大同,一傳小康。孟子之學,則爲大同,七篇所言,皆本斯旨。樂道堯舜,主張性善,尊王賤霸,民貴君輕,以仁存心,與民同樂,如是諸義,純乎大同。蓋其爲學,得力《春秋》,大義微言,所得匪鮮。雖《春秋》之義,三世是張,大同之言,不過一體,然片辭隻字,皆有淵源,集腋成裘,自爲璭寶。若以其未備，而遽棄之，則孔子之道，何由見乎？孟子曰："子夏、子游、子張，皆有聖人之一體。冉牛、閔子、顔淵，則具體而微。"求備一人，談何容易？孟子之説，雖僅大同，至可寶也，不可忽也。

申荀第十一

戰國之世，百家蠭起。嗟我儒學，幾乎熄矣。幸有孟子，砥柱中流。接踵而興，又有荀子。荀子之學，近於小康。提倡禮教，主張性惡。度量分界，分別綦嚴。治氣養心，刻苦特甚。其與孟子，迥然不同，大同小康，各執其一。然雖兩歧，皆儒家也。羽翼六經，增光孔氏，百家諸子，豈可同語？是以《史記》，合傳孟荀，誠以孟荀，最爲老師。分爲二派，雖各一偏，合而爲一，則大成矣。荀子之學，淵源子夏，故其學説，純出孔門。昌黎韓氏，目以小疵，立論實偏，非正論也。若徒崇孟，而不讀荀，其窺孔子，猶半面耳。

治記第十二

孔門後學，各述所聞，著諸竹帛，集而爲記。漢之戴德始删訂之，存八十篇爲大戴記。厥後戴聖又删訂之，得四十篇爲小戴記。戴記所載多爲今文，大義微言，時時有之。《大學》《中庸》《王制》《禮運》，如是等篇，最稱純粹。其他各篇，亦多名論。吉光片羽，美不勝收。蓋其所言，非同無本。師徒授受，傳自孔門。傳聞異辭，容或有之，各執一察，亦所不免，異端邪説，可決其無。并行不悖，所共信也。是以治經，宜兼治記，發微補闕，所得良多。但其書中間有古文，治經之儒又當知焉。古文維何？曰《月令》，曰《玉藻》，曰《祭法》，曰《明堂位》。

參緯第十三

讖緯之學，説多不經，民智既開，取法鮮已。雖然，讖必廢矣，緯未可也。蓋六經之隱，緯實光之，廢而不讀，譬猶夜行無火，莫由通矣。自古聖王，制禮作樂，必托天命，生則感生，既而受命，功成封禪，有史以降，靡代蔑有，真命僞統，由是以分。有者天子，可以制作，無則賊耳。孔子布衣，如何能作？作經改制，豈非大逆？維彼緯書，時乃有言，丘爲制法主，繼周而王，不有天下，實受天命。黑帝降精，其感生也。端門血書，其受命也。既受天命，是用作經，以存王心，而詔後世。制作既成，告備於天。天降赤虹、白霧，則封禪也。大哉孔子，實爲素王，《春秋》有作，所以繼周。經之制度，孔子之政也。經之義理，孔子之教也。咸新改定，非沿舊也。比之舊史，大相左也。其文則史，實新王也。惟此大義，緯實宣之。概以羅胸，經通易矣。若如宋儒,廢緯言經,昧本逐末,其何能合? 故其經說,亂如絲棼,義理制度,抵觸多有,蓋非緯則無以明經也。雖有竄亂,焉可廢哉?

采子第十四

百家諸子,各執一察,著書立說,思易天下。起於周秦,以迄漢世,學說紛然,至不統一。今觀其說,實分二派:一爲周秦,一爲漢世。周秦諸子,多與儒異,然其學說,又出於儒。或出於儒,而入於老;或出於儒,而入於墨;或出於儒,而入於名;或出於儒,而入於法。漢世諸子,則多儒家,其所著論,大半說經。今文學說,層見疊出,去聖不遠,說多純全。惟古學家,或古學說,時亦雜焉,斯可議耳。總而言之,諸子之說,雖不盡儒,孔門口說,亦多存者。披沙揀金,時獲異寶。求之諸子,可操左券。或其學說,大與儒反,以反明正,亦一法也。若陸賈《新語》,若賈子《新書》,若桓寬《鹽鐵論》,若劉向《説苑》《新序》《列女傳》,其最也。更求其次,則《孔子家語》、《孔叢子》、《老子》、《莊子》、《列子》、《墨子》、《管子》、《韓非子》、《商君書》、《公孫龍子》、《呂氏春秋》、《淮南子》、揚子《法言》《太玄》、王符《潛夫論》、荀悦《申鑒》、王充《論衡》。

揚馬第十五[①]

康成以後,古學盛行,天下之人,習非成是,古文之偽,無有知者,今文之真,更罔聞知。魏晋清談,六朝詞章,隋唐詩賦,宋明性理,文人學士,束經高閣,今古有別,視若等閑。歆篡大統,無人過問,無書辨證,不可哀哉? 縱有言者,亦皆黨歆,以貽後世,惑益固已。不有史遷,留存《史記》,莫大疑案,終古不明。遷作《史記》,比擬《春秋》,存諸其人,以待來者,托始黃帝,絶筆太初。其間文獻,大小靡遺,而於儒家,最爲注意。孔子布衣,列入世家;仲尼弟子,集爲列傳;孟荀二儒,儒林諸子,各立專傳,不厭求詳;尊儒之意,概可見矣。其記六藝,尤詳而盡,作經始末,及其大凡,《孔子世家》,條分縷析;傳經鉅子,授受淵源,《儒林列傳》,旁搜博采。其他各篇,多本斯旨。今文學說,觸目皆然。惟古文經,獨不載也;古學各師,皆無有也。春秋史事,采自《左傳》,左氏傳經,又不言也。共王事迹,載於《世家》,壞壁得書,亦無聞也。古文誠是,遷豈茫然,而竟若此,偽可知矣。今文諸經,完全無缺;今學諸儒,淵源不絶。可知古學,皆歆偽說,凡諸左證,争光日月。史遷之功,亦偉矣哉!

---

① 自《先公第七》至《揚馬第十五》,原載《昌明孔教經世報》第一卷第七號。

遵班第十六

漢之班固，古學家也。茲言今學，曷爲遵班？遵班云者，非遵其學，遵所述耳。漢章帝時，欲一經説，乃詔群儒，會於白虎，群經禮制，諸家學説，互相討論，擇善而從。又命孟堅，述其所定，以地名書，曰《白虎通》。今文學説，薈萃於茲，擇精語詳，由博反約，一字一句，皆粹言也，一字一珠，其真値也。雖成於班，實今學也。其爲此書，猶象寄耳，故所論述，宜遵用焉。所謂遵班，實非遵班，遵諸儒耳，幸勿以人而廢言也。

研許第十七

今古二派，宗旨各殊。今祖孔子，古祖周公。今主改制，古主從周。今用質家，古用文家。今爲經學，古爲史學。矛盾之處，觸目皆然。不辨別之，莫由通矣。漢之許慎，有感於是，《五經異義》，輯而成書。孰爲今文，孰爲古文，考之最詳，辨之最嚴，猶集兩造，對審一堂，誰是誰非，昭然若揭。雖其所斷，多未盡善，原被具在，真僞難淆，孰去孰取，是在於我，亦何礙歟？今者主之，古者奴之。今者從之，古者棄之。雲霧其撥，青天可見。

擇漢第十八

大凡讀書，貴能別擇，治經亦然，漢學尤要。漢之經學，劃爲二派，一曰今學，一曰古學。嚴守家法，強記口説，是曰今學，西漢尊之。博考群籍，以經詁經，是曰古學，新莽倡之。孔門真傳，實爲今學，微言大義，口授其人，故其經説，非常可怪，抑君重民，罔合時主。古文之學，則大相反，迎合主意，尊君抑民，假托周公，以文莽逆，孔子之道，名存實亡，故其立博士也，天下非之。然其爲學，博而無用，畢生考據，無暇論議，對於君主，實便私圖，適者生存，遂篡經統。自漢以來，至於今日，所謂漢學，皆指古文。此學一倡，斯文掃地，德薄能鮮，國運隨之。嗚呼悲哉，可勿戒哉？今學之説，是宜采之；古學之説，是宜汰之。有決擇識，乃有獲也。如其不然，學非而博，博則博矣，如非聖何？

廣宋第十九

宋儒爲學，高談性理，嚴束心身，其治經也，亦本斯旨，一洗漢學瑣碎之弊。然取小遺大，逐末忘本，於孔子之道，仍有間也，僅得謂之宋學耳。倫理學家言，有對於自己之倫理，有對於家族之倫理，有對於國家之倫理，有對於社會之倫理，有對於萬有之倫理，五者無憾，人格乃完。宋儒之對自己，無間言矣，惜僅及此耳。金元禍宋，束手坐視，私德雖完，亦何用乎？且六經禮制，鮮有言焉，孔氏微言，無或知者，狹矣偏矣。雖然，亦今之良藥也。淺學少年，不修行檢，恣睢暴戾，文以自由，道德敗壞，幾不治矣，救急之藥，其在斯乎？《詩》曰："采葑采菲，無以下體。"但不可囿於此耳，廣獨善以兼善，化無用爲有用，其諸又宋學之藥乎？顧涇陽曰："官輦轂，念頭不在君父上；官封疆，念頭不在百姓上。至於水間林下，三三兩兩，相與講求性命，切磨德義，念頭不在世道上。即有他美，君子不齒也。"①治宋學者，尚其三復斯言。

私淑第二十

今文之學，口説相傳。經師家法，漢後中絶。十四博士，口授無人。幸其緒餘，傳諸竹帛。永嘉之亂，又復蕩然。今學之書，惟存《公》《穀》，自時厥後，古學盛行，今文之學，無或過問。以至清儒，始倡光復。常州學派，聯袂而興。網羅殘編，撝拾舊説。今文之學，可得而言。莊存與之《公羊正辭》也，劉逢禄之《公羊何氏釋例》也，魏源之《詩古微》《書古微》《董子春秋發微》也，龔自珍之《春秋決事比》《五經大義終始答問》也，邵懿辰之《尚書通義》《禮經通論》也，朱右曾之《尚書歐陽大小夏侯遺説考》也，陳喬樅之《三家詩遺説考》《齊詩翼氏學疏證》《今文尚書經説考》也，陳立之《公羊義疏》《白虎通疏證》也，以及宋翔鳳所著書、戴望所著書、王闓運所著書、廖平所著書，皆今學也。孟子曰："予未得爲孔子徒也，予私淑諸人也。"予於此亦云。

師康第二十一

今文之學，豐蔀千年，道咸年間，時則復興。南海先生，接踵而起，識精學博，集其大成。昌明絶學，獨有心得，改制之義，發其精微，三世之義，宣其蘊奥，且采其精，以致於用。其所著書，各有精義。前乎戊戌，則多言經；後乎戊戌，則多言政。言經之書，一主今文，排斥古學，不遺餘力，故其學説，大與時違。蓋當是時，惠戴一派，流風餘韻，猶有存者，桀犬吠堯，良有以也。實其所著，最爲精要，孔子之道，幾窺其全，取而師之，則近道矣。若其政書，雖专言政，亦參诸經，致足法也。孔門後勁，新學前茅，其斯人歟，其斯人歟。世雖不韙，我則師之。

明義第二十二

經之精華，厥惟大義，其文與事，特末而已。孟子曰："其事則齊桓、晋文，其文

---

① 《明儒學案·東林學案一》。

則史,其義則某竊取之矣。"微特《春秋》,六經皆然也。因文見道,固所當然。若舍道言文,則大不可。蓋形聲訓詁,亦有可觀,然博而寡要,勞而少功,學戰之世,所不容也,抑亦非作經本旨也。且惠戴諸儒,好古敏求,攷據校讐,亦云備矣,今日治經,宜假道焉,專精而爲,無須爾爾,蓋微言大義,當此是求,名物文字,猶筌蹄也。莊子曰:"得魚忘筌,得兔忘蹄,得意忘言。"矧乃字乎?黃梨洲曰:"學者而不能得其人之宗旨,即讀其書,亦猶張騫初至大夏,不能得月氏要領也。"[①]可不慎歟?

明體第二十三

《詩》存三百五篇,《書》存二十八篇,《禮》存十七篇,《樂》備六代,《易》作上下經,《春秋》取十二公,删訂若是,何不憚煩?將借舊文,以托仁也。《詩》始文王,《書》始堯舜,《春秋》始文王,終堯舜,以堯舜文王古之仁君也。《禮》主敬,敬,仁之表也;《樂》主和,和,仁之感也。《易》首乾元,元,善之長也,亦仁也,如磁針然。以仁爲極,自東自西,自南自北,仁不失也。動極而靜,靜極而動,仁如故也。六經條理,各有不同,而可以仁,一以貫之。董子曰:"所聞《詩》無達詁,《易》無達占,《春秋》無達辭,從變從義,而一以奉仁人。"尸子亦曰:"孔子本仁。"蓋六經者,孔子傷時世之不仁之所爲作也。

達用第二十四[②]

六經之體,雖一於仁,而其爲用,則有數端。其一曰變:世變無常,天行劇烈,優勝劣敗,適乃生存,政教設施,尤當求適。窮不知變,其何以通?其二曰新:夫惟能變,乃有生機。然雖變矣,當慎厥途。若變而舊,反速其亡。既曰通變,又當日新。其三曰時:禮時爲大,凡事皆然。時有三世,宜慎審之。不變不可,盲進亦非,因時制宜,斯乃盡善。其四曰漸:《春秋》之義,由內及外。《中庸》之道,自卑而高。誠以改良,不宜太驟,循序漸進,群情乃順。六經之用,略具於是。總而言之,則惟曰義。義者宜也,曲成萬物,範圍萬世,其以此乎?使其不然,執而不通,救世之心,未可達也。

辨世第二十五

孔子作經,義立三世,三世也者,據亂、升平、太平也。經之制度,隨世而異,有

---

① 黃宗羲《明儒學案·發凡》。

② 自《遵班第十六》至《達用第二十四》,原載《昌明孔教經世報》第一卷第八號。

據亂制,有升平制,有太平制。據亂之制,異乎升平;升平之制,異乎太平;太平之制,又異據亂。且一制也,或爲據亂,或爲升平,或爲太平,或兼升平,或兼太平,或通三世。一篇也,或言據亂,或言升平,或言太平,或兼升平,或兼太平,或合三世。彼此枘鑿,前後矛盾,千頭萬緒,猝不易辨。然不能不辨也,此不能辨,而欲治經,古蔽雖破,終亦不通,可不審哉？溝猶瞀儒,執一不通,三世之張,謂非經義。夫範圍萬世,經之志也,世變無常,化之例也,欲詔後王,不張三世,胡可得也？三世之義,猶經之門,欲入閉門,其何能及？皓首窮經,茫無所得,此其由矣,嗚呼惜哉！

通今第二十六

孔子作經,爲萬世法,後王師之,平治可也。然其制度,提綱而已,詳細子目,則待引伸,蓋因時制宜,不能豫定也。今日各國,萬象維新,天演風潮,實逼我國。痛心國弱,究厥原因,醉歐者流,歸咎經術。然經之爲書,制備三世,按之今制,亦多從同。若通賢共治,若國重君輕,若刑與衆共,若樂與民同,若制限君權,若普及教育,若改良實業,若裁抑神權,若均民貧富,若平民階級,如此種種,不勝枚舉,皆今所謂良法美意也,前特未之行耳。因噎廢食,嗚呼愼哉！今道國者,當師其意,毋泥其文,酌古準今,以求盡善。若全棄經術,則於群不適,而不參新法,又於時不宜,均非所以爲治也。故精研科學,博考法政,不可緩焉。王荊公之覆轍,亦可鑒也。王仲任曰："知古而不知今,謂之陸沉。知今而不知古,謂之盲瞽。"

致用第二十七

玩物喪志,昔人所譏。學不能用,亦猶是矣。故曰："誦詩三百,授之以政不達,使於四方不能專對,雖多,亦奚以爲？"經之爲書,原以經世,通經致用,分所當然。用行舍藏,孔門所志。七十二子,皆王佐才。孟荀繼興,以迄兩漢,其時學者,莫不能行。《春秋》折獄,《禹貢》治水,三百五篇當諫書,斯其著也。新莽以後,古學盛行,考據是尚,詁一字義,累數萬言,一物一名,窮年莫究,徒費精力,無補於治。至於宋儒,不事考據,專言義理,似於大道,可得其真,然眼光太小,唯知束身,大義微言,鮮有知者,知亦不信也,國亡種弱,袖手旁觀,私德雖完,亦何用哉？時至今日,學戰劇烈,國種存亡,惟學是視,學非所用,如何可哉？憂時之士,乃倡廢經,無濟時艱,廢之宜也,雖然,經固經世之書也,治國之要,三世均儲,擇善而從,豈曰小補？且歷代政教,多本於經,經術之行,於群爲適,謂經無用,經非無用也,治者無用耳。今曰治經,當求實用,坐言起行,乃云無憾,若玩物視之,惡乎可哉,惡乎可哉？乾嘉諸儒,多坐此弊,學衰國弱,一至於斯,請鑒前車,勿復蹈也。

改制第二十八

天演公例，適者生存，政教設施，尤當求適，故孔子作經，旨在改制，而其爲制，三世異辭，蓋夏葛冬裘，不能無取舍也。今於經制，其用亦同，因時酌改，乃得其益。三王異禮，五帝殊樂，毋曰聖訓，罔可更移。蓋其制度，宜於時者，實三之一，多亦半耳，雖曰改定，猶未定也，制本相成，亦相反也。經之世界，概分爲三，今之世界，僅居其一。既居其一，則可用之制，亦惟一世。今丁據亂，則法據亂，今丁升平，則法升平，餘則當改矣。即或據亂，可兼升平，而太平不適矣。進於升平，可兼太平，而據亂又廢矣。不適之制，莫可久留，仍而不改，大礙進化，故不適者，即須改之，因病下藥，勢宜爾也。若三世之制，一時并行，似爲遵經，實背經也。何也？經固教人以改制也，不然，則張三世何爲哉？

修身第二十九

孔門四科，德行居首，身之修養，誠切要矣。經之爲書，雖重經世，修身之道，亦所詳言。蓋國家之本，積民而成，國之興亡，惟民是視。民德也，民智也，民力也，進則群進，而國自治，退則群退，而國自亂。故德育、智育、體育，三者不可偏廢，而德育爲尤要。荀子曰："水火有氣而無生，草木有生而無知，禽獸有知而無義。人有氣、有生、有知，亦且有義，故最爲天下貴也。"德之不修，徒智徒力，忝稱人矣。博綜群經，亦何用哉？微特無益，或有害焉。陸象山曰："田地不淨潔，亦讀書不得。若讀書，則是假寇兵而資盜糧。"王陽明曰："資雖警敏，世情機心不肯放舍，使不聞學，猶有敗露悔改之時。若又使之有聞，見解愈多，趨避愈巧，覆藏愈密，一切圓融智慮，爲惡不可復悛矣。"至哉斯言，經明行修，庶乎可也。故《大學》曰："古之欲明明德於天下者，先治其國；欲治其國者，先齊其家；欲齊其家者，先修其身。欲修其身者，先正其心。欲正其心者，先誠其意。欲誠其意者，先致其知。致知在格物。"又曰："自天子以至於庶人，一是皆以修身爲本。"

傳教第三十

中國自秦以來，宗教、政治、學術、風俗，皆宗孔子。雖老墨佛耶，前後競起，而孔子之道，莫或敢議，蓋久成國教矣。至於今日，西學東漸，自由説入，士論狂橫。淺學少年，未窺經蘊，詆毀孔子，輒復隨人，且有倡廢經者。夫宗教、歷史、語言、文字，於愛國心，關繫綦切，而宗教尤甚。故謀其國，必改其教，俄於波蘭，其一例也。由是觀之，則孔教於我國，萬不能廢。六經也者，孔子所作，以立教者也。愛中國，則必愛孔教。既愛孔教,則必愛六經。倘曰廢經,是自殺也。孔子微言,六經大義,宜發明之,以保存之,又光大之,以傳播之,外折人言,内昌國粹,庶乎可也,庸能緩乎? 孟子曰:"距楊墨,放淫辭,以承三聖者,予豈好辯哉? 予不得已也。"是吾人之責任也夫,是吾人之責任也夫!

　　右《經學導言》三十章,癸卯(1903)六月述於時敏學堂,於今恰二十年。政治學術,人心風俗,俱大變矣,而或且挾政治之力以厄我孔教,拆毀學宫,禁讀經傳,邪説暴行,有如洪水之横流。高要陳重遠先生乃立孔教會,建孔教大會堂,刊行《經世報》以救之。慶時以治經之不可緩,比前尤甚。因檢舊稿,藉《經世報》以公諸世。時壬戌三月,世變愈亟,有更進而爲非宗教之運動者矣。嗚呼,予欲無言。鄔慶時識於廣州市白桃花館。①

　　是篇嘗於壬戌年(1922)分登北京孔教總會《經世報》第一卷第三、第七、第八、第十等號。爾時蘇俄學説源源而來,舉國若狂,冥然罔覺。去冬,□□□大暴動於廣州市,餘毒四散,蔓延至今。國人始知學説之禍天下,甚於苛政與流寇。思古幽情,悠然而發。現雖未到昌明孔教之時,而一線曙光,已隨雞鳴而起。欲研究經學者,未必遂終無其人也。頃校刊程子良先生詩文集,偶憶及此,因以付梓。中華民國十七年(1928)展重陽日,鄔慶時識於廣州市半帆樓。

① 自《辨世第二十五》至此,原載《昌明孔教經世報》第一卷第十號。"鄔慶時識於廣州市白桃花館",《昌明孔教經世報》作"慶時識"。

圖書在版編目(CIP)數據

春秋學研究. 第四輯 / 曾亦,郭曉東主編. -- 上海 ：
上海古籍出版社，2024. 12. -- ISBN 978 - 7 - 5732 - 1456
- 0

Ⅰ.K225.07

中國國家版本館 CIP 數據核字第 2024VH6741 號

春秋學研究(第四輯)

曾 亦 郭曉東 主編

上海古籍出版社出版發行

(上海市閔行區號景路 159 弄 1 - 5 號 A 座 5F 郵政編碼 201101)

(1) 網址：www.guji.com.cn

(2) E-mail：guji1@guji.com.cn

(3) 易文網網址：www.ewen.co

上海商務聯西印刷有限公司印刷

開本 787×1092 1/16 印張 20 插頁 2 字數 358,000

2024 年 12 月第 1 版 2024 年 12 月第 1 次印刷

印數：1—800

ISBN 978 - 7 - 5732 - 1456 - 0

K · 3778 定價：88.00 元

如有質量問題,請與承印公司聯繫